Ed Walters und seine Ehefrau Frances sind angesehene Geschäftsleute. Gemeinsam mit einem Stadtrat und einem Arzt sind sie mit Berichten über ihre UFO-Sichtungen an die Öffentlichkeit getreten, stellvertretend für weitere 150 UFO-Zeugen aus der Gegend von Gulf Breeze im US-Bundesstaat Florida.

Dieses Buch wurde auf chlor- und säurefreiem Papier gedruckt.

Vollständige Sonderausgabe Februar 1995
Droemersche Verlagsanstalt Th. Knaur Nachf., München

Titel der Originalausgabe »The Gulf Breeze Sightings«
Umschlaggestaltung Adolf Bachmann, Reischach
Umschlagfoto TCL / Bavaria, Gauting
Druck und Bindung Ebner Ulm
Printed in Germany
ISBN 3-426-77161-6

2 4 5 3 1

Ed und Frances Walters

Ufos
Es gibt sie

Die Dokumentation der Begegnungen
in Gulf Breeze, Florida

Aus dem Amerikanischen von
Mara Huber

Knaur

INHALT

Vorwort 9
Danksagung 11
Einführung 13
Das fotografische Beweismaterial 27
11. November 1987 *Erste Sichtung* –
Erfolgloser Entführungsversuch 31
19. November Fotos der Presse übergeben 46
22. November Fotos werden veröffentlicht 48
20. November *Zweite Sichtung* – Das Summen 51
25. November Zeugen melden sich 63
2. Dezember *Dritte Sichtung* – Frances sieht das Ufo . . . 71
2. Dezember *Vierte Sichtung* – Das Wesen 83
3. Dezember Zeuge legt zwei weitere Fotos vor 95
4. Dezember Ort des Geschehens
wird bekanntgegeben 100
5. Dezember *Fünfte Sichtung* – Anderes UFO 104
10. Dezember Weitere Zeugen 108
17. Dezember *Sechste Sichtung* – Die Flüssigkeit 112
22. Dezember Voruntersuchung 127
23. Dezember *Siebte Sichtung* –
Drei UFOs am Morgen 130
24. Dezember Fotos von einem anderen Zeugen 137
27. Dezember *Achte Sichtung* – Zeuge sieht
UFO von meinem Haus aus 140

28. Dezember — *Neunte Sichtung* – Videoband von 1 Minute 38 Sekunden ... 145
4. Januar 1988 — Verpflichtung zu vollständigem Bericht ... 154
12. Januar — *Zehnte Sichtung* – Das Straßenbild ... 156
13. Januar — Beschlagnahmeverfügung ... 163
16. Januar — *Elfte Sichtung* – Zwei verschiedene UFOs ... 168
17. Januar — Internationaler Direktor trifft ein ... 173
18. Januar — MUFON-Überwachung ... 178
21. Januar — *Zwölfte Sichtung* – Reids Bericht ... 182
22. Januar — Helikopter umkreist das Haus ... 192
23. Januar — Mysteriöses Radar-Luftschiff ... 195
24. Januar — *13. Sichtung* – Cooks Bericht ... 196
25. Januar — Hoffnung auf ein Ende ... 207
26. Januar — *14. Sichtung* – Das Handtuch ... 211
1. Februar — Fernsehdokumentation auf WEAR-TV 3 ... 217
4. Februar — Möglicher Landeplatz ... 222
7. Februar — *15. Sichtung* – Der blaue Strahl und Frances ... 227
8. Februar — Befragungen von Budd Hopkins ... 234
10. Februar — Nimslo-Kamera mit vier Linsen von MUFON ... 239
18. Februar — Lügendetektortest ... 243
19. Februar — Begegnung mit einem Nachahmer ... 250
20. Februar — Dr. Maccabee beginnt ... 253
26. Februar — *16. Sichtung* – MUFON-Kamera ... 257
3. März — Weitere Zeugen ... 263
4. März — Fotos von der MUFON-Kamera ... 265
5. März — Berichterstattung der Medien über den Film aus der MUFON-Kamera ... 270
7. März — Neue Polaroid gekauft ... 275
8. März — *17. Sichtung* – Das Geißblatt-Bild ... 278

9. März Dr. Maccabees »Stereokamera« 281
11. März Identität im Park aufgedeckt 283
12. März Zeugin von 1986 ruft an 286
13. März Auf Wache mit Stereokamera 290
14. März Weitere Zeugen. 293
15. März Mehr Merkwürdiges auf Radar 295
17. März *18. Sichtung –*
Shoreline Park mit SRS-Kamera 297
18. März Kritiker aus der Ferne. 303
20. März *19. Sichtung –*
Hinter Baum mit SRS-Kamera 305
18. April Kontroverse mit »Entlarvern« 309
19. April Skeptiker 317
20. April Budd Hopkins kommt zurück 322
1. Mai *20. Sichtung –*
Die Begegnung am Ende 333
Epilog 339
Anhang 1
Foto-Analyse von Dr. Bruce Maccabee 343
Anhang 2
Kritiker und falsche Beweise 411
Anhang 3
Zusätzliche Beobachtungen und Berichte 425

Vorwort

Ich bin promovierter Physiker, arbeite seit 16 Jahren in der Optikforschung für die Regierung der Vereinigten Staaten und bin auch für das SDI-Programm tätig.
Seit 20 Jahren befasse ich mich mit dem Phänomen der UFOs. Ich habe sowohl historische Forschungen betrieben als auch Beobachtungen von UFOs untersucht; ich habe zahlreiche Artikel zu diesem Thema veröffentlicht, speziell über Fälle, in denen UFOs fotografiert wurden. Meine Recherchen im vorliegenden Fall umfassen persönliche Befragungen der Zeugen, Ortstermine und eine Analyse der Fotos, bei der auch computergestützte Techniken angewendet wurden.
Ich bin zu dem Schluß gekommen, daß es keine Anzeichen für einen Schwindel gibt und daß die Fotos in diesem Buch echt sind. Sie zeigen ungewöhnliche Flugkörper, die über Gulf Breeze und Umgebung in Florida gesichtet wurden.

Dr. Bruce Maccabee

Danksagung

Duane Cook und Dari Holston waren die ersten, die die Bedeutung der Sichtungen in Gulf Breeze erkannten. Die Untersuchung begann im *Gulf Breeze Sentinel*, unterstützt durch die vielen Zeugen aus Gulf Breeze, die den Mut hatten, sich zu melden und ihre Sichtungen zu beschreiben, trotz der Gefahr, sich lächerlich zu machen. Besonderer Dank gilt den unvoreingenommenen Menschen in Gulf Breeze.

Sowohl Walter Andrus, Direktor von MUFON, und Budd Hopkins, Autor von *Intruders* und *Missing Time*, haben die Untersuchung gefördert und meiner Familie den so nötigen persönlichen Rat gegeben. Das Forschungsteam vor Ort, gebildet aus Don Ware, Charles Flannigan und Gary Watson, führte detaillierte Recherchen durch, während die Sichtungen geschahen. Zusammen mit Bob Reid, einem Sonderbeauftragten für Überwachung, gilt dem Team vor Ort meine aufrichtige Anerkennung.

Viele Menschen haben die fotografische Analyse unterstützt, unter ihnen Robert Oechsler, Robert Nathan, Vincent DiPeitro, Jose Greco, Dr. Mark Carlatto, Dr. Brian O'Leary und Dr. Bruce Maccabee, dem ich persönlich für seine Hunderte von Arbeitsstunden danke.

Der Echtheitsnachweis der Fotos erforderte den Sachverstand von Fachleuten wie Harro Limbo, einem technischen Experten der Firma Polaroid, und dem Foto-Experten Richard A. Vandenberg; Fachleute vieler Gebiete haben das Beweismaterial geprüft, etwa der Elektronikingenieur Edward Weibe und der auf Akustik spezialisierte Physiker John Gardner. Die Entscheidung, an die Öffentlichkeit zu treten, war schwer und beruhte auf der gemeinsamen Unterstützung durch die erwähnten Personen. Viele andere haben überzeugend dafür plädiert, diese Ereignisse aufzuschreiben, so Jerry Clark, Richard Hall, Dr. Deardorff, Dan Wright und Jim Moseley.

Einführung

Was auch immer Sie bis heute vom UFO-Phänomen hielten – das Buch, das vor Ihnen liegt, wird Ihre Meinung für immer ändern. Bis jetzt konnten wir das Phänomen als etwas betrachten, das von unserem eigenen Leben sehr weit entfernt ist, ob wir nun einfach neugierig, skeptisch und fasziniert oder mit offener Verachtung auf die UFO-Berichte reagierten, die sich in den letzten 40 Jahren angesammelt haben. Wenn es UFOs überhaupt gab, so waren sie »irgendwo da draußen«; man dachte vielleicht hin und wieder an sie, mit einem kleinen Aufflackern von Hoffnung oder Furcht. Es ist eine allzumenschliche Angewohnheit, ähnlich über viele andere beunruhigende Phänomene zu denken – zum Beispiel über Berichte von Löchern in der Ozonschicht oder vom Treibhauseffekt, der Aufwärmung an der Erdoberfläche. Wir sehen diese Dinge als rätselhaft, seltsam, besorgniserregend an – oder möglicherweise gar als unwirklich; sicher nicht als etwas, das unser normales Alltagsleben betrifft. Zwar haben Tschernobyl und Three Mile Island Wellen echter Sorge ausgelöst, aber man vergißt schnell, und das Leben geht weiter. So ist es uns am liebsten. So ist es mir am liebsten. Es ist schwer genug, mit den täglichen Notsituationen um Kinder und Geld, Gesundheit und Familie fertig zu werden, ohne sich – lebhaft – die Möglichkeiten atomarer Zerstörung oder unerwarteter Begegnungen mit Außerirdischen vor Augen zu führen.

Die Öffentlichkeit weiß von UFOs weitgehend durch Sciencefiction-Filme, gelegentliche Zeitungsartikel oder Talk-Show-Diskussionen im Fernsehen. Fotos von UFOs zeigen gewöhnlich unscharfe, entfernte Gegenstände, und wir sind nach ein, zwei Blicken meist nicht besonders beeindruckt. Wer sich aber mit den spektakulären Sichtungen und Fotos von Gulf Breeze vertraut gemacht hat, wird UFOs nie wieder so locker sehen.

Im Frühjahr 1988 saß ich im Wohnzimmer einer Einwohnerin von Gulf Breeze und hörte ihren Bericht von einem UFO, das in der Höhe der Baumwipfel etwa zehn Meter hinter ihrem Haus schwebte. Dann erzählte mir die Tochter der Zeugin ihre Version des Geschehens und beschrieb, wie sie und ihre Mutter im Bett zusammenkrochen, zu entsetzt, um sich zu bewegen, und beteten, daß das Ding wegging. Sie erzählte mir, wie die wechselnden, pulsierenden Lichter an dem Flugkörper – für ihr Gefühl stundenlang – durch die geschlossenen Vorhänge leuchteten. Ich beobachtete diese reizende, lebhafte, aber immer noch verängstigte junge Frau, wie sie sich an ein Ereignis erinnerte, das für sie traumatisch gewesen war. Sie sprach unablässig mit einer leisen, furchtsamen Stimme, als hätte sie das Gefühl, es sei riskant, auch nur mit mir über ihre Begegnung zu sprechen. Einer Frau, die den Fall ebenfalls untersuchte, vertraute sie an, daß sie Angst hatte, abends im Haus einzuschlafen, und daß das Erlebnis begann, ihre Gesundheit zu beeinträchtigen. Das Objekt, das hinter ihrem Haus erschienen war, war kein vages, verschwommenes Etwas – es war dem UFO sehr ähnlich, das ihr Nachbar Ed Walters und mehrere andere deutlich und aus der Nähe fotografiert hatten. Dies Ding war wirklich, und die Angst, die es verursachte, ließ sich nicht als Folge eines leichtfertigen Fehlers wegerklären – die Fotos machten diese Möglichkeit ein für allemal zunichte.

Ich wurde im Dezember 1987 in diese Vorfälle hineingezogen, als ich einen Anruf eines Radiosenders aus Florida erhielt und man sich nach meiner Meinung zu den UFO-Sichtungen von Gulf Breeze erkundigte. Ich gestand, daß ich nicht das geringste darüber wußte; aber die recht vage Beschreibung, die der Anrufer gab, klang faszinierend, und ich wurde neugierig. Einen Monat später erhielt ich von Donald Ware, einem Freund und Kollegen, der einer der wichtigsten Rechercheure in diesem Fall war, einen vollständigen Bericht über diese verblüffenden und noch immer nicht abgeschlossenen Ereignisse. Don umriß die markantesten Tatsachen und die Abfolge der Sichtungen in Gulf Breeze und sagte mir dann, er habe aus zwei Gründen angerufen. Erstens wollte er wissen, ob ich mit Ed Walters sprechen würde, dem Hauptzeugen, und ihm Rat geben könne, was die Veröffentlichung der Ereignisse betraf. Seit seine dramatischen UFO-Bilder zum erstenmal in der Lokalzeitung erschienen waren, hatten verschiedene Verlage und Autoren angerufen und von Büchern, Zeitschriften- und Zeitungsartikeln, Exklusivrechten und dergleichen gesprochen. Ed war Geschäftsmann, und seine Kenntnisse lagen auf einem anderen Gebiet; er hatte keine Ahnung, was er von alledem halten sollte. Don Ware hatte beschlossen, sich mit mir in Verbindung zu setzen, weil ich zwei Bücher zum Thema Entführungen durch UFOs geschrieben hatte; beide waren bei großen Verlagen erschienen und gut angekommen. Er hoffte, ich könnte aufgrund meiner Erfahrung Ideen haben, wie Ed und die anderen Beteiligten am besten mit diesen Dingen zurechtkämen. Er erklärte, die Glaubwürdigkeit von Ed und den anderen Zeugen in Gulf Breeze sei bislang intakt, und die erstaunlich klaren, nahen Aufnahmen schienen echt zu sein. Er meinte, wenn der Fall nach gründlicher Untersuchung und Analyse stichhaltig und die Fotos echt wären, sollten die Ereignisse in Gulf Breeze in all ihrer Vielschichtigkeit der wissenschaftlichen wie der allgemeinen Öffentlichkeit vorgetragen werden.

Ich fand, daß ich die Situation nur dann angemessen beurteilen konnte, wenn ich sie selbst in Augenschein nahm. Gleichgültig, was ich durch die Reise nach Gulf Breeze lernen würde, die

Information würde sicher von Wert für künftige UFO-Untersuchungen sein. Wir konnten vielleicht etwas Neues und Nützliches über die Natur und Raffinesse von Täuschungsmanövern und die Psychologie ihrer Urheber lernen – oder wir konnten auf unschätzbare, neue fotografische Beweise stoßen.

Der zweite Zweck von Don Wares Anruf war, mir zu sagen, daß er Grund zu der Annahme hatte, mindestens einer der Zeugen am Ort sei von einer UFO-Besatzung körperlich – und vorübergehend – entführt worden. Da ich hinreichend Erfahrungen mit Fällen dieser Art gesammelt hatte, hoffte Don, ich könnte die Gegend aufsuchen und dort Untersuchungen anstellen. Ich hörte neugierig und skeptisch wie immer zu; ich drückte die Daumen und hegte meine üblichen Zweifel. Doch kurz nach unserem Gespräch telefonierte ich mit Ed und hörte seine Version der Geschichte; da wußte ich, was zu tun war. Am nächsten Tag buchte ich meine Flüge, und Anfang Februar war ich unterwegs nach Gulf Breeze.

Meine erste Begegnung mit dem Phänomen UFOs hatte ich Jahre zuvor gehabt, im Sommer 1964. Ich fuhr mit meiner Frau und einem Freund im Auto nahe Cape Cod, und wir sahen am hellichten Tag ein rundes, offenbar aus Metall bestehendes Flugobjekt schweben und dann davonflitzen. Seit damals hatte ich Hunderte von ähnlichen Beobachtungen untersucht, dazu die lebendig geschilderten, detaillierteren Entführungsberichte, die ich in meinen Büchern *Missing Time* und *Intruders* beschrieb. Wer solche Untersuchungen anstellt, wird tatsächlich zum Detektiv; man sucht nach Anhaltspunkten und versucht, herauszufinden, ob der Zeuge lügt, irgendwie psychisch irre oder verwirrt ist, oder ob er sich nach Kräften bemüht, sich an die unverfälschte Wahrheit zu erinnern. Man lernt, bestimmte kleine, äußerst bedeutsame Einzelheiten aufzuschnappen, die eine wirkliche, erlebte Erfahrung statt einer abstrakten, ausgedachten Geschichte nahelegen. Einer der Gulf-Breeze-Fälle, die ich untersucht habe, betraf eine Frau, die mit großer

Furcht eine Begegnung beschrieb; es begann eines Nachts, als sie unversehens wie gelähmt auf eine kleine Gestalt starrte, die in ihrer Küchentür stand. Wir saßen gemütlich in ihrem Wohnzimmer, als sie ihre Geschichte erzählte, und als ich sie fragte, wie groß die Gestalt war, antwortete sie: »Sie reichte bis ans untere Ende der Mikrowelle.« Ich mußte ein wenig später in die Küche gehen, um herauszufinden, daß das etwa 1,20 m Höhe bedeutete. Bei meinen drei Besuchen in Gulf Breeze hörte ich dann immer wieder dieselbe Art »trivialer«, aber in sich glaubwürdiger Einzelheiten von Ed Walters, seiner Familie und anderen Zeugen am Ort. Ed sagte mir, er sei, als er in der Nacht des 2. Dezember an seiner Schlafzimmertür plötzlich ein kleines Wesen aus dem UFO vor sich hatte, vor Schreck nach hinten gestolpert und gefallen. Aber er erinnerte sich an die schwarzen, starrenden Augen der Gestalt: »glänzend, ein bißchen feucht, wie die Augen eines Menschen, bevor er anfängt zu weinen... die Augen wirkten verschleiert. Genauso sahen sie aus«. Es war eine realistische Beschreibung der Augen des Fremden, im großen und ganzen ähnlich wie Dutzende, die ich zuvor gehört hatte, aber getönt durch Eds eigene, persönliche Wahl der Bilder. Er war entweder ein bemerkenswert subtiler Lügner mit verborgenen literarischen Fähigkeiten oder ein guter Beobachter, der tatsächlich in ein Paar glänzende, naß aussehende, fremde Augen gestarrt hatte. Mir war von Anfang an klar, daß die Ereignisse in Gulf Breeze entweder ein großangelegter, durchorganisierter Schwindel sein mußten – oder eine außerordentlich wichtige neue Entwicklung in dem langsam offenbar werdenden Geheimnis der UFOs. Trotz meiner Vorsicht und Skepsis stützte von Anfang an alles, was ich erfuhr, die zweite Hypothese. Als ich zum erstenmal in die wohlhabende Wohngegend der Walters' fuhr, sah ich einen gepflegten Garten, einen Basketballkorb an der Garagentür, einen sauberen Lastwagen, der nach Tüchtigkeit aussah, und mehrere Autos – alles Zeichen für die wohlsituierte

Familie eines erfolgreichen, mittelständischen Geschäftsmannes. Aus Jahren der Erfahrung in der UFO-Forschung kannte ich zwei berüchtigte vorgetäuschte UFO-Kontakte, bei denen als Beweismaterial Fotos des angeblichen Flugobjekts benutzt worden waren. Der Fall George Adamski aus den 50er Jahren betraf einen Mann, der als Adresse Mount Palomar angab und seine Jünger in dem Glauben ließ, er sei Astronom. Es stellte sich heraus, daß er auf diesem Berg in einer kleinen Andenken- und Würstchenbude an der Straße arbeitete, und daß er sich zwar »Professor« nannte, aber eine nicht eben beeindruckende Bildung besaß. Billy Meier, der Schweizer, der einen Kontakt angab, faszinierte seine Jünger mit Geschichten von Besuchen in der Vergangenheit bei Persönlichkeiten wie Jesus Christus. Er legte seinen Gläubigen Hunderte von Seiten Geheimlehre vor, die die Weltraumbrüder ihm gegeben hatten, wie er sagte, um sie einer bedürftigen Welt weiterzugeben. Meier war ein armes, einarmiges Faktotum in seinem Dorf, ein Mensch, der nach Meinung einiger UFO-Forscher nur zu geschickt war: Man fand in seiner Garage kleine Modelle von UFOs, die haargenau so aussahen wie die »Strahlenschiffe« auf seinen Fotos. (Meier erklärte schlau, er habe die UFOs zuerst gesehen, fotografiert und dann maßstabgerecht nachgebaut.) Sowohl Meier als auch Adamski traten als Seher oder Gurus auf – privilegierte Menschen, von kosmischen Wesen dazu ausersehen, uns Erdenwürmern ewige Wahrheiten zu bringen. Eine Weile verdienten beide an ihrer Rolle als eine Art New-Age-Priester – mit Sicherheit mehr als zuvor mit gelegentlichen Schreinerarbeiten oder Würstchenverkäufen. An diese archetypischen Schwindelfälle dachte ich, als ich Anfang Februar 1988 zum erstenmal vor Edward Walters' Haus parkte. Ich bin zwar keineswegs unzufrieden mit meinem Lebensstil und Lebensstandard, aber ich beneidete Ed um seinen Swimmingpool, seine Videokamera mit Zubehör und besonders seinen Billardtisch, in meiner eigenen Kindheit ein unvergeßlicher

Schatz. Vor allem aber fragte ich mich, was Billy Meier oder George Adamski wohl gedacht hätten, wenn sie diese Art mittelständischen Wohlstand gesehen hätten. Eines wußte ich gleich: Ed Walters hatte es nicht nötig, einen Bericht über UFOs zu erfinden und ein paar Bilder zu fälschen, weil er das Geld brauchte.

Ebenso bedeutsam wie die Abweichung vom üblichen Hintergrund eines Schwindels war in Eds Fall das Fehlen besonderer Ansprüche eines Möchtegern-Gurus. Anders als Adamski und Meier behauptete er nicht, er und die Weltraumbrüder hätten eine besondere Beziehung und sie hätten gerade ihn als idealen Vermittler kosmischer Weisheit erwählt. Jene früheren »Kontaktpersonen« hätten mit Entsetzen gehört, daß Ed sich nicht geehrt, sondern geängstigt, verwirrt und besorgt fühlte, daß er sich angewöhnt hatte, zu seinem Schutz im Lastwagen ein Gewehr zu haben. Der Schwindler behauptete: »Ich bin der Erwählte mit der Ewigen Wahrheit«; Ed hingegen fragte, wie Hunderte von anderen ehrlichen Zeugen in dieser Situation, einfach »Warum ich? Was soll das alles?«

Ich lernte Ed Walters als warmherzigen, entgegenkommenden Mann kennen, der gern lächelt und offensichtlich einen großzügigen Charakter hat. Er trägt lockiges, recht langes Haar und einen respektablen Bart, und die Eckigkeit seines Gesichts und die hohe Stirn erinnerten mich an Clint Eastwood – aber Eastwood in seiner sympathischeren Rolle als Politiker einer kalifornischen Kleinstadt. Ed hieß mich in seinem Haus willkommen und machte mich mit seiner Frau Frances und seiner dreizehnjährigen Tochter Laura bekannt. Alles wirkte ehrlich und gefestigt – die Familie, ihr Haus und Eds Betrieb. Er ist Bauunternehmer, und sein Büro zu Hause ähnelt dem eines meiner besten Freunde, der freiberuflicher Architekt ist. Alles war mir vertraut. Aufrisse und Grundrisse waren säuberlich an die Wände geheftet, Blaupausen stapelten sich in Rollen, sorgsam etikettiert, und ein recht abgenutzter Kopierer stand auf einem Arbeitstisch bei der Tür. Mir wurde klar, daß Ed all dies aufs Spiel gesetzt hatte, wenn er einen Schwindel veranstaltete – seine Frau, seine halbwüchsigen Kinder, seinen Ruf in der Gemeinde. Alles, was er in harter Arbeit und seiner achtzehnjährigen Ehe gewonnen hatte, würde weggefegt – aus welchem denkbaren Grund?

Am Tag vor meiner Rückkehr nach New York sagte Ed mir, nachdem seine anonym eingereichten UFO-Bilder in der Lokalzeitung erschienen waren, habe ein Buchverlag einen Kundschafter nach Gulf Breeze entsandt, um Nachforschungen über die Echtheit dieser Sichtungen anzustellen. Daraufhin hatte Ed ein umwerfendes Angebot von diesem Verlag bekommen, das einen sechsstelligen Vorschuß umfaßte, wenn er zustimmte, daß seine Geschichte und seine Fotos in Buchform veröffentlicht würden. Das Angebot enthielt ein Stichdatum, und Ed wurde unter Druck gesetzt, einen Vertrag zu unterschreiben. Er wollte wissen, was zu tun war, denn er war alles andere als sicher, daß er seine Identität offenbaren und dadurch riskieren mochte, sich lächerlich zu machen oder gar seinem Geschäft zu schaden. Er liebte die kleine, konservative Gemeinde Gulf Breeze und fühlte sich dort zu Hause. Sich in einem so kontroversen Thema wie UFOs zu engagieren konnte kurzfristig Vorteile und langfristig eine Katastrophe bewirken.

Ich antwortete, bevor ein Buch geschrieben werde, müßten drei Dinge gegeben sein. Erstens müsse der Fall gründlich untersucht werden; zweitens müßten die Originalfotos einem erstklassigen Fotoanalytiker zur sorgfältigen wissenschaftlichen Prüfung ihrer Echtheit übergeben werden; und drittens müsse Ed sich einem Lügendetektortest unterziehen. Dann, fuhr ich fort, wenn der Fall all diese Hürden nahm, könnte man mit dem einen oder anderen angesehenen Verlag über ein Buch verhandeln. Ich stellte diese Bedingungen als eine Art Test dar. Natürlich wußte ich, was ein Schwindler in diesem

Moment getan hätte – das sechsstellige feste Angebot wäre am selben Nachmittag unterschrieben gewesen. Aber mein Gespür für diesen Mann sagte mir, was er tun würde. Ed nickte und sagte, all dies – die langfristige Untersuchung, der Lügendetektor und die ausführliche Fotoanalyse – würde ihm einleuchten. Er würde das feste Angebot ablehnen und die intensive Untersuchung auf sich nehmen, wie ich sie umrissen hatte, eine Vorgehensweise, die nur ein ehrlicher Mensch akzeptieren konnte – einer, der nichts zu verbergen hatte.

Während ich bei Ed war, bemühte ich mich, soviel wie möglich zu erfahren, das Licht auf die Wahrheit oder Falschheit seiner Geschichte werfen konnte. Ich wanderte durch das Haus und suchte nach Hinweisen, daß Ed, seine Frau oder seine Kinder Geschick im Modellbau hatten oder Hobbyfotografen waren. Nirgends gab es Modelle, obwohl ein Konstrukteur und Baumeister sie ja nützlich finden könnte. Auch für Fotografie schienen sie kein Interesse zu haben. Mehrmals versuchte ich gezielt, die Stimmigkeit von Eds Bericht zu prüfen. Als wir eines Nachmittags in seinem Büro saßen, sagte er mir, wo er auf die Straße gefallen war, als ihn der blaue Strahl zum erstenmal losgelassen hatte. Einen Tag nach diesem Gespräch stand ich in seinem Vorgarten, deutete auf die Straße und zeigte auf eine Stelle etwa fünf Fuß neben dem Punkt, den er beschrieben hatte. »Also da wurden Sie fallen gelassen?« fragte ich, und sofort korrigierte er mich, ohne im geringsten den Eindruck zu machen, daß er sich an eine komplexe, erfundene Geschichte erinnern müsse. »Nein, da drüben war es«, sagte er und zeigte auf die Stelle, die er am Tag zuvor beschrieben hatte. Ein winziges Detail, natürlich, aber es illustriert eine wundervolle Bemerkung von Mark Twain: »Immer die Wahrheit sagen bedeutet, sich nie etwas merken zu müssen.« Ed wußte, wo das UFO ihn losgelassen hatte; es war etwas, das er nie vergessen würde.

Bei Dingen, die so dramatisch und potentiell so wichtig sind wie die Fotos von Gulf Breeze, gibt der Skeptiker in mir nicht so schnell auf. Das Ganze war fast zu einleuchtend, um wahr zu sein. Ich hatte immer vorausgesagt, wenn wir endlich gute UFO-Bilder aus der Nähe bekämen, würden sie sich unweigerlich als falsch erweisen; und offenbar geschah dies nun. Als ich bei meinem ersten Besuch von einem Fernsehsender aus Pensacola interviewt wurde, wies ich dennoch darauf hin, daß ich gegenwärtig geneigt sei, sowohl die Zeugenaussagen als auch die Fotos für echt zu halten, und zwar aus einem sehr zwingenden Grund: Ich hatte noch nicht den Schatten eines Zeichens für einen Schwindel gefunden. Ich stellte aber weiter fest, daß die Idee eines Schwindels nicht von vornherein abgewiesen werden sollte. Ein nicht ideologisch verblendeter Pragmatiker muß eine sorgsame Untersuchung anstellen und die Türen zu allen Möglichkeiten offenhalten – denn die wahren Jünger gleich welchen Glaubens werden immer geschäftig umherrennen und sie zuwerfen.

Leider geschah dies in Gulf Breeze, als einige Leute entschieden, die Fotos und die Augenzeugenberichte seien ein riesiger, durchorganisierter Schwindel, an dem vielleicht Dutzende von Beteiligten mitwirkten. Daß dieser Gegenangriff kam, ist kaum überraschend. Wir wissen aus Präzedenzfällen, daß das Phänomen UFO in vielen sonst klaren Köpfen immer Unbehagen oder gar Furcht geweckt hat. Die meisten von uns, auch angeblich neugierige Wissenschaftler, haben bequeme geistige Teppiche, unter die wir solche beunruhigenden Informationen gewohnheitsmäßig kehren. Unser Bedürfnis nach Grenzen – eine Sehnsucht nach dem Bekannten und Absehbaren – ist einfach ein zu starker, zu grundlegender menschlicher Zug. Die Fotos von Gulf Breeze waren zu beunruhigend und mußten um jeden Preis wegerklärt werden. Und man hat die Walters' sehr unsauber behandelt. Auf den Seiten dieses Buches geben Ed und Frances Walters einen persönlichen, absichtlich zurückhaltenden Bericht über den Schmerz, den sie durch weitverbreitete Angriffe erlitten haben. Der Triumph für die Walters', daß sie letztlich recht bekamen, ist zwar süß, kann aber nicht die Erinnerung an all die Beleidigungen und den Spott auslöschen, mit denen man sie und ihre Kinder überhäufte – gerade weil sie die Wahrheit sagten.

Der außergewöhnlichste Aspekt an den Ereignissen in Gulf Breeze sind die vielen ausgezeichneten UFO-Aufnahmen. Obwohl wir noch nie eine solche Serie hatten, sind uns viele Einzelheiten dieser Ereignisse aus früheren Vorfällen bekannt. In einer berühmten Entführung wurde 1975 Travis Walton – wie Ed – vor den Augen von sechs Kollegen von einem blauen Lichtstrahl aus einem schwebenden UFO getroffen. Der Strahl hob ihn hoch und ließ ihn dann wieder zu Boden fallen, woraufhin seine entsetzten Freunde in Panik fortfuhren. Als deren spätere Suche ergebnislos verlief, gingen sie zur Polizei und gaben Waltons Verschwinden an. Fünf Tage später wurde er gefunden, benebelt und gefährlich entwässert, mit bruchstückhafter Erinnerung, er sei in einem UFO gewesen und habe auf einem Untersuchungstisch gelegen. Wie Ed unterzogen sich auch Walton und seine Kollegen drei Monate nach seiner Entführung einem Lügendetektortest.

Die telepathische Kommunikation, die Ed Walters in seinem Buch so lebhaft beschreibt, wird ebenfalls oft von Menschen erwähnt, die sich in der Nähe von UFOs befunden hatten, und dient offenbar als eine Art Kontrollmechanismus. Meist wird jemand aus tiefem Schlaf geweckt, weil er seinen Namen rufen hört. Dann wird ihm oder ihr »befohlen«, in die Küche zu gehen, hinaus in den Garten, oder sogar ins Auto zu steigen und an eine bestimmte Stelle zu fahren, wo unweigerlich ein UFO wartet. Manchmal werden diese Befehle gefühlt statt in Worten gehört, aber die Wirkung ist die gleiche. Eds »summendes Geräusch«, ein Signal, das ihn zu den meisten seiner UFO-Begegnungen führte, ist also die Variation eines alten Themas.

Der Kreis aus totem Gras und merkwürdig verändertem Boden, der bei Eds Haus entdeckt wurde, ist ein weiteres Zeichen, das UFO-Forscher auf der ganzen Welt kennen. Dies Phänomen, das gewöhnlich bei UFO-Landungen beobachtet wird, stellt einen Bereich verläßlicher, prüfbarer, materieller Beweise dar. Hunderte solcher »Landespur«-Fälle sind über die Jahre untersucht worden; die Ergebnisse der verschiedenen Bodenanalysen, die bislang durchgeführt wurden, entsprechen weitgehend den Analysen des Bodens von Gulf Breeze. Doch auf einer mehr Besorgnis erregenden, menschlichen Ebene hat mich meine Forschung über das Phänomen der UFO-Entführungen zu der Entdeckung eines Musters von »Familienverbindungen« geführt. Ich lernte, daß offensichtlich auch andere Familienmitglieder studiert oder beobachtet werden, wenn ein Mann oder eine Frau zum Gegenstand der Neugier von UFOs wird. Ed und sein älterer Bruder waren anscheinend beide Objekte der Neugier, wie der Leser erfahren wird. Auf meinen Reisen in die Region am Golf von Mexiko habe ich fünf weitere Familien entdeckt, die offenbar in der gleichen schlimmen Lage waren. Drei Familien berichteten darüber, bevor die Ereignisse in Gulf Breeze bekannt wurden, doch scheinen eigene Beziehungen zu Aspekten in Eds Fall zu bestehen. In einem Fall, einer erschreckend nahen Begegnung mit einem tieffliegenden UFO 1974, schien die Beschreibung des Flugkörpers den Objekten, die auf Eds Fotos zu sehen sind, bemerkenswert ähnlich. Die Begegnung der Walters' mit den UFOs kann demnach einerseits als Entsprechung zu historisch beobachteten und berichteten UFO-Verhaltensmustern gelten – und andererseits, aufgrund der Fotos, als Abweichung von diesen Mustern. Es sieht so aus, als ob ein sehr vertrautes Phänomen sich zu verändern beginnt, und zwar in und um Gulf Breeze, Florida.

Der Bericht, den Ed und Frances Walters auf diesen Seiten vorlegen, ist anders als alles, was bislang zu diesem bizarren, beunruhigenden Thema veröffentlicht worden ist. Hier findet man nicht die kunstreiche Konstruktion des professionellen Journalisten, die trockene Objektivität des UFO-Forschers oder die unverdauliche Mystik des entführten Romanciers. Was Ed und Frances uns statt dessen gegeben haben, ist eine klare, rührende Familiensaga, die Geschichte von einem Mann, seiner Frau und seinen Kindern, die lernen, mit dem Unvorstellbaren fertig zu werden. Vielleicht ist kein Augenblick in dieser sehr menschlichen Erzählung typischer und aufschlußreicher als der Abend kurz nach Weihnachten, als die Familie Walters zusammen entgeistert auf ein UFO starrte, das nur ein paar Meter hinter ihrem Haus schwebte. Ed schlüpfte still mit seiner Videokamera hinaus, um das Schauspiel aufzunehmen, während Frances ihre verängstigte Tochter tröstete und ihren Sohn daran hinderte, seinem Vater auf der hinteren Veranda tapfer beizustehen. Die dreizehnjährige Laura und ihr Bruder Dan sahen zum erstenmal ein UFO. Beide wußten, daß dieses unirdische Objekt – oder ein ganz ähnliches – ihren Vater einmal in einem offensichtlichen Entführungsversuch vom Boden gehoben hatte. Frances' eigene, beginnende Panik wurde in diesem Moment durch den instinktiven Drang gedämpft, ihre Kinder zu schützen und ihnen zu versichern, daß ihrem Vater nichts geschehen, daß er ihnen nicht weggenommen werden könnte. Ihr Bericht handelt nicht so sehr von einer UFO-Begegnung als vielmehr von einer Familienkrise, erzählt mit der Art Emotion, die leider jeder von uns irgendwann einmal erlebt hat.

Meine eigene Tochter Grace ist nur ein Jahr älter als Laura Walters. Als ich Laura zum erstenmal befragte, konnte ich nicht umhin, an die ähnliche Unschuld und Verletzlichkeit meiner Tochter zu denken. Ich merkte, daß ich egoistisch dankbar dafür war, daß Grace nicht die gleichen traumatischen Ereignisse erlitten hatte wie die Kinder von Ed und Frances. Es ist praktisch unmöglich, Laura erzählen zu hören und nicht die Not und Angst zu spüren, die ihre Worte kaum verbergen.

Und dies ist die endgültige, tragische Seite der Geschichte von Gulf Breeze. Wie gutartig oder »wissenschaftlich« seine letzten Zwecke auch sein mögen – das Phänomen der UFOs hat unweigerlich unschuldigen Menschen Schmerz und Schrekken gebracht; einem anständigen Mann, seiner liebenden Frau und seinen Kindern und zahllosen anderen in kleinen und großen Städten, in Staaten wie Florida und Indiana und Kalifornien und in Ländern in jedem Erdteil. Ed und Frances Walters verdienen unsere tiefe Dankbarkeit dafür, daß sie uns die erschütternde Geschichte ihrer Familie mitteilen – und daß sie die fotografischen Beweise vorlegen, die aus ihrer Geschichte die harte, unausweichliche Wirklichkeit machen.

Budd Hopkins
Wellfleet, Massachusetts, 1988

Das fotografische Beweismaterial

Ein Philosoph hat einmal gesagt: »Ein Bild ist tausend Wörter wert!« In unserer hochtechnisierten Gesellschaft, wo aus Science-fiction Tatsachen und aus Phantasien Wirklichkeiten werden, setzen wir höhere Maßstäbe der Untersuchung, bevor der Stempel der Echtheit berechtigt sein kann. Die Fotos von Gulf Breeze haben einen solchen Echtheitsstempel eindeutig verdient.

Der Echtheitsbeweis des Fotomaterials erforderte den Sachverstand vieler bekannter Fachleute; unter ihnen waren Dr. Bruce Maccabee, Physiker für zivile Optik bei der US-Marine, und technische Spitzenexperten von der Firma Polaroid. Dr. Maccabee führte die erste Analyse durch; er verwendete dabei allgemein anerkannte Vermessungstechniken und Geräte zur optischen oder digitalen Verstärkung.

Da der Hauptteil des Fotomaterials Polaroid-Originalbilder waren, was in UFO-Archiven recht ungewöhnlich ist, wurde ich beauftragt, den einzigartigen chemischen Prozeß von Polaroid-Positiven und abziehbaren Negativen zu definieren sowie eine Grundlage für die Untersuchung zu entwickeln. Die größte Schwierigkeit in der Analyse hatte mit der Tatsache zu tun, daß die Originalbilder äußerst dunkel und die anomalen UFO-Abbildungen generell recht klein sind. Um dies Problem zu lösen, wurde ein unabhängiges Projekt gestartet, um die Originale mit Techniken abzufotografieren, die die Bilder insgesamt aufhellen und die Gegenstände darauf vergrößern.

Meine Kriterien für die Analyse umfaßten die Auswertung der Wirkung von überschrittenen Haltbarkeitszeiten für den Film (bei den ersten neun Fotos), eine gründliche Prüfung und Identifizierung verschiedener Fehler an Filmen und eine detaillierte Untersuchung der verwendeten Kameras, um zu bestimmen, a) welche Ursachen die an den Bildern entdeckten Fehler in der Emulsion hatten und b) ob Techniken der doppelten Belichtung möglich waren, falls dies behauptet wurde. Die Untersuchung umfaßte eine Serie von Experimenten, die sieben Monate dauerte und auswerten sollte, wie der Filmtyp verarbeitet und verpackt wurde. Viele Experimente wurden mit dem Fotografen der Originale gemacht, und mehrere wurden an genau demselben Ort durchgeführt, an dem die Originale aufgenommen worden waren.

Zusätzlich zur der fotografischen Analyse von Polaroid, die mit Hilfe des Berufsfotografen Richard A. Vandenberg durchgeführt wurde, benutzte ich meine frühere Qualifikation als Flugspezialist, um Zugang zu den Fernsehproduktionsstudios des Goddard Space Flight Center (Raumfahrtzentrum) der NASA in Greenbelt, Maryland, zu bekommen. Der Elektronikingenieur Edward Weibe und ich führten eine fünfmonatige Analyse des Videobandes durch, das ein fliegendes UFO hinter dem Gymnasium von Gulf Breeze zeigt. Die Omega-Studios in Rockville, Maryland, und das Noise Cancellation Technology Center (Zentrum für Techniken der Löschung von Geräuschen) in Columbia, Maryland, wurden eingesetzt, um mit Hilfe des auf Akustik spezialisierten Physikers John Gardner den Tonteil des Videobandes akustisch zu analysieren.

Die unvermeidliche Schlußfolgerung: Die Fotos auf den folgenden Seiten zeigen echte physische Gegenstände unbekannter Herkunft. Die Analysen haben die annähernden Größen- und Entfernungsverhältnisse zur Umgebung ergeben. Die Verschiedenheit der Geräte, mit denen die Gegenstände fotografiert wurden, läßt nur sehr wenig Wahrscheinlichkeit für einen gigantischen Betrug übrig. Meine einjährige Charakteranalyse des Mannes, der die Originale aufgenommen hat, räumt für mich jede Möglichkeit aus, daß er zu einem solchen Betrug fähig wäre. Meiner Einschätzung nach wird das Beweismaterial der Zeit standhalten.

Bob Oechsler
Annapolis, Maryland

Diese Fotos entstanden am frühen Abend, frühen Morgen oder späten Abend; die meisten sind sehr dunkel, und viele Einzelheiten sind sehr schwer zu erkennen.
Die entsprechenden Kopien und Vergrößerungen sind durch Foto-Experten verstärkt worden. Durch eine intensive Beleuchtungstechnik sind die Originale aufgehellt worden; die dadurch sichtbar gewordenen Einzelheiten halfen der Analyse. Diese Technik läßt das UFO viel heller erscheinen, als es wirklich war, verändert das Bild aber sonst nicht.
Durch Nebeneinanderstellung von Originalen und verstärkten Kopien wird deutlicher, daß das UFO im Vergleich mit dem erheblichen Leuchten der Kopien tatsächlich recht matt war.
Es sind eine Menge Emulsionsstreifen und Fehler (weiße Punkte) zu sehen, die die Walzen der 17 Jahre alten Polaroid-Kamera verursacht haben. Diese Fehler werden durch die Dunkelheit der Originale noch betont; sie wurden von Polaroid-Chemikern identifiziert und sollten nicht als Teil der Bilder angesehen werden.

11. NOVEMBER 1987

Erste Sichtung – Erfolgloser Entführungsversuch

Veterans Day – etwa 17.00 Uhr

Gulf Breeze ist eine Kleinstadt in Westflorida, auf drei Seiten von Wasser umgeben und an der vierten durch einen Nationalpark abgeschirmt. Unsere Gemeinde ist geschaffen für Familienleben... Parks, Wassersport, öffentliche Sportplätze, Tennisplätze... und all das teilen wir mit nur 6000 Personen.
Ich wohne seit fünf Jahren mit Frau und Kindern hier, und wir alle finden es herrlich. Die Bürger von Gulf Breeze sind zwar nicht so konservativ wie einige Leute in der Umgebung, aber doch alles andere als liberal. Im großen und ganzen sind sie religiös, familienorientiert und fleißig. Ich bin immer froh gewesen, diese Leute Freunde und Nachbarn zu nennen.
Den Anwohnern wäre es sicher lieber gewesen, wenn das UFO sich auf der anderen Seite der drei Meilen langen Bay Bridge gezeigt hätte, in Pensacola. Schließlich sind in Pensacola der Marineflughafen und zahlreiche Flugübungsplätze. Oder es hätte 30 Meilen nach Westen gehen können, zum Flugplatz Hulburt, oder etwas weiter bis zur Eglin AFB, dem größten militärischen Sperrgebiet im Südosten. Aber es war Gulf Breeze.
Als Konstrukteur und Baumeister habe ich immer mit den praktischen Details von allen Problemen zu tun gehabt. Jedes Buch in meinem Büro hat mit meinem Beruf zu tun, der mich total in Anspruch nimmt. Ich hatte nie über außerirdische Phänomene spekuliert oder über UFOs nachgedacht. Tatsäch-

lich hatte ich immer über die Leute gelacht, die sagten, sie glaubten an grüne Männchen. Meine Einstellung war: Ich glaube an das, was ich sehe. An jenem Novemberabend saß ich an meinem Schreibtisch und hatte keinen Grund, anzunehmen, ich müßte mir je Gedanken um ein UFO machen. Es war ungefähr Zeit zum Abendessen. Meine Frau Frances kam kurz ins Büro, um mir zu sagen, daß sie noch etwas einkaufen mußte. Sie wollte es holen und gleich zurück sein.

Meine zwölfjährige Tochter war noch draußen – ich nahm an, mit einer Freundin aus der Nachbarschaft. Ich machte mir keine Sorgen. Einwohner jeden Alters sind lange nach Einbruch der Dunkelheit auf unseren Straßen. Gulf Breeze ist ein solcher Ort. Mein Sohn, der die letzte Klasse der High School besucht, war im Fernsehzimmer und hatte den neuen großen Fernseher auf die höchste Lautstärke gedreht. Es war für uns alle ein typischer Abend.

Ich hörte, wie Frances ihren Kombi anließ, rückwärts hinausfuhr und zum Einkaufen fortfuhr. Ich sah nicht auf. In unserer stillen, wenig befahrenen Straße brauchte ich mir keine Sorgen um sie zu machen. Hätte ich mir die Mühe gemacht, hinauszusehen, so hätte ich nur denselben vertrauten Blick gehabt wie jeden Tag. Das Fenster geht nach Westen, man übersieht unseren Vorgarten und seine große, runde Einfahrt. Mein Lieferwagen war links geparkt. Auf der anderen Straße steht das Ziegelhaus eines Nachbarn. Die Mitte unseres Gartens nimmt eine neun Meter hohe Kiefer mit kurzen Nadeln ein. Ihre recht vollen Zweige sitzen nur an den oberen drei Metern des Stammes.

Einige Minuten später sah ich doch zufällig hinaus. Meine Augen erhaschten eine kleine Bewegung von Licht zwischen den Ästen der Kiefer. Ich richtete mich auf und lehnte mich über meinen Schreibtisch, um besser sehen zu können. Es war noch hinter dem Baum, aber ich konnte jetzt sehen, daß das Schimmern ungewöhnlich war – ganz anders als alle gewöhnlichen Flugzeuge und Helikopter, die den Himmel mit ihrem Kommen und Gehen vom Marineflughafen gegenüber an der Bucht bevölkern.

Ich konnte durch die Kiefernzweige noch immer nicht deutlich genug sehen, um meine Neugier zu stillen. Ich ging zur Vordertür und öffnete sie. Was ich gesehen hatte, war noch immer hinter dem Baum. Aber jetzt war mir klar, daß dieser schimmernde, blaugraue Flugkörper anders war als alle, die ich bisher gesehen hatte.

Dies kam direkt aus einem Spielberg-Film, der irgendwie aus dem Filmstudio entwischt war. Es war unmöglich, aber da war es, schimmernd und gleitend wie eine Wolke. Eine Stille war in der Luft. Ich starrte auf das Flugobjekt, und die Haare auf meinen Armen stellten sich auf. Dies war kein irregeleiteter Filmtrick. Da ich wußte, daß niemand mir ohne Beweise glauben würde, rannte ich zurück in mein Büro und schnappte mir die alte Polaroid-Kamera, die ich so oft auf meinen Baustellen benutzte. Schnell trat ich wieder hinaus auf die kleine Vorderveranda. Ich schoß meine erste Aufnahme, Foto Nr. 1, als das Flugobjekt hinter der Kiefer hervorkam.

Das Flugobjekt war noch immer teilweise von einem Ast verdeckt. Ich nahm die Kamera vom Auge, um besser sehen zu können. Mein Verstand sagte mir, daß es irgendeine vollkommen logische Erklärung für das Ganze gab. Meine Augen sagten mir etwas, das ich absolut nicht glauben wollte. Dies war ein UFO, etwas, das wir alle sehen möchten, von dem wir aber nicht glauben, daß es wirklich erscheinen wird.

Mein Hirn war betäubt. Ich war völlig vor den Kopf geschlagen. Dies war ein UFO. Mir fiel fast die Kamera aus der Hand. Meine ganze Aufmerksamkeit konzentrierte sich auf eine offensichtliche Energiequelle, die ein helleres Leuchten ausstrahlte als irgendein irdisches Flugzeug.

Aber daß ein UFO langsam auf eine friedliche Wohngegend herabsank, ergab keinen Sinn. Warum war es so nah am

Boden? Sicher würde es jemand sehen. Wenn seine Besatzung beobachtete oder fotografierte, konnten ihre Geräte das sicher aus viel größerer Höhe tun. Hatten sie irgendwelche mechanischen Probleme? War dies ein Experimentierflugzeug des amerikanischen Militärs?

Wenn Sie die Augen schließen und sich ein UFO vorstellen, würden Sie das erwarten, was ich sah. Die Bilder, die ich aufgenommen habe, sind scharf, aber es ist nicht dasselbe, wie wenn man es selbst sieht. Es selbst zu sehen war ein beeindruckendes, unvergeßliches Erlebnis.

Das UFO war mindestens so breit wie die Häuser darunter, aber sicher dreimal so hoch, und es glitt ohne den geringsten Laut dahin. Es gab kein Summen, keinen Wind, keine einzige Störung in der Luft, der Bäume oder der Häuser, über die es flog. Es drehte sich nicht, und so sah ich nie alle Seiten, nur was auf den Fotos ist.

Ich schätzte es auf 70 Meter über dem Boden, mit 20 Metern Durchmesser und zwölf Meter von der oberen Kuppel bis zum unteren Ende des »Energielichts«. (Später zeigte sich, daß das UFO nicht annähernd so groß war. Weil ich aber nichts zum Vergleichen hatte und nicht wußte, wie weit weg es eigentlich war, konnte ich bei der Größe unmöglich sicher sein. Meine Aufregung war auch nicht hilfreich.)

Eine Menge kleiner Einzelheiten kommen auf den Bildern nicht heraus. In der Mitte zwischen den großen, schwarzen Vierecken, die wie Fenster aussehen, waren kleine Öffnungen, die mich an Bullaugen erinnerten. Einige der Bullaugen waren beleuchtet, andere nicht. Es gab auch Rauten zwischen einigen der großen schwarzen Vierecke, und um den Rumpf verliefen eindeutig horizontale Linien, die man auf den Fotos nicht sieht (vgl. Zeichnung auf S. 129).

Das »Energielicht« an der Unterseite verschwand manchmal fast, bis auf die Mitte der Unterseite, die hell blieb. Und die helle Kuppel oben schien auf und ab zu gehen. Ich erinnere mich, daß ich sie hoch über dem Flugkörper sah, vielleicht drei Meter, aber die Fotos zeigen sie viel niedriger.

Fasziniert von dem Anblick über mir, schrie ich nach Frances; dann fiel mir ein, daß sie fort war. Der Gedanke, daß das UFO mich belästigen könnte, kam mir überhaupt nicht. Ich war im Vorgarten, voll im Blickfeld, und dachte nicht daran, mich vor dem Flugobjekt zu verstecken. Es zu sehen und zu fotografieren war eine einmalige Chance. Und die Polizei? Sollte ich anrufen und dies melden? Ich blieb lieber stehen. Zuerst mußte ich mehr Bilder aufnehmen. Ich sah nach Nordwesten, und das Flugobjekt glitt langsam in Richtung Ostnordost, als ich den nächsten Schnappschuß machte, Foto Nr. 2. Ich ging vorwärts, herunter von der Veranda, um noch einmal zu fotografieren. Das UFO änderte die Richtung nach Ostsüdost, direkt auf mich zu. Ich schoß die letzten Bilder im Filmpaket, die Fotos Nr. 3 und Nr. 4.

Ich stolperte zurück ins Haus und fummelte mit einer neuen Schachtel Polaroid-Film herum. Ich lud den neuen Film in die Kamera, während ich wieder hinausrannte. Jetzt raste mein Herz, und meine Hände zitterten so schlimm, daß ich fast die Kamera fallen ließ. Ich zwang mich, sie ruhig zu halten, und schoß ein weiteres Foto, Nr. 5, in dem Bewußtsein, daß das UFO mir näher kam. Als ich die Kamera sinken ließ, drohten meine Knie nachzugeben. Ich konnte das »Energielicht« deutlich sehen, und ich rannte auf die Straße hinaus, um von direkt unterhalb hineinzufotografieren.

Was für ein Anblick. Der innere Ring der Energiequelle bebte und pulsierte vor Energie. Es hätte wie ein Jumbo-Jet dröhnen sollen, aber es gab keinen Laut von sich. Der äußere Ring glühte hellweiß. Ich war überwältigt. Wie kann ich es erklären? Es war, wie wenn eine Menschenmenge ein besonderes Feuerwerk sieht, und alle sagen »Aaahh!« Mein ganzer Körper schrie »Aaahh!«

Wums! Irgend etwas traf mich. An meinem ganzen Körper. Ich

versuchte, die Arme zu heben, um mit der Kamera zu zielen. Ich konnte sie nicht bewegen. Sie waren blau. Ich war blau. Alles war blau. Ich war in einem blauen Lichtstrahl. Der blaue Strahl hatte mich getroffen wie eine Druckwelle. Er drückte mich fest, gerade so fest, daß ich mich nicht bewegen konnte. Ich schrie, mein Mund war halboffen eingefroren, aber der Laut war hohl. Tot, wie in einem Vakuum. Ich konnte nicht einmal meine Augen oder Lider bewegen. Ich glaubte zu sterben. Ich versuchte zu atmen, Luft war da, aber meine Brust weitete sich nicht. Ich mußte japsen, um genug Luft zu bekommen, jeder Atemzug flach. Das war's... Ich starb. Mein Hirn wurde gequetscht, und ich hatte das Gefühl, es würde aufbrechen. Die rechte Seite meiner Stirn fühlte sich an, als hätte ich ein Messer drin, das bis zur Rückseite meiner Augenhöhle drang. Keine Luft... ich brauchte mehr Luft. Voller Panik rang ich nach Luft.

Soweit ich es sagen kann, dauerte all dies weniger als 20 Sekunden. Dann hoben sich meine Füße vom Boden. Ich schrie. Eine Stimme dröhnte in meinem Kopf.

»Wir werden dir nichts tun.«

Ich schrie wieder. Die tiefe, computerähnliche Stimme sagte: »Beruhige dich.«

Aber sie war in meinem Kopf, nicht in meinen Ohren.

Ich schrie, so gut ich konnte: »Laßt mich runter!«

Ein paar Sekunden vergingen, und ich wurde langsam vom Straßenpflaster weggehoben. Ein Traum? Nein, verdammt! Dies war wirklich. Das Schlimmste war die Hilflosigkeit. Keine Kontrolle – nur ein durchdringender Geruch, ein wenig Ammoniak, gemischt mit schwerem Zimtgeruch, der mir im Rachen hängenblieb.

Mein Herz pumpte so hart, daß ich sein Klopfen gegen meine unbewegliche Brust fühlte. Ich spürte, wie das klopfende Vibrieren mir in die Beine ging.

Die Stimme dröhnte: »*Hör auf.*«

Ich schrie: »Scheißkerle!«
All dies geschah schnell. Jetzt war ich etwa 60 Zentimeter über der Straße. Ich japste nach Luft, aber der Geruch stach mir in die Lunge. Ich fühlte, daß ich langsam das Bewußtsein verlor, und ich schrie.
Der Schrei war schwarz und stumpf, gerade außerhalb meines Mundes. Fast so, wie es sich anfühlt, wenn man tief zum Boden eines Schwimmbeckens taucht und der Druck alles dicht bei einem hält, selbst die eigene Stimme. Die Stimme kam wieder, aber jetzt schien sie weiblich zu sein. Ein leichtes Summen erfüllte meinen Kopf. Plötzlich kam aus meinem Kopf die deutliche Vision eines Hundes. Dann noch eine und noch eine. Ich war verwirrt. Was sind diese Hunde? Schnelle Bilder, eins nach dem anderen, immer weiter. Mir schien fast, als könnte ich Worte unter den Hundebildern sehen. Etwas schoß Hundebilder in meinen Kopf, als würden die Seiten eines Buches durchgeblättert. Das Summen hielt an. Ich hatte das Gefühl, einen Meter über dem Boden zu sein.
Krach! Ich schlug hart auf das Pflaster und fiel vorwärts auf die Knie. Das blaue Licht war fort. Das Summen war noch in meinem Kopf, wurde aber schnell schwächer und verschwand wie das Summen eines schnellen Autos, das vorbeirast. Ich sackte mitten auf der Straße bäuchlings zusammen und füllte meine Lunge mit wirklicher Luft. Mein Magen drehte sich um, ich würgte und versuchte, mich nicht zu übergeben.
Ich hörte ein Flugzeug vorüberfliegen. Ich drehte mich auf den Rücken. Keine Spur von dem UFO. Nur das eine Flugzeug im Norden flog nach Westen zum Marineflughafen.
Das Flugzeug hatte mich offenbar vor der Entführung gerettet. Es blieb auf Kurs. Es war einfach zufällig zur rechten Zeit vorbeigekommen. Ich fragte mich, ob der Pilot etwas gesehen hatte. Meine Nachbarn mußten taub sein. Wie konnten sie nicht sehen und hören, was geschehen war. Ich stand auf und rief: »He, kann mich jemand hören?«

Noch einmal... nichts.
Ich rief nach meinem Sohn, aber er antwortete nicht. Später stellte ich fest, daß er trotz der Lautstärke des Fernsehers auf dem Sofa im Fernsehzimmer eingeschlafen war. Wie meine Nachbarn hatte er nichts gehört oder gesehen.
Ich warf einen angstvollen Blick zum Himmel, sah aber nichts Ungewöhnliches. Zweifel schossen durch meinen Kopf. War ich übergeschnappt? War es eine Halluzination? Nein, verdammt! Ich hatte es gesehen. Ich hatte es fotografiert.
Die Bilder waren auf der Erde verstreut, lagen dort, wo ich sie aufgenommen und fallen gelassen hatte. Ich hatte angefangen, sie mit zitternden Händen einzusammeln, als Frances um die Kurve kam. Sie fuhr vorbei in die Garage und kam dann heraus, um zu sehen, was ich da tat. Bevor ich irgend etwas sagen konnte, fragte sie: »Was ist das für ein gräßlicher Geruch?«
Dieser Gestank nach Ammoniak und Zimt hing immer noch an mir. Ich sah zu ihr auf, und sie merkte wohl an meinem Gesichtsausdruck, daß etwas geschehen war.
»Ed, was ist los mit dir?«
»Nicht hier, gehen wir rein.« Ich weiß nicht, ob ich ins Haus wollte, um dem Flugobjekt zu entgehen, falls es noch einmal käme, oder damit niemand hörte, was ich zu sagen hatte. Wahrscheinlich ein wenig von beidem.
Mein Herz raste noch immer, als wir hineingingen. Ich setzte mich an die Frühstückstheke in der Küche. Frances brachte mir ein Glas Eistee und sah mir dann über die Schulter, während ich die Bilder aufzog.
Da war es, auf dem Film. Es war nicht meine Vorstellung gewesen oder irgendeine Halluzination. Was ich gesehen hatte, war wirklich. Ein tröstlicher Gedanke war das nicht.
Die Bilder ließen mich alles noch einmal erleben, die Aufregung und die Angst. Ich brauchte ein paar Minuten, bevor ich anfangen konnte zu erzählen. Je mehr ich mich an die Einzel-

heiten erinnerte, desto wütender wurde ich. Wie konnte ich jemals jemanden dazu bringen, mir zu glauben? Die Bilder zeigen? Vielleicht. Sie sahen schon gut aus. Aber meine eigene Frau sah mich an, als wäre ich verrückt, und sie hatte sie schon gesehen. Das konnte ich ihr wirklich nicht zum Vorwurf machen. Hätte mir jemand eine solche Mär erzählt, hätte ich wahrscheinlich gelacht. Aber verdammt noch mal, dies war echt. Ich wußte, daß es echt war. Es war mir zugestoßen.

Es war nicht so, daß Frances mir nicht glaubte. Sie wollte es einfach nicht wahrhaben. Der Gedanke, daß Außerirdische nicht nur existierten, sondern umherstreiften und Leute entführten, war etwas, das wir beide nicht zugeben wollten. Aber der Beweis lag direkt vor uns. Die Fotos und der Geruch, der noch in meinen Kleidern hing, ließen sich nicht wegerklären. Wenn nur jemand anderes das Flugobjekt auch gesehen hätte. Aber wie konnte ich das feststellen? Ich hatte nicht vor, jemanden zu fragen, und ebensowenig, zur Polizei zu gehen. Ich wollte nicht, daß mein Name in ihren öffentlichen Berichten mit einem UFO in Verbindung kam.

Am meisten Sorgen machte mir, was andere Leute über meine Glaubwürdigkeit denken würden, wenn ich meldete, was geschehen war. Ich würde vielleicht bekannt als der verrückte Bauunternehmer, der UFOs sah. Das wäre nicht gerade toll fürs Geschäft. Würden Leute, mit denen ich an verschiedenen kommunalen Projekten zusammenarbeitete, beschließen, daß sie meine Hilfe nicht mehr brauchten? Und unsere Freunde – meine, die meiner Frau und meiner Kinder? Wie würden die reagieren?

Frances und ich besprachen, was zu tun sei.

Zuerst dachten wir, wir würden es für uns behalten, es niemandem sagen. Aber wenn nun dieses UFO weiter in unserer Gemeinde herumflog? Waren wir nicht unseren Freunden und Nachbarn gegenüber verpflichtet? Was, wenn unsere Tochter da draußen gewesen wäre, oder ein anderes Kind? Wären sie entführt worden? Wir kamen zu dem Schluß, daß wir es nicht verschweigen konnten.

Mein erster Gedanke war, die Fotos an den *Sentinel* zu schikken, unsere lokale Wochenzeitung, und in einem anonymen Brief zu erklären, was geschehen war. Aber ich fürchtete, daß niemand das ernst nehmen würde. Ich befand, daß ich sie selbst hinbringen mußte.

Frances war dagegen. Was, wenn der *Sentinel* es ablehnte, meine Identität geheimzuhalten? Sie und ich konnten mit allem fertig werden, was die Leute über den »Spinner« sagen würden. Aber um unsere Kinder machte sie sich Sorgen, besonders um unsere Tochter. Unser Sohn würde im nächsten Jahr im College sein, aber unsere Jüngste hatte noch fünf Jahre Schule vor sich, und Kinder können grausam sein. Erwachsene können es auch. Wir beschlossen, es noch zu überdenken, bevor wir irgend etwas taten.

11. November – Frances' Bericht

Wie so oft bei uns bedeutete die heranrückende Essenszeit einen verrückten Sprint zum Laden, weil irgend etwas vergessen worden war. Ich weiß nicht mehr, was es an diesem bestimmten Abend war. Ich sagte Ed einfach, ich müßte noch mal losfahren.

Es waren etwa sieben Minuten Fahrt zum Laden und zurück. Aber ich konnte nie hingehen und nur das eine kaufen, was mir gefehlt hatte. Bis ich zur Kasse kam, hatte ich mindestens sechs oder sieben weitere Sachen eingekauft.

Es war fast dunkel, als ich zurückfuhr. Zu der Tageszeit fahre ich nicht gern. Ich kann dann nicht so gut sehen, und deshalb beobachtete ich die Straße vor mir genau, achtete auf Kinder mit Fahrrädern oder eine der vielen Katzen, die in unserer Straße leben.

Wäre ich nicht so davon beansprucht gewesen, die Straße zu beobachten, hätte ich vielleicht zum Himmel geschaut und das UFO gesehen. Statt dessen fuhr ich um die letzte Kurve vor unserem Haus und sah nur Ed, der etwas aufhob, das ich für Papierstücke hielt.

Ich drückte auf den Öffnungsknopf für die Garagentür und fuhr hinein. Ich parkte, stieg mit meiner Tüte voller Lebensmittel aus und ging zu Ed, um ihn zu fragen, was er da tat. Als erstes merkte ich, daß die Papierstücke Polaroid-Fotos waren. Ich hatte keine Ahnung, warum Ed Schnappschüsse über den ganzen Garten verstreut haben konnte. Dann bemerkte ich den Geruch, einen seltsamen, gräßlichen, beißenden Geruch. Er war süßlich, aber auch wieder nicht. Er war säuerlich, aber nicht genau. Und er war nicht in der Luft. Er kam von Ed.

Ich fragte ihn, was das für ein Geruch sei, und er sah auf zu mir. Da wußte ich, daß irgend etwas nicht stimmte. Er keuchte, als wäre er gerannt. Aber es waren die aufgerissenen, angstvollen Augen, die mich erschreckten. Ed war immer mein Vorbild für Standfestigkeit gewesen, von dem ich wußte, daß er mich immer sicher bewahren würde, was auch geschah. Ihn so erschüttert zu sehen war niederschmetternd.

Auf meine Fragen, was los war, was passiert war, antwortete er schnell: »Nicht hier, drinnen!« Ich hob das letzte Foto auf, und wir gingen durch die Garage in die Küche. Ich stellte meine Tüte auf den Tisch. Ed setzte sich an die Frühstücksbar.

»Würdest du mir ein Glas Tee eingießen?«

Endlich! Etwas Normales. Vielleicht würde er jetzt erklären, was los war. Ich setzte ihm den Tee vor und fragte ihn, was passiert sei.

»Einen Augenblick, ich will erst diese Bilder abziehen.«

Ich stand hinter ihm und sah ihm über die Schulter, als er die Fotos auseinanderzog, eines nach dem anderen. Was da herauskam, Bild nach Bild, war unglaublich. Ed legte die ersten fünf Fotos auf die Frühstückstheke und starrte sie ein paar

Minuten lang nur an, bevor er begann zu beschreiben, was geschehen war.
Irgendwann setzte ich mich auf einen der anderen Stühle, wie vor den Kopf geschlagen. Es war schwer zu glauben, aber die Fotos lagen direkt vor mir. Und Ed war offensichtlich erschüttert. Je weiter er mit seiner Geschichte kam, desto aufgeregter wurde er, besonders als er mir von dem blauen Strahl erzählte.
Plötzlich wurde mir klar, daß ich den Kopf schüttelte, als wollte ich alles verneinen, was er mir erzählte. Ich dachte eigentlich nicht, daß er log, aber solche Dinge geschahen einfach nicht. Nicht in Gulf Breeze. Nicht meiner Familie. Aber obwohl ich es nicht glauben wollte, konnte ich es nicht abweisen. Der Beweis war vor meiner Nase. Ich konnte ihn sehen. Und ich konnte ihn riechen. Ed und ich hatten eine lange »Erörterung« darüber, was wir tun sollten. Ich stimmte ihm zu, daß irgend jemand es wissen sollte. Das Schwierige war die Methode. Die Zeitung? Der Fernsehsender? Die Polizei? Das war das Problem. Wer? Und wie?
Ich wollte unter keinen Umständen, daß Ed sagte, er hätte die Fotos aufgenommen. Und von dem blauen Strahl zu sprechen war völlig ausgeschlossen. Er stimmte aus vollem Herzen zu. Wir konnten uns beide vorstellen, was dann los sein würde – was die Leute vielleicht sagen und ihre Kinder an unsere weitergeben würden. Fall für die Klapsmühle, Verrückter und Spinner waren nur einige der Dinge, die uns einfielen.
Gulf Breeze ist ein wunderbarer Ort voll warmherziger, liebevoller Menschen. Menschen mit besonders hohem Bildungsniveau im Staat Florida. Aber ich war mir nicht sicher, was sie über einen Typ denken würden, der fliegende Untertassen sah, und ich wollte es auch nicht wissen.
Schließlich entschieden wir, es als erstes unseren eigenen Kindern zu sagen. Vor dem Essen zeigten wir ihnen die Fotos, und ihr Daddy erzählte ihnen seine Geschichte. Sie waren

bestürzt, aufgeregt und ein bißchen verängstigt – besonders Laura.

Dan tat es leid, daß er Ed nicht hatte schreien hören, so daß er ihm hätte helfen können. Ich sagte ihm, er wäre wahrscheinlich auch von dem blauen Strahl erfaßt worden. Laura sagte, sie würde wohl lieber nicht mehr so spät herumlaufen. So brauchte ich ihr nicht zu sagen, daß ich das schon für sie beschlossen hatte.

Wir erklärten den Kindern, daß wir die Leute irgendwie über das UFO informieren müßten, daß aber niemand wissen sollte, wer die Fotos geschossen hatte. Sie willigten beide ein, niemandem etwas zu sagen. Sie wollten ebenfalls nicht, daß diese Tatsachen sich überall herumsprachen.

Ed ging duschen. Ich machte das Abendessen fertig und steckte dann seine Kleider in die Waschmaschine, während wir aßen. Später wünschte ich, ich hätte das nicht getan. Es hätte wichtige Spuren daran geben können. Aber in diesem Moment wollte ich nur versuchen, alles so normal wie möglich zu machen. Wir alle spürten die Nachwirkungen von Eds erschreckender Begegnung.

Die Kinderzimmer liegen von unseren Zimmern aus gesehen ganz am anderen Ende des Hauses. Das hatte Laura zuvor nie gestört. Aber als ich ihr sagte, es sei Zeit fürs Bett, fragte sie mich, ob Dan in seinem Schlafzimmer lernen würde. Ich versicherte ihr, daß er dort sein würde, und daß ich die Gegensprechanlage auf Überwachung stellen würde, so daß ich hören konnte, ob irgend etwas Ungewöhnliches geschah. Schließlich kam sie zur Ruhe.

Für uns andere war es nicht viel leichter. Dan hatte wenigstens seine Schulaufgaben, die ihn beschäftigten. Die Zwischenzeugnisse, die er bei den Colleges einschicken würde, waren das Wichtigste in seinem Kopf. Ed und ich hatten nichts Dringendes zu tun, also redeten wir, sorgten uns und versuchten, Antworten zu finden. Warum Gulf Breeze? Warum jetzt? Und vor allem – warum Ed?

Wir hatten beide Berichte über UFO-Sichtungen gelesen, aber beide kein echtes Interesse gehabt. Natürlich hatten wir beide gesagt, wenn es sie gibt, wäre es faszinierend, eines zu sehen. Ich war mir nicht mehr so sicher, daß es faszinierend war. Nicht, wenn es bedeutete, daß ein Mensch, den ich liebte, entführt wurde. Und ich bezweifelte nicht, daß sie genau das versucht hatten. Wie konnten sie es wagen? Was gab ihnen das Recht? Waren sie so weit entwickelt, daß wir für sie wie Tiere waren? Es war ein beängstigender Gedanke.

In den nächsten paar Tagen normalisierte sich alles langsam wieder, mehr für die Kinder als für Ed und mich. Da weiter nichts geschehen war, lief Laura wieder mit ihren Freundinnen in der Nachbarschaft herum wie immer. Dan dachte vor allem an die Schule und die Bewerbungen fürs College.

Ich sagte ihnen nicht, wie wenig ihr Vater und ich schliefen. Es war sinnlos, etwas zu sagen, das sie unnötig ängstigen könnte. In Wahrheit weckte uns jeder kleine Laut in der Nacht. Ed hatte immer wie ein Toter geschlafen. Jetzt war er es, der mich fragte: »Was war das?«

Ich wollte gern glauben, daß unsere Hündin Crystal uns warnen würde, wenn sie konnte. Schließlich sah sie auf, wenn tagsüber Vögel über uns flogen. Aber sie bellte sie nicht an, auch Flugzeuge nicht. Wäre ein UFO etwas, das nach ihrer Einschätzung ein Bellen verdiente?

Vielleicht bedeuteten die »Hundebilder«, die Ed gesehen hatte, etwas. Vielleicht konnten sie Hunde kontrollieren; oder vielleicht spürten die Hunde einfach nicht, daß das UFO da war. Ich wußte es nicht. Das war das schlimme: daß wir nichts wußten.

War dies etwas Einmaliges? Würden sie zurückkommen? Vielleicht, aber nicht zu uns. Das hoffte ich wenigstens. Ich hatte immer gesagt, ich würde es nicht glauben, bis ich ein UFO mit eigenen Augen sähe. Das war vorbei. Die Fotos und Eds Wort genügten mir. Ich hatte immer angenommen, die Außerirdischen wären vielleicht intelligenter als wir, aber freundlich. Diese waren es nicht. Ich wollte weder selbst noch für meine Familie weitere Begegnungen aus der Nähe. Wenn die Außerirdischen sich so benahmen, wünschte ich das niemandem. Ed und ich rätselten noch, wie wir die Nachricht herausbringen sollten. Ich war von keiner seiner Ideen begeistert, auch nicht von der Lösung, der ich dann zögernd zustimmte. Aber irgendwie mußte es sein, und ich hatte vor Jahren gelernt, daß nichts, was ich sagen konnte, Ed davon abbrachte, wenn er einmal befand, daß er den rechten Weg gefunden hatte. Gewöhnlich hatte er ja recht. Ich hoffte, auch dieses Mal.

17. NOVEMBER 1987

Fotos der Presse übergeben

Früher Morgen

Ich kam auf eine Idee, von der ich hoffte, daß sie funktionieren würde. Mit Hilfe meiner Frau schrieb ich einen Brief, in dem ich vorgab, jemand anderer zu sein – »Mister X«, ein erfundener Freund, der die Aufnahmen gemacht hätte. Vor allem wollte ich meine Identität schützen.

Als ich mit einigen geschäftlichen Telefonaten fertig war, trug ich den Brief und die Fotos in die Zeitungsredaktion. Der Redakteur Duane Cook war nicht da. Seine Sekretärin war nicht sicher, wann er zurückkommen würde, und ich konnte nicht bleiben; ich mußte zu einer Baustelle.

Obwohl ich das, was ich hatte, niemandem außer Duane überlassen wollte, zeigte ich die Fotos doch seiner Sekretärin. Sie war interessiert und glaubte, Duane würde das auch sein. Ich sagte ihr, ich käme später wieder, aber mir war nicht sehr wohl dabei. Es war schwer genug gewesen, meinen Plan einmal in die Tat umzusetzen. Nun mußte ich es noch einmal tun.

Als ich zurückkam, war Duane da. Er sagte mir, er habe von seiner Sekretärin gehört, daß ich ihm etwas Seltsames zu zeigen hätte. Ich breitete den Brief und die Bilder auf seinem Schreibtisch aus. Als er sah, daß es Polaroid-Schnappschüsse waren, wuchs sein Interesse, und er sagte, Sofortbilder seien schwer zu manipulieren.

Ich hätte ihm sagen können, daß ich wußte, daß sie nicht manipuliert waren, aber dann wäre meine Tarnung aufgeflogen. Statt dessen wartete ich einfach, während er und sein Fotograf sie ansahen, unruhig und reichlich nervös. Um die Fotos machte ich mir keine Sorgen; ich wußte, daß sie echt waren. Mein Herz pochte so schnell wegen der Fragen, die Duane mir über ihren Urheber stellen konnte.

Und natürlich fragte er mich, wer »Mister X« war. Ich sagte ihm, der Brief sei die einzige Antwort, die ich ihm geben könne. Als Duane klar wurde, daß ich nichts mehr sagen würde, sagte er, er wollte Halbtonvergrößerungen machen, um zu sehen, ob er etwas Brauchbares in Schwarzweiß für die Zeitung bekommen könne.

Ich wartete, bis der Fotograf den Abzug brachte. Die Schärfe und Qualität beeindruckten mich. Das ursprüngliche Bild war recht dunkel, und ich war verblüfft, daß sie es geschafft hatten, es so aufzuhellen.

Auch Duane war mit dem Ergebnis zufrieden. Er sagte mir, er müsse Halbtonabzüge von allen Schnappschüssen machen, was auf mich den Eindruck machte, daß er die Story bringen wollte. Ich sagte ihm, er könne die Fotos behalten, und ich würde sie später abholen.

Viele der Zeitungsleute, die ich kannte, waren da. Ich war besorgt, daß sie reden könnten. Bevor ich abfuhr, betonte ich noch einmal, daß ich nur der Bote war und meinen Namen heraushalten wollte. Duane willigte ein. Ich fühlte mich besser, weil ich wußte, ich hatte etwas getan, um meine Geschichte herauszubringen, aber trotzdem meine Familie vor dem Licht der Öffentlichkeit geschützt.

Als ich zum Mittagessen heimkam, erzählte ich Frances alles, was geschehen war. Sie hatte nur eines zu sagen:

»Ich hoffe, das bereuen wir später nicht.«

Das hoffte ich auch.

19. NOVEMBER 1987

Fotos werden veröffentlicht

Ich konnte es nicht abwarten, bis unser *Sentinel* am späten Nachmittag mit der Post kam. Kurz nach dem Frühstück ging ich ein Exemplar kaufen. Die Fotos und der Brief waren auf der ersten Seite. Ich war entzückt. Bestimmt hatte noch jemand das UFO gesehen. Nun, da ich mich gemeldet hatte, wenn auch anonym, würden vielleicht auch andere sich melden.

In dem Brief erwähnte ich den fehlgeschlagenen Entführungsversuch nicht. Ich war nicht bereit, das preiszugeben, selbst als jemand anderer.

Auch andere Dinge hatte ich verändert, um die Chance zu verringern, daß jemand herausfand, wer »Mister X« wirklich war. Aber die wesentlichen Tatsachen waren da. Was ich wirklich wollte, war, daß die Fotos veröffentlicht wurden, um festzustellen, ob noch andere etwas gesehen hatten, und um die Leute zu warnen. Zusammen mit dem Brief brachte der *Sentinel* zwei der fünf Fotos, die ich eingereicht hatte, Nr. 1 und Nr. 5, und eine Vergrößerung von Nr. 5. Das Folgende ist mein Brief, genau so, wie er in der Zeitung erschien.

Sehr geehrte Damen und Herren,

Am Abend des 11. November nahm ich die Bilder auf, die Sie jetzt vor sich haben. Ich zögerte zuerst, sie irgend

jemandem außer meiner Familie zu zeigen, aber meine Frau hat mich überredet, sie Ed zu zeigen. Ed seinerseits sagte, die Fotos sollten der Presse gezeigt werden. Darum ist er es, der Sie Ihnen vorlegt. Ich hatte mich gerade zum Abendessen gesetzt, als ich das Objekt von meinem Fenster aus sah. Ich rannte zu meinem Schlafzimmer, um meine Polaroidkamera zu holen. Ich rannte hinaus und fotografierte. Ich bekam vier gute Bilder (1, 2, 3, 4), dann mußte ich den Film wechseln. Ich bekam eine weitere gute Aufnahme (5), bevor es senkrecht nach oben schoß und verschwand.
Es mag eine vernünftige Erklärung für das geben, was ich sah, aber ich glaube es nicht. Das »Schiff« sah etwa so groß aus wie ein kleines Haus. Es war allerdings ziemlich weit weg und schwer einzuschätzen. Mehrere Minuten schwebte es am Himmel, dann flog es fort. Es drehte sich nicht und rotierte nicht, sondern schien auf und ab zu schwingen und dabei leicht zu schlingern. Es leuchtete von der Unterseite her, als könnte das die Energiequelle sein. Die Markierungen (Fenster?) am oberen und unteren Teil lagen auf einer Linie und hatten gleiche Abstände. Auf der Oberseite schien eine Kuppel oder Beule zu sein, die ziemlich hell war. Es war nichts Farbenprächtiges daran – keine blitzenden Lichter, keine Strahlen, die von ihm kamen. Kein Star-Wars-Zeug; es war nur ein »Ding« in stumpfem Graublau. Ich glaube nicht, daß es ein Militärflugzeug war, aber vielleicht wollen Sie das nachprüfen. Es war recht groß, und ich glaube nicht, daß ich es als einziger gesehen habe. Ich möchte anonym bleiben, aber wenn diese Bilder und diese Geschichte irgendwelches Interesse bei Ihren Lesern auslösen, werde ich mich vielleicht zu erkennen geben. Ich bin ein angesehener Bürger der Gemeinde und brauche zu diesem Zeitpunkt Anonymität. Ich weiß, was ich gesehen habe, und wäre sehr erleichtert zu wissen, daß ich nicht allein bin.

> Lassen Sie mich versichern, daß dies kein Schwindel ist. Was ich gesehen habe, habe ich gesehen, ich habe es fotografiert und die Bilder Ihnen gegeben. Ich wünschte, ich könnte mich zu erkennen geben, aber ich kann es nicht; ich habe zwar nichts zu gewinnen, aber alles zu verlieren. Ich danke Ihnen für Ihre Zeit und Ihr Verständnis.

Der einzige Kommentar der Redaktion stand unter einem der Bilder. Er lautete:

> Diese Polaroid-Fotos wurden im Vorgarten eines Hauses in Gulf Breeze am Mittwoch abend, dem 11. November, aufgenommen. Wenn jemand es gesehen hat oder irgend etwas darüber weiß, bitte melden Sie sich beim *Sentinel*.

Ich ging mit der Zeitung heim, damit Frances sehen konnte, daß Duane Wort gehalten und meinen Namen herausgehalten hatte. Trotzdem war sie beunruhigt, weil wir geschrieben hatten, daß Ed die Bilder zur Zeitung gebracht hatte. Sie fand, wir hätten das ganz auslassen sollen. Ich tat mein Bestes, um ihr zu versichern, daß wir keinen Grund zur Sorge hatten. Aber auch nur meinen halben Namen gedruckt zu sehen, erschütterte mich ein wenig. Ich sagte es ihr nur nicht.

20. NOVEMBER 1987

Zweite Sichtung – Das Summen

Ich machte bei der letzten Baustelle früh Schluß, weil ich dringend nach Hause wollte. Freitagabende sind in der Football-Saison der High School immer hektisch, besonders bei Heimspielen. Frances arbeitete im Stadion und gehörte immer zu den ersten, die kamen, um mit dem Kochen anzufangen. Ich mußte früh im Zimmer der Musikband sein, die ich beaufsichtigte und auf das Footballfeld begleitete.

Dieser Freitag war noch hektischer als sonst. Es war das Treffen der Ehemaligen in der High School. Am Nachmittag war eine Parade gewesen, und ich wußte, alles würde früher anfangen als sonst. Als ich gegen vier Uhr heimfuhr, lag die Zeitung noch auf dem Vordersitz meines Lieferwagens. Ich hatte sie den ganzen Tag von Baustelle zu Baustelle mitgenommen. Einige der Handwerker hatten die Schlagzeilen auf der ersten Seite schon gesehen. Aber die meisten wohnten in Pensacola und bekamen den *Sentinel* nicht. Auf einer Baustelle fragte ich ruhig, ob jemand den UFO-Bericht in der Zeitung gesehen hätte. Die Arbeit kam zum Stillstand, während sich alle um meinen Lieferwagen versammelten, mit Kommentaren wie: »Jessesmaria«, »Ach was« und »Das Scheißding sieht echt aus«. Vor allem wollten sie eine Zeitung haben, um sie ihren Familien und Freunden zu zeigen. Einige fragten: »Wer hat die Fotos gemacht?« Natürlich sagte ich, ich wüßte es nicht.

Ein kleines Glühen der Befriedigung wuchs in meiner Brust, als

die Arbeiter weiter über andere Leute sprachen, die sie kannten und die seltsame Lichter am Himmel gesehen hatten. Vielleicht hatte meine Idee funktioniert. Der Presse die Fotos zu bringen war der beste Weg, die Leute dazu zu bringen, daß sie aufpaßten und meldeten, was sie sahen.
Die meisten schienen fasziniert von dem Gedanken, daß die Bilder echt waren. Selbst die, die es nicht glaubten, fragten sich, was es sein könnte. Sie dachten nach, stellten Fragen. Und das war es, was ich erhofft hatte.
Meine Bauarbeiter hatten jetzt etwas, über das sie streiten und diskutieren konnten. Ein paar von den Männern frotzelten über Außerirdische und Sex. Sie erzählten sogar ein paar Witze. Einer meiner Zimmerleute garantierte mir, das UFO bedeute, daß das Ende nahe und daß ich mich bereit machen müsse, vor meinen Schöpfer zu treten. Das UFO, sagte er, sei mit Sicherheit das Werk des Teufels.
Ich hatte Angst vor dem UFO, aber nur wegen der offenbar fortgeschrittenen Technik. Der blaue Strahl hatte soviel Kraft, und das Flugobjekt konnte sich ohne bemerkbaren Kraftaufwand bewegen. Zudem hatte es versucht, mich gegen meinen Willen mitzunehmen. Hätte jemand gesagt: »He, Ed, wollen Sie mitfliegen?«, ich wäre sofort mitgekommen. Aber mich zum Gehorsam zwingen – mich von der Straße heben – meinen Körper einfrieren – mich behandeln wie eine Ameise oder einen Hund – nicht in diesem Land. Es ist unamerikanisch.
Neun Tage waren vergangen, und ich fühlte mich schließlich ganz wohl mit dem Ganzen. Die Stadt summte schon vor UFO-Gesprächen. Wenn ich von Baustelle zu Baustelle fuhr oder nur still bei der Arbeit saß, fiel es mir plötzlich ein. Dann begann ich zu lächeln. *Ich hatte es gesehen.* Ich kannte die Wahrheit. Ich hatte immer gesagt, ich müßte eines sehen, um daran zu glauben. Nun, das hatte ich. Und ich war immer noch da. Mir war ganz leicht im Kopf darüber, daß ich es erfahren hatte.
An den Abenden versuchte ich, das Gefühl des »Eingeweiht-

seins« mit meiner Familie zu teilen. Wenn wir beim Essen saßen, konnte ich nicht anders, als das Thema UFOs anzuschneiden. Ich muß das Thema zu Tode geredet haben, aber ich konnte es mir nicht verkneifen. Sie waren sehr verständnisvoll, aber niemand kann etwas wirklich kennen, das er nicht selbst gesehen hat. Dies war eine Erfahrung, die ich ihnen nur aus sicherer Entfernung wünschte. Was mir zugestoßen war, eröffnete trotzdem uns allen neue Wege des Denkens über Mögliches und Unmögliches.

Offenes Denken war nötig, um damit fertig zu werden, daß ich das UFO gesehen hatte. Man stelle sich nur vor, was mit dem Mann geschehen wäre, der darauf bestand, das UFO sei Satan, wenn er es wirklich gesehen hätte. Oder noch schlimmer, wenn er in das UFO gehoben worden wäre und man dort seinen Körper und sein Hirn untersucht hätte. Er hätte daran zerbrechen können. Ja, Unvoreingenommenheit war das beste. Und so drehten sich die Fragen weiter in meinem Kopf.

War es ein Zufall, daß das UFO sich mir durch das Bürofenster gezeigt hatte? Wollte es, daß gerade ich herauskam, oder hätte es jeder sein können? Obwohl ich manchmal flüchtig an UFOs gedacht und immer gemeint hatte, es müßte Leben auf anderen Planeten geben, war ich kein Glaubender. Ich hatte keinen Grund dazu. Ich versuchte nicht einmal, mich auf einen zweiten Besuch vorzubereiten. Es gab keine Möglichkeit, das zu tun. Außerdem müssen die Chancen, das UFO wiederzusehen, eins zu mehreren Millionen gewesen sein.

So war ich auf nichts weiter gefaßt als die normalen Football-Aktivitäten meiner Familie am Abend, als ich am 20. November in der Auffahrt parkte, zur Vordertür hineinging und rief, daß ich da war. In diesem Augenblick bemerkte ich ein leichtes Klingen im rechten Ohr – das seltsame, hohe Klingen, das man manchmal aus keinem erfindlichen Grund hört. Den kleinen Ton, der weggeht, wenn man ihn ignoriert.

Auf dem Weg in die Küche fragte ich, ob alle sich für das

Ehemaligentreffen fertigmachten, und wann Dan drüben im Zimmer der Band sein mußte. Frances sagte mir, er sei schon fort, und ich solle um sechs Uhr dort sein. Laura war in ihrem Zimmer und zog sich an.

Das Klingen in meinem Ohr wurde lauter, und ich versuchte, es durch Kopfschütteln loszuwerden. Inzwischen war ich in der Küche, und der Ton war so durchdringend, daß ich meinte, Frances müßte ihn aus meinem Kopf hören. Mit wilden Kopfbewegungen versuchte ich, ihn zu stoppen. Er wurde lauter. Vielleicht draußen...

Ich lief rasch in den Hintergarten, zum Swimmingpool, schüttelte verzweifelt mit dem Kopf und rieb mir das Ohr. Frances kam mir nach und fragte, was los sei. War ich krank? Wir legten uns gegenseitig den Arm um die Taille und gingen zum hinteren Ende des Beckens. Der Ton ging tiefer in meinen Kopf und milderte sich zu einem vibrierenden Summen.

»Verdammt, es summt. Mein Kopf summt. Was zum Teufel ist da los?« Die rechte Vorderseite meines Hirns summte. Ich hatte Angst, und Frances sah aus, als würde sie gleich weinen. Sie drückte mich an sich, und wir sanken beide auf die Betonterrasse. Frances legte ihre Hand auf mein rechtes Ohr und zog meinen Kopf an ihre Schulter. Sie muß geglaubt haben, daß ich den Verstand verlor – daß ich unter dem Druck, das UFO zu sehen und fast von ihm mitgenommen zu werden, zerbrochen sei.

Ich wußte, wer mir das antat. Dies war das gleiche Summen, das ich gehört hatte, als ich in dem blauen Strahl gefangen war. Wie konnte das geschehen? Vielleicht drehte ich wirklich durch. Vielleicht hatte ich eine Art UFO-Wahn. Vielleicht eine Krankheit. Während das Summen meinen Kopf erschütterte, atmete ich tief durch und sagte, ich sei jetzt in Ordnung. Frances drückte mich an sich, und Tränen flossen ihr die Wangen herunter, als ich vorsichtig den Kopf von ihrer Schulter nahm. Sie versuchte durchzusetzen, daß ich zu einem Arzt ging, während ich ihr immer wieder sagte, es ginge mir gut. Ich lächelte und zog sie mit mir hoch; dabei hielt ich mich am Rand des Sprungbretts fest.

»Mir geht es gut... ich bin in Ordnung... wirklich«, behauptete ich, als wir zum Haus zurückgingen.

Laura stand am Fenster der Hintertür und sagte nichts, als wir hereinkamen. Ihre Augen waren groß, und ich wußte, daß sie gleich mit der Frage herausplatzen würde: »Was ist los?« Ich berührte sie an der Schulter, als ihre Mutter vorbeiging, und sagte, alles sei in Ordnung, kein Grund, sich Sorgen zu machen.

Frances und ich gingen in mein Büro an der Vorderseite des Hauses, und ich sagte ihr, daß das Summen das gleiche war, das ich auch in dem blauen Strahl gehört hatte. Sie wußte nicht, daß ich es noch immer hörte. Sie war blaß und aufgeregt, und ich konnte auf keinen Fall ertragen, sie noch einmal weinen zu sehen.

Sie fragte, ob ich glaubte, daß das UFO wieder da sei. Ich sagte, vielleicht, aber das Summen sei wahrscheinlich eine Art Überbleibsel, und es würde schon alles gut. Wir gingen auf die Vorderveranda hinaus und sahen uns um.

Es war 16.30 Uhr, Tageslicht, klarer Himmel. Wir sahen jeden Zentimeter offenen Himmel an, über jeden Waldrand, vorbei an jedem Telefonmast. Nichts zu sehen. Kein UFO. Frances muß geglaubt haben, ich schnappe über. Gott sei Dank für die Bilder. Die hatte ich wenigstens, und sie waren an jedem Zeitungsstand auf der ersten Seite zu sehen.

Die Spannung ließ nach, und wir gingen zurück ins Haus. Ich sagte ihr noch immer nicht, daß das Summen in diesem Moment in meinem Kopf dröhnte – aber nicht so laut wie in dem blauen Strahl. Es war mehr wie das Geräusch eines Handvibrators, der gegen meinen Kopf gehalten wurde. Ich sagte ihr, sie solle sich fertigmachen, und ging wieder in mein Büro.

Ich saß in meinem Büro und starrte aus dem Vorderfenster. Vielleicht hatte dieses blaue Licht mir wirklich das Hirn durcheinandergebracht. Ich versuchte, es abzuschütteln und zu arbeiten. Meine Termine mußten schließlich eingehalten werden. Das Summen blieb. Dann hörte ich plötzlich einen Luftstoß, gerade so, als stünde ich neben einem Bus, der seine Bremsen löst. Dieser Teil ist schwer zu beschreiben. Ich hörte die UFO-Stimmen wieder. Es fing leise an. Ich verstand nichts, kein einziges Wort. Ich habe keine Ahnung, wie ich irgend etwas davon schreiben soll – keine Silbe. Ich kann nur vermuten, daß es eine irdische Fremdsprache war. Vielleicht ein afrikanischer Dialekt. Ich wußte, diese Telepathie würde unglaubhaft sein, wenn ich sie beschrieb, aber sie geschah. Ich sah keine Vision von dem Wesen, das da sprach, oder von seiner Umgebung. Nur eine Stimme.

Da saß ich allein in meinem Büro, und diese Stimme brachte Laute hervor. Mir war schwindlig. Mein Herz pochte, während ich dasaß, vornübergebeugt auf den Boden starrend. Ich hielt mir die Hände an die Ohren, stützte mir den Kopf und versuchte, nicht auszuflippen. Ich dachte, Leute in Nervenheilanstalten, die Stimmen hörten, könnten sein wie ich, oder ich wie sie.

Das Summen hatte aufgehört, als die Stimme begann, und die Stimme war besser als das zermürbende Summen, obwohl die »Worte« keinen Sinn ergaben. Es war die Stimme aus dem blauen Strahl. Tief und schwer, mit einem fast mechanischen Klang; ich erkannte sie wieder.

Wie konnte das sein? Wie konnte ich diese Stimme hören? Warum hörte mein Hirn den Laut und nicht meine Ohren? Später hatte ich dann Zeit, zu spekulieren, warum ich das UFO hören konnte, aber damals saß ich nur da und zitterte, und auf meiner Stirn perlte kalter Schweiß.

Die Stimme machte Pausen und fuhr dann fort, als ob ich nur eine Seite eines Gesprächs hörte. Dann dämmerte mir – sie waren in der Nähe. Irgendwo da draußen am Himmel mußte das UFO sein.

Ich rief nicht wieder nach meiner Frau, sondern saß nur da und horchte. Etwas später kam Frances in mein Büro und sagte mir, daß es Zeit für sie war, ins Stadion zu fahren. Sie fragte, ob ich in Ordnung sei. Ich sagte, es ginge mir gut, und ich würde sie dann beim Spiel sehen. Ausnahmsweise hatte Frances vor, das Essen nur zu kochen, jemand anderen servieren zu lassen und das Spiel mit mir anzusehen.

Ein paar Minuten später hörte ich sie mit Laura abfahren, um Lauras Freundin abzuholen, die bei uns übernachten sollte. Ich hatte Frances nichts von den Stimmen gesagt. Ich war nicht sicher, daß ich erklären konnte, was in meinem Kopf vor sich ging. Und ich wollte sie nicht ängstigen.

Nun war es gegen fünf Uhr, die Sonne war fast untergegangen. Das Haus war leer, und ich war dankbar, daß meine Familie mich nicht so sah. Ich hörte der einseitigen Unterhaltung zu, griff nach meiner Kamera und schlüpfte hinaus. Dort stellte ich mich zwischen unser Haus und einen buschigen Baum. Ich suchte den Horizont ab – noch immer nichts.

Die Nachbarschaft war ruhig. Ich war allein, aber mein Instinkt sagte mir, daß etwas da war. Zweige drückten mir gegen die Wange. Der Schweiß machte mir Hals und Rücken naß. Die Abendluft schien dick um mich herum.

Alles war so still. Ich wollte schreien.

»Ich höre dich, du Scheißkerl«, rief ich.

Die Stimme hörte auf.

»Ich weiß, daß du da bist«, sagte ich, diesmal nicht so laut.

Ein Luftstoß schoß in meinen Kopf. Vielleicht hatte »es« mit einem entführten Afrikaner gesprochen, der hinter einer luftdichten Tür gehalten wurde. Wenn das so war, hatte es jetzt aufgehört. Alles war still und ruhig. Dann erschien ein kleiner Lichtfleck sehr, sehr hoch am Himmel. Er fiel mit unglaublicher Geschwindigkeit. Ich versuchte, die Kamera darauf zu richten und ein Foto zu schießen, während er zur Erde hinunterraste. Später sah ich, daß dies Foto nicht gelungen war. Ich hatte nur den Himmel darauf. Die Stimme ertönte wieder. Ich wich so heftig an die Ziegelwand zurück, daß ich mir auf die Zunge biß und fluchte.

»Scheiße!«

»Sei ruhig. Tritt vor«, kam die mächtige Stimme.

Ich hob die Kamera wieder und folgte der Abwärtsbewegung des UFOs. Die UFO-Stimme: »Tu das nicht.«

Eine andere Stimme, eindeutig eine weibliche Stimme, die verzerrt klang: »Bitte, tu das nicht.«

Eine andere Stimme, auf spanisch: »Los fotos son prohibido.«

Die weibliche Stimme: »Du kannst ihnen nicht entkommen. Sie werden dir nicht weh tun. Nur ein paar Untersuchungen. Das ist alles.«

»Klar. Wenn ich untersucht werden will, sage ich Bescheid.«

Ich schoß Foto Nr. 6, als das UFO plötzlich seinen Fall abbremste und still dahing, gerade hinter dem Elektrizitätsmast vor meinem Garten.

Irgendwie konnte ich sie mit mir sprechen hören, als wären wir alle am Telefon. Die Stimmen waren alle tief, verzerrt und ein wenig computerhaft. Ob sie mich tatsächlich hörten oder einfach meine Gedanken lasen, wußte ich nicht.

Das UFO schwirrte nach rechts, fast wie ein Kolibri, und schwebte dort. Es schien von rechts nach links zu rotieren, aber sehr langsam. Es neigte sich ganz leicht zu mir und von mir fort; ich bemerkte das, weil das große Energielicht an der Unterseite größer und kleiner wurde. Dieser Flugkörper war hell beleuchtet. Er war tatsächlich so hell, daß ich immer noch nicht glauben kann, daß niemand sonst ihn dort schweben sah. Ich machte das Foto Nr. 7. Die UFO-Stimme: »Tritt vor. Wir werden dich an Bord bringen.«

»Von wegen! Was gibt euch das Recht, Leute gegen ihren Willen in euer Schiff raufzusaugen?«

Die UFO-Stimme: »Wir haben das Recht.«

Ich erinnere mich, wie ich dachte, daß das Wesen mit mir

sprach, als wäre ich ein Tier – »Hierher, Bello, sitz, Bello, braver Bello.«
Klick. Ich schoß Foto Nr. 8, neben dem Baum.
Die weibliche Stimme: »Du mußt tun, was sie sagen. Sie haben uns nicht weh getan, und jetzt gehen wir zurück nach Hause.«
Erinnern Sie sich an die Visionen von Hunden? Ein Hund nach dem anderen. Ja, nun schossen mir Visionen von nackten Frauen ins Hirn. Das waren keine Zeichnungen von nackten Frauen, sondern richtige nackte Frauen. Blitz auf Blitz, jeder etwa fünf Sekunden lang. Große Frauen und kleine, dicke, schwarze, weiße, Frauen jeder Rasse und jeden Alters. Sogar schwangere Frauen.
Falls dies mich ermutigen sollte, an Bord zu kommen, so funktionierte es nicht. Ich blieb genau da, wo ich war. Die UFO-Stimme: »Wir werden dich holen kommen.«
Ich schoß Foto Nr. 9. Das Flugobjekt bewegte sich vorwärts, schoß dann senkrecht nach oben und verschwand so schnell, daß ich es nicht wegfliegen sah.
Diese zweite Sichtung mit den Fotos Nr. 6, 7, 8 und 9 war furchterregend. Sie hatten mich bedroht, und ich wußte nicht, wann sie wieder versuchen könnten, mich zu fangen. Wenn die Stimmen aus dem UFO wirklich waren, dann waren es auch die Sprechenden. Das nahm ich zumindest an, und einige von ihnen schienen Menschen zu sein. Aber vielleicht war das Ganze ein Trick. Nun, ich wollte es nicht wissen, und ich wollte nicht hingehen, um es herauszufinden. Wenn sie zurückkamen, wie die Stimme gesagt hatte, was dann? Ich wollte nicht damit anfangen, eine Waffe zu tragen. Aber was würde ich tun, wenn es gefährlich wurde? Die Vorstellung, daß dieses UFO in Gulf Breeze herumfliegen, gerade außer Sichtweite, und plötzlich vom Himmel fallen konnte, um mit seinem blauen Strahl jemanden hochzuholen, jagte mir kalte Schauer über den Rücken.
Ich war spät dran für meine Verabredung im Zimmer der High-School-Band. Es war das letzte Spiel der Saison und auch die

letzte Gelegenheit für mich, meinen Sohn marschieren und spielen zu sehen. Die Band hatte einen besonderen Abgang vom Feld für die Halbzeit vorbereitet, und Dan schwor, er würde die Menge in Bann schlagen. Das wollte ich nicht verpassen, egal wie viele UFOs herumflogen. Im Zimmer der Band waren einige Kinder, die mich gleich fragten, ob ich der Ed in der Zeitung sei. Ich verneinte mit einem Lachen:
»Ich sag' euch, ich werde an UFOs glauben, wenn eins in meinem Hintergarten landet.«
Bald darauf kam Frances herein, aber es gab keine Möglichkeit, ihr das Neueste zu berichten. Als wir mit der Band zum Stadion marschierten, stellte sie nur die kurze Frage: »Bist du in Ordnung?«, und ich antwortete mit einem einfachen Ja.
Beim Footballspiel schlug Dan seine Quads (vier miteinander verbundene Trommeln), aber ich wußte, er hatte mehr im Kopf als Trommelspielen. Wir sahen einander in wortlosem Unglauben an, als seine Freunde über die UFO-Bilder, die sie gesehen hatten, sprachen und lachten.
Warm eingepackt gegen die Kälte, kauerten Frances und ich zusammen unter einer Decke und hörten zu, was um uns herum geredet wurde. Überall hieß es UFO hier und UFO da. Ein paar von den Händlern verkauften »UFO-Burger«. Sogar die Claque war darauf eingestellt. Jemand sagte mir, sie hätten einen UFO-Hochruf einstudiert. Ich versuchte, mich auf die Stimmung des Abends einzustellen, aber ich konnte es nicht wirklich. Ich lachte an allen richtigen Stellen, juchzte bei jedem Touchdown und war sicher, niemand würde merken, daß etwas nicht in Ordnung war.
Als wir später heimkamen, beeilte Frances sich, die Mädchen ins Bett zu bringen, und kam dann zu mir ins Büro. Ich erzählte ihr von der Begegnung und zeigte ihr die Bilder. Sie konnte nicht glauben, daß es wiedergekommen war. Als ich ihr sagte, daß ich die Stimmen schon gehört hatte, bevor sie abfuhr, regte sie sich auf. Ich erinnere mich nicht an alles, was wir sagten.

Aber ich erinnere mich, daß sie fragte, warum ich es riskiert hatte, zum Spiel zu gehen.
»Und wenn sie dich direkt da geschnappt hätten, im Stadion? So voll war es nicht, und ich habe das Gefühl, diese Typen könnten ganz schön akkurat sein mit ihrem Strahl.«
Sie stimmte meiner Antwort zu, daß »sie« wahrscheinlich nichts tun würden, wenn so viele Leute dabei wären. Keinen Geschmack fand sie an meinem schwarzen Humor, daß, hätten sie es getan, es wenigstens jeder gesehen hätte.
Wir gingen zu Bett, aber ich fand in dieser Nacht keinen Schlaf. Die Stimmen hingen in meinen Gedanken. »Wir werden dich holen kommen.« Jeder Laut, jedes Knacken im Haus, der Wind in den Bäumen, jedes Geräusch beschleunigte meinen Puls.
Irgendwann des Nachts lud ich meine Waffen. Ich lud die 0.32er Pistole. Ich lud das 0.22er Gewehr. Hätte ich ein Maschinengewehr gehabt, dann hätte ich auch das geladen. Ich wußte nicht, ob es schaden würde, auf das UFO zu schießen, aber ich fühlte mich weniger schutzlos, obwohl ich seit Jahren keine der Waffen abgefeuert hatte.
Ich rechnete damit, das Summen zu hören, um zu wissen, daß sie in der Nähe waren. Ich war besorgt, daß sie das herausgefunden hatten. Vielleicht konnten sie das Summen aussetzen. Die Idee eines Besuches ohne Warnung machte mir angst. Ich wäre ein leichtes Ziel für den blauen Strahl.
Und der blaue Strahl, wie funktionierte er? Könnte er einfach durch die Decke kommen und mich schnappen? Wohl kaum. Die Stimmen hatten gesagt, ich solle »vortreten«.
Anscheinend konnten sie trotz ihrer ungeheuren Energie nicht einfach herunterkommen und mich greifen. Anscheinend brauchten sie mich im Freien.
Ich begann, die Flinte in meinem Lieferwagen mitzunehmen, hinter dem Sitz. Ich mußte den Sitz vorwärts neigen, um daran zu kommen, aber wenigstens war sie da. Jede Nacht war eine Qual und jeder Morgen eine Erlösung. Meine Arbeit begann zu

leiden. Ich war dankbar für die Jahre, die ich mit denselben Vertragsfirmen zusammengearbeitet hatte. Sie wußten, wie ich die Dinge gemacht haben wollte, und die Arbeit ging auf jeder Baustelle ohne Unterbrechung weiter.
Ich beschloß, die anderen Fotos niemandem zu zeigen. Wenn ich weitere Fotos dieses »Mister X« präsentieren würde, könnte jemand auf den Gedanken kommen, ich sei »Mister X«.

25. NOVEMBER 1987

Zeugen melden sich

Die erste Seite des *Sentinel* war voller Geschichten von Zeugen, die angerufen hatten, um zu berichten, daß sie das UFO gesehen hatten. Was für ein angenehmer Start in den Tag. Ich war nicht allein. Meine Mitbürger hatten mit einer Flut von Beobachtungen reagiert, von denen einige sehr glaubhaft waren.

Jeff Thompson, ein Anwohner, rief die Redaktion an und berichtete von einer Beobachtung um 8.15 Uhr bei Tageslicht. Er hatte das UFO bei der Grundschule Oriole Beach ausgemacht. Das UFO schoß nach oben und schwebte 30 Sekunden, bevor es davonraste. Thompson sagte, wenige Augenblicke danach habe er zwei Düsenflugzeuge gesehen, die das Objekt anscheinend jagten. (Der vollständige Bericht zu dieser Beobachtung erscheint im Anhang.)

Als die Air Force über Thompsons Bericht befragt wurde, antwortete ein inoffizieller Sprecher, es gebe keine »fliegenden Untertassen« der Luftwaffe, und würde ein UFO abgefangen, so wäre die Information zweifellos geheim. Vielleicht weiß die Air Force nicht, was vor sich geht.

Erst Monate später entdeckte ich die offizielle Haltung der Regierung zu UFOs. Es gibt sie nicht, verlautbart die Regierung öffentlich. Allerdings haben 1977 und 1978 die Citizens Against UFO Secrecy (CAUS, eine Bürgerinitiative gegen UFO-Geheimhaltung) in Gerichtsverfahren enthüllt, daß die

CIA irgendwo zwischen 57 und 200 Akten über UFOs zurückhält und die NASA weitere 135 hat. Zwar wurden einige Akten freigegeben, aber zu den meisten bekam CAUS keinen Zugang gemäß dem Gesetz über Informationsfreiheit, denn die beiden betroffenen Regierungsbehörden machten bei den Bundesgerichten geltend, die Freigabe dieser Information würde die Arbeit beider Behörden sowie die Sicherheit der Vereinigten Staaten in ernste Gefahr bringen.

Ich bin kein Fachmann, aber selbst ich weiß, daß, wenn etwas nicht existiert, es auch nichts geheimzuhalten gibt. Beides gleichzeitig ist unmöglich. Und nur dadurch, daß man sagt, etwas existiere nicht, wird es noch nicht wahr. Ich weiß, was ich gesehen habe, und die anderen, die ihre Geschichte der Zeitung erzählt haben, wissen es auch.

Gegen 18.00 Uhr, nur eine Stunde, nachdem ich meine ersten fünf Bilder aufgenommen hatte, war Linda Lubé im Freien und kochte; da sah sie ein seltsames Licht am Himmel, das sich nach Südosten bewegte, in Richtung Gulf Breeze.

»Ich hatte das Gefühl, es war irgendwie fremd«, sagte Frau Lubé. »Ich hatte meine Brille nicht auf, deshalb konnte ich die Form nicht sehen, aber ich war sicher, daß ich etwas Ähnliches noch nie gesehen hatte.«

Eine Woche später sah Frau Lubé das UFO-Foto im *Sentinel* und wußte, daß sie dasselbe Flugobjekt gesehen hatte.

Diana Hansen berichtete von einer Sichtung um 19.30 Uhr. Um 21.30 Uhr beobachtete jemand ein Objekt, »offenbar im Landeflug«; es beleuchtete die Wälder hinter dem Haus eines leitenden Angestellten, der anonym bleiben möchte.

Am 11. November gegen 2.00 Uhr früh, 15 Stunden vor meiner ersten Begegnung, wurde die Ehefrau von Joseph Zamitt durch das Knurren ihres Hundes geweckt. Sie stand auf und ließ sich von dem Hund zur Tür führen. Der Hund begann zu bellen, als sie die Tür öffnete. Frau Zamitt sagte, sie blickte zum Himmel und sah dasselbe Flugobjekt, das später im *Sentinel* abgebildet war. »Und von ihm kam ein Lichtstrahl runter.« In der Zeitung wurde nicht erwähnt, daß der Lichtstrahl, den Frau Zamitt sah, blau war, und daß sie Angst hatte, das blaue Licht würde ihren Hund erfassen.

(All diese Sichtungen geschahen am selben Tag wie meine erste Begegnung, am 11. November 1987.)

Vier Tage später sahen »Cathy« und drei Freunde einen Gegenstand über Bayou Texar hängen. Ich erwähne diesen Bericht wegen der Art, in der der Abflug des Objekts beschrieben wird. Mein Bericht war noch nicht veröffentlicht, aber »Cathy« sagte, nach ein paar Minuten sei das Objekt nach rechts gekippt und verschwunden. (Sie hat recht. Das tut es. Ein Lidschlag, und weg ist es.)

Diese Berichte wurden vom Redakteur des *Sentinel* an MUFON (Mutual UFO Network, Gegenseitiges UFO-Netzwerk) weitergeleitet. MUFON versteht sich als gemeinnützige Organisation von Menschen, die ernsthaft an der Erforschung der UFO-Phänomene interessiert sind. Die Mitglieder sind generell Akademiker mit einem gewissen Sachverstand, die zu der Suche nach einer endgültigen Antwort auf die UFO-Frage beitragen.

Diese MUFON-Vertreter müssen Richtlinien einhalten und Formulare verwenden, wenn sie Befragungen von Zeugen protokollieren. Zum Schluß sammelt diese internationale Organisation die Daten in ihrem Hauptquartier in Seguin, Texas. Dort hält sich der leitende Direktor Walter Andrus über die letzten Beobachtungen auf dem laufenden und nimmt geeignete Beobachtungen in das *MUFON-Journal* auf, das einmal monatlich weltweit verschickt wird.

Am 25. November 1987 hatte ich noch mit niemandem von MUFON gesprochen. Mein einziger Kontakt war mit Duane Cook gewesen, dem Redakteur des *Sentinel*, und dies nur als Sprecher für »Mister X«. Das änderte sich später. Die MUFON-Vertreter für den Bundesstaat Florida, Don Ware, Charles

Flannigan und Gary Watson, untersuchten später meine Beobachtungen.

Wie konnte es dazu kommen, daß bei all diesen Beobachtungen die Militärstützpunkte in der Gegend von nichts wußten? George Hobgood, der Luftfahrtbeauftragte der FAA auf dem Luftwaffenstützpunkt Eglin, wurde gefragt, ob er von einem Experimentalflugzeug wisse, das wie eine »fliegende Untertasse« aussehen könnte.

Hobgood sagte, in Eglin würden Waffen entworfen und getestet, und wollte nicht sagen, ob an jenem Abend Flugkörper der höchsten Geheimhaltungsstufe unterwegs waren. Das Pressebüro von Eglin gab an, es habe keine besonderen Vorkommnisse gegeben, und auch auf Radar habe man nichts gesehen. Der Marineflugplatz, der nur drei Meilen von Gulf Breeze gegenüber an der Bucht liegt, berichtete ebenfalls, man habe nichts Ungewöhnliches auf Radar gesehen.

»Aber«, meinte Earl Pitts vom Luftfahrt-Tower in Pensacola, »das bedeutet nicht, daß das nicht da war, was die Zeugen fotografiert und beobachtet haben.«

Pitts erklärte, jedes Flugzeug, das nicht in Verbindung mit dem Tower stehe, gelte als nicht identifiziertes Objekt. Dann sagte er, es sei durchaus denkbar, daß ein Flugobjekt Tarnkapazitäten hätte, die es auf Radar unsichtbar machten. Zudem gebe es so viele nicht identifizierte Ziele, daß eines mehr nichts Besonderes wäre, »wenn es nicht etwas ganz Ungewöhnliches täte«.

Ich möchte nicht von den Ereignissen jenes Abends in Gulf Breeze abschweifen, aber lassen Sie mich noch eine Bemerkung über Radar machen und von einer Beobachtung berichten, die am 5. Februar 1976 von Hilfssheriff Sonny Privett gemeldet wurde.

Privett sah gegen 2.00 Uhr früh mehrere Autos, die am Rand des Highways 98 bei Navarre (zehn Meilen von Gulf Breeze) hielten. Ihre Fahrer beobachteten ein seltsames Licht, das am

Himmel schwebte. Privett rief über Funk den Beamten Bevis von der Autobahnpolizei Florida.
Als Bevis eintraf, war das Objekt über dem Golf von Mexiko, direkt vor der Radaranlage östlich von Navarre Beach. Bevos rief den Fahrdienstleiter an, damit die Militärflugplätze Hurlburt und Eglin dies auf Radar überprüften. Die Antwort war negativ. Bevis benutzte eine 200-mm-Linse und ein Stativ und nahm Bilder von dem Licht auf, die in einer Lokalzeitung veröffentlicht wurden. Mit Sicherheit war etwas da, obwohl der Radar negativ war. (Oder die Auskunft war negativ.)
Um die Sichtungen des 11. November 1987 weiter zu beschreiben, hier ein Bericht aus erster Hand, geschrieben von Charles Somerby.

> Es war ein paar Minuten nach Sonnenuntergang am Veteran's Day, und meine Frau Dori und ich beendeten gerade unseren Abendspaziergang am Hickory Shores Boulevard in der Gegend von Midway.
> Wir sahen über East Bay hinaus, um die Wolkenformationen zu bewundern, als wir auf ein rundes Objekt aufmerksam wurden, das sich südwestwärts zum Stadtzentrum von Gulf Breeze bewegte. Um die Unterseite waren helle Lichter, ein weiteres war oben. Keines der Lichter war farbig oder blinkte. Wir dachten – es ist kein Flugzeug, kein Hubschrauber, kein Vogel. Was ist es!
> Die Bewegung des unidentifizierten fliegenden Objekts war gleichmäßig. Kein Zögern und kein erkennbarer Kurswechsel.
> Wir sahen an jenem Abend die Lokalnachrichten im Fernsehen und suchten in der Morgenzeitung, ob jemand von der Erscheinung berichtet hatte.
> Als es schien, daß niemand sonst im betreffenden Augenblick zum Himmel gesehen hatte, vergaßen wir das Ganze, bis die Bilder letzte Woche im *Sentinel* erschienen.

Wir hatten leider zur Zeit der Sichtung keine Kamera mit Film und kein Fernglas bei uns.

Das UFO bewegte sich direkt auf mein Haus zu, als die Somerbys es am Abend des 11. November sahen. Später schrieb Charlie Somerby diesen Zusatzartikel:

Abgesehen von einem Tornado und ein paar Hurrikanen haben wenige Ereignisse in den letzten Jahren in Gulf Breeze soviel Interesse geweckt wie das unidentifizierte fliegende Objekt, das mehrere Anwohner kurz nach Sonnenuntergang am Veteran's Day sahen.

Für den Gulf Breeze *Sentinel* war es einer der ganz wenigen »Knüller« in den letzten 27 Jahren; Fernseh- und Radioleute sowie Vertreter einer internationalen wissenschaftlichen Organisation suchten die Zeitungsredaktion so zahlreich auf wie noch nie. Eine Menge anderer Dinge wies auf großes Interesse an unidentifizierten fliegenden Objekten hin.

Niemand zweifelte an den aktuellen Beobachtungen der Erscheinung. Meine Frau und ich können uns noch immer nicht erklären, was es gewesen sein könnte.

Ich war in zwei Kriegen vier Jahre an der Front und habe dutzendweise »Ungeheuer« gesehen, aber nichts wie dieses. Was am meisten im Gedächtnis haftet, ist das Fehlen jeglichen Geräusches von dem Objekt und der gerade Kurs, in dem es glitt.

Jemand, der mit uns sprach, behauptete: »Dies muß ohne Frage die größte lokale Story des Jahres ein.«

In dieser Hinsicht würde ich niemandem widersprechen. Für mich persönlich war es mehr als die größte lokale Story des Jahres. Es stellte Iran-Contra-Skandal, Gorbatschows Besuch und das letzte Abrüstungsabkommen in den Schatten. All dies war interessant und wichtig, aber es waren nationale und

Weltnachrichten. Dies war nicht nur lokal, es widerfuhr mir. Warum mir? Das war es, was ich nicht begriff. Wenn jemand mich gebeten hätte, mich selbst zu beschreiben, so hätte ich gesagt, vom Glück begünstigt und gesegnet. Ich habe eine glückliche Ehe, eine großartige Beziehung zu meinen beiden Kindern, Gesundheit und finanzielle Sicherheit.
Ich konnte nicht verstehen, was diese Wesen mit einem vierzigjährigen Bauunternehmer wollten, der den größten Teil seines erwachsenen Lebens mit der Bauindustrie zu tun gehabt hatte. Wenn es nur deshalb war, weil ich erreichbar gewesen war, warum hatten sie dann nicht einen von den Dutzenden anderer Menschen in unserer Stadt verfolgt, als sie mich nicht bekamen? Vielleicht hatten sie das; es konnte sein, daß das UFO auch in das Leben anderer Menschen in Gulf Breeze eingedrungen war, die vielleicht ebensolche Angst hatten, an die Öffentlichkeit zu gehen. Und warum war es zurückgekommen? All das ergab keinen Sinn.

30. November 1987 – Frances' Bericht

Nach dem langen Wochenende vom Erntedanktag kam Laura aus der Schule und sprudelte über von Nachrichten über all das UFO-Gerede. Dies war für sie die erste Gelegenheit gewesen, viele ihrer Freunde zu sehen, seit der *Sentinel* die Berichte der neuen Zeugen veröffentlicht hatte, und ich hatte gehofft, durch das Wissen, daß auch andere Leute das UFO sahen, würde sie besser damit fertig, was uns geschehen war. Das wir nicht der Fall. Wir besprachen, was sie in der Schule gehört hatte und was sie wirklich über das UFO dachte. Wie konnte ich ihr Sicherheit vermitteln? Ich konnte es weder verstehen noch erklären. Unser Leben war immer ruhig und glücklich gewesen. Das war anders geworden. Diese Begegnungen mit dem UFO hatten unser Leben durcheinandergebracht und uns alle erschüttert. Und anscheinend konnten wir nichts dagegen tun. Es war nicht richtig und nicht fair.

Nachts, in der Ungestörtheit unseres Schlafzimmers, oder am Tag, während die Kinder in der Schule waren, schienen Ed und ich nur über das UFO zu sprechen. Aber so viele Stunden wir auch damit zubrachten, dieselben Fragen immer und immer wieder zu stellen, wir fanden keine Antworten.

Meine Hoffnung, daß dies eine einmalige Episode wäre, war schon zunichte gemacht worden. Sie waren wiedergekommen und hatten gesagt, sie würden noch einmal kommen. Wann? Wohin? Wie sollten wir unser Alltagsleben weiterführen, mit dieser Drohung in unseren Gedanken?

Da wir in einer ruhigen Wohngegend lebten, hatten wir uns nie besonders um unsere Sicherheit gekümmert. Wenn Laura spät aus der Schule oder vom Spielen kam, machte ich mir keine Sorgen. Ich wußte, sie hatte einfach die Zeit vergessen. Jetzt auf einmal begann ich sie zu kontrollieren.

Der Rest meiner Familie hatte eigene Sorgen. Meine Tochter hatte Angst, wenn ihr Vater abends fortging. Mein Sohn war bereit, Ed beizustehen und mit ihm gegen das UFO zu kämpfen. Ed nahm nun jedesmal eine .22er Flinte mit, wenn er das Haus verließ.

Bei uns war in der Tat einiges anders geworden.

2. DEZEMBER 1987

Dritte Sichtung – Frances sieht das UFO

Eine Woche nach Erscheinen des zweiten Artikels im *Sentinel* berichteten zwei der lokalen Fernsehsender über die Sichtungen. Zu diesem Zeitpunkt war meine Identität nur einigen *Sentinel*-Mitarbeitern bekannt, und selbst sie wußten nicht, daß ich »Mister X« war. Ich hatte mit niemandem von den Fernsehsendern gesprochen; all ihre Information war vom *Sentinel* und anderen Zeugen gekommen. Ich war froh über die Fernsehberichterstattung. Die Moderatoren behandelten es nicht wie einen Scherz, obwohl auch ein wenig nervös gelacht und gealbert wurde. Das störte mich nicht. Ich hatte schon erfahren, daß es meine Spannung löste und mich bei Verstand hielt, zu lachen, wenn ich konnte. Zwölf Tage waren seit der zweiten Begegnung vergangen, und mein Leben war fast wieder normal.

Wie meistens ging ich auch an diesem Abend nach dem Essen ins Büro, um bis zum Schlafengehen zu arbeiten. Hin und wieder ging ich zum Fenster, um rasch zum Himmel zu sehen, und ich weiß noch, daß ich dachte, wie schwarz die Nacht war. Als ich an dem Grundriß zeichnete, der auf meinen Zeichentisch geheftet war, störten Erinnerungen meine Konzentration. Vor meinem inneren Auge konnte ich noch immer sehen, wie der blaue Nebel auf meinem ganzen Körper leuchtete, und den seltsamen Geruch nach Zimt und Ammoniak riechen, den ich nie vergessen würde. Schließlich machte ich Schluß.

Ich kontrollierte alle Türschlösser, ließ das Licht an der Vorderveranda brennen und ging zu Bett. Ich verließ mich darauf, daß unsere Hündin uns warnen würde, wenn im Hintergarten etwas nicht stimmte. Crystal ist ein reinweißer Spitz und haßt es, wenn jemand ihrem eingezäunten Garten nahe kommt. Es soll in der Natur des Spitzes liegen, sehr auf den Schutz der Familie bedacht zu sein, zu der er gehört. Crystal wird dem Ruf ihrer Rasse gerecht.

Sie hat bestimmte Bellweisen für bestimmte Probleme. Ein Eichhörnchen oder ein anderer Hund wird mit einigen Kläffern bedacht, aber ein Mensch bringt sie zum Überschnappen.

Schnellfeuergebell, Hochspringen am Zaun und Kratzen am Boden wie ein Stier sind Begrüßungszeichen für selbst den ältesten Freund, der zu Besuch kommt. In dieser Nacht war Crystal auf Wache im Hintergarten, wie immer. Das Wissen darum gab mir ein besseres Gefühl. Wenn sie schon ein Eichhörnchen mißtrauisch anbellt, würde sie bei einem UFO ausflippen.

Ich weiß nicht, wie lange ich geschlafen hatte, als etwas – nicht der Hund – mich weckte. Die roten Zahlen des Weckers leuchteten im Dunkeln. Es war spät, drei Uhr früh, und sehr finster draußen. Ich drehte mich um und merkte, daß die Pumpe des Schwimmbeckens arbeitete. Wir hatten wieder vergessen, sie abzustellen. Ich wußte, ich sollte aufstehen und sie abstellen, aber ich war mitten zwischen Schlafen und Wachen und so entspannt. Dann hörte ich ein Baby weinen.

Baby weinen? Komisch. Wir haben kein Baby. Auch meine Nachbarn nicht, und wenn sie eins hätten, wie könnte ich es so weit weg hören? Ich horchte genauer, aber ohne aufzustehen. In ein paar Minuten hörte ich deutlich Stimmen. Ich schüttelte den Schlaf ab und begriff, daß die Stimmen in meinem Kopf waren.

Sie waren wieder da! Die Stimme war unverkennbar – wie der Klang einer computerähnlichen Maschine –, sehr tief, als käme sie durch einen kaputten Lautsprecher. Obwohl ich die Worte nicht wirklich »hören« konnte, verstand mein Hirn irgendwie die Worte.

Sie waren da draußen. Das wußte ich. Warteten sie auf mich? Ich war nicht sicher. Ich fürchtete, sie wollten wahr machen, was sie mir zum Abschied versprochen hatten – mich holen. Aber warum? Die Fragen schossen mir durch den Kopf. Warum mich holen kommen? Warum auftauchen und dann so schnell verschwinden? Warum lange genug schweben, daß ich Fotos schießen konnte? Warum nicht landen? Warum nicht einfach die Sache durchziehen, daß es jeder sehen konnte? Einfach mitten im Orange-Bowl-Stadion landen, in dem 70 000 Fans Football schauten. Das wär's. Aber das war offenbar nicht die Art, in der sie vorgingen. Ich lag da und hatte Angst, mich zu bewegen. Ich horchte nur. Ich fühlte mich steif, und meine Nackenmuskeln begannen zu zucken. Ich ließ meine Hand zu Frances hinübergleiten und berührte sie an der Seite. Sie bewegte sich im Schlaf, wachte aber nicht auf. Wieder stieß ich sie mit den Fingern an. Diesmal drehte sie sich zu mir um und legte mir ihren Arm über die Brust. Sie begann sich ein bißchen näher an mich zu kuscheln, und da muß sie gemerkt haben, daß etwas nicht in Ordnung war.

Leise fragte sie: »Was ist los?«

Ich sagte nichts. Das letztemal, als ich laut etwas gesagt hatte, hatten sie mich gehört. Ich lag da und starrte im Dunkeln an die Decke. Sollte ich aufstehen? Die Pistole war gleich rechts auf meinem Nachttisch. Ich horchte. Sie sprachen spanisch und kümmerten sich um das weinende Baby. Ich habe es übersetzt, so gut ich kann.

Weibliche Stimme: »Sie will Milch.«

Männliche Stimme: »Wenn sie uns nichts anderes geben als Bananen, werde ich…«

Weibliche Stimme: »Pst, sie werden dich hören!«

Männliche Stimme: »Aber warum essen sie nur Bananen?«

Ich weiß, das klingt bizarr, und ich war versucht, es nicht zu erzählen, aber über Bananen sprachen sie. Ich habe etwa fünf Jahre in Mittelamerika gelebt und spreche leidlich Spanisch, aber ich verstehe viel mehr.
Männliche Stimme: »Y jue puta.« (Ich bin mir nicht sicher, wie es buchstabiert wird, aber es ist eine Slang-Version von »Hundesohn«. Ich erwähne das, weil ich es in Teilen von Nicaragua und Costa Rica gehört habe, vielleicht der Heimat der Stimmen.)
Männliche Stimme: »Hundesohn. Guck dir bloß all die… vielleicht zwanzig… Y jue… Was geht hier vor? (grob übersetzt)… Was ist los?«
Weibliche Stimme: »Ich habe sie gestern abend so gesehen. Der Chef (das Wort war »jefe«; anscheinend meinte sie denjenigen, der zu ihnen spricht) hat gesagt, sie laden Energie.«
Das Baby weinte noch immer. Inzwischen war ich natürlich hellwach. Der Schweiß rann mir an Rücken und Unterarmen hinab. Ich hatte Angst, mich zu bewegen und mich nicht zu bewegen. Ich wußte, das UFO war da, aber wußten die, daß ich sie hören konnte?
Etwas mußte ich tun. Sollte ich die Polizei rufen? Meine Beziehung zu unseren Beamten am Ort war immer gut gewesen. Wir hatten an verschiedenen Projekten zusammengearbeitet. Wenn das UFO hier wäre, so daß die Polizei es sehen konnte – toll. Aber wenn es nun weg wäre und ich nur von den Stimmen in meinem Kopf zu erzählen hätte? Klarer Fall. Mein Ruf wäre hinüber. Aber wenn ich nun Hilfe brauchte? Sie hatten gesagt: »Wir werden dich holen kommen.«
Ich hatte fast keine Zeit, klar zu denken. Ich befreite meine Beine vom Decklaken und ließ die Füße auf den Boden gleiten, ohne mich aufzusetzen. Ich ließ mich auf dem Rücken aus dem Bett gleiten, bis ich auf dem Boden lag, mit Schuhen unter meinen Schultern. Ich flüsterte Frances zu, sie solle sich nicht vom Fleck rühren, alles würde in Ordnung gehen.

Das Baby weinte noch immer im Hintergrund, als die Stimmen wieder begannen, über Essen zu sprechen. Die Frau muß das Baby an die Brust genommen haben, denn plötzlich war es ruhig. Der Mann sagte, er wolle seine Kleider, und seine Haut sei nicht aus Leder. War dies ein Zeichen, daß die UFO-Wesen eine Haut aus Leder hatten? Ich hatte keine Zeit, darüber nachzudenken, denn als ich vor meinem Bett auf dem Boden lag, hob ich meine Hand, um die 0.32er Pistole auf meinem Nachttisch zu nehmen. Ich wollte allein hinauskriechen, um nach ihnen zu schauen. Das ließ Frances nicht zu. Sie kam zu mir herunter. Sofort gab es einen Luftzug, die Stimmen hörten auf, und ein leichtes Summen begann.

Auf den Knien und im Dunkeln krochen wir zur Vordertür – ich hatte nicht die Absicht, das Licht anzudrehen. Ich spähte durch das Bleiglas in der Tür.

Im Vorgarten sah nichts ungewöhnlich aus. Vorsichtig öffnete ich die Tür, kauerte mich auf der Veranda zusammen und blickte zum Himmel, er war schwarz. Vielleicht versteckten Wolken das UFO am Himmel, aber es war so dunkel – man konnte es nicht wissen.

Ich kroch wieder hinein und schloß die Tür hinter mir ab. Auf dem Boden kniend horchte ich auf jeden Laut im Haus. Crystal, die Hündin, war still. Vielleicht schlief sie. Vielleicht sollte ich nachsehen. Ich schlich durch das Wohnzimmer zur Küche, vornübergebeugt, um unterhalb der Ebene der Fenster zu bleiben. Frances folgte mir; ich konnte sie im Dunkeln schwer atmen hören. Von meiner Position aus sah ich kaum mehr als den schwarzen Himmel durch die halbverglaste Küchentür. Ich richtete mich auf, bis ich das Schwimmbecken und die Holzblöcke sehen konnte, die es gegen den Wind abschirmen. Keine Spur von Crystal. Geh nicht raus, sagte ich mir. Ich würde nur die Hintertür ein wenig öffnen und nach dem Hund rufen. »Crystal«, flüsterte ich. »Crystal, Crystal.« Ein bißchen lauter. Nichts, also schlich ich hinaus auf die Veranda mit dem

Schwimmbecken. Crystal lag auf der Bank am Haus und schlief – da war alles in Ordnung. Aber ich konnte noch immer das Summen hören. Aus der Dunkelheit kam ein weiches Schimmern. Direkt über mir kam es herunter – und zwar sehr schnell. Von der Größe eines Groschens bis zur halben Größe meines Schwimmbeckens brauchte es etwa zwei Sekunden.
Panik und Schrecken ergriffen mich, und ich raste zurück ins Haus. Das Flugobjekt hielt etwa 30 Meter über meinem Schwimmbecken an. Dort schwebte es ein paar Sekunden, dann trieb es irgendwie nach Osten, weg von unserem Haus. Ich hatte noch immer die Waffe in der Hand. Ich versuchte, vernünftig zu sein. Nicht schießen. Noch nicht. Vielleicht können wir reden. Vielleicht nicht. Sie haben ein super Fluggerät, sie haben Telepathie und all das, aber eine fortgeschrittene Kultur – das bezweifelte ich. Fortgeschrittene Kulturen sollten zivilisiert sein – es vielleicht einmal mit Manieren versuchen. Vielleicht:
»Bitte, darf ich Sie in unser Flugobjekt hinaufsaugen?«
»Nein, Sie dürfen nicht.«
»Okay, trotzdem besten Dank.« Und sie würden einen zufriedenlassen.
Aber nicht diese Typen. Sie machten sich nicht die Mühe zu fragen. Sie taten einfach, was sie wollten. Ich öffnete die Tür wieder ein wenig. Das UFO hielt an.
Die UFO-Stimme befahl: »Tritt jetzt vor.«
»Nicht, solange ich lebe«, murmelte ich und nahm die Polaroid-Kamera von der Frühstückstheke.
Ich richtete die Kamera mit der rechten Hand auf das UFO, während ich mit dem Gewehr in der Linken auf es zielte. Das Flugobjekt entfernte sich etwas weiter vom Haus. Dann schwebten sie einfach da, über dem Feld hinten, und warteten. Ich war mir nicht sicher, auf was.
Ich wußte, es war verrückt, aber ich schlüpfte aus der Tür und raste zum ersten Windschutz. Ich kam zum hinteren Ende des

Schwimmbeckens, von Windschutz zu Windschutz. Hinter dem vierten versteckt, lehnte ich die linke Schulter gegen den rechten Rand des Holzblocks, spähte um die Ecke und wartete. Das UFO wechselte die Farbe und verschwand fast in der Finsternis. Das weiße »Energielicht« an der Unterseite wurde orange. Auch die Kuppel wurde orange, aber die Bullaugen, die ich sehen konnte, blieben weiß. Ich hob die Kamera und schoß Foto Nr. 10.

Blitz! Der Blitzwürfel war auf der Kamera. Das hatte ich im Dunkel nicht bemerkt. Er beleuchtete meine Position wie ein Scheinwerfer. Ich hätte mich genausogut hinstellen können und schreien: »Hier bin ich.«

Statt dessen schrie ich »Verdammt, verdammt!« und rannte in Deckung, zurück zur Küchentür.

Als ich sie erreichte, rief Frances flüsternd: »Was war das für ein Blitz?«

Ich erklärte es schnell und versuchte dann, sie zu überzeugen, daß es nicht ganz dumm von mir gewesen war hinauszugehen. Sie schimpfte pausenlos mit mir, als wir das UFO durch das Fenster beobachteten.

Sekunden später, so schnell, wie es vom Himmel gefallen war, schoß das UFO steil hinauf. Kein Laut, kein Wind, nur ein Blitz, als die Unterseite weiß wurde und es verschwand. Wie konnte sich irgend etwas so bewegen? Wenn ich sage, es schoß steil hinauf, ist das eher ein Gefühl, als daß ich tatsächlich sah, wie es meinem Blick entschwand. Es war so schnell, daß es einfach weg war, und ich hatte das Gefühl, es sei aufwärts gegangen. Das Summen in meinem Kopf wurde schwächer und hörte dann auf. Ich sagte Frances, daß ich merkwürdigerweise dankbar für das Summen war. Das Summen würde mich warnen. Wenn sie es unterbinden könnten, würden sie das sicher tun. Sie zitterte neben mir, und ich sagte, sie solle zurück ins Bett gehen, ich käme gleich. Zuerst hatte ich das Summen des UFOs für die Schwimmbadpumpe gehalten. Das würde nicht wieder geschehen. Ich kontrollierte in jedem Zimmer, was summen könnte. Der Kühlschrank – Stecker raus, die Pumpe im Aquarium – abgestellt, die Zentralheizung – aus. Als ich durch war, war das Haus still. Befriedigt ging ich ins Schlafzimmer zurück. Frances saß im Bett und wartete auf mich. Wir legten uns ins Bett und sprachen über alles. Vielleicht war es vorbei. Vielleicht nicht. Es war dreimal hiergewesen. Dreimal, und warum? Die Chance, ein UFO zu sehen, ist sehr gering, aber dreimal ein UFO zu sehen ist unglaublich. Und noch unglaublicher: Dieses machte Hausbesuche. Ich hatte Angst vor ihm, aber es faszinierte mich auch. Wenn sie nur aufhören würden, Katz und Maus mit uns zu spielen.

Ich würde Hilfe brauchen, um dies auf die Reihe zu bekommen. War dies schon einmal jemand anderem geschehen? War es lebensgefährlich? Sollte ich das Militär anrufen?

Das UFO hatte mir nicht wirklich körperlich weh getan – noch nicht. Würde es das tun? Warum war es hier? Warum ich? Wieder diese »Warum«-Fragen, auf die ich keine Antwort hatte. Aber ich war bereit, nach ihnen zu suchen.

Während Frances und ich miteinander sprachen, hatte ich ein ängstliches Gefühl im Magen, aber auch ein starkes Gefühl der Befriedigung. Wir wußten die Wahrheit, so, wie man etwas Wichtiges weiß, das sonst niemand auf der Welt weiß. Aber vielleicht wußten es viele und hatten zuviel Angst, es zu melden.

Die anderen Zeugen, die sich bei der Zeitung gemeldet hatten, waren tröstlich. Sie wußten Bescheid, wie ich. Obwohl wir nicht miteinander gesprochen hatten, fühlte ich eine Verwandtschaft. Ich hoffte nur, daß all das Interesse in Fernsehen und Presse die Tatsachen bekanntmachen würde. Vielleicht würden mehr Leute aufpassen und ihre Sichtungen über diese Besucher in unserer Stadt melden. Vielleicht konnten wir alle eines Tages zusammenkommen, Erfahrungen austauschen und Bilder betrachten. Ich nahm das letzte Bild vom Nachttisch.

Frances und ich studierten die Farbschattierungen, die zwei dunkle Streifen quer über dem UFO zeigten. Einer verlief über der Mitte des Rumpfes. Der andere war zwischen der Energiequelle und dem Rumpf.
Mit bloßem Auge sah man am UFO viel mehr Einzelheiten, und ich war enttäuscht über das Foto. Es zeigte deutlich das untere Oval, das in Wirklichkeit ein Kreis war, wenn man das Flugobjekt von unten sah. Andere Dinge jedoch konnte man nicht sehen, wie sie wirklich waren. Die Umrisse schienen zu verschwimmen. In Wirklichkeit hatte das UFO einen größeren Durchmesser als auf dem Foto. Auch waren die kleinen Lichtpunkte in dem dunklen Streifen nicht nur Lichter. Es waren Bullaugen. Ich erinnere mich genau, daß ich versuchte, in Deckung zu bleiben, damit »sie« mich nicht durch diese Bullaugen sahen.
Nun, zumindest hatte ich ein weiteres Foto. So dunkel es war, das UFO war drauf. Nun waren es insgesamt zehn Bilder. Einige waren besser, mit blauem Himmel, Hinter- und Vordergrund, mit schärferen Einzelheiten. Das UFO war wirklich, und ich wußte es. Die Fotos waren echt, und mir waren die Fotoexperten willkommen, denen die Reporter die Bilder zur Untersuchung geben wollten. Wenn alles vorüber war, würde niemand leugnen können, daß es andere Wesen im Universum gibt.

2. Dezember – Frances' Bericht

Das Leben war wieder ziemlich zu seiner normalen Form zurückgekehrt. Die Kinder stritten, Ed arbeitete in seinem Büro, und ich tippte Dans College-Bewerbungen nach dem Abendessen. Um zehn Uhr war Laura im Bett, Dan lernte in seinem Zimmer, doch meine Augen und mein Rücken konnten kein weiteres Formular mehr vertragen. Ich ging zu Ed, wünschte ihm eine gute Nacht und machte mich fertig fürs Bett. Seit Eds zweiter Begegnung waren fast zwei Wochen vergangen, und ich war fast davon überzeugt, daß das UFO nicht zurückkam. Doch ein paar Stunden, nachdem ich an diesem 2. Dezember 1987 eingeschlafen war, wurde ich davon wach, daß Ed mir hartnäckig mit den Fingern in die Seite stieß. Ich drehte mich zu ihm, um mich an ihn zu kuscheln, und wußte, daß etwas nicht stimmte. Sein ganzer Körper war starr, und sein Herz klopfte unter meiner Hand. In einem Augenblick war ich hellwach und fragte flüsternd, was los sei. Er sagte nichts; statt dessen legte er mir leicht den Finger auf die Lippen, um mich zu warnen, ich solle ruhig sein. Ich lag neben ihm und mühte mich, zu hören, was ihn geweckt hatte.

Daß er etwas gehört hatte und ich nicht, wäre früher ungewöhnlich gewesen. Normalerweise schlief Ed bis zum Morgen, wenn er einmal eingeschlafen war. Ich war es, die auf die Rufe unserer Kinder in der Nacht reagierte. Doch das war, bevor das UFO in unser Leben trat. Dann wurde es mir klar. Was er hörte, würde ich nie hören. Es war in seinem Kopf. Sie waren wieder da.

Nach einer Zeit, die mir ewig lang vorkam, ließ Ed sich aus dem Bett auf den Boden gleiten.

»Rühr dich nicht vom Fleck, alles wird in Ordnung kommen«, flüsterte er.

Ich schob mich an den Bettrand und sah hinunter zu ihm. Ich konnte gerade sehen, wie er neben dem Bett flach auf dem Rücken lag. Er griff nach oben zur Pistole, und ich fragte ihn leise:

»Was wirst du tun?«

»Ich werde sehen, ob sie irgendwo da draußen sind.«

»Nicht ohne mich!«

Ich rutschte neben ihn auf den Boden, voller Angst, was wir finden würden. Ed ging auf allen vieren los. Ich kroch hinter ihm, behindert durch mein langes Nachthemd. Schließlich zog ich mir den Rock über die Knie hoch und band ihn zu einem losen Knoten. Das letzte, was ich wollte, wenn Ed schrie »lauf weg«, war, mich in Metern von Flanell zu verheddern.

Er kroch zur Vordertür, und die Kälte der Dielenfliesen verstärkte die Gänsehaut, die ich schon hatte. Während Ed aus der Tür spähte, versuchte ich, mir das Ganze vernünftig zu erklären, aber ich konnte es nicht. Er berichtete, er könne nichts Ungewöhnliches sehen, schloß die Tür ab, und wir kehrten um zur Küche. Inzwischen klapperten mir die Zähne vor Kälte und Angst. Ed öffnete die Hintertür ein kleines bißchen und rief leise nach Crystal. Als sie nicht kam, rief er lauter. Noch immer kam kein wackelnder, weißer Körper, um sich streicheln zu lassen. Ehe ich wußte, was er vorhatte, schlüpfte Ed aus der Hintertür und auf die Terrasse. Ich griff nach ihm und verfehlte ihn.

»Ed, komm wieder rein hier!« Ich legte soviel Autorität in dieses Flüstern, wie ich nur konnte.

Er blickte zum Himmel und hörte anscheinend kein Wort, das ich sagte. Bevor ich meine Forderung etwas lauter wiederholen konnte, rannte er mich fast um, als er zurückkam. Ich sah, warum. Ich sah zum erstenmal das UFO mit eigenen Augen.

Panik beschreibt nicht, was ich fühlte. Mein ganzer Körper bebte, als Adrenalin durch ihn schoß. Ich wollte rennen, konnte aber nicht. Keine Kraft von dem Flugkörper hielt mich fest, es sei denn, man rechnet es als eine Art geistige Fessel, wenn man überwältigt ist.

Die Fotos hatten mich erstaunt. Die Wirklichkeit war fast nicht zu glauben. Es bewegte sich mit müheloser Grazie, fast wie ein Segelboot, das mit der Brise schwimmt.

Weder Ed noch ich sagten etwas, oder wenn, dann erinnere ich mich nicht. Alles, was ich denken konnte, war, wie furchterregend und doch schön das Flugobjekt war. Nach vielleicht 30 Sekunden zielte Ed mit Kamera und Gewehr darauf. Es ging zur

Seite, nicht schnell, und blieb dann über dem Feld hinten stehen. Ohne mich irgendwie zu warnen, raste Ed wieder hinaus.

Ich hatte Angst, ihm nachzurufen. Es konnte ihre Aufmerksamkeit darauf lenken, daß er sich neben dem Ende des Schwimmbeckens versteckte und sie beobachtete.

Ich überlegte, ob ich nachkommen sollte, aber ich war nicht sicher, daß ich dazu die Nerven hatte. Bevor ich mich entschließen konnte, sah ich einen Blitz. Dann kam Ed zurück zur Tür gerast, so schnell er konnte. Diesmal ging ich ihm aus dem Weg.

Während wir das UFO beobachteten, ließ ich ihn ganz genau meine Meinung über das wissen, was er getan hatte. Ich war wütend, denn ich fand, er war ein dummes Risiko eingegangen, und dabei hatte er mich halb zu Tode geängstigt. Ich wollte ihn nicht an irgendwelche außerirdischen Wesen verlieren.

»So, wie das Ding sich bewegen kann – woher wußtest du, daß es nicht hier herüberflitzen und dich nicht mit diesem Strahl treffen würde, bevor du entkommen konntest? Mach das nie wieder.«

Dann, als wollte es zeigen, wie recht ich mit meiner Bemerkung über seine Bewegungen gehabt hatte, verschwand das UFO einfach direkt nach oben. Eine Sekunde war es hier – dann war es weg. Ed sagte mir, ich solle wieder ins Bett gehen, er wollte alle Türen kontrollieren, bevor er zu Bett kam. Ich nahm ihm das Versprechen ab, daß er nicht wieder hinausging, wenn das UFO zurückkam, und ging dann in unser Schlafzimmer, um mich aufzuwärmen und zu beruhigen.

Als Ed hereinkam, legten wir uns zu Bett, sahen das Bild an und sprachen. Für ihn war es nicht mehr neu, das UFO zu sehen. Aber für mich. Die Frage, die wir beide immer wieder stellten, konnten wir nicht beantworten: Warum?

2. DEZEMBER

Vierte Sichtung – Das Wesen

Dieselbe Nacht – gegen 3.30 Uhr

Crystal bellte. Einmal. Meine Augen sprangen auf. Crystal bellt nie nur einmal. Waren sie wieder da? Ich horchte. Kein Summen. Waren sie zurück? Meine Güte! Brauchen die keinen Schlaf? Als ich die Decke von mir warf und aus dem Bett sprang, flüsterte Frances: »O nein, bitte nicht schon wieder.«
Diesmal sollten sie mich hören; ich griff die Pistole und sagte laut: »Wenn sie wieder da sind, benutze ich diesmal dieses Ding.« Da ich beim letztenmal das UFO hinter dem Haus gesehen hatte, nahm ich an, es würde wieder dort sein. Mit der Pistole in der einen Hand und der Kamera in der anderen ging ich zur Glastür, die vom Elternschlafzimmer zu einer verglasten Veranda vor dem Schwimmbecken führt.

Das Glas war mit Stoffjalousien verhängt. Ich sah, daß es draußen noch dunkel war. Nur ein schwaches Leuchten von den Sicherheitslampen der Schule, die jenseits des Feldes hinter uns liegt, zeigte sich an den Rändern der Jalousien.

Ich fühlte nach der Schnur, zog sie schnell nach unten und lehnte mich vorwärts, als die Jalousien hochgingen. Auf der anderen Seite des Glases war ein kleines Wesen. Große, schwarze Augen starrten in meine Augen. Nur Zentimeter trennten uns. Ich schrie, fiel rückwärts zu Boden und krachte mit Kopf und Schultern an die Schranktür.

Das Wesen stand einfach da und starrte mich an. Es war etwas über einen Meter groß. Ein dunkles, schwarzgraues, kastenartiges Etwas verdeckte den Hauptteil seines Körpers. Der »Helm« auf seinem Kopf hatte ein durchsichtiges Visier, das seine Augen frei ließ. Wirklich große Augen, die die obere Hälfte seines Kopfes ganz einnahmen. Es hielt einen leuchtenden, silbernen Stab in der rechten Hand.

Ich lag auf dem Boden, etwa vier Meter von der Tür entfernt. Das Wesen hatte auf meinen Schrei und mein Zurückweichen von der Tür nicht reagiert. Es stand einfach da, ein paar lange Sekunden, und schaute nur ruhig herein. Direkt herein, ohne seinen Kopf zu wenden oder sich näher an das Glas zu lehnen.

Ich sah verstohlen zu Frances hinüber. Sie kroch auf den Knien über das Bett in meine Richtung. In diesem Augenblick war sie näher an dem Wesen als ich. Wenn es nun hinter ihr herkam?

Ich hatte noch immer die Pistole in der Hand, also hob ich sie schnell und richtete sie auf das Wesen. Ich hatte nicht vor, zu schießen, außer wenn es versuchte, durch die Tür zu kommen. Das Wesen starrte mich mit Augen an, die keine Furcht zeigten. Augen, die ruhig waren. Augen, die fast traurig waren. Augen, die irgendwie merkwürdig schienen.

Es war, als stünde die Zeit still. Frances sah mich an, dann das Wesen. Was würde geschehen? Würde ich schießen? Nein. Würde das Wesen versuchen hereinzukommen? Nein. Es drehte sich einfach mit einer entschlossenen Bewegung nach links und ging außer Sichtweite.

Zorn flutete durch mich. Der kleine Scheißkerl hatte mich gerade zu Tode geängstigt, und jetzt spazierte er einfach davon. Zum Teufel! Ich wollte ihn haben.

Ich rappelte mich auf und erreichte mit ein paar Schritten die Tür. Der Riegel und das Schloß ließen sich unmöglich öffnen, ohne daß ich Kamera und Waffe auf den Boden legte. Ich entriegelte die Tür und rannte, ohne die beiden Dinge wieder aufzuheben, auf die Veranda hinaus. Das Wesen bewegte sich ruhig über die Veranda und zur Treppe. Ich war etwa sechs

Meter hinter ihm und erpicht darauf, es zu fangen. So langsam, wie es sich bewegte, konnte ich es im Handumdrehen erwischen. Ich würde mich mit meinem Gewicht draufwerfen und das kleine Miststück zurück ins Haus zerren. Ich stieß die Verandatür auf und machte zwei Schritte auf den Holzboden... Wumm! bog der blaue Strahl vom Himmel herunter. Mein rechtes Bein war vom Knie abwärts getroffen. Eingefroren. Wie an den Boden genagelt. Gequetscht. Ich fiel. Durch meinen Schwung nach vorn wurde mein Knie im Fall gezerrt und verdreht. Mein rechtes Bein war steckengeblieben.

»Scheiße!« schrie ich. Frances rannte auf die Veranda heraus, um mir zu helfen, und ich rief, sie solle zurückgehen.

Der blaue Strahl begann, mein Bein anzuheben und mich unter der überdachten Veranda hervorzuziehen. Ich lehnte mich zurück und bekam den Pfosten der Verandatür zu fassen. Beim Zurücklehnen sah ich direkt auf die Unterseite des UFOs.

Es war vielleicht 15 Meter über mir, und der Strahl kam gerade an der Dachkante vorbei. Der Anblick war genug, mich schaudern zu machen, und ich verlor fast meinen Halt am Türpfosten. Kein Wunder, daß das Wesen es nicht besonders eilig hatte wegzukommen. Seine Kumpels waren da, und vielleicht war dies alles ein Trick, um mich nach draußen zu locken. Wenn, dann hatte es funktioniert.

Mein linker Fuß stieß in den blauen Lichtstrahl, als ich versuchte, mich herauszuwinden. Ich fühlte den Druck an meinen Zehen und zerrte ihn hinaus. Ich zappelte wild, aber mein Bein blieb fest im Strahl. Frances hielt mich von hinten. Ich zog stärker. Langsam, aber sicher kam mein Bein heraus. Ich war frei. Der blaue Strahl verschwand, und das Flugobjekt glitt hinüber zum Feld. Das Wesen war über das Feld hinten gegangen. Ich hatte gehört, wie es durch die Kettentür in unserem Zaun ging. Ich rappelte mich auf, um meine Kamera zu holen.

Als ich mit der Polaroid zurückkam, war das Flugobjekt bei den

Bäumen. Plötzlich schoß der blaue Strahl zur Erde. Ich konnte das Wesen nicht sehen, aber ich nahm an, sie holten den Besucher meiner Veranda wieder ab. Ich schoß Foto Nr. 11.
Frances rief mich. Sie hatte Angst, das Wesen wäre nicht allein gewesen, es wären noch mehr im Haus. Ich lief zurück, um mit ihr nachzusehen.

2. Dezember – Frances' Bericht

Ich war noch nicht einmal wieder eingeschlafen, als Crystal bellte. Ed erstarrte neben mir. Ich wußte, er war so hellwach und alarmiert wie ich. Nicht schon wieder. Ich konnte es nicht glauben, nicht schon wieder.
Ed warf die Decke beiseite und sprang aus dem Bett. Er nahm die Pistole und drohte, zu schießen.
»Woher weißt du, daß du sie nicht nur wütend machst?« Ich setzte mich auf und versuchte, ihn im Dunkeln zu sehen.
»Mir egal. Ich hab' genug.« Ed ging zur Außentür des Schlafzimmers.
»Warte.« Ich kroch schnell zur Zedernholztruhe am Fußende des Bettes. »Geh nicht einfach drauflos da draußen.«
»Keine Angst, ich sehe zuerst nach.«
Mit pochendem Herzen kniete ich auf dem glatten Holz und wartete. Ed nahm die Kordel der Jalousien in die Hand. Nach einem scharfen Ruck sausten die Jalousien nach oben.
Eds Schrei entsetzte mich, einen Augenblick wußte ich nicht, was ihn erschreckt hatte. Dann sah ich, daß das, was ich für Eds Spiegelbild im Glas gehalten hatte, tatsächlich ein Wesen war. Mein Schrei folgte seinem.
Ich versuchte zurückzukrabbeln. Meine Zehen verfingen sich in den Decken, und ich fiel mitten ins Bett. »O mein Gott, was ist das?« schrie ich.

»Jesus, ich weiß nicht.« Ed lag auf dem Boden und starrte auf die Tür.
Ich wollte näher bei Ed sein. Aber war das eine gute Idee? Gedanken schossen mir durch den Kopf. Das Wesen würde es leichter haben, uns mit diesem Stab zu erwischen, wenn wir zusammen waren. Auseinander hatten wir vielleicht eine Chance, es auszumanövrieren. War das überhaupt eine Waffe?
Ich ging wieder auf die Knie und kroch zu der Ecke des Bettes, die am nächsten bei Ed war, ohne das Wesen aus den Augen zu lassen. Es schien nicht zu bemerken, daß ich da war. Es sah mich nicht einmal an. Es starrte nur Ed an.
Alles, was ich denken konnte, war, daß »sie« dieses Wesen geschickt hatten, um meinen Mann zu holen. Konnte es durch die abgeschlossene Tür kommen? War es allein?
Inzwischen hatte Ed seine Pistole auf es gerichtet. Der Ausdruck des Wesens – wenn es einen hatte – änderte sich nicht. Ich sah von ihm zu Ed und wieder zurück, der Panik nah. Es war nicht eigentlich häßlich. Es machte auch keine bedrohlichen Bewegungen. Es gehörte einfach nicht dahin.
Dann drehte es sich um und ging weg. Es rannte nicht. Es schien keine Angst zu haben. Es spazierte einfach weg, seelenruhig. Das Wesen war kaum aus meiner Sichtweite, da sprang Ed auf und lief zur Tür.
»Ed, was machst du?«
Er fummelte an den Schlössern herum. »Ich werde es fangen.«
»Bist du wahnsinnig?« schrie ich ihn an. Ich versuchte, ihn zu erreichen, bevor er dem Wesen nach draußen folgen konnte. Er legte Kamera und Pistole weg, entriegelte die Tür und stieß sie auf. Ich griff nach der Flinte und rannte ihm nach. Ich hatte noch nie im Leben auf etwas Lebendiges geschossen, aber wenn dieses Wesen da draußen wartete, würde ich es tun. So zittrig, wie ich war, ich wußte, ich konnte nicht danebenschießen. Ich kam gerade rechtzeitig zur Tür, um den blauen Strahl herunterblitzen zu sehen.

An einem Bein gefangen, fiel Ed seitwärts um. Ich lief zu ihm und ließ das Gewehr auf den Liegestuhl fallen. Vielleicht konnte ich ihn aus dem Strahl herausziehen.

»Zurück! Sie könnten dich auch kriegen.«

Eds Warnung brachte mich dazu aufzublicken. Über uns glühte die Unterseite des UFOs in einem goldenen Orange. Die Mitte bebte wie in einem Energiesturm. Es gab hier Wellen, von ganz dunkel bis blendend hell. Ich hatte das Gefühl, in eine ungeheure Kraft hinaufzublicken. Ed schickte mich wieder weg. Ich ignorierte ihn. Statt dessen griff ich ihm unter die Arme, nahm all meinen Mut zusammen und zog mit äußerster Kraft. Er rührte sich nicht.

Sein Fuß war über dem Boden, von dem Strahl angehoben. Er kämpfte weiter. Ich hoffte, ich könnte wenigstens verhindern, daß er noch weiter gezogen wurde. Ich fürchtete, er würde jeden Moment von mir weg in das Flugobjekt gerissen. Plötzlich war er frei, und wir fielen nach hinten. Der blaue Strahl war weg. Wir krochen unter das Verandadach, wo wir besser geschützt waren. Das UFO bewegte sich langsam ostwärts davon.

Ed stand auf und zog mich mit hoch. Er versicherte mir, er sei in Ordnung, und rannte zurück, um seine Kamera zu holen. Da Ed außer Gefahr war, dachte ich an die Kinder. Ich schnappte die Flinte wieder und lief zurück ins Haus. Ed war schon aus der Verandatür und auf der Terrasse.

Ich lief durch das dunkle Eßzimmer. Mitten im Wohnzimmer blieb ich stehen. Etwas Schattiges hatte sich im unbeleuchteten Fernsehzimmer geregt. Ich mühte mich, etwas zu sehen, konnte aber nichts unterscheiden.

Entsetzt von der Vorstellung, einem der Wesen allein zu begegnen, rannte ich zurück zur Küchentür, um Ed zu rufen. Durch das Glas sah ich, wie der blaue Strahl das Flugobjekt mit dem Feld verband. Ed ließ die Kamera sinken, als ich die Tür öffnete.

»Ed, ich glaube, es ist etwas im Haus!«
Er lief zurück zu mir, und ich erklärte, was ich befürchtete. Wir gingen schnell auf die Seite des Haues, wo die Kinderzimmer sind. Wieder schienen schattige Gestalten um uns herumzuflitzen, als wir ins Fernsehzimmer kamen. Ed drehte das Licht an. Der Spiegel auf der Wand gegenüber warf unser Bild zurück. Vielleicht hatte ich das gesehen. In dem neun Meter langen Zimmer gab es kein mögliches Versteck.
Schnell und leise gingen wir zu dem kurzen Flur, der die Kinderschlafzimmer verbindet. Aus Dans Badezimmerfenster fiel Licht und milderte den Schatten, den das Licht vom Fernsehzimmer auf den Flur warf.
Ed wandte sich nach rechts, um Dans Tür zu öffnen. Ich ging nach links. Mit unsicherer Hand drehte ich Lauras Türknopf. Die Tür schwang nach innen, stieß gegen etwas und stand still. Es ist nur ihr Krempel auf dem Boden, sagte ich mir.
Ich machte Licht und trat ein. Mich empfing das übliche Chaos in ihrem Zimmer, dann von ihr ein Grummeln über das Licht, während sie sich im Schlaf umdrehte. Auf alles gefaßt, lugte ich hinter die Tür.
Zwischen Tür und Wand klemmte der Stuhl aus Lauras Bad. Ich ließ die Luft heraus, die ich angehalten hatte, ohne es zu merken. Es gab keinen anderen Platz, sich zu verstecken, als den Schrank. Ich ging über den mit Kleidern übersäten Fußboden zur offenen Schranktür. Eine schnelle Kontrolle ergab nichts. Ein halber Meter daneben führt eine Verbindungstür zu Lauras Badezimmer. Ich atmete tief durch und stieß die Tür auf.
Das Licht, das auf Bewegung reagiert, ging an und beruhigte mich. Wäre irgend etwas in den Raum gekommen, dann wäre das Licht schon angewesen. Wenn es nicht in der Dusche war. Das Licht ging automatisch aus, wenn die Bewegung aufhörte. Ich konnte nichts tun, als nachzusehen.
Das Blut pochte so laut in meinen Ohren, daß ich nichts anderes

hören konnte. Voller Angst ging ich um die Ecke. Die Dusche war leer. Erleichterung durchströmte mich. Ich drehte mich um und hatte Ed vor mir. Ich schlug mir die Hand vor den Mund, um meinen Schrei zu ersticken, und schimpfte dann, daß er sich angeschlichen hatte.

»Tu das nicht.« Ein nervöses Lachen milderte meine Worte.

»Tut mir leid.« Er drückte meinen Arm. »Nichts in Dans Zimmer oder im Extrazimmer.«

Wir gingen wieder durch das Schlafzimmer, um das Licht zu löschen, und zurück ins Fernsehzimmer; nun gab es nur noch ein weiteres Zimmer an dieser Seite des Hauses. Das Wäschezimmer. Es dauerte nicht lange, festzustellen, daß niemand dort war.

Um sicher zu sein, daß uns nichts entgangen war, ging Ed vom Fernsehzimmer aus in sein Büro, während ich durch das noch dunkle Wohnzimmer zurückging und das Licht dabei andrehte. Wir trafen uns in der Diele. Wieder nichts.

Zwar hatte ich ein besseres Gefühl, aber es war möglich, daß sich hinter unserem Rücken etwas versteckt hatte. Wir machten im Eßzimmer Licht. Nichts Ungewöhnliches. Wir gingen durch das Wohnzimmer zurück, löschten die Lichter und schlossen die Küchentür wieder ab.

Durch das Glas konnten wir keine Spur von dem UFO oder dem Wesen sehen. Etwas rappelte hinter uns. Wir wirbelten herum. Ich schrie, und Ed rumste gegen die Wand. Erschreckt wachte Lauras Papagei auf, flatterte in seinem Käfig herum, daß die Federn flogen, und erschreckte uns noch mehr. Ein langes, fauchendes Zischen erfüllte den Raum.

Einen Augenblick ergriff mich die schiere Panik. Dann lachte ich. Ed sah mich an, als hielte er mich für verrückt oder hysterisch. Ich war nur erleichtert. Wir waren von der Eismaschine terrorisiert worden, die eine Ladung fallen ließ und sich dann wieder auffüllte. Ich erklärte es Ed, als wir Arm in Arm zurück in unser Schlafzimmer gingen.

Dies war meine erste Erfahrung mit dem blauen Strahl gewesen, und sie entsetzte mich. Hätte das UFO mit dem Feuern gewartet, wäre Ed wieder am ganzen Körper erfaßt worden. Hätten sie ihn mitgenommen? Oder wollten sie ihn nur davon abhalten, dem Wesen zu folgen?
Wir sprachen über die nächtlichen Vorfälle, bis es Zeit für mich war, die Kinder für die Schule zu wecken. Ed stellte den Fernseher an. Die Hauptgeschichte der lokalen Morgennachrichten lautete: »UFOs über Gulf Breeze gesichtet«.

Zusatzbericht von Ed

Ich habe niemandem von den Vorfällen des 2. Dezember 1987 berichtet. Später erfuhr ich dann von einer Sichtung früh am selben Morgen, die von dem Untersuchungsbeamten Robert E. Reid gemeldet wurde. Hier ist der Bericht, den er bei der MUFON-Zentrale einreichte:

ÜBERFLUG UM MITTERNACHT

Kurz nach Mitternacht (früh am Morgen des) 2. Dezember 1987 sahen Pat und Elsie McClellan aus Navarre Beach (etwa zehn Meilen östlich von Gulf Breeze) einen Spätfilm im Fernsehen. Durch das westliche Panoramafenster sah Pat ein helles Licht, das anscheinend in einiger Entfernung über dem Wasser (Santa Rosa Sound) schwebte. Er nahm an, es sei das Landelicht eines Helikopters oder Flugzeugs, bis es begann, sich anomal zu bewegen (zum Beispiel auf und ab).
Das Paar ging auf den Balkon hinaus, um besser zu sehen. Das beleuchtete Objekt schien nun ein Suchlicht zu haben, das auf das Wasser hinunterschien. Während sie zusahen, schien das

Licht zu pulsieren und langsam auf sie zuzukommen, dann verschwand es plötzlich in einem Abstand von schätzungsweise sieben Meilen. Pat schaute angestrengt nach Westen und fragte seine Frau: »Wo ist es hingegangen?« Nicht mehr als fünf Sekunden waren vergangen, als Elsie antwortete: »Schau, da oben!«

Da näherte sich langsam von Westen und schon in einer Höhe von etwa 60 Grad die schwach beleuchtete Silhouette eines kreisrunden Objekts. Das Objekt war so nah, daß sein Umriß auf Armlänge schon 50 oder mehr Zentimeter im Durchmesser zu sein schien. Begleitet von einem leisen Summgeräusch, flog es seinen ruhigen Kurs weiter, direkt über die Eheleute hinweg. Sie konnten kaum glauben, daß dies dasselbe Flugobjekt war, das sie nur ein paar Sekunden zuvor so weit entfernt gesehen hatten, doch dies schien die einzige Erklärung zu sein. Sowohl Pat als auch Elsie hatten in den Nachrichten Berichte über das UFO von Gulf Breeze gesehen, und sie dachten sofort an sie. Dies war offensichtlich nicht die Art Flugzeug, die die McClellans kannten. Elsie fürchtete für die Sicherheit ihrer kleinen Tochter und ging schnell hinein. Wenn Pat besorgt war, so wurde dies bald von seiner Neugier verdrängt, und er lief schnell zur anderen Seite des Hauses, um das Objekt zu beobachten, das südöstlich weiterflog. Nachdem es etliche Sekunden auf diesem Kurs geblieben war, bog das Flugobjekt nach rechts und schlug eine südliche Richtung ein. Als es über den Golf von Mexiko hinausflog, gingen seine hellen Lichter wieder an, es beschleunigte und war schnell außer Sichtweite. Die McClellans standen vor einem Rätsel; keiner von beiden konnte sich erklären, was sie gesehen hatten. Etwa fünf bis zehn Minuten später sah Pat, der wieder am Fernseher saß, zwei weitere Lichter den Sound hinaufkommen. Er ging sofort auf die Terrasse, um nachzusehen. Diesmal waren es offensichtlich zwei Flugzeuge (offenbar Kampfflugzeuge), die den gleichen Kurs verfolgten wie das Objekt. Diese Jets bogen sogar an der gleichen Stelle nach rechts und flogen auf derselben Flugbahn über den Golf, die das UFO genommen hatte. Die McClellans hatten seit September in diesem Haus gewohnt, und nie zuvor war so etwas über ihr Haus geflogen.

Als die Forscher mich einen Monat später baten, das Wesen zu zeichnen, soweit ich mich an es erinnern konnte, lief es mir kalt den Rücken herunter. Während ich an der Zeichnung arbeitete, versuchte ich das Ereignis noch einmal zu erleben.
Als ich die Kordel nach unten zog, um die Jalousien hochzuziehen, beugte ich mich vorwärts hinunter; den Kopf hielt ich nach unten. Da war es, nur Zentimeter von mir entfernt. Einige Sekunden standen wir Auge in Auge, nur das Glas trennte uns. Das Wesen zuckte mit keiner Wimper, aber ich fiel hintenüber. Ich schrie beim Fallen, und jetzt, wenn ich daran denke, bin ich überrascht, daß ich mich nicht selbst angeschossen habe. Die Panik und der Schreck, dort jemanden stehen zu sehen, würde einen schon erschüttern, erst recht ein 1,20 Meter großes Wesen in einer Rüstung, mit riesigen Augen.
Nur diese Worte zu schreiben und dieses 1,20 Meter große, dunkelgraue Geschöpf vor mir zu sehen machte mich schaudern. Auf der Zeichnung sieht man die seltsamen Augen. Sie ähnelten im Umriß den Augen eines Grashüpfers. Sie waren eindeutig eckig und sehr schwarz.
Es waren die Augen, die mir unter die Haut gingen. Ich wußte nicht, was im Kopf dieses Wesens vor sich ging. War es nur neugierig auf uns Menschen und dachte, es würde mal genauer hinsehen? Oder war ich es, an dem es interessiert war?
Das Wesen stand einfach da, selbst als ich meine Pistole auf es richtete – nichts geschah. Eckige Kästen bedeckten den größten Teil seines Körpers. Die Kästen hatten eine Art Scharnier in der Mitte und an den Schultern. Ich habe spekuliert, daß diese Kästen eine Art Rüstung waren, und daß es deshalb meine Pistole nicht fürchtete.

Als es sich umdrehte, um zu gehen, lief es nicht vor mir davon, sondern drehte sich einfach und ging weg. Das Profil zeigte, daß die Kästen seine Seiten und seinen Rücken nicht bedeckten. Das Wesen öffnete die Verandatür, um hinauszugehen. Ich weiß, daß es die Tür benutzte, obwohl ich es nicht sah, denn die Tür hat einen Kolbenschließer und schwang noch, als ich um die Ecke kam.

Ich nenne den Stab silbern, weil er silbern leuchtete. Es war mehr das Glühen von Energie als feste Farbe. Der Stab war vielleicht so dick wie ein Bleistift, aber durch das Leuchten sah er etwa so dick aus wie ein Besenstiel.

Die gestrichelten Linien in meiner Zeichnung zeigen, wie es meiner Ansicht nach hinter der Rüstung aussah. Ich habe das Wesen beschrieben, so gut ich kann, aber es war dunkel, und ich hatte Angst.

3. DEZEMBER 1987

Zeuge legt zwei weitere Fotos vor

Da ich auf mehr Berichte über Sichtungen wartete, konnte ich die Auslieferung der Zeitung wieder nicht abwarten, und auf dem Weg zu einer Baustelle hielt ich an einem Kiosk, um den *Sentinel* zu kaufen.
Da war es, erste Seite:

UFO-FORTSETZUNG – WEITERE SICHTUNGEN GEMELDET

Ich versuchte, die Zeitung ruhig entgegenzunehmen, ohne die Schlagzeile besonders zu beachten, aber meine Augen hefteten sich auf ein neues Foto, das ohne Zweifel dasselbe Objekt zeigte, das ich gesehen hatte. Die Bildunterschrift besagte, das Foto sei vor mehr als einem Jahr aufgenommen worden. Es war dem *Sentinel* mit dem folgenden Brief per Post geschickt worden:

> Sehr geehrte Damen und Herren,
>
> ich bin sehr erleichtert, die UFO-Fotos zu sehen. Sie sehen genauso aus wie die (beiliegenden) Fotos, die ich im letzten Juni (1986) geschossen habe. Aus Angst, mich lächerlich zu machen, habe ich sie nie jemandem gezeigt.
> Sie wurden mit 35 mm nach Sonnenuntergang aufgenom-

men, in westlicher Richtung in Shoreline Park South. Es kam sehr schnell hinter den Bäumen im Norden hervor (Foto »A«) und stand dann vollkommen still (Foto »B«).
Es blieb fünf oder sechs Sekunden dort, bevor es blitzartig nach Norden aus meinem Blick verschwand.
Es geschah so schnell, daß ich bezweifelte, was ich gesehen hatte. Der Film kam ohne Abzüge vom Entwickeln zurück – doch dann kontrollierte ich die Negative, und da war es. Der Entwickler hatte keine Abzüge gemacht, weil er sie für zu dunkel hielt. Wie die andere Person kann auch ich die Kopfschmerzen nicht gebrauchen, die dies bringen kann, und halte deshalb meinen Namen geheim.

Die Fotos »A« und »B« sind die von Juni '86. Diese beiden Fotos entstanden 18 Monate vor meiner ersten Begegnung in Shoreline Park. Nur Foto »B« erschien in der Zeitung. Auch Foto Nr. 5 von mir wurde zum Vergleich noch einmal gedruckt.
Wenn sonst nichts in der Zeitung stand – dies Foto war eine Offenbarung. Ich saß auf dem Parkplatz und starrte das neue Bild an.
Damals war ich zu aufgeregt, um zu begreifen, daß dieses neue Foto viel mehr Bedeutung gehabt hätte, wenn der Fotograf seinen Namen angegeben hätte. Als ich später daran dachte, konnte ich ihm keinen Vorwurf machen, da ich meinen ja auch zurückhielt. Wer konnte die Entscheidung, seine Identität nicht anzugeben, besser verstehen als ich?
Eine andere Zeugin hatte einen Brief geschrieben, der in der Zeitung stand und an mich gerichtet war. In diesem Brief schilderte sie eine Sichtung am 11. November 1987, an dem auch ich zum erstenmal ein UFO sah.
Hier ist er:

Lieber UFO-Beobachter,

mein Mann und ich glauben, daß Sie nicht allein sind. Allerdings bin ich nicht sicher, ob wir dasselbe gesehen haben. Es war zwischen 17.30 Uhr und 18.00 Uhr am betreffenden Abend. Wir waren im Auto. Das Objekt war über uns. Zuerst dachten wir, es wäre vielleicht ein Flugzeug oder Hubschrauber, aber als wir das Autofenster herunterließen, hörten wir kein Geräusch. Haben Sie ein Geräusch von ihm gehört? War es zwischen 17.30 Uhr und 18.00 Uhr am Mittwoch abend? Ich erinnere mich, als wir es sahen, sagte mein Mann, das ist kein Flugzeug – kein Flugzeug kann so stillstehen. Und es ging wirklich nur rauf und runter. Er sagte, es sei kein Hubschrauber, denn es machte kein Geräusch. Er ließ das Autofenster herunter und steckte den Kopf hinaus. Ich sagte, nimm den Kopf rein, denn wenn es ein UFO ist, könnte es uns hochschnappen. Wir lachten und sagten, wenn wir das jemandem erzählen, holen sie uns mit Zwangsjacken ab. Wir dachten, es könnte auch von der Air Force sein, aber wir bezweifelten es. Bitte lassen Sie uns wissen, ob Ihres ein Geräusch machte.

Ein weiterer Bericht beschrieb ein Ereignis, das ein Jahr zuvor geschehen war, und ich erwähne ihn nur, weil die neuen Fotos von Shoreline Park ein Jahr alt waren. Die Überschrift hieß: *Mutter und Sohn sahen Objekt von Bay-Brücke aus.*

»Jean« und ihr Sohn fuhren am späten Nachmittag nach Norden über die Bay-Brücke, als ein Objekt in kreiselnder Bewegung über dem Wasser zu schweben schien. Sie sahen Fenster und meinten, es könnte ein neuer Entwurf von Eglin AFB sein. Jetzt, nachdem sie die UFO-Bilder gesehen hatten, wollten sie melden, was sie gesehen haben.

Die Hauptstory des Lokalsenders WKRG-TV 5 war am selben Abend: »Ein Fotoexperte sagte, Fotos von einem angeblichen UFO könnten echt sein. Die Geschichte und die Fotos brachten mindestens ein halbes Dutzend Menschen dazu, zu sagen, wir haben es auch gesehen.«
Dann wurde Curt Shields interviewt, ein Berufsfotograf, der sich in seiner Arbeit mit Spezialeffekten befaßt. »Er glaubt nicht, daß dies ein Fall von Trickfotografie ist.«
Shields sagte: »Ich hätte keine Mühe, dieses Foto (Nr. 2) mit Christbaumschmuck oder etwas dergleichen nachzumachen. Aber wenn man dieses Foto nimmt, wo es hinter einem Baum ist, das ist etwas anderes. Wenn man das herstellen wollte, mußte man eine ganze Menge wissen.«

Die Journalisten von WEAR-TV 3, dem mit der ABC verbundenen Lokalsender, behandelten die UFO-Geschichte auch an diesem Abend. Sie sprachen mit anderen Fotografen.

Christopher Stark untersuchte die Fotos und sagte: »Dies ist sehr, sehr sauber und scharf. Polaroid-Bilder sind sehr schwer zu manipulieren. Man hat kein Vergrößerungsgerät, man kann es nicht übereinandermontieren.«
Joe Turner, Fotograf beim *Sentinel*, sagte: »Ich habe das Foto von dem Objekt hinter dem Ast gesehen und die Möglichkeit ausgeschlossen, daß es übereinandermontiert war. Zudem haben andere Zeugen es bestätigt.«
Der WEAR-Reporter Mark Curtis schloß, es sei möglich, solche Bilder mit fotografischen Verfahren herzustellen, aber das erfordere soviel Kleinarbeit, daß die Fachleute es einstimmig für unwahrscheinlich hielten, daß diese Bilder gefälscht seien. Zudem seien die anderen Zeugenaussagen zu ähnlich, um die Bilder in Zweifel zu ziehen.

Es war, als würde jedesmal das UFO diskutiert, wenn man die Zeitung oder die Fernsehnachrichten ansah. Später am selben Abend erschienen der *Sentinel*-Redakteur Duane Cook und Don Ware, der MUFON-Vertreter für den Bundesstaat, in einer lokalen Fernsehsendung mit Zuschaueranrufen.

Frances und ich sahen das Programm an und hörten, wie sie erneut darum baten, jener, der die Fotos gemacht habe, solle sich bei ihnen melden. Sie versprachen Anonymität und sagten, es würde ihrer Untersuchung helfen.

Als die Sendung vorüber war, besprachen Frances und ich, was wir tun sollten. Wir wollten bei der Untersuchung helfen. Schließlich hatten wir gute Gründe, soviel wie möglich über diese Besucher zu erfahren. Aber ich war nicht bereit, mich noch mehr hineinziehen zu lassen, und Frances war meiner Meinung.

Es gab Dinge, die vorher zu bedenken waren. Ich mußte die Vorteile für die Untersuchung gegen die Risiken für meine Familie abwägen. Wie würde es unser schon verändertes Leben beeinflussen, wenn ich es MUFON sagte? Als ich an diesem Abend zu Bett ging, war ich noch nicht sicher, was ich tun würde.

4. DEZEMBER 1987

Ort des Geschehens wird bekanntgegeben

Was Frances über die Männer erzählte, machte mir zu schaffen. Da ich nicht wußte, wer sie waren, wußte ich nicht, was sie mit dem, was sie erfahren hatten, tun würden. Wenn sie Reporter wären, würden sie mich dann anrufen? Oder war es möglich, daß ich die Nachrichten sah und meinen eigenen Namen in Verbindung mit den Fotos hörte?

Ich beschloß, daß es zu nichts führte, mir Sorgen zu machen, aß zu Mittag und bereitete mich auf Don Wares Besuch vor. Ware war froh gewesen, von mir zu hören, und hatte gesagt, es sei eine große Hilfe für die MUFON-Untersuchung, den Ort der Aufnahmen zu kennen. Deshalb fühlte ich mich ein wenig besser mit dem, was ich getan hatte, aber nur ein wenig. Ich konnte die Frage nicht verdrängen, wohin dieser erste Schritt wohl führen mochte.

Zu diesem Zeitpunkt war ich noch nicht bereit, anzugeben, daß ich der Fotograf war, erst recht nicht all das andere. Es war schwer genug für mich, daß ich tiefer hineingezogen wurde, selbst als Bote von »Mister X«. Was mir zugestoßen war, war bizarr, völlig anders als alles, was mir vorher widerfahren war. Und wenn ich der UFO-Stimme glauben konnte, war es noch nicht vorbei.

Aber ich hatte ein Geschäft zu betreiben. Ich hatte Verträge in der Verhandlung, Pläne zu zeichnen, halbgebaute Häuser fertigzustellen und neue anzufangen. Und es gab auch noch meine

Aktivitäten in der Gemeinde. Das letzte, was ich gebrauchen konnte, war, daß jemand wußte, daß ich »Mister X« war. Noch wollte ich all das geheimhalten. Aber ich wußte, die Zeit würde kommen, daß ich die ganze Geschichte erzählen mußte.

An diesem Nachmittag besuchten uns Don Ware und Charles Flannigan. Sie maßen die Entfernung vom Standpunkt der Kamera zu allen festen Gegenständen, die auf jedem Bild zu sehen waren. Dann berechneten sie die Höhe der wichtigen Gegenstände.

Ihr professionelles Vorgehen beeindruckte mich. Die beiden waren keine Spinner. Zwar glaubten sie, wie jetzt auch ich, an die Existenz von UFOs, aber sie standen mit beiden Beinen auf der Erde. Tatsachen und Beweise wollten sie sehen.

Ich sagte ihnen einiges mehr, was »Mister X« bei der Beobachtung empfunden hatte und wie ihm das Flugobjekt erschienen war. Über den blauen Strahl sagte ich nichts. Wenn sie argwöhnten, daß ich mehr wußte, als ich sagte oder selbst »Mister X« sein könnte, dann behielten sie das für sich.

Nicht lange, nachdem meine Tochter aus der Schule kam, waren sie fertig. Sie hinterließen ein Formular, das »Mister X« ausfüllen sollte und in dem nach mehr Einzelheiten seiner Beobachtung gefragt wurde. Sie baten mich, ihn zu überreden, persönlich mit ihnen zu sprechen.

Am Abend zeigte WKRG-TV 5 wieder das vertraute Foto (Nr. 5) in den Abendnachrichten. Ich nahm alles auf Video auf. Der Astronom Dr. Frank Palma wurde interviewt und leitete seine Bemerkungen so ein:

»Ohne Zweifel sahen die Leute eine Menge.«

Dr. Palma untersuchte die Fotos und sagte, er wisse, was es nicht sei, aber nicht, was es sei.

»Es ist ein unidentifiziertes fliegendes Objekt. Es ist ein sehr faszinierendes Bild, und offen gesagt, weiß ich einfach nicht, was es ist. Es ist eins von diesen Geheimnissen.«

Er hatte sofort nach Zeichen für einen Schwindel gesucht, daß es eine Trickaufnahme oder ein Heißluftballon sei. Er fand nichts. Dr. Palma faßte zusammen: »Es gab, soweit ich sehen konnte, kein Anzeichen dafür, daß dies Objekt auf irgend etwas gestützt war.«

Die Erregung der ganzen Fernsehberichte führte zu Fragen über Fragen. Die meisten Fragen begannen mit »warum«. Die anderen mit »was«. Vor allem – was ist es? In die Luft geworfene Radkappen waren besonders beliebt. An einem Fenster fotografierte Spiegelungen waren eine weitere natürliche Erklärung. Jeder versuchte, die Antwort zu finden, auch die Nachrichtenmoderatorin von WEAR-TV 3, Sue Straughn.
In den Spätnachrichten am Vorabend hatte Sue apodiktisch erklärt, sie wisse, was und wo das UFO sei. Sie hatte verkündet, sie werde am kommenden Abend in den regulären Abendnachrichten das Geheimnis enthüllen. Natürlich schaltete ich ein. Ich wette, sie hatten an diesem Abend Rekordzuschauerzahlen. Aber das Neueste über das UFO kam und ging ohne eine Enthüllung von Sue. Das überraschte mich nicht wirklich – nicht, wenn sie meinte, auf den Bildern sei ein festes, von Menschen gemachtes Etwas. Trotzdem war ich ein wenig enttäuscht, und so sah ich auch die Spätnachrichten – zur Sicherheit.
Sie zeigten dasselbe kurze Band über das UFO, dann kündigte Sue die Ergebnisse einer Fernsehumfrage an. Die Frage war gewesen: Glauben Sie, daß es eine irdische Erklärung für UFOs gibt? Das Ergebnis war ein Kopf-an-Kopf-Rennen: 51 Prozent der Anrufer hatten ja gesagt, 49 Prozent nein. Dann übergab sie an Bob O'Brien mit der Wettervorhersage.
Dieser bat sie, zu offenbaren, was das UFO sei. Sie weigerte sich und versuchte, das Thema zu wechseln, aber Bob ließ sie nicht. Er spielte ein Band ab, auf dem nach Sues Meinung das UFO war. Das Band zeigte den Wasserturm von Pensacola Beach aus jedem möglichen Blickwinkel. Es zeigte ihn sogar von Gulf

Breeze aus. Natürlich sah der Wasserturm aus keiner Entfernung dem UFO irgendwie ähnlich.

Das Band endete, und sie schalteten zu Sue, deren Lächeln etwas angestrengt aussah. Den Rest der Sendung über mußte sie eine ganze Menge Spott über sich ergehen lassen.

Es war ein hübsches Band, und ich lachte selbst darüber, aber ich fragte mich schon, wie man um Himmels willen den Wasserturm für das UFO halten konnte. Es brachte mich aber auf einen ernsten Gedanken.

Leute, die aus irgendeinem Grund nicht glauben wollten, daß das UFO echt war, würden alle möglichen Erklärungen vorbringen, was es sei. Ich dachte, ich müsse mich wohl langsam daran gewöhnen, daß manche Leute die Wahrheit nie akzeptieren würden. Und einige ihrer Erklärungen würden schwerer zu glauben sein als die Wahrheit.

Damit mußte ich fertig werden.

5. DEZEMBER 1987

Fünfte Sichtung – Anderes UFO

Die Berichte in Zeitung und Fernsehen verursachten viel Wirbel in der Stadt. Es erleichterte mich, zu wissen, daß auch andere das UFO gesehen hatten. Aber das UFO zermürbte mich. Ich hatte gedacht, es sei aus und vorbei, und dann war ich fast aus meinem eigenen Garten geschnappt worden.
Manchmal stellte ich mir vor, ich könnte mit dem UFO in freundschaftlichen Kontakt treten. Aber wie sollte ich freundschaftlich sein, wenn es einseitig war? Das UFO wollte nichts als mich herumkommandieren, wegholen und untersuchen. Sie mußten begreifen, daß ich Rechte hatte.
In der Nacht des 4. auf den 5. Dezember war ich ungewöhnlich nervös. Eigentlich geschah nichts. Keine Stimmen oder Geräusche in der Nacht. Aber trotzdem schlief ich nicht gut. Als sich das Ende der Nacht ankündigte, blickte ich auf den Radiowekker. Die roten Leuchtziffern zeigten 5.30 Uhr. Die Zeit schien langsam zu vergehen. Ich hätte noch fest schlafen sollen, aber meine Gedanken sprangen zwischen dem Terminplan für eine Baustelle und dem UFO hin und her.
Normalerweise schliefen wir am Samstag länger, und Frances konnte sich von dem frühen Aufstehen erholen, das wochentags ihre Routine ist. Sie atmete gleichmäßig neben mir, und ich lag unruhig und warf mich hin und her. Ich starrte die Uhr an, wartete, daß die Ziffern wechselten, und strengte mich an, mich nicht zu bewegen. Meine Muskeln waren etwas angespannt,

so, wie sie sich anfühlen, kurz bevor man sich umdrehen muß. Schließlich mußte ich mich bewegen.
Vorsichtig drehte ich mich auf die linke Seite und legte meine rechte Hand sanft über Frances' Finger, die an ihrer Wange lagen. Sie ist das Beste in meinem Leben. Sie war immer da, wenn ich sie brauchte, immer für die Kinder da, was es auch kostete.
Es schien meine Gedanken zu beruhigen, sie da friedlich liegen zu sehen. Vielleicht hatte das UFO schon getan, wozu es gekommen war. Vielleicht war es vorbei. Ich wollte sie umarmen und ihr sagen, daß es vorbei war. Nein, laß sie schlafen, sagte ich mir. Ich versuchte, sie nicht zu wecken, als ich aus dem Bett glitt – ich wußte, daß sie es meist mitbekam, wenn ich aufstand. Sie drehte sich um und kroch tiefer unter die Decke. Ich nahm meinen Bademantel und ging auf Zehenspitzen aus dem Zimmer. Ich hatte nichts wirklich Eiliges, was das Geschäft betraf, ich konnte nur nicht mehr daliegen, während meine Gedanken wirbelten und meine Muskeln sich bewegen wollten.
Eigentlich wollte ich Kaffee machen, entschloß mich aber dann, es zu lassen. Frances besorgt die Küche, und ich konnte den Kaffee nicht finden. Ich wollte sie nicht stören, indem ich mit Töpfen klapperte, und so setzte ich mich einfach an die Frühstücksbar und betrachtete die Zeitung vom Vortag.
Ich blickte zur Uhr. Es war fast sechs. Etwa 200 Meter entfernt, jenseits vom Fußballfeld hinter meinem Haus, stieg die Sonne hinter der High School über den Horizont. Die Finsternis hob sich vom Osten, und das Feld war deutlicher zu sehen. Ich bemerkte, daß etwas über dem Boden schwebte, sehr nah bei der Schule. Ich sprang vom Barstuhl und drückte meine Nase ans Fenster. Verdammt! Das UFO war da, unterhalb der Baumwipfel. Es war anders, ganz anders. Es war größer. Ich konnte mich kaum bewegen. Nicht, daß ich starr vor Angst war – es war einfach ein so unglaublicher Anblick. Ich schüttelte den

Kopf, um meine Gedanken klar zu bekommen und den Körper zum Funktionieren zu bringen.
Kamera und Waffe waren auf meinem Nachttisch. Als ich ins Schlafzimmer sauste und sie mir schnappte, bewegte Frances sich und sagte etwas. Ich rannte schon wieder aus der Schlafzimmertür in die Küche und konnte nicht hören, was sie sagte.
Ich lief aus der Hintertür zum Ende des Schwimmbeckens. Ich stand hinter dem hölzernen Windschutz und lehnte mich einen Augenblick an, um einen Halt zu haben. Dann atmete ich tief ein, hielt die Luft an, wirbelte herum und zielte mit der Kamera. Ich nahm meinen Mut zusammen und drückte auf den Auslöser (Foto Nr. 12).
Das UFO war höher gegangen und schwebte noch immer über den Bäumen bei unserer Schule. Dann kam die UFO-Stimme zu mir.
»Leiste keinen Widerstand. Bleib, wo du bist. Du bist in Gefahr. Wir werden dir nichts tun... Sehaas.«
Ich drehte mich um und rannte zurück ins Haus. Ich dachte: »Von wegen mir nichts tun. Klar! Ich weiß Bescheid über euer blaues Licht, und ich bin nicht interessiert. Ich weiß, was es tun kann.« Ich hatte nichts gesagt, aber die Stimme antwortete: »Sehaas (das war eher ein Laut als ein Name), wir kommen dich holen.«
Das UFO schwebte langsam über das Feld, wieder sehr nah am Boden. Inzwischen glaubte ich, jeder in meiner Straße hätte das UFO gesehen. Bestimmt hatte jemand die Polizei gerufen.
Die Stimme: »Nein.«
Nein? Nein was? Niemand hatte sie gesehen? Niemand hatte die Polizei gerufen? Nein, lauf nicht weg?
Ich beobachtete sie von unterhalb des großen Verandadaches. Auf keinen Fall würde ich mich vom Fleck rühren. Ich hätte mehr Fotos machen sollen, aber ich hatte Angst, meine Augen mit der Kamera zu verdecken. Angst, meine Augen abzuwenden, während es näher kam.

Schließlich richtete ich die Pistole auf das UFO.
Ich schrie: »Ich schieße!« Meine Stimme kam nicht richtig heraus.
Noch einmal: »Ich schieße!« Meine Worte hallten wider wie in einem Rohr.
Die Stimme sagte: »Nein. Tritt vor.«
»Miese Hunde! Kommt mich holen!«
Blitz… weg waren sie. Wieder steil nach oben.
Ich ging zurück ins Haus, schloß leise die Tür hinter mir, während mir Fragen durch den Kopf schwirrten. Was zum Teufel wollten die von mir? Warum all diese kryptischen Botschaften? Wann würde all dies vorbei sein?
Die UFO-Stimme rief mich anscheinend wirklich mit Namen, nicht mit meinem Namen, sondern »Sehaas«, was auch immer das war. Die Stimme war deutlich, als sie sagte: »Sehaas, wir kommen dich holen.« Was zum Teufel ging hier vor?
Der Gedanke drängte sich auf, daß die UFO-Besatzung mir einen Namen gegeben hatte, vielleicht wie einem Haustier, aber das war empörend und mehr, als ich akzeptieren konnte. Mein Kopf war verwirrt, und mir war übel. Das mußte aufhören – wenn nicht, brauchte ich Hilfe.

10. DEZEMBER 1987

Weitere Zeugen

Seit vier Wochen brachte das lokale Wochenblatt ständig Berichte über das UFO. Immer, wenn ich etwas darüber las, fragte ich mich: Warum zeigt das UFO sich mir? Warum unterhält es ausgerechnet mit mir telepathische Beziehungen? Warum kann ich es summen hören, wenn es in der Nähe ist?

Die einzige Erklärung, die ich finden konnte, stand mit der ersten Sichtung am 11. November 1987 in Zusammenhang. Während dieser gescheiterten Entführung bekam ich irgendwie eine Art »Verbindung«, als ich im blauen Strahl stand.

Das Summen, das ich höre, wenn das UFO in der Nähe ist, ist dasselbe Summen, das ich im blauen Strahl hörte. Deshalb glaube ich, daß das UFO mit meinem Gehirn Kontakt aufnehmen mußte, um mich anzusprechen. Diese Verbindung stellte es in dem Strahl her. Als das UFO mich fallen ließ und verschwand, ließ es – glaube ich – diesen Anschluß, dieses merkwürdige Summen, bei mir zurück. Ob absichtlich oder nicht, die »Verbindung« blieb bestehen.

Aus diesen Gedanken ergaben sich neue Fragen. Wie lange würde das Summen mich begleiten? Und was würde mich davon befreien können? Da ich diese Fragen nicht beantworten konnte, verfolgte ich weiterhin die Berichte im *Sentinel*.

Das erste, was mir auffiel, war eine Erklärung, die MUFON vor der Presse abgegeben hatte:

»Eine erste Einschätzung, noch vor der fotogrammetrischen Auswertung, ist aufgrund der Qualität der fünf Fotografien und des Ansehens der unabhängigen Zeugen eine Unbekannte von großer Bedeutung.«

Im *Sentinel* fand sich auch eine Fotografie der Foto-Expertin Marie Price bei der Untersuchung der Polaroid-Fotos. Der Begleitartikel schloß:

> Die Bilder sind genau untersucht worden, und die Echtheit der Fotografien ist bis heute nicht widerlegt.

Duane Cook war noch im Besitz der Fotos und machte sie vielen Experten zugänglich. Ich erfuhr später, daß er sie sogar dem Jet Propulsion Laboratory in Kalifornien unterbreitete. Die Fotos waren durch so viele Hände gegangen, daß der Zustand der Originale darunter gelitten hat. Auf einigen sind Flecken und dicke Fingerabdrücke, auf anderen Kratzer.
Während der gesamten Untersuchung wurden die meisten Sichtungen aus der Gegend von Santa Rosa und Escambia County gemeldet; inzwischen sind jedoch – dem *Sentinel* zufolge – »Jane« und ihr Mann aus Citronelle/Alabama mit ihrer Geschichte an die Öffentlichkeit getreten:

> Diese Paar besitzt ungefähr 20 Morgen Land, größtenteils Jagdgebiet, auf dem sich zwei Teiche befinden. In der Nacht des 19. November war »Janes« Ehemann gerade außer Haus, als er plötzlich am Himmel über einem der Teiche ein Objekt hängen sah, das einen Lichtstrahl zum Boden herabschoß. Er rannte zum Haus, um Jane zu holen; als sie zurückkamen, hatte das Objekt sich zum Land hinüberbewegt und kehrte anschließend zum Teich zurück.
> Daraufhin richtete ihr Mann einen Scheinwerfer auf das Objekt, und es verschwand.

Dieses Paar hat vielleicht auch den blauen Strahl von Foto 11 gesehen. Citronelle liegt ungefähr 85 Meilen nordwestlich von Gulf Breeze.

Der *Sentinel* fuhr fort:

> Letzten Mittwoch gegen 18.45 Uhr fuhr »Darlene« mit einem Freund in nördlicher Richtung über die Bay Bridge.
> In der Nähe der »Cordova«-Promenade schauten sie nach rechts und sahen einen Lichtball hinter den Bäumen emporschnellen.
> »Er war rund, aber wir konnten keine Fenster oder dergleichen erkennen«, sagte »Darlene«. »Wir waren nicht nah genug dran.«
> Zuerst lachten sie darüber und dachten: »Da ist ein UFO!«, aber als das Objekt bewegungslos an seinem Platz blieb, änderte sich die Stimmung der Szene.
> Dann versank das Licht, schoß wieder hoch – und das Objekt bewegte sich nicht mehr, bis die zwei die Brücke überquert hatten.

Da ich mit diesen beiden nicht gesprochen habe, kann ich nicht beurteilen, was sie gesehen haben. Das UFO, das ich gesehen habe, kann schnelle Bewegungen ausführen und während langer Zeiträume fast bewegungslos an einer Stelle schwebend verharren.
Nach der Zeitungslektüre saß ich lange in meinem Büro. Ich dachte über all die Dinge nach, von denen niemand außer meiner Familie eine Ahnung hatte – die anderen Fotografien, das Wesen, die Entführungsversuche. Ich fragte mich, ob es andere Zeugen gab, die aufgerieben wurden und litten. Sicherlich war ich nicht der einzige, den das UFO mit so hartnäckiger Entschlossenheit verfolgte. Sollte ich MUFON oder dem Herausgeber des *Sentinel* oder sonst jemandem erzählen, was da

ablief? Was, wenn der nächste Entführungsversuch erfolgreich wäre? Ich würde den Versuchen des UFOs, mich zu fangen, weiterhin Widerstand entgegensetzen, aber wie lange würde ich die Stellung behaupten können? Ich wußte es nicht, doch ich fürchtete, wenn es nicht bald ein Ende nähme, würde ich nicht länger standhalten können.

17. DEZEMBER 1987

Sechste Sichtung – Die Flüssigkeit

1.00 Uhr früh

Frances und ich hatten die nervöse Angewohnheit entwickelt, jeden Abend vor dem Schlafengehen nachzurechnen, wieviel Zeit seit der letzten Begegnung vergangen war. Jede Nacht, die ohne einen Zwischenfall verlief, feierten wir mit hoffnungsvollen Gesprächen. Frances lächelte und blickte mich an. »Jetzt werden es zwölf am Stück sein.«

Zwölf Nächte lang keine Probleme. Auch nicht viel Schlaf allerdings. Doch wir begannen zu glauben, daß »es« verschwunden war. Von dieser Hoffnung beherrscht, schloß ich die Augen. Zwei Stunden später riß mich ein Geräusch aus tiefem Schlaf; zumindest glaubte ich das zu dem Zeitpunkt. Die meisten Ereignisse jener Nacht waren mir klar im Gedächtnis, und auch Frances erinnerte sich an dieselben Dinge. Allerdings fielen mir einige Monate später weitere Einzelheiten im Zusammenhang mit meinem Aufwachen ein, die ich zunächst vergessen hatte. Aber selbst damals konnte ich mich an einige andere wichtige Ereignisse, die an jenem Morgen stattgefunden hatten, nicht erinnern.

Als Bob Oechsler und Dr. Maccabee ein Jahr später die fortlaufenden Nummern auf den Fotos untersuchten, fanden sie heraus, daß die Reihenfolge, an die ich mich erinnert hatte, falsch war. Insbesondere stellte Mr. Oechsler fest, daß das Foto, das ich mit der Nummer 17 bezeichnete, in Wirklichkeit dem von mir mit 16 bezeichneten vorausging.

Ihre Entdeckung veranlaßte mich, mich bei einem klinischen Psychiater, Dr. Dan Overlade, einer regressiven Hypnose zu unterziehen, um verdrängte Erinnerungen wieder bewußtzumachen. Die Informationen, die durch diese Regression gewonnen werden konnten, habe ich in die Geschichte jener Nacht, wie sie hier vorliegt, aufgenommen, einschließlich der Entdeckung, daß ich ein Foto gemacht habe (die »wirkliche« Nummer 16), das später verlorenging. Zwei Stunden, nachdem ich zu Bett gegangen war, zuckte ein ungeheuer weißer Blitz durch meinen Kopf. Ich hatte die Augen geschlossen, und die Empfindung glich eher einem weißen Licht in meinem Kopf als irgendeinem Blitz von außerhalb.

Ich fuhr zusammen, und es gelang mir, die Augen zu öffnen. Neben meinem Bett standen drei dunkle Gestalten, nur andeutungsweise sichtbar durch das schwache Licht der Straßenlaterne, das durch das nahe gelegene Fenster eindrang. Ich sah sehr verschwommen und mußte mich anstrengen, um die Gestalten zu erkennen. Sie starrten mich an, ohne sich zu rühren. Einige andere Schatten bewegten sich zum Fußende meines Bettes.

Ich versuchte zu schreien: »He, was ist hier los?« Aber meine Stimme gehorchte den Bewegungen meiner Lippen nicht. In dem Versuch zu schreien, öffnete und schloß ich den Mund, und dabei begann ich, mich aufzurichten. Die Gestalten wandten sich schnell, aber ohne Hast ab, um aus dem Zimmer zu gehen.

Während ich mich bemühte, mich aufzusetzen, dachte ich daran, nach einer der Gestalten zu greifen. Da explodierte plötzlich in meinem Kopf das Geräusch, an das ich mich erinnerte und von dem ich schon früher berichtet hatte. Ein merkwürdiges Schwindelgefühl überkam mich, und ich fiel vornüber auf das Fußende des Bettes. Ich versuchte, das Gefühl abzuschütteln, konnte aber irgendwie das Gleichgewicht nicht finden.

Für einen Augenblick lag ich da und horchte. Das Geräusch war in meinem Kopf, aber so laut, daß es durch die Ohren einzudringen schien. Es war geradeso, als stünde ich am Fuß eines donnernden Wasserfalls.

Als ich versuchte aufzustehen, fühlte ich, wie Frances an meinem linken Arm zog. Sie sagte etwas, doch ich hörte nur das Brausen des herabstürzenden Wassers. Ihr Griff war entschlossen, und ihr Gesicht kam mir verzerrt vor, als ich seitlich vom Bett fiel. Während ich mich abmühte aufzustehen, ließ das Geräusch langsam nach. Schwach hörte ich Frances sagen: »Was ist los? Ed, stimmt was nicht?«

Ihre Stimme klang hohl und hallte irgendwie in meinem Kopf. Ich hörte den »Wasserfall« noch immer, aber gleichzeitig auch ein sonderbares Geräusch, das dem Ton der UFO-Stimme glich. Es hörte sich an wie die Höhen und Bässe von Musik, die auf einem Tonbandgerät mit engstehenden Spulen vorgespult wird.

Ich stand am Fußende des Bettes, Frances neben mir. Tief durchatmen, redete ich mir zu. Ich streckte mich und hob den Kopf. Jetzt wurde ich langsam wirklich sauer. Ich ging, nachdem ich die Kamera gegriffen hatte, durch die Schlafzimmertür hinaus und bat Frances, dazubleiben. Doch sie hörte nicht.

Ich marschierte zur Küche. Umrahmt vom Küchentürfenster sah ich das UFO, das in etwa 50 Meter Entfernung schwebte. Es war viel zu nah, und ich hatte Angst, durch das Glas gesehen zu werden. Ich mußte hinausgehen, um ein Bild zu machen, durfte es aber nicht dumm anfangen. Es gab einen Ausgang, den »es« nicht überblicken konnte – durch die Tür des Wäschezimmers an der Seite des Hauses. Durch diese Tür kroch ich hinaus, und es gelang mir, auf die hintere Veranda zu schleichen. Von da aus kroch ich hinüber zu einem Büschel Pampasgras. Ich war in Unterwäsche, erinnere mich aber nicht, gefroren zu haben, obwohl die Temperatur nur einige Grad über dem Gefrierpunkt lag.

Das UFO war im Norden, gerade am Rand meines Gesichtsfeldes. Es begann, sanft zu steigen und zu fallen und dabei heller und dunkler zu werden. Es hob sich immer um etwa drei Meter, wobei es in strahlendem Orange leuchtete, dann senkte es sich wieder, und das Orange wurde schwach und schwer zu sehen. Von links glitt es mitten in mein Blickfeld und schwebte da – regungslos und sehr fotogen. Ich machte Foto Nr. 13. Der Blitz funktionierte, aber diesmal hatte ich das gewußt. Ich ging in Deckung, aber am UFO war keine Veränderung zu bemerken. Ein paar Augenblicke lang lag ich am Boden, und die Kiefernnadeln stachen meine nackte Haut. Dann, wieder auf den Knien, nahm ich den Film heraus und steckte ihn unter den Gummibund meiner Boxer-Shorts. Hinter mir öffnete sich die Verandatür des Fernsehzimmers ein wenig, und Frances rief mich. Ich antwortete irgendwas, war aber ganz vertieft darin, dem UFO nachzuschauen, wie es sich entfernte.
Es blieb in rund neun Meter Höhe. Plötzlich kam aus der Energiequelle am unteren Teil des UFOs eine Rauch- oder Dampfwolke und eine Art Flüssigkeit. Später am Tag fand ich eine Butterdose aus Plastik, die die Kinder draußen gelassen hatten. Sie war gefüllt mit einer sprudelnden Flüssigkeit. Ich bewahrte sie für die künftige Analyse auf.
Inzwischen war nur etwa eine Minute vergangen. Ich rannte die Terrasse entlang zum Schwimmbadbereich und versteckte mich hinter einem Windschutz. Das UFO bewegte sich weiter in Richtung Osten – von mir weg und in die Nähe eines Waldrandes. In ungefähr 120 Meter Entfernung pulsierte noch immer das orangefarbene Licht des UFOs. Hatte das UFO Probleme? Würde es landen? Das wäre super. Das Leuchten verschwand in Höhe der Baumwipfel, und ich sprang aus meiner knienden Haltung auf. War es gelandet? Vielleicht würde es am Morgen noch da sein.
Ich strengte meine Augen an, um die Dunkelheit zu durchdringen. Die Sicherheitslampen der Schule beleuchteten die Bäu-

me von hinten, und ich konnte auf dem Feld nichts erkennen. Kurz dachte ich, ich sollte die Polizei rufen. Ich ging zum Haus zurück und sah dabei über meine Schulter dorthin zurück, wo es verschwunden war.
Es war da. Ich wußte es. Mehr als alles wünschte ich mir, das UFO solle hilflos auf dem Feld festsitzen. Das würde alle Zweifel besiegen, die Fragen beantworten, die ich nicht lösen konnte, und die Möglichkeit, daß man mich zum Idioten erklärte, ausschließen. Wegen der Dunkelheit konnte man nichts sehen, aber ich wußte, das es da war. Oder nicht? Bevor ich irgend jemanden anrief, mußte ich mir sicher sein.
Ich begann auf das hintere Feld hinauszulaufen, hielt aber inne, als mir klar wurde, daß das alles vielleicht ein Trick war, um mich ins Freie zu locken. Bei diesem Gedanken begann mein Herz wild zu schlagen. Ich zog mich in die Sicherheit der hölzernen Windschutzpfähle am Ende des Schwimmbeckens zurück. Von dort aus beobachtete ich für etwa eine Minute die Dunkelheit, ohne mich zu rühren.
Es mußte da sein. Ich würde doch anrufen. Wieder begann ich, in Richtung Hintertür zu gehen. Da erschien das Leuchten wieder. Ich rannte zurück zum Windschutz und hob die Kamera. Doch vorerst sah ich nicht durch den Sucher, sondern starrte das UFO an. Ich traute meinen Augen nicht.
Das war nicht dasselbe UFO. Es hatte eine andere Form. Es sah größer aus. Es leuchtete weiß und hob sich vom Boden. Dann hielt es sich wieder ganz ruhig, und ich sah das hellbeleuchtete Gras unter der Energiequelle. Ich schoß Foto Nr. 14. Kein Blitz; der Blitzlichtwürfel war verbraucht. Wie vorher zog ich den Film heraus und steckte ihn unter mein Hosengummi.
Ich rannte viel herum – von einem Windschutz zum anderen, treppauf und treppab. Schließlich rannte ich zur Küchentür. Als ich dort ankam, sprang die Tür auf. Frances trat heraus.
Ich flüsterte: »Was machst du?«
Sie flüsterte zurück: »Was machst denn du?«

Frances flüsterte weiter, und das UFO bewegte sich langsam wieder auf das Haus zu. Es ging mir nicht wirklich um die Blitzlichtwürfel, aber ich wollte sie zurück ins Haus locken; deshalb bat ich sie, mir welche zu holen. Sie ging hinein, und ich machte mich auf zur hinteren rechten Seite des Grundstücks. Ich blieb am Zaun stehen, unter ein paar kleinen Eichen. Das UFO bewegte sich auf mich zu. Als ich es – auf Knien und so nah wie möglich an der Baumdeckung – durch den Metallzaun hindurch beobachtete, fühlte ich, wie etwas an meine Schulter stieß. Ich glaube, ich schrie auf, fiel in den Zaun und sagte: »Ja verdammt, was machst du denn hier?« Wie es Frances geschafft hatte, so schnell zu mir zurückzukommen, werde ich nie verstehen.
Sie drückte mir einen Blitzlichtwürfel in die Hand und sagte: »Los, mach das Bild, schnell!«
Die zwei vorhergehenden Bilder waren unter meinem Gummibund herausgerutscht und drohten beim Aufstehen aus den Shorts zu fallen. Ich zog sie schnell heraus und übergab sie Frances.
Das UFO näherte sich uns schneller, als wir ihm folgen konnten. Es war ursprünglich 120 Meter weit weg, doch im nächsten Augenblick war es über unseren Köpfen. Wie konnten sie sich so schnell bewegen? Ich machte Foto Nr. 15, als es anhielt, aber noch in Bewegung war. Das UFO ist verschwommen, aber der Baum im Vordergrund ist scharf.
Als ich drei Wochen später den vollständigen Bericht über dieses Ereignis lieferte, gab ich irrtümlich an, als nächstes hätte ich Foto Nr. 17 aufgenommen. In der richtigen Reihenfolge kommt Foto Nr. 16 als nächstes. Mein Hirn muß »überlastet« gewesen sein, weil ich mich an diese darauffolgende Episode nicht erinnern konnte, bis ich mich fast ein Jahr später der Hypnose unterzog.
Nach der Reihenfolge der Ereignisse, wie sie die hypnotische Regression aufgedeckt hat, nahm ich den Film (Foto Nr. 15) heraus und schob ihn Frances hin, wobei ich schrie: »Weg hier!

Weg hier! Lauf!« Ich raste die neun Meter bis zur Terrassentreppe, die zum Bereich des Schwimmbeckens führt. Frances hätte direkt hinter mir sein müssen, als ich hektisch ein Foto machte. Ich rannte die Stufen hoch und zog es aus der Kamera. Ich schob dieses Foto unter meinen Gummibund. Nachdem die Sichtung vorüber war, konnte dieses Foto nicht aufgefunden werden, und ich konnte mich nicht einmal daran erinnern, es überhaupt gemacht zu haben.

Das UFO schob sich langsam über das Hausdach. Ich blieb mit einem Ruck stehen, zielte und schoß Foto Nr. 16. Da merkte ich, daß Frances mir nicht gefolgt war. Ich rief nach ihr, als plötzlich eine gebieterische Stimme in meinen Kopf drang.

»Wir sind deinetwegen gekommen.«

Wieder brüllte ich nach Frances, während ich den Film aus der Kamera zog. Ich warf dieses Bild auf die hölzernen Planken bei der hinteren Veranda. Wumm! Der »weiße Blitz« erfüllte meinen Kopf, und ich hatte das Gefühl zu fallen. Danach versuchte ich, meine Umgebung scharf zu sehen, doch mein Blick war verschwommen, und ich erinnere mich, daß ich fror.

Ohne Vorwarnung fiel ich kopfüber in den Metallzaun neben Frances. Ein ungewisser Zeitraum war vergangen, der durch die hypnotische Regression noch nicht vollständig rekonstruiert werden konnte. Über ein Jahr lang konnte ich mich nicht erinnern, je von Frances getrennt gewesen zu sein. Sie kniete immer noch dort, wo ich sie verlassen hatte, und starrte in den Himmel.

Schwindel wirbelte durch meinen Kopf, und mein Magen war zu einem Knoten verkrampft, doch es gelang mir, sie anzusehen und zu fragen: »Bist du in Ordnung?«

Sie antwortete mit einem leisen, apathischen Ja.

Das war seltsam, weil Frances niemals eine Frage mit einem einzigen Wort beantwortete. Da ich jedoch selbst verwirrt war, überging ich dieses geringfügige Detail und starrte mit ihr zum Himmel hinauf.

Das UFO schwankte hin und her, mindestens neun Meter über den schützenden Eichen. Obwohl ich die Aufnahmen nicht gezählt hatte, bemerkte ich, daß aus der Kamera keine Lasche heraussah, die anzeigt, daß ein unbelichteter Film darin ist. Die Filmpackung war leer.
Frances hielt noch immer drei Aufnahmen in der Hand; neben ihren Knien in der Nähe des Zauns lag die Plastiktüte auf dem Boden, in der die Blitzlichtwürfel und der Film waren. Ich fand einen Film, legte ihn ein und schaffte es, die Kamera auf das UFO zu richten, das Frances' Aufmerksamkeit so deutlich beherrschte.
Die Unterseite des UFOs pulsierte vor Energie, aber es war kein Geräusch zu hören. Der Anblick war überwältigend. Die Luft war drückend, und die Haare auf meinen Armen sträubten sich. Ich drückte auf den Auslöser, und der Blitz tauchte die ganze Umgebung in strahlendes Licht, als ich Foto Nr. 17 machte.
Frances rief mir oder dem UFO irgend etwas zu und schrie dann: »Hast du's drauf? Weg hier! Lauf! Lauf!«
Ich packte sie am Arm und stürmte aufs Haus zu. Wir erreichten die hintere Veranda, und das UFO glitt langsam über das Haus hin, ungefähr in Schrittgeschwindigkeit.
Frances stolperte und fiel auf die hölzernen Planken in der Nähe der Verandatür. Ich trat wieder unter der Veranda hervor und hob die Kamera, um noch ein Foto aufzunehmen, gerade rechtzeitig, um zu sehen, wie der Ring an der Unterseite des UFOs sich erhellte, bevor es aufblitzte und verschwand. Es war verschwunden, bevor ich das Bild machen konnte.
Der blaue Strahl hätte uns jederzeit erwischen können. Wir waren ungeschützt. Später dachten wir, wenn sie mit dem Strahl auf mich geschossen hätten, hätte er auch Frances getroffen. Sie war neben mir, hielt sich an mir fest, und vielleicht hat das das UFO davon abgehalten. Oder hatten sie schon erreicht, was sie wollten?

17. Dezember 1987 – Frances' Bericht

Irgendwie hatte ich Kraft und Begeisterung gefunden, um die Weihnachtseinkäufe zu machen. Die Kinder hatten nur noch einen Tag Schule vor den Weihnachtsferien. Ich freute mich auf diese zwei Wochen. Sobald ich mal nicht mehr so früh aufstehen müßte, um sie für die Schule zu richten, würde ich lange ausschlafen. Ich hatte es nötig.

Dunkle Ringe hatte ich unter meinen Augen, und keine noch so große Menge Make-up konnte sie verdecken. Einige meiner Freunde hatten schon gefragt, ob ich krank gewesen sei. Ich sagte nur, ich hätte nicht gut geschlafen. Ich konnte ihnen kaum die ganze Wahrheit sagen.

Seit der letzten Sichtung waren zwölf Tage vergangen, und ich hoffte und betete, daß alles vorbei wäre. Zum erstenmal seit drei Jahren wollten wir Weihnachten zu Hause bleiben. Die Kinder hatten Parties geplant, und ich wollte nur, daß alles ruhig und normal ablief. Zumindest so ruhig, wie es eben sein kann, wenn 30 Teenager rumtoben, Filme ansehen und sich amüsieren.

Ich machte mich fertig fürs Bett, mit großen, aber nicht übertriebenen Hoffnungen. Wir hatten vorher schon zwölf Tage zwischen zwei Sichtungen erlebt, nur um unseren Glauben, daß alles vorbei sei, von einer erneuten Erscheinung des UFOs erschüttert zu sehen. Aber vielleicht war es diesmal anders.

Eine gute Seite hatte die Sache allerdings. Ich war jeden Abend so müde, daß ich schneller einschlief als je zuvor. Leider war es kein tiefer Schlaf, so daß ich mich weniger ausgeruht fühlte als früher, wo ich fast eine Stunde brauchte, um einzuschlafen.

Während ich ins Bett stieg, betete ich still um eine ruhige Nacht. Später wachte ich vom Schwanken des Wasserbetts auf. Ich öffnete die Augen gerade rechtzeitig, um mehr zu fühlen als zu sehen, wie Ed vorwärts über das Bettende stürzte.

»Ed, was ist los?«

Er antwortete nicht, lag einfach da neben meinen Füßen. Mein Gott, was war passiert? Ich strampelte mich unter den Bettdecken hervor. Hatte er einen Herzinfarkt gehabt? War er ohnmächtig? Oder was? Ich war in Sekundenschnelle am Fußende des Bettes und riß an Eds Arm. Ich versuchte, ihn auf den Rücken zu drehen, um Puls und Atmung zu überprüfen. Ich konnte ihn nicht von der Stelle bewegen. Ed versuchte aufzustehen. Es sah aus, als ob ihm schwindlig sei, dann taumelte er und fiel hin. Ich fragte noch einmal, was los sei: Hatte er Schmerzen? Immer noch keine Antwort. Mir war nicht klar, ob er mich nicht hörte oder ob er einfach nicht antworten konnte.

Inzwischen war ich neben ihm auf dem Boden, voller Angst. Ed kam schwankend zum Stehen. Obwohl ich mir nicht sicher war, ob die aufrechte Stellung ihm guttat, half ich ihm. Seine Haut fühlte sich kalt und feucht an. Und er hatte das Gleichgewicht immer noch nicht wiedergefunden.

»Ed, bitte. Was ist denn? Sind sie es schon wieder?«

Es dauerte eine Weile, bis er mir antwortete. Und dann nur, um mir vorzuschreiben, mich nicht zu rühren. Da täuschte er sich aber in mir. Er würde nicht ohne mich auf UFO-Jagd gehen.

Diesmal gab es kein Herumgekrieche, wir marschierten mutig in die Küche. Das UFO schwebte in der Nähe unseres hinteren Zauns. Ed und ich beobachteten es von der Mitte des Raumes aus, keiner von uns wollte der Glasscheibe zu nahe kommen.

»Ich gehe raus.«

Eds Ankündigung überraschte mich nicht. Ich machte mir nicht die Mühe, ihm zu widersprechen. Ich warnte ihn allerdings, vorsichtig zu sein – irgendeine Deckung zwischen sich und der Maschine zu belassen. Und eine andere Tür zu benutzen.

Er ging durch das Wäschezimmer hinaus, und ich beobachtete ihn durch die Tür des Fernsehzimmers. Ich konnte ihn im hinteren Teil des Grundstücks sehen, wie er sich anschlich und jede Deckung nutzte. Trotzdem raste mein Puls, und Bäche von Schweiß liefen an meinen Seiten herunter.
Das UFO tat wieder diese seltsamen Dinge, bewegte sich auf und ab, wurde heller und dunkler, aber mein Hauptinteresse galt Ed. Er schoß ein Foto, und ich öffnete die Tür und rief nach ihm. »Du hast es fotografiert, jetzt komm rein.«
Entweder hatte er nicht gehört oder aber beschlossen, mich zu ignorieren. Wenige Sekunden später, als das UFO sich entfernte, strömte eine Dampfwolke aus der unteren Seite der Maschine aus. Ich hatte keine Ahnung, was es war. Aber vielleicht war es giftig. Ich rief Ed noch einmal. »Komm sofort hier rein.«
Er kam die Stufen herauf zu mir, blieb aber dann hinter einem der Windschutzpfähle stehen. Warum war er so stur? Am liebsten wäre ich hinausgegangen und hätte ihn hereingezerrt. Natürlich wußte ich, daß ich das nicht tun würde und auch gar nicht konnte. Plötzlich schien das UFO einfach zu verschwinden. Es war nicht die Wahnsinnig-hell-und-dann-zack-weg-Art, zu verschwinden. Es schien sich einfach in Luft aufzulösen. War es gelandet? *Um Gottes willen*, dachte ich, *haben die vielleicht Schwierigkeiten? Oder kommen sie jetzt raus*?
Ed lief immer noch herum; einmal sah es aus, als wolle er hereinkommen, dann blieb er wieder stehen, um das dunkle Feld zu beobachten. Ich ging ins Wohnzimmer, um eine freiere Sicht zu haben. Warum kam er nicht einfach herein? Ich knabberte an meiner Unterlippe und wartete.
Endlich nahm Ed Kurs auf die Küchentür. Dann drehte er sich plötzlich wieder um und sauste seitlich die Treppe hinunter. *Er geht auf das Feld raus! Bitte nicht!* Ich betete, daß er meine Gedanken lesen könne. Ich rannte zur Küchentür mit dem Vorsatz, ihn anzuschreien, er solle zurückkommen.
Bis ich die Tür aufgeschlossen hatte, war Ed wieder oben auf

der Treppe. Er ging auf die Hintertür zu, einen letzten Blick hinter sich werfend. Das UFO tauchte wieder auf. Ich versuchte, Ed zum Hereinkommen zu bewegen, da ich ja wußte, daß mein Rufen nichts nützen würde, und wartete.

Das UFO stieg auf, und ich konnte deutlich den Widerschein seines weißen Leuchtens auf dem Gras sehen. Ed hob die Kamera, aber ich sah keinen Blitz. Dann bewegte er sich wieder einmal in Richtung Hintertür. Dieses Mal trat ich hinaus, um ihm entgegenzugehen. Vielleicht würde ich ihn so ins Haus kriegen.

Ich schürfte mir die Zehen am eisigen Beton auf, der hart und rauh war unter meinen Füßen. Ed schien kein Bewußtsein irgendeiner Unannehmlichkeit zu haben, als er auf mich zurannte. Wir tauschten ein paar kurze Bemerkungen aus und befragten uns gegenseitig, ob wir noch ganz bei Sinnen seien. Dann merkten wir, daß das UFO sich in unsere Richtung bewegte.

»Hol mir ein paar Blitzlichtwürfel, ja, Schatz?«

Ich ging schnell in Eds Büro, schnappte die Tüte mit Filmen und Blitzlichtern und war in wenigen Sekunden zurück. Er war nicht mehr bei der Tür. Ich rief ihn leise, bekam aber keine Antwort. Ich sah ihn nirgends im oberen Bereich des Schwimmbeckens. *Sie haben ihn entführt!* Der Gedanke schoß mir durch den Kopf, und meine Knie gaben nach. Ich mußte mich am Türrahmen festhalten, um auf den Füßen zu bleiben. Nein, das konnten sie nicht. So lange war ich nicht fort gewesen. Ed war irgendwo da draußen, hinter irgend etwas verborgen, so daß ich ihn nicht sehen konnte. Vielleicht war er aufs Feld hinausgegangen.

In Sekundenschnelle ging ich alle Möglichkeiten durch, unter Umgehung der einen, die ich nicht glauben wollte. Er war in Sicherheit. Ich zwang mich, daran zu glauben, und forschte angestrengt nach einem Zeichen in der Dunkelheit. Das Aufzucken einer Bewegung in der hinteren rechten Ecke fiel mir auf. Ed! Die Angst wich der Erleichterung.

Ich rannte über die Planken und die Terrasse hinunter, wobei mein langes Nachthemd Schmutz von den Stufen fegte. Kiefernnadeln stachen mir in die Füße, und ich wünschte, ich hätte mir die Zeit genommen, meine Pantoffeln anzuziehen. Ich berührte Eds Schulter, und er sprang auf.

Das UFO kam langsam über das Feld auf uns zu. Auf den Knien, die Tüte neben mir, zog ich einen Blitzlichtwürfel heraus und gab ihn Ed. Er übergab mir die Fotos, die er schon gemacht hatte. Dann, auf einmal, war das UFO über uns, fast als wäre es dort neu entstanden. Ed schoß ein Foto, als es anhielt.

Erst über ein Jahr später erfuhr ich durch Eds regressive Hypnose, daß ein Zeitsprung stattgefunden hatte. Ermittlern zufolge hatte ich eine Aufhebung der Zeit erlebt. Ich kann mich bis jetzt nicht daran erinnern, daß Ed mich verließ oder daß er einen neuen Film einspannte. Für mich sind nur Augenblicke vergangen zwischen dem Moment, als er das erste Foto machte, und dem, als ich sagte: »Mein Gott, Ed. Guck dir das an.« Meine Nackenhaare sträubten sich.

Ich sah überwältigt hinauf zu der leuchtenden Unterseite der Maschine. Was waren das für Wesen? Welche Art von Zivilisation hatte eine solche Macht? Wir waren nichts im Vergleich zu ihnen.

Diese Einsicht überkam mich, während Ed ein weiteres Foto machte. Ihm muß der gleiche Gedanke gekommen sein, denn er ergriff meine Hand und rannte los, indem er mich mit sich fortriß. Wir sprinteten zur hinteren Veranda. Ich war darauf gefaßt, daß uns der blaue Strahl jeden Moment umfangen könnte. Statt dessen schwebte das UFO langsam hinter uns her.

Ed verfrachtete mich unter den Schutz des Verandadachs. Als ich hinaufstieg, blieb der Saum meines Nachthemds an der Ecke des Holzbodens hängen, so daß ich stolperte. Ich fiel auf die Knie und ließ die Tüte und die Fotos fallen, die Ed mir gegeben hatte. Als ich über meine Schulter blickte, sah ich Ed auf dem Betonboden mit erhobener Kamera, als habe er gerade eben noch ein Foto gemacht oder sei dabei, eines zu machen.

»Komm hier drunter«, rief ich ihm zu, dann drehte ich mich wieder um und machte mich daran, die Fotos einzusammeln, die verstreut auf dem Boden lagen. Mit Fotos und Tüte in der Hand stand ich gerade auf, als Ed zu mir unter das Verandadach kam.

Wir gingen ins Fernsehzimmer, und während Ed dort die Tür abschloß, ging ich weiter in die Küche, um auch hier abzuschließen. Ich ließ die Fotos, die ich hatte, auf die Frühstücksbar fallen, und als Ed hereinkam, nahm er noch ein weiteres aus der Kamera und legte es auf den Haufen.

Ed schimpfte mich aus, weil ich herausgekommen war. Ich erinnerte ihn daran, daß er mich um die Blitzlichtwürfel gebeten hatte. Wie sonst hätte ich sie ihm bringen können? Dann gingen wir ins Schlafzimmer.

Wir breiteten die Fotos auf dem Bett aus und sortierten sie. Ed schien ein bißchen durcheinander, aber ich war mir absolut sicher, daß das Foto über dem Haus das letzte war. In meinem Bewußtsein mußte es so sein, weil ich die Treppe nur einmal hinaufgerannt war. Ed stimmte mir zu, denn zu diesem Zeitpunkt erinnerte er sich nur an einen Gang über die Treppe, nachdem ich herausgekommen war. Erst ein Jahr später fanden wir heraus, daß ein Foto fehlte und daß das Foto, das er zum UFO hinaufblickend gemacht hatte, in Wirklichkeit bei dieser Sichtung das letzte war.

Wir rätselten, warum sie den blauen Strahl nicht abgefeuert hatten. Dann erzählte er mir, daß sie gesagt hatten, sie seien seinetwegen gekommen. Wir versuchten, zu verstehen, was das heißen sollte. Ed sagte, die Stimme, die er gehört hatte, sei ganz eintönig gewesen, daraus könne man jedenfalls nichts schließen. Meinten sie also »Wir sind dir zuliebe gekommen« oder »Wir sind gekommen, dich zu holen?«

Ich hatte keine Ahnung. Keine der beiden Interpretationen gefiel mir. Als ich im Licht des UFOs stand, als ich vor ihm wegrannte, hatte ich mich so nichtig gefühlt, so wehrlos. Wer waren diese Wesen? Und warum traten sie nicht einfach in offenen, massenhaften Kontakt mit den Erdenbürgern?
Ganz offensichtlich hatten sie keine Angst vor uns. Wenn nicht Furcht sie zurückhielt, was dann? Es gab so viele Fragen, auf die ich Antworten suchte. Irgend etwas sagte mir, ich würde diese Antworten nur durch Ed bekommen. Das bedeutete näheren Kontakt zum UFO. Ich beschloß, meine Fragen lieber unbeantwortet zu lassen.

22. DEZEMBER 1987

Voruntersuchung

Am späten Nachmittag brachte mir Donald Ware eine Kopie des Berichts, den er über MUFON herausbringen wollte. Er enthielt Kopien der fünf ersten Fotos, Meßdaten zum Gelände, in dem sie aufgenommen worden waren, und die Informationen, die ich ihnen von Mr. X hatte zukommen lassen.

Donald bat mich, den Bericht an Mr. X zur genauen Durchsicht weiterzuleiten. In seinen Augen lag ein gewisser Blick: der Ich-weiß-daß-Sie-in-Wirklichkeit-Mr.-X-sind-Blick. Mehr sagte er nicht; er gab mir nur den Bericht und ging.

Ich überflog die Seiten, schnappte hier und da ein Wort auf und ließ dann den Bericht auf meinen Schreibtisch fallen. Ich würde ihn später lesen. Jetzt war ich nicht in der Stimmung dafür. Ich wollte mich nicht von diesen ganzen UFO-Informationen verrückt machen lassen.

Weihnachtliches beschäftigte die Familie, und ich gab mir Mühe, nicht vom UFO anzufangen. Die Gespräche darüber schienen seine Bedeutung zu vergrößern und die fröhliche Weihnachtszeit, die ich mir wünschte, zu überschatten.

Erst vor fünf Tagen hatte ich – auf meinem Grundstück hin und her rennend – fünf Fotos gemacht. Diese neuesten Fotos beantworteten keine der Fragen, sie machten sie nur dringlicher. Warum und wie sah das UFO so anders aus? Hatte ich zwei verschiedene UFOs gesehen und fotografiert? Aber die entscheidende Frage war immer noch: Warum ich?

Ich hatte die Tür zu meinem Büro verschlossen, um ein Geschenk für meine Frau zu verpacken, als ein leises Klingeln in meinem Kopf ertönte. Es war anders als das schrille Klingeln, das manche Leute mitunter hören. Es war tiefer, und es wurde immer lauter, bis es zu dem mir nur allzu bekannten Summen wurde.

Zunächst saß ich am Schreibtisch, schaute aus dem Fenster und suchte den Himmel nach irgendeinem merkwürdigen Leuchten ab. Nichts. Ich verließ mein Büro. Ich durchquerte gelassen das Wohnzimmer, um meine Tochter nicht zu irritieren, und lächelte ihr im Vorbeigehen zu. Wäre ich in Panik geraten, so wäre sie mir gefolgt und hätte noch mehr Angst vor dem UFO bekommen, als sie ohnehin schon hatte.

Ich ging weiter, hinaus in den Garten, lehnte mich an einen hölzernen Windschutz und beobachtete den Himmel. Das Summen war jetzt ein echtes Dröhnen. Es war so gewaltig, daß mein Gehirn davon in Schwingung zu geraten schien. Mein Sohn schob seinen Kopf durch die Hintertür und fragte, ob alles in Ordnung sei. Ich bemühte mich, ruhig zu antworten. »Klar. Alles in Ordnung. Ich gucke nur grad mal nach dem Wasser im Schwimmbad. Wir müssen den Boden absaugen.« Ich wußte, ich mußte nur Schwimmbad absaugen sagen, und Dan würde verschwinden.

Er ging wieder hinein, und ich hätte am liebsten meinen Kopf gepackt und geschrien. Das Summen bohrte sich tief in meinen Kopf. Wenn es nicht aufhörte, was dann? Fünf Minuten verstrichen. Das Summen ging im Ton auf und ab wie eine Sirene. Das letztemal, als das Summen das getan hatte, war das UFO vom Himmel gefallen, und die Stimme hatte mir befohlen vorzutreten.

Der Schweiß brach mir aus. Was, wenn sie fortfahren würden, bis ich zusammenbräche? Kein Mensch konnte ständig mit so einer drängenden und pochenden Vibration im Kopf leben. Ich dachte daran, in den Lieferwagen zu steigen und zu versuchen, ihm zu entkommen, aber mir wurde klar, daß ich nicht einmal wußte, wohin ich fahren sollte.

Weitere vier Minuten vergingen, dann hörte das Summen plötzlich auf. Ich sackte zusammen und fand mich auf dem Rand der Holzplanken wieder, den Hund zu meinen Füßen. Mein Hemd war durchnäßt, und ich fühlte, wie der Schweiß meinen Rücken hinabrann. Mir war kalt, und ich wollte nur noch schlafen. Das Summen hatte etwa zehn Minuten angedauert.

Am nächsten Tag fand ich heraus, daß genau zur selben Zeit ein Mann, der sich »Bill der Gläubige« nannte, weniger als zwei Blocks von meinem Haus entfernt neun Fotografien von drei Ufos gemacht hatte.

23. DEZEMBER 1987

Siebte Sichtung – Drei UFOs am Morgen

5.55 Uhr bis 6.00 Uhr

Ich wußte, daß es nicht mehr lange so weitergehen konnte. Ich hatte meine Entscheidung getroffen. Wenn ich »sie« das nächste Mal sah, würde ich zuerst die Zeitung und dann das Mutual UFO Network anrufen und einen vollständigen Bericht machen. Sie würden meinen Namen erfahren, aber wenn ich darum bat, würden sie ihn vor der Öffentlichkeit geheimhalten.

Ich hatte mit meiner morgendlichen Routine begonnen und studierte den Bauplan eines Hauses, das demnächst übergeben werden sollte. Anschließend ging ich in die Küche. Als ich an der halbverglasten Außentür vorbeikam, entdeckte ich Blätter im Schwimmbecken und ging hinaus, um die Filterpumpe einzuschalten.

Da waren sie. Drei UFOs, die in gleicher Höhe direkt über den Baumkronen schwebten. Ich traute meinen Augen nicht. Ein Schauder überlief meinen Rücken, und ich schüttelte mich in dem Bemühen, den Bann zu lösen, der meinen Blick fesselte und mich zur Salzsäule erstarren ließ.

Ich betrachtete sie, wie sie da einfach so in der Luft »hingen«. Ich kam zu der Einsicht, daß sie irgendeine Art von Tarnvorrichtung haben müßten, sonst wären sie von sehr viel mehr Leuten gesehen worden.

Als ich meine Kamera geholt hatte und wieder im Garten war, war eines der Flugobjekte höher aufgestiegen als die beiden anderen. Ich machte Foto Nr. 18. Direkt im Anschluß daran wurde das oberste Flugobjekt heller und dann unsichtbar, die beiden anderen schlossen sich an. Es kam mir fast vor, als hätten sie gewartet, bis ich das Foto gemacht hatte, bevor sie sich entfernten.

Das Foto von den drei UFOs verstärkte noch meinen Drang, etwas zu unternehmen. Aber was? Ich hatte dem MUFON-Untersuchungsteam, Don Ware und Charles Flannigan, schon einen Wink gegeben, daß grundsätzlich mehr geschah, als was ich ihnen erzählt hatte.

Die Frage war nur: Wieviel genau wollte ich verraten? Wieweit wollte ich meinen Hals riskieren oder, besser gesagt, meinen Ruf? Sie wußten nichts von den Entführungsversuchen, nichts von dem Wesen oder all den anderen Fotos, die ich gemacht hatte.

An diesem Tag beschloß ich, ans Licht der Öffentlichkeit zu treten, doch wollte ich nur die letzte Sichtung mit den drei UFOs offenlegen, und nur Duane Cook und den MUFON-Leuten gegenüber. So weit war ich zu diesem Zeitpunkt bereit zu gehen. Ich wußte allerdings, daß die ganze Geschichte unweigerlich herauskommen würde.

Schon wußten zwei Fernsehsender und eine weitere Zeitung, daß ich der »Ed« war, den Mr. X in seinem Brief nannte. Ganz zu schweigen von ein paar Freunden, die einen Verdacht hegten. Einer von Dans besten Freunden, Patrick Hanks, wußte sogar noch mehr – er wußte, daß ich selbst Mr. X war. Kurz nach den ersten UFO-Vorfällen machte Patrick einen seiner vielen Besuche bei uns, als die Tatsache zufällig herauskam. Aus Freundschaft und Respekt war er bereit, das, was er erfahren hatte, für sich zu behalten.

So machte ich mich daran, alles, was passiert war, aufzuschreiben – für den Tag der Enthüllung, an dem jeder meinen Namen kennen würde. Sicherlich konnte niemand, der all die Fotos gesehen hatte, leugnen, daß die UFOs wirklich existierten, was sie auch sein mochten und woher sie auch kamen.

Ich wollte es einfach so aufschreiben, wie es war. Der größte Teil der Geschichte würde unglaubhaft klingen, aber schließlich hatte ich ja die Bilder. Die »Experten« würden sagen, was sie wollten. Die Regierungsfachleute würden ihren offiziellen Standpunkt einnehmen, daß es keine UFOs gibt. Die Aufgeschlossenen würden sagen: »vielleicht«. Und einige würden es glauben, weil sie es glauben wollten.

Am späteren Vormittag rief ich beim *Sentinel* an und fragte nach Duane Cook. Ich teilte ihm mit, ich hätte ein unglaubliches Foto, drei UFOs auf einmal, am frühen Morgen von mir selbst aufgenommen. Duane war sehr zurückhaltend. Ich hatte ihm soeben mein großes Geheimnis offenbart, und er sagte nur: »Wirklich, darf ich es sehen?«

Ich hatte mit wesentlich mehr Überraschung von seiner Seite gerechnet. Als ich Duane sagte, ich hätte vor, bei MUFON anzurufen, damit sie einen Bericht machen könnten, erklärte er mir, Don Ware habe im Laufe des Vormittags schon in seinem Büro vorgesprochen.

Erst später erfuhr ich, daß der *Sentinel* an diesem Morgen neun Fotos erhalten hatte. Es waren Fotos von denselben UFOs, die »Bill der Gläubige« am Vorabend zwei Straßen von meinem Haus entfernt gemacht hatte.

Kurz nach meinem Gespräch kamen Duane, Dari Holston (ebenfalls vom *Sentinel*), Don Ware und Charles Flannigan bei mir vorbei, um sich das Foto der drei UFOs über dem Wald anzusehen.

Es gab eine heiße Debatte darüber, wer das Recht haben sollte, dieses Foto als erster zu veröffentlichen. Duane wollte das Foto für den *Sentinel*, während Don es in der nächsten Ausgabe des *MUFON-Journal* herausbringen wollte. Ich hatte das Gefühl, zwischen den Fronten aufgerieben zu werden. Über eines waren sie sich einig – jeder wollte, daß die Geschichte herauskam; die Frage war nur, welches der beste Weg wäre.

Das Endergebnis war, daß Duane Halbtonkopien für Don machen würde (Kopien in Schwarzweiß, die speziell zum Abdruck in Zeitungen geeignet sind), und dieser würde sie der MUFON-Zentrale zur Veröffentlichung in der nächsten Ausgabe ihres Blattes weitergeben. Duane selbst konnte das Bild auch in seiner Zeitung bringen.

Nach dem Mittagessen trafen wir uns alle in Duanes Layout-Büro und warteten, bis er die Halbtonabzüge fertiggestellt hatte. Während ich so Gelegenheit bekam, mich mit Charles und Don länger zu unterhalten, wuchs mein Vertrauen zu ihnen. Sie drangen nicht in mich, obwohl sie sicherlich vermuteten, daß ich Mr. X war.

Später auf dem Parkplatz, als wir uns trennten, spielte ich sogar darauf an, daß Mr. X noch mehr Fotos hätte, die er unter Umständen zur Verfügung stellen würde. Don und Charles fuhren ab und ließen mich mit Duane allein zurück. Duane berichtete Einzelheiten seiner Reise nach Kalifornien, die er kürzlich unternommen hatte, um meine ersten fünf Fotos analysieren zu lassen.

Duane und Dari waren zu Dr. Robert Nathan geflogen, einem Fachmann für Fotoanalyse beim Jet Propulsion Laboratory in Pasadena. Als unabhängiger Forscher, nicht als Repräsentant des Entwicklungszentrums, hatte sich Dr. Nathan bereit erklärt, den Fotos einen Teil seiner Freizeit zu opfern.

Duane beschrieb die Reise ausführlich und fuhr fort: »Bei der ersten oberflächlichen Begutachtung der Polaroid-Fotos äußerte Dr. Nathan sich weitgehend unverbindlich und sagte nur, wenn es Trickaufnahmen wären, seien sie sehr gelungen.

Mit ihrer Laborkamera, einer riesigen Version von dem, was wir beim *Sentinel* haben, machten sie mehrere Aufnahmen von jedem Polaroid-Foto, mit verschiedenen Lichtstärken, Blendenöffnungen und Belichtungszeiten, um verschiedene Eigenschaften des Originals herauszuholen. Sie fotografierten auch die beiden 35-mm-Abzüge ab, die ein anonymer Leser einge-

sandt hatte, nachdem wir am 19. November die Fotos vom Veterans Day abgedruckt hatten.
Alles in allem war Dr. Nathan sehr freundlich und versicherte nachdrücklich, daß er nicht glaubte, unser Planet sei der einzige, auf dem intelligente Lebewesen wohnen, besonders im Hinblick auf die Billionen vereinzelter Sterne und Galaxien im Universum.
Allerdings warnte er uns, als wir sein Büro verließen, nicht allzuviel von ihm zu erwarten, denn sein Ziel sei ja, Fehler auf den Fotos zu finden, die auf einen Schwindel hindeuteten. Deshalb könnten wir von ihm bestenfalls ein Zugeständnis erwarten, daß er an den Fotos keinerlei Unregelmäßigkeiten finden konnte.«
Monate später machte Dr. Nathan auf die Frage eines Reporters hin eine Aussage, die im *Orlando Sentinel* zitiert wurde. »Robert Nathan hat die Originale der ersten vier Bilder untersucht. Nathan hat festgestellt, daß sie nicht doppelt belichtet wurden.«
Ich schickte Dr. Nathan dieses Zitat mit der Bitte um Bestätigung, dazu einen Brief, in dem ich ihn fragte, ob es ihm lieber wäre, wenn sein Name nicht in diesem Buch vorkäme. Ich erhielt keine Antwort. Obwohl weitere Fotos und mein Video-Film zu seiner Verfügung stehen, hat Nathan bis heute geschwiegen.
Es war sein erklärtes Ziel, die Echtheit der Fotos zu widerlegen. Wenn ihm das gelänge, so hatte er angedeutet, würde er sich zu Wort melden.

23. Dezember 1987 – Frances' Bericht

Eds Foto vom frühen Morgen löste einen Tumult aus, zu Hause wie auch bei der Presse und dem Untersuchungsteam. Ich versuchte, Ed zu überreden, sein Foto nicht zu zeigen, nicht an die Öffentlichkeit zu treten. Ich hatte das Gefühl, daß dieser Schritt zu einer vollständigen Enthüllung unserer Identität führen würde. Er argumentierte, wenn er seinen Anteil an der Sache bekanntgab, zumindest die Tatsache, daß er das UFO gesehen hatte, würde das UFO uns in Ruhe lassen. Ich fand seine Logik nicht schlüssig – ich bezweifelte, daß die Wesen im UFO sich darum kümmerten, was wir der Presse oder sonst jemandem gegenüber zugaben –, doch schließlich stimmte ich seinem Plan zu, sich Duane Cook und MUFON anzuvertrauen.

Später kamen die Leute von MUFON und vom *Sentinel* zu uns, um sich den Schauplatz der Fotos anzusehen. Inzwischen hatte Ed die Regel aufgestellt, niemand dürfe mich oder die Kinder darüber befragen, was wir wußten oder gesehen hätten. Damit wollte er uns vor einer »Inquisition« bewahren und uns zusätzliche Aufregung ersparen. Deshalb bemühte ich mich, im Hintergrund zu bleiben, sobald die Leute anwesend waren. Trotzdem konnte ich nicht vermeiden, die Gespräche in Eds Büro zumindest teilweise mitzubekommen. Sie waren sehr laut. Jemand beschuldigte die *Sentinel*-Leute, sie seien gierig, sie suchten nach einer Möglichkeit, schnell an eine Menge Geld zu kommen, indem sie die ersten fünf Fotos an den *National Enquirer* verkauften.

Jemand vom *Sentinel* konterte: »Wir haben Verluste gemacht, seit diese Geschichte läuft.«

Mir tat Ed leid, der zwischen allen Stühlen saß. Wie ich ihn kannte, versuchte er, Frieden zu stiften und alle zu beschwichtigen.

Endlich, nach weiteren Auseinandersetzungen, gingen sie alle. Ed tauchte kurz in der Küche auf, um sein Mittagessen runterzuschlingen. Kaum war er fertig, stürmte er los und erklärte mir, er wolle so bald wie möglich zurück sein. »So bald wie möglich« war – wie sich herausstellte – nicht allzu bald. Es war später Nachmittag, als er heimkam.

Mir schwante, daß dies nur ein Vorgeschmack dessen war, was

sich abspielen würde, wenn Ed sich als Mr. X zu erkennen gab und die ganze Geschichte bekanntmachte. Ich wünschte, wir wären niemals dahinein geraten.

24. DEZEMBER 1987

Fotos von einem anderen Zeugen

Als die Zeitung kam, erwartete ich, darin die neun Fotografien von »Bill dem Gläubigen« zu finden – alle neun –, zusammen mit dem einen Foto (Foto Nr. 18), das ich gemacht und Duane übergeben hatte. Duane hatte jedoch nur ein Foto – wahrscheinlich das beste – von »Bill dem Gläubigen« ausgewählt und es zum Vergleich mit meinem abgedruckt, zusammen mit seinem Leserbrief:

Sehr geehrte Damen und Herren,

hier ist es also. Auch ich muß mich jetzt den Gläubigen anschließen, denn ich habe jetzt ein UFO gesehen (3 sogar). Direkt hier an der Shoreline-Straße. Ich verstehe nicht, warum niemand stehenblieb, wie ich es tat, um sie zu beobachten. Ich winkte allen Vorbeifahrenden und machte ihnen Zeichen, aber keiner hielt an. Es war erst gegen 17.00 Uhr oder 17.30 Uhr und wurde gerade dunkel. Ich fuhr ostwärts auf der Shoreline-Straße, in der Nähe der Stelle, wo man zur Schule abbiegt. Im Norden (anscheinend über der Schule) sah ich knapp über der Wipfellinie der Bäume drei UFOs. Ich fuhr rechts heran, während andere Autos an mir vorbei weiterfuhren. Ich sah vielleicht eine Minute lang zu; dabei fiel mir ein, daß die Kinder eine Spielzeugkamera

(Marke »Hot Shot«) im Fond gelassen hatten. Ich hatte keine Ahnung, wie viele Bilder – wenn überhaupt – noch auf dem Film waren. (Ich habe die Kamera den Bildern beigelegt.) Es war besser als nichts, und ich machte neun Aufnahmen. Ich habe es nicht geschafft, alle drei UFOs zusammen auf ein Bild zu kriegen. Aber die ersten drei Fotos sind Aufnahmen von jedem einzelnen. Da sie herumschwebten, wußte ich nicht mehr, welches welches war. Anfangs, als ich sie entdeckte, waren sie weiß an der Unterseite. Aber als sie weiter herunterkamen und ich die Bilder machte, veränderte sich ihre Farbe in Richtung Orange. Ich rannte durch den Wald, um sie größer ins Bild zu bringen, aber unterdessen und nach Aufnahme Nr. 9 begannen alle drei strahlendweiß zu leuchten und verschwanden senkrecht in die Höhe. Geräuschlos. Kein Dröhnen von Raketentriebwerken. Sie stiegen einfach schnell auf und waren in vielleicht zwei Sekunden weg. Wenn ich mich recht erinnere, sah das UFO, das im letzten Monat in der Zeitung abgebildet war, so aus wie diese. Ich werde mich nicht hypnotisieren lassen und all das verrückte Zeug mit mir machen lassen – also hier sind die Fotos. Die Experten sollen behaupten, was sie wollen. Sie sollen sie ruhig für montierte Fotos erklären, doch möchte ich den sehen, der Fotomontagen mit seiner Spielzeugkamera zustande bringt. Ich hebe die Negative für meine Enkel auf. Wie Sie sehen, wurde es zusehends dunkler, während ich die Bilder machte. Aber vom ersten bis zum letzten vergingen vielleicht acht bis zehn Minuten.

Bill der Gläubige

Außer mir hatten zwei Leute Fotos vom UFO gemacht. Bei all den Sichtungen, die täglich berichtet wurden, und nun noch mehr Fotografien, wie konnte da jemand bezweifeln, daß etwas Sonderbares über Gulf Breeze flog?

Nach der Lektüre des Leserbriefs von »Bill dem Gläubigen« hatte ich das Gefühl, daß das Summen, das ich am 22. gehört hatte, mit seiner Sichtung zusammenhing. Er war nur ungefähr zwei Straßen von meinem Haus entfernt gewesen. Aber ich erwähnte nichts davon, weil es sich nur um Spekulationen meinerseits handelte. »Bill der Gläubige« hatte in seinem Brief nichts über das Datum seiner Sichtung mitgeteilt.

Zwei Monate später schrieb »Bill der Gläubige« noch einen Brief mit weiteren Details, den ich hier anfüge:

Hallo,

tut mir leid, daß ich so lange gezögert habe, aber ich will nicht in die Sache verwickelt werden. Ich dachte, ich hätte das Datum, an dem ich die Fotos gemacht habe, in meinem Brief angegeben, aber ich habe es wohl vergessen. Es war der 22. Dezember, kurz vor halb sechs Uhr abends. Ich brachte sie zum Sofortentwicklungsdienst im Einkaufszentrum, um zu sehen, ob die Kamera funktioniert. Ich war enttäuscht, als ich die Qualität der Abzüge sah. Die Wirklichkeit war viel deutlicher gewesen. Ich kann nicht genau angeben, wo ich stand, als ich die Bilder schoß. Ich bin winkend rumgerannt, um jemanden aufmerksam zu machen und zum Anhalten zu bewegen. Ich war in der Nähe der »Oyster-Bar«, aber mein Auto stand an der Straßenseite näher bei der Schule. Ich habe sie am selben Abend gegen elf in den Briefkasten des *Sentinel* geworfen.

Bill d. Gl.

27. DEZEMBER 1987

Achte Sichtung – Zeuge sieht UFO von meinem Haus aus

20.15 Uhr

Vielleicht ist die nächste Sichtung wichtiger, als es zunächst scheinen mag. Es wurden keine Fotos gemacht, und telepathische Kontakte gab es nicht. Aber eine andere Person, Patrick Hanks, sah das UFO, während er bei mir zu Hause war. Das ist bedeutsam, denn andere Leute hatten das UFO zwar an verschiedenen Orten im Umkreis der Stadt gesichtet, doch bis zu diesem Tag hatte niemand außer Frances und mir es von meinem Haus aus beobachtet.

Patrick ist ein College-Student, ein Freund meines Sohnes, mit dem wir im Lauf der Jahre alle vertraut geworden sind, und er weiß zweifellos, daß er bei uns immer willkommen ist. Bei vielen der »Spiele«, die Frances und ich für die Teenager veranstalten, ist Patrick eine Schlüsselfigur unter den Teilnehmern. Patrick ist schlagfertig und bringt mit seinen geistreichen Antworten immer die Unterhaltung in Schwung.

Das folgende ist die Transkription eines MUFON-Interviews mit Patrick, das in unserem Haus stattfand:

> Eines Abends wollte ich bei Ed vorbeischauen, weil ich wußte, was mit den UFOs im Gange war … Ich hatte es von Anfang an mitgekriegt und hatte hier vorher schon ein paar Nächte verbracht. Ungefähr eine Woche davor war ich eine Weile hier. Ich wußte, was Ed durchmachte, und dachte, ich

geh' mal schnell rüber und gucke, wie es ihm geht. Ich kam gegen 20.15 Uhr bei ihm an. Eds Frau öffnete die Tür und sie... sie sagte nur: »Es ist da!« und zeigte zur Rückseite des Hauses hin, und ich wußte sofort, wovon sie sprach. Ich ging also durch das Haus bis zur Rückseite. Ich kam ungefähr bis zur Mitte des Wohnzimmers, und durch die Fenster sah ich eins dieser Flugobjekte, die wir die ganze Zeit über (in der Zeitung) gesehen hatten...

Frage: »Welche Fenster waren das, Pat?«

Genau die, hier im Wohnzimmer.

Frage: »Genau gegenüber der Haustür?«

Ja, und durch die man das Feld sieht, wo früher die anderen Vorfälle beobachtet worden sind. Ich sah durch das Fenster, und es war in der hintersten südöstlichen Ecke des Feldes, ziemlich genau in Höhe der Baumwipfel. Es war nicht sehr hell, aber es war ziemlich hell... und als ich gerade hier angekommen war, um es zu sehen, war Ed draußen an der Schwimmbadpumpe. Ed hatte es gesehen und war auf dem Weg ins Haus, als ich in der Mitte des Zimmers stand und es beobachtete. Ed kam durch die Küchentür und sah mich, und in dem Augenblick, als er mich sah, flog es davon. Ich stand so, daß ich Ed aus dem Augenwinkel sehen konnte, und sah, daß er durch diesen Durchgang da kam (zeigt auf die Tür zwischen der Küche und dem Wohnzimmer). Ich stand dort (deutete auf den Bereich nahe den Wohnzimmerfenstern mit Blick auf den Hintergarten), und ich sah es (das UFO) da draußen (im hinteren Teil des Feldes).

Frage: »Für was hielten Sie das Objekt beim ersten Hinsehen?«

Also, ich – ich wußte, daß es das war, was Ed gesehen hatte, weil es genau, weil es eben offensichtlich das war.

Frage: »Können Sie das, was Sie gesehen haben, so genau wie möglich beschreiben?«

Okay. Also ein Flugobjekt, etwa sechs Meter breit, das

dachten wir jedenfalls damals... mit geraden Kanten, Energiequelle unten dran, Beleuchtung oben. Es war dasselbe, das wir die ganze Zeit über gesehen hatten. Es war... es war nicht sehr hell, es hat nicht extrem stark geleuchtet oder so. Ich meine, nicht so stark, daß es wahrscheinlich jeden auf der Welt aufgeweckt hätte, wenn er es gesehen hätte. Es war nicht taghell. Aber es war trotzdem hell, es hat geleuchtet, es ist geschwebt, und als Ed reinkam, bewegte es sich ein bißchen in Richtung Südosten, dann ging das Licht aus, es war fort.

Frage: »Und so, so haben Sie es zuletzt bemerkt? Wie war es, könnten Sie das noch mal erzählen?«

Wie es wegflog?

Frage: »Ja.«

Als ich hier stand und Ed mich sah, bewegte es sich nach Südosten und ging aus, einfach kein Licht.

Frage: »Hatte Ed vorher oder nachher ein Bild gemacht?«

Von diesem Ereignis?

Frage: »Ja.«

Nein, er hat keins gemacht, weil er draußen beim Schwimmbad war. Er kam rein, um eine Kamera zu holen. Als er mich sah, verschwand es. Wir nahmen an, daß sie vielleicht durch Ed wußten, daß ich da war.

Frage: »Könnten Sie sich ein bißchen ausführlicher dazu äußern, warum Sie das glauben?«

Weil sie vermutlich die Fähigkeit hatten, durch Ed hindurch wahrzunehmen, was um ihn herum los ist. Sie kannten Eds Gedanken und Gefühle, nehme ich an, ich vermutete das ganz einfach, weil es genau in dem Moment verschwunden ist, als Ed um die Ecke bog und mich erblickte. Der Schluß drängte sich mir einfach auf.

Frage: »Was, glauben Sie, könnten UFOs sein?«

Sie könnten alles mögliche sein. Vielleicht ist es die Regierung, vielleicht wir selbst, vielleicht die Russen. Aber ich

bezweifle das, ehrlich gesagt. Ich glaube, es sind wahrscheinlich fremde Lebewesen, von anderen Planeten.
Frage: »Warum, glauben Sie, werden gerade jetzt UFOs gesichtet?«
Ich glaube nicht, daß sie jetzt mehr als zu anderen Zeiten gesichtet wurden – gesichtet werden. Aber die Leute sind heute einfach eher bereit, damit an die Öffentlichkeit zu treten, oder vielleicht begreifen sie, daß es genau das ist und nicht etwas anderes, eine Sternschnuppe... irgendwas, was sie halt gesehen haben.
Frage: »Haben Sie jemals zuvor ein UFO gesichtet?«
Nein.

Das UFO hatte zugelassen, daß Frances es sah. Nun hatte Patrick es aus irgendeinem – vielleicht zufälligen – Grund gesehen. Weiß das UFO, wann ich allein bin, oder kann es irgendwie meine Gedanken lesen? Weiß es, wann andere zuschauen? Hat das UFO erlaubt, daß Patrick es sieht?

Wie Patrick berichtete, war es ungefähr 20.15 Uhr, und ich war noch einmal rausgegangen, um ein bißchen Wasser aus dem Schwimmbecken abzulassen. Es hatte während der Ferien stark geregnet, und der Wasserspiegel stand höher als der Überlauf des Beckens.

Als ich mich bückte, um das Ventil anders einzustellen, hörte ich plötzlich das Summen. Ich richtete mich schnell auf und rief Frances, aber nicht sehr laut. Ich war nicht sicher, ob sie mich gehört hatte oder nicht.

In der Dunkelheit suchte ich den Himmel ab, und da war es. Ganz niedrig, vielleicht sechs Meter über dem Erdboden, und sehr nah an den Wipfeln der Bäume bei der Schule. Es leuchtete nur schwach, bis auf die Energiequelle an der Unterseite, die sehr hell war. Ich heftete nur wenige Sekunden lang den Blick auf das UFO. Ich rief wieder nach Frances, während ich zur Hintertür zurückging, die etwa sechs Meter entfernt war. Ich ging weiter ins Haus hinein und sah, daß die Küche leer war. Ich wollte meine Kamera holen. Als ich um die Ecke bog und ins Wohnzimmer trat, stieß ich beinahe mit Patrick zusammen, der sich gerade vom Wohnzimmerfenster abkehrte, durch das er geschaut hatte.

»Ich habe es gesehen... ich habe es gesehen«, flüsterte Patrick keuchend.

Frances stand auf der anderen Seite neben ihm und sah auch aus dem Fenster. Sie sagte, die Lichter des UFOs seien in dem Moment ausgegangen, als ich um die Ecke bog. Wir standen alle noch einen Augenblick am Fenster, und Frances erzählte, wie sie sich beeilt hatte, Patrick hereinzulassen. In der Hoffnung, ihm das UFO zeigen zu können.

Patrick machte sich große Sorgen, daß die MUFON-Reporter sich auf ihn stürzen und seine Eltern in Aufregung versetzen würden, falls er berichtete, was er gesehen hat. Wir gingen hinaus und beobachteten den Himmel, während Patrick erklärte, er wolle seinen Namen lieber aus allen Berichten raushalten. Das verstand ich wiederum. Wie konnte ich von ihm verlangen, seinen Namen preiszugeben, wo ich meinen noch zurückhielt?

28. DEZEMBER 1987

Neunte Sichtung – Videoband von 1 Minute 38 Sekunden

Nachdem ich mich verpflichtet hatte, täglich alle Ereignisse in meinem Tagebuch niederzuschreiben, saß ich jeden Abend still auf der hinteren Veranda und schrieb. Manchmal war ich vielleicht eine Stunde lang dort; einen Großteil der Zeit über saß ich einfach da. Ich war nicht eigentlich tief in Gedanken oder kämpfte mit dem Problem, daß ein UFO mir nachts ungebetene Besuche abstattete. Manchmal saß ich einfach da, zu müde, um darüber nachzudenken, was das Ganze wohl bedeutete. Ich war zu genervt von der Störung unseres normalen Familienlebens und war zufrieden, nicht reden zu müssen. Ein Stündchen Ruhe und Frieden. Ich konnte die Familie durch das Küchenfenster hören. Sie erholten sich rasch von jeder Sichtung, und sie gaben mir Kraft. Besonders Frances. Sie hielt alles in Gang, obwohl sie mehr litt als wir alle.

Ihre Familie wurde von Fremden zerrissen. Von Fremden, die zu Nachforschungen kamen, Fremden vom anderen Ende der Stadt und Fremden aus anderen Bundesstaaten. Die schlimmsten Fremden aber waren natürlich jene, die in der Nacht kamen, in Rüstungen gekleidet. Die kommen und gehen konnten, wie es ihnen paßte. Die UFO-Fremden, die manchmal einen Summer in meinen Kopf drücken konnten, als wollten sie mich wissen lassen, daß sie da waren. Manchmal kamen sie einfach unangemeldet, ohne Summen, um mich vielleicht in einem unbedachten Moment zu erwischen.

Diesen Abend machten sie so einen Besuch »ohne Summen«. Es war 20.00 Uhr, und ich schrieb, wie gesagt, friedlich in meinem Tagebuch, als ich eine leichte, schattenhafte Bewegung bemerkte; sie glitt langsam hinter der Turnhalle der High School über das dunkle Grasfeld heran, immer näher an den Zaun hinter meinem Garten. Das Grasfeld war dunkelgrün, und der gemaserte Schatten machte daraus ein faseriges Orange. Mir war inzwischen klar, daß das UFO sich unsichtbar machen konnte. Das Leuchten war da, aber darüber war nichts. Ich hatte eine klare Sicht vom Boden bis zum Himmel, und ich sah kein Flugobjekt.

War es nah genug am Boden, um ihn zu beleuchten, und trotzdem unsichtbar für meine Augen? Irgendwie mußten sie ihre Farbe ändern, um wie der Himmel oder jeder benötigte Hintergrund auszusehen. Im Stehen konnte ich ein komplettes Panorama des hinteren Feldes sehen. Es war nichts da außer dem Leuchten, das immer näher rückte.

Ich öffnete mit einem Krachen die Glastür zum Schlafzimmer und rief Frances. Sie antwortete ohne Aufregung: »Ich komme gleich.« Ich stand einen Augenblick lang in der Tür, wartete und beobachtete das Leuchten. Es hielt inne und wurde etwas heller. Dann, als ich den Kopf drehte, um Frances noch einmal zu rufen, machte es blink... und da war es – die vollständige Form, etwa drei Meter über dem Boden und 45 Meter entfernt. Es war fahlorange und schwebte dort, völlig still.

Etwas rührte mich von hinten an, und ich hörte Frances flüstern: »Ruf die Polizei.«

Ich antwortete: »Ruf du die Polizei, und ich hole meine Kamera.« In diesem Augenblick verschwand das UFO. Kein Leuchten, kein gar nichts. Wir standen beisammen an der Tür und schauten. Die Kinder waren mit anderen Dingen beschäftigt und bislang nicht gestört durch Frances' Abwesenheit.

Mehrere Minuten vergingen, und wir nahmen an, es sei vorbei. Etwa zu der Zeit rief unsere Tochter: »Mama, Mama« und kam in unser Schlafzimmer. Sie sah uns still da stehen und fragte: »Was ist los?«

Wir sagten ihr, das UFO sei dagewesen, aber wieder fort, und sie solle sich keine Sorgen machen. Ziemlich genau zu diesem Zeitpunkt wurde das UFO plötzlich wieder sichtbar, etwa an derselben Stelle, wo es verschwunden war.

Die Botschaft war mir klar. Rief ich die Polizei oder irgend jemanden an, würde es – »Blink« – weg sein. Es mußte unsere Gedanken gelesen haben, oder es hatte eine Art Abhörvorrichtung. Dieses Mal neigte sich das UFO in der Schwebe leicht hin und her, und manchmal konnte ich einen orangeglühenden Schlitz sehen, der unten an der Energiequelle erschien.

Frances und ich umarmten uns, nahmen Laura in unsere Mitte und schauten. Laura wollte wissen, was das UFO tat, das näher kam. Wir schlossen die Tür, und ich ging meine Kamera holen. Frances löschte die Lichter im Haus, so daß wir aus den Fenstern schauen konnten und nicht gesehen wurden.

Im Dunkeln fand ich meine Polaroid, stellte aber fest, daß kein Film darin war. Meine Ersatzpackung hatte ich am Vortag auf einer Baustelle verbraucht. Vielleicht reichte die Zeit, um meine Videokamera mit Batterie und Leerkassette fertigzumachen.

Ich fummelte im Dunkeln mit der Videokamera herum und bekam sie schließlich fertig. Meine Familie gab mir einen laufenden Kommentar, was das UFO tat. Als ich endlich aus dem Wohnzimmerfenster blickte, schwebte das UFO niedriger, und die Windschilde verstellten mir die Sicht.

Raus. Ich mußte raus. Draußen war sehr wenig Licht; die Verandalampen erhellten nur einen Teil des Gartens. Ich hoffte, die Videokamera würde mit dem wenigen Licht funktionieren.

Von der Tür des Wäschezimmers ging ich an der rechten Seite des Hauses entlang. Ich war bereit, unter die Hinterveranda zu schlüpfen, um dem blauen Strahl zu entkommen, wenn das

UFO zu nah kam. Vielleicht wußte es, daß ich draußen war; vielleicht auch nicht. Mein Herz hämmerte, ich atmete hart und schnell.

Ich erreichte die Ecke des Hauses und schaute langsam über den hinteren Teil des Gartens. Nichts. Entweder hatte es sich wieder ausgeblinkt, oder es war außer meiner Sichtweite hinter den Windschutzplatten am Schwimmbecken. Auf den Knien kroch ich zwischen einigen Hecken und dem Haus voran.

Das Schwimmbecken ist terrassenförmig angelegt, mit großen Baumstämmen, wie sie in der Landschaftsarchitektur verwendet werden. Ich stieg über einen nach dem anderen, ohne je die Augen vom Himmel zu wenden. Als ich die nächste Stufe erreichte, kam das UFO hinten rechts in mein Blickfeld. Sehr klar für das nackte Auge, aber viel weniger klar durch den Sucher der Videokamera. Wieder war sein Rumpf orangefarben, mit weißer Oberseite und einer heller orangefarbenen Energiequelle unten.

Ich richtete mich hinter einer dicken Hecke auf und begann zu filmen. Das UFO muß über 90 Meter entfernt und vielleicht 30 Meter hoch gewesen sein. Die Entfernungen sind so schwer einzuschätzen, wenn man nicht weiß, wie groß das ist, was man anschaut. Es schien langsam zu rotieren, und es schwankte vor und zurück, als es von Süden nach Norden ging, von meiner Rechten zu meiner Linken. Es hielt einen Moment an, ging kurz noch einmal seinen eigenen Weg zurück und dann weiter nach Norden.

Es war nicht allzu schwer, ihm mit der Kamera zu folgen, aber zwischen mir und dem UFO waren eine Menge Bäume und Zweige. Sie versperrten mir die Sicht, darum trat ich auf die nächsthöhere Stufe, während ich filmte.

Die Nacht war ruhig, nur das ferne Pfeifen eines Zuges drang leise herüber in die unheimliche Szene, während ein außerirdisches Flugobjekt sich lautlos einem Menschen und seiner

Kamera präsentierte. Ich war der Mann, dem dieser Besuch unerwünscht war, der aber diesen Gelegenheiten nicht widerstehen konnte, ihn zu filmen.

Die ersten 50 Sekunden des Videofilms zeigen, wie das UFO anhielt und sich wieder bewegte, bis es schließlich hinter einen Baum und ganz aus meiner Sichtweite ging. Ich hörte eine Bewegung im Haus, und dann sah ich meinen Sohn aus der hinteren Terrassentür herausschlüpfen. Frances war direkt hinter ihm, und ich glaube, sie hielt ihn am Arm fest. Ich war einen Augenblick lang abgelenkt. Als ich wieder zum Himmel über dem offenen Feld schaute, war das UFO wieder da; diesmal flog es den Weg zurück, den es gekommen war.

Hinter mir auf der Veranda ging eine Menge gedämpftes Rumpeln und Rumoren vor sich, aber meine Augen waren auf das UFO geheftet. Es sah ganz anders aus – nicht die Gestalt, sondern die Art, wie es leuchtete. Fast als wäre es in einer Art Tarnzustand. Die einzig sichtbaren Teile waren die Energiequelle unten und das Licht oben. Ich filmte es wieder, während es geräuschlos flog. Es schien mir nie näher zu kommen, aber sich auch nicht zu entfernen. Nur eine parallele Spur, die man leicht übersehen oder als unwichtiges Licht am Himmel abtun konnte. Als ich es in dieser Weise fliegen sah, konnte ich unschwer die Leichtigkeit verstehen, mit der es sich unbemerkt bewegen konnte.

Als das UFO direkt vor meiner Visierlinie vorbeiging – immer noch in über 90 Meter Entfernung –, hielt es inne und kehrte dann um. Dann wurde es ohne erkennbare Änderung unsichtbar.

Diese vollständige Sichtung ist, wie ich sie niedergeschrieben habe, auf dem Videoband aufgezeichnet. Ich habe das Band von 1 Minute 38 Sekunden Länge den Medien zur Verfügung gestellt, und es ist von Fachleuten untersucht worden.

Ich denke, diese gefilmte Sichtung könnte der wichtigste Beweis sein. Ich bedaure es deshalb, daß der Leser das Band nicht sehen kann.

28. Dezember 1987 – Frances' Bericht

Weihnachten war gekommen und gegangen, und Silvester stand vor der Tür. Die Weihnachtsfeiern hatten uns über die letzten paar Tage hinweggeholfen. Ich kann nicht behaupten, das UFO wäre ein willkommener Teil unseres Lebens geworden, aber wir hatten die Tatsache akzeptiert, daß es da war und offenbar eine Weile dableiben wollte. Und wir hatten außerdem beschlossen, unser Leben so normal wie möglich weiterzuführen.

Jeder Bericht von einer neuen Sichtung war eine Hilfe. Von diesen anderen Leuten zu wissen war gut für Laura. Sie hatte noch immer Angst davor, daß das UFO ihrem Vater etwas antun könnte, aber sie glaubte nicht mehr, daß Ed und ich seltsam seien, weil wir es gesehen hatten. Obwohl weder sie noch Dan das UFO gesehen hatten, zweifelten beide nicht an seiner Existenz. Dan wollte es sehen, Laura war sich nicht so sicher. Sie sagte, es käme darauf an, was das UFO tat.

Ed saß, wie jetzt jeden Abend, auf der Veranda und schrieb Tagebuch. Ich hatte die Küche saubergemacht und kontrollierte die Vorräte für die Party, die wir für Dans Freunde planten. Ed rief mich; er klang überhaupt nicht aufgeregt, und so sagte ich ihm, ich käme in einer Minute, und schrieb die Einkaufsliste für die Party fertig. Als das getan war, ging ich nachsehen, was er wollte. Ich trat aus der Tür und sah wieder einmal das UFO. Ed sagte, ich sollte die Polizei rufen, während er seine Kamera holte, und plötzlich wurde es unsichtbar.

Einige Minuten später kam Laura, die mich suchte. Nur Sekunden, nachdem sie auf die Veranda gekommen war, wurde das

UFO wieder sichtbar. Laura drängte sich an mich. Ich legte die Arme um sie. Dies war das erstemal, daß sie es selber sah. Ich erinnerte mich, wie ich mich gefühlt hatte, und tat mein Bestes, um ihr Sicherheit zu geben.

Ed kam näher zu uns. Laura schmiegte sich zwischen ihren Daddy und mich. Ich konnte fühlen, wie ihr Herz schlug; ihr schneller Puls und ihr totales Schweigen sagten mir, wie überwältigt sie von dem Anblick des UFOs war.

Schließlich, als das UFO auf uns zukam, fragte Laura, was es tat. Ich sagte ihr, daß ich es nicht wußte, und Ed beschloß, es sei Zeit, hinauszugehen. Laura raste durch das Haus und rief ihren Bruder. Wir drei trafen im dunklen Wohnzimmer zusammen.

Wir sahen aus dem Fenster, während Ed etwas zum Fotografieren suchte. Das Flugobjekt schwebte und glitt weiter, während Ed daran arbeitete, die Videokamera fertigzumachen. Ein gelegentlicher Fluch hielt uns auf dem laufenden über den Fortschritt seines Kampfes. Als er mit der Videokamera in der Hand zu uns stieß, war das UFO hinter den Windschutzplatten fast außer Sicht gesunken.

Ich wußte schon, bevor er es sagte, daß Ed hinausgehen würde. Dan wollte mitgehen, aber ein striktes Nein von Ed und mir setzte dem ein Ende. Laura bat ihren Vater, nicht hinauszugehen.

»Mir wird nichts passieren, Sweetie. Bleib nur hier bei Mama und Dan. Dan, kümmere dich mit um deine Schwester.«

Ed ging hinaus. Wir konnten ihn nicht sehen, aber nach etwa einer Minute tauchte das UFO wieder auf, höher und weiter rechts als vorher. Ich hoffte, Ed bekam einen guten Film für das Risiko, das er einging.

Laura ängstigte sich weiter, daß der blaue Strahl herunterschießen und sich ihren Daddy schnappen würde. Ich sagte ihr, es würde nichts passieren – im Brustton einer Überzeugung, die ich nicht empfand.

Dan ging ins Fernsehzimmer und sagte, er könnte seinen

Daddy durch die Terrassentür sehen. Er fragte wieder, ob er hinausgehen dürfe. »Nein, und zwar endgültig.«
Ich hatte mich umgedreht, um ihn anzusehen. Als ich wieder hinausblickte, war das UFO fort. Keiner von uns hatte es verschwinden sehen. Als ich die Dunkelheit nach einem Zeichen von dem UFO oder Ed absuchte, hörte ich den Riegel der Terrassentür klicken. Ich befahl Laura, sich nicht vom Fleck zu rühren, und rannte zum Fernsehzimmer. Dan trat aus der Tür, und ich griff nach ihm. »Ich habe dir gesagt, nein.«
»Und wenn Daddy mich braucht? Wenn wir zu zweit sind, kommen sie vielleicht nicht hinter ihm her.«
»Dein Vater ist vollkommen in der Lage, auf sich selbst aufzupassen. Er will sich nicht um dich Sorgen machen müssen, weil du da draußen bist. Komm jetzt rein.«
Dan widersetzte sich meinem Versuch, ihn zurück ins Haus zu ziehen. Er ist ein schlanker, 1,80 Meter großer und muskulöser Junge. Ich wußte, ich konnte ihn niemals körperlich überwältigen, und er schien entschlossen, seinem Vater zu Hilfe zu kommen. Ich verlegte mich darauf, Drohungen zu flüstern, und hoffte, ich würde Ed nicht stören.
»Wenn du nicht in dieser Sekunde reinkommst, platzt deine Party, und dann stehst du dumm da.«
Er weigerte sich noch immer.
»Dan, dein Vater zählt auf dich, daß du dich um uns kümmerst, während er da draußen ist. Enttäusche ihn nicht.«
Dan zögerte, dann ging er vor mir hinein. Inzwischen war das UFO wieder da, aber viel schwieriger zu sehen. Laura umarmte ihren Bruder, dem das nicht recht war, und sagte, sie sei froh, daß ihm nichts passiert war. Dan ließ es über sich ergehen und murmelte, draußen wäre ihm auch nichts passiert. Wir beobachteten das UFO weiter, bis es plötzlich unsichtbar wurde.
Wir warteten, die Augen auf den Himmel geheftet, und fragten uns, ob es wiederkommen würde. Schließlich kam Ed herein und sah sich das Video an. Nachdem wir das UFO »in Wirklich-

keit« gesehen hatten, war das Videoband weniger beeindruk-kend – aber immer noch beeindruckend genug.
Jetzt, nachdem es vorbei war, redeten die Kinder fieberhaft – besonders Laura. Da das UFO nichts Bedrohliches getan hatte, war ihre Angst vor ihm nicht ganz so stark wie zuvor. Dan war einfach fasziniert.
Ed und ich hofften, daß dieses unaggressive Verhalten jetzt die Norm war. Ich konnte es verkraften, daß das UFO kam und ging, solange es nicht versuchte, einem von uns etwas zu tun.

4. JANUAR 1988

Verpflichtung zu vollständigem Bericht

Meine Begegnungen mit dem UFO erschienen langsam in immer mehr Zeitungen. Die Berichte waren zumeist bruchstückhaft, ungeordnet und sensationslüstern, mit falschen Zitaten und Übertreibungen. In einem Artikel las ich, ich hätte »ein Implantat im Kopf«, und die Außerirdischen hätten mich irgendwie unter Kontrolle.

Es war klar, daß ein vollständiger, lückenloser Bericht sein mußte. Außerdem war ganz klar, daß ein Artikel in einer Zeitung, gleichgültig, wie glaubwürdig sie war, nicht die beste Form darstellte. Die kurzen Beiträge in den Fernsehlokalnachrichten waren aufgrund der Zeitknappheit sehr beschränkt in der Darstellung der Fakten. Mir wurde klar, daß ich mich auf die gemeinnützigen UFO-Forschungsgruppen stützen mußte.

Ich hatte die Pflicht, die Geschichte zu erzählen – die ganze Geschichte. Aber ebenso hatte ich die Pflicht, meine Familie zu schützen, nicht nur vor Spott, sondern auch vor den unbekannten Absichten des UFOs. Ich wollte die Geschichte vollständig niedergelegt wissen, falls mir etwas zustieße. Was hatte denn das UFO schließlich vor? Vielleicht ein plötzliches Blitzen mit dem blauen Strahl, wenn ich aus dem Haus trat oder aus dem Lieferwagen ausstieg.

Wenn sie bloß vorbeiflögen und ruhig das Summen aus meinem Kopf nähmen, dann wäre ich bereit. Ich würde offen ins Freie treten und es hinter mich bringen. Ich hatte es satt, den Himmel zu beobachten und über die Schulter zu sehen. Satt, Angst zu haben. Satt, gegen etwas zu kämpfen und nicht zu wissen, wie. Wie lange konnte ich allabendlich Gefangener in meinem eigenen Haus sein? Und was war das ganze Zeug mit Sehaas? Das UFO hatte gesagt, ich sei in Gefahr… Sehaas. Sehaas mit einem großen S, wie bei einem Eigennamen? Oder vielleicht war das Wesen mit dem Silberstab ein Sehaas. War es eine Warnung, daß ich durch den Sehaas gefährdet war? Vielleicht alles … vielleicht nichts.

Ich wußte nur, die Geschichte mußte heraus. So unglaublich es klang, sie mußte erzählt werden… eine Art Versicherungspolice.

12. JANUAR 1988

Zehnte Sichtung – Das Straßenbild

Die Sichtungen im Detail zu berichten war die beste Lösung – außer der, daß das UFO landete oder die Gegend für immer verließ. Daß ich versuchen mußte, mich nachts vor dem UFO zu verstecken, und daß ich selbst tagsüber, wenn ich in der Stadt umherfuhr, den Himmel beobachtete, hatte mich erschöpft. Mir dann auch noch Sorgen machen zu müssen, daß meine Nachbarn oder die Forscher meine Identität entdeckten und ich als Verrückter gebrandmarkt würde, war zuviel.

Nun, da die MUFON-Forscher zugestimmt hatten, meinen Namen geheimzuhalten und mir zu helfen, so gut sie konnten, brauchte ich mir nur über das UFO Sorgen zu machen. Mein Tagesablauf schien zur Routine zurückzukehren, und ich hoffte, diese Ruhe würde anhalten. Die Nächte waren friedlicher, und in mancherlei Hinsicht kehrte mein Selbstvertrauen zurück.

Ich kannte die Wahrheit: »Sie« existieren tatsächlich. Wir sind nicht allein im Universum.

Natürlich setzte ich dabei voraus, daß die UFOs von irgendwo weit weg kommen. Weit weg, vielleicht, aber woher sollen wir das wissen? Sie könnten in diesen Superflugobjekten wohnen und sie in abgeschiedenen Regionen der Welt parken. Wir denken einfach immer, UFOs kämen von einem anderen Teil des Universums. Ich schätze, sie kommen wirklich von einer anderen Welt.

Ich war zu dem Schluß gekommen, der Aspekt der Telepathie

könnte sehr interessant sein, wenn ich zu ihnen sprechen könnte, statt nur kryptische Sätze zu empfangen. Aber sie schienen nicht an einer Konversation interessiert. Sie waren schnell, aber anscheinend nicht gewalttätig. Sie waren fortgeschritten, aber nicht besonders clever. Wenn sie versuchten, mich zu fangen, stellten sie es recht schlecht an. Bei den Sichtungen vom 17. Dezember hatte es reichlich Gelegenheit gegeben. (Ein Jahr später fand ich heraus, daß es ihnen gelungen war.) Warum verstanden sie nicht, daß sie nichts weiter tun mußten, als mich zu fragen, ob ich reden wollte? Kein Katz-und-Maus-Spiel mehr. Selbst wenn ich einen von ihnen fotografierte, würden noch immer viele Leute nicht an sie glauben, und so brauchten sie mich deshalb nicht zu fürchten – auch aus keinem anderen Grund. Das Beste, das ich erhoffen konnte, war, daß das UFO wegging. Aufhörte, mich zu quälen. Es ergab einfach keinen Sinn. Gehörte ich zu irgendeiner Art Plan? Wenn das der Fall war, wollte ich raus.

Am 12. Januar rief gegen 17.00 Uhr der MUFON-Forscher Don Ware an und sagte, er habe den Standort gesucht, von dem aus »Bill der Gläubige« die Aufnahmen am Shoreline Drive gemacht hatte. Eine Viertelstunde später rief ich Don zurück und sagte ihm, daß ich gerade ein Summen gehört hatte. Es war kurz, fast so wie am 5. Januar. Es war sehr laut, klang aber in etwa 20 Sekunden ab. Früher am selben Tag hatte ich ein Haus fertiggestellt und den größten Teil des Tages damit verbracht, Druck bei den Vertragsfirmen zu machen, die letzten Arbeiten abzuschließen, damit ich den Einzugstermin meines Kunden einhalten konnte. Meine Gedanken waren abgeschweift, als ich die Baustelle abschloß und heimfuhr. Ich hätte den Stromzähler kontrollieren müssen, um zu sehen, ob er funktionierte, aber ich vergaß es. Für die Arbeit des nächsten Tages war es wichtig, 220er Strom für das A/C-System zu haben.

Es wurde spät, als mir diese Einzelheit endlich einfiel. Ich hatte keine Wahl; ich mußte zur Baustelle zurück und den Strom kontrollieren. Es war noch Licht am Himmel, denn die Sonne reflektierte an der Unterseite der Wolken. Ich mußte nur zu dem Haus fahren und, ohne auszusteigen, schauen, ob der Zähler vom Elektrizitätswerk installiert worden war.

Ich fuhr etwa sieben Meilen auf dem 98 hinaus, einem großen vierspurigen Highway, der Gulf Breeze und Fort Walton verbindet. Mehrmals dachte ich daran, umzukehren und heimzufahren, aber ich tat es nicht. Statt dessen bog ich ab auf die Landstraße 191-B, den Soundside Drive.

Die Sonne ging unter, und hohe Kiefern warfen lange Schatten über die enge Straße. Ich gab Gas und nahm eine Kurve. Alles wurde blendend weiß. Der Kühler reflektierte einen gleißenden Blitz. Etwas von dem »Licht« drang durch die Windschutzscheibe und traf meine Arme.

Ich brüllte: »Was zum Teufel!?«

Ich schrie richtig, und in diesem Moment – Blitz! Wieder wurde ich von einem weißen Strahl getroffen. Fast wie ein Blitzlicht, das wenige Zentimeter vor meinen Augen losging. Es war extrem weiß, und danach mußte ich mir Mühe geben, wieder die Straße zu sehen. Innerhalb von Sekunden wurden meine Arme gefühllos. Es war ein Empfinden, wie wenn einem der Fuß einschläft und man diese Nadelstiche spürt. Die »Nadelstiche« fingen an meinen Ellbogen an und gingen schnell auf Arme und Hände über. Dann breitete sich in umgekehrter Richtung ein taubes Gefühl aus. Von den Händen bis zu den Ellbogen hatte ich kein Gefühl. Ich mußte sie ansehen, um zu wissen, daß sie da waren.

Ich fuhr immer schneller die Straße hinunter, und ich wußte, daß ich in Schwierigkeiten war. Der Lieferwagen schlingerte von einer Seite zur anderen und war fast außer Kontrolle, denn ich konnte nicht gleichzeitig die Krümmung der Straße im Auge behalten und zusehen, wie meine Hände das Steuer kontrollierten.

Nur Sekunden waren seit dem ersten Lichtblitz vergangen. Das

UFO kam von hinten direkt über meinen Wagen und vor mich. Es schwebte mitten über der Straße, etwa 150 Meter vor meinem Lieferwagen. Ich fuhr noch immer etwa 45 Meilen pro Stunde, als ich bremste und nach links schleuderte. Meine Idee war, eine riesige Kehre zu fahren, links von der Straße herunter, über die Straße hinüber und rechts wieder hinauf, und dann in die entgegengesetzte Richtung zu fliehen, zurück zum Highway. Es funktionierte nicht. Als ich nach links vom Asphalt herunter auf den Grasstreifen fuhr, konnten meine Hände die Drehung nicht kontrollieren, und ich kam noch näher an das UFO heran, das noch immer an derselben Stelle schwebte. Ich trat hart auf die Bremse und kam etwa 60 Meter vor dem UFO zum Stehen (späteren Messungen zufolge war es näher, etwa 57 Meter).
Alles spielte sich sehr schnell ab, und mein erster Gedanke war, rückwärts zu fahren, aber das UFO lenkte mich ab, als es hin und her schwang und sein gleißendes Leuchten sich auf der Straße spiegelte. Es schwang langsam vor und zurück. Bald war die Energiequelle ein großes Oval, bald ein schmaler Schlitz. Meine Arme waren noch immer gefühllos. Meine Gedanken drehten sich darum, mich selbst zu verteidigen. Auf keinen Fall würde ich friedlich mit ihnen gehen, aber was, wenn sie diesen weißen Blitz direkt in den Wagen schossen? Würde er mich völlig lahmlegen? Würde mein ganzer Körper taub werden?
Ein paar Sekunden lang starrte ich es an. Keine Veränderung; es schwebte nur. Ich erinnerte mich an mein Gewehr hinter dem Sitz und versuchte, es mit der rechten Hand zu greifen. Kein Gefühl. Ich griff hinter den Sitz, aber ich fühlte nicht, ob ich etwas berührte. Ich rutschte nach links, öffnete die Tür und zog den Rücksitz nach vorn; so konnte ich meine Hand visuell dirigieren, um das Gewehr zu greifen.
Als ich wieder zum UFO blickte, war es höher gestiegen und schien näher zu kommen. Ich lehnte mich über den Sitz, um die Kamera zurückzuholen, die zwischen den Beifahrersitz und die Tür gerutscht war. Ich stützte den linken Arm auf das Steuerrad

und konnte so Foto Nr. 19 machen. Ich zog den Film heraus und wollte ein zweites Mal fotografieren, als ich bemerkte, daß das UFO eindeutig näher kam.
Ich geriet in Panik und fürchtete, der weiße Blitz könnte mich in der Fahrerkabine treffen. Rasend schnell und keuchend stieß ich mich aus dem Wagen auf den Boden. Ich versuchte, unter den Lieferwagen zu kriechen. Die Kamera hatte ich um mein linkes Handgelenk geschlungen, das Gewehr zerrte ich mit der Rechten hinter mir her.
Als ich nach vorne die Straße hinunterschaute, war das UFO nicht da. Ich war halb unter dem Wagen, als es mich wieder traf. Blitz? Meine Beine stachen und wurden von den Knien abwärts taub. Ich bohrte die Ellbogen in das Gras und schaffte es schließlich, mit dem Kopf unter die Ölwanne zu kommen.
Als ich wieder nach vorne schaute, sah ich das UFO wieder über der Straße schweben. Ich versuchte, die Kamera auf das UFO zu richten, aber der Wagen war so niedrig, daß meine Ellbogen nicht genug Platz hatten, um die Kamera aufrecht zu halten. Ich machte eine weitere Aufnahme und sah, daß das UFO langsam zu rotieren begann. Dann kam das Summen, wirklich laut.
Eine Stimme: »Du bist in Gefahr. Wir werden dir nicht weh tun. Komm hervor.«
Wenn ich jetzt zurückdenke, erinnere ich mich, daß diese Anweisungen keinen Sinn ergaben. »Du bist in Gefahr… Komm hervor.« Auf keinen Fall; sie würden mich unter dem Lieferwagen hervorzerren müssen.
Ein blauer Strahl blitzte von dem UFO auf die Straße. Fünfmal schoß er herunter. Jeder blaue Strahl setzte ein Wesen nah am UFO auf der Straße ab. Ich fing an, Flüche zu brüllen. Ich schrie nicht sie oder mich an, sondern einfach aus Schock. Jedesmal wenn ein Wesen dahin gestellt wurde, brüllte ich. Jedes stand und wartete, bis das nächste dazukam.
Schließlich begannen sie auf mich zuzumarschieren. Alle hat-

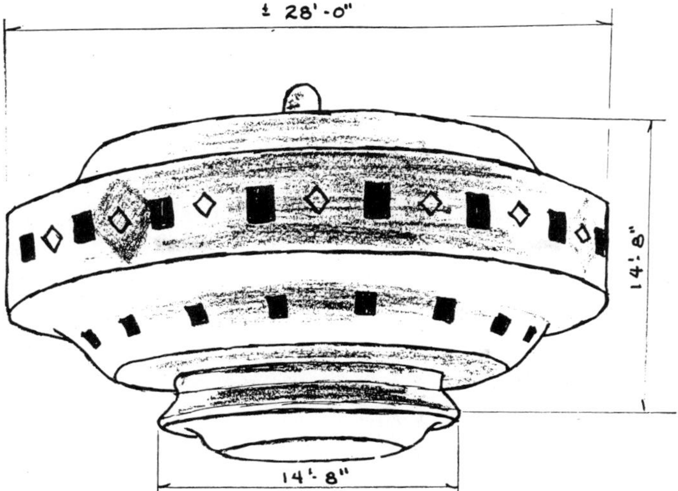

Für Foto 38

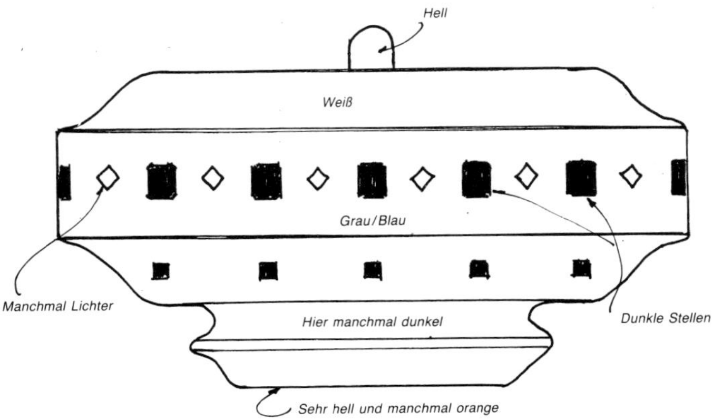

Hier sind meine beiden Zeichnungen von den UFOs, die ich so oft fotografiert habe. Die Farbe variierte von Graublau bis zu warmem Orangebraun. Der »Energiering« war gewöhnlich hellweiß um einen dunkelorangenen Kern. Die UFOs wirkten bei einigen Sichtungen größer als bei den anderen. Es erwies sich, daß das zutraf. Die Stereofotos bewiesen, daß es am Himmel über Gulf Breeze UFOs von verschiedenen Typen und Größen gab.

Foto Nr. 1: Kurz vor Einbruch der Dunkelheit bemerkte ich am 11. November 1987 ein seltsames Leuchten hinter den Kiefern in meinem Vorgarten. Ein UFO kam hinter den Bäumen hervor, als ich dieses Bild aufnahm. Weil das UFO zum Teil von einem Baum verdeckt war, konnte eine Computer-Analyse von der Überlappung gemacht werden; sie ergab einen schlüssigen Beweis für die Echtheit des Bildes.

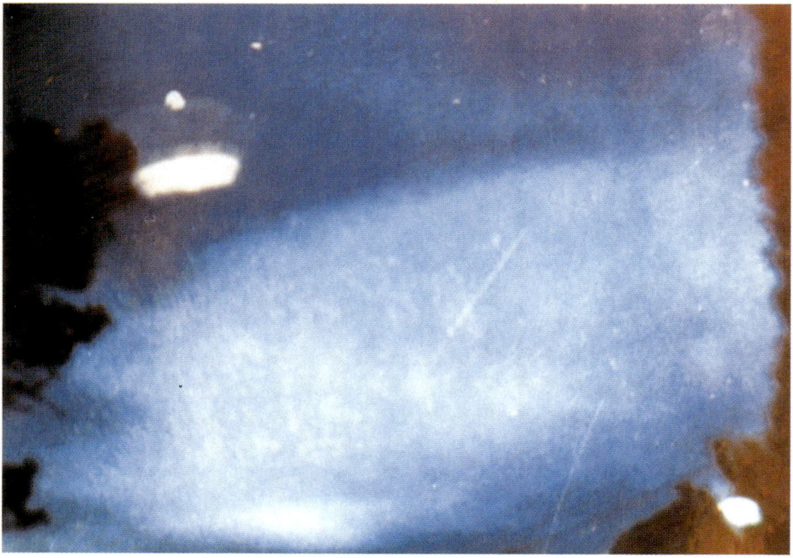

Foto Nr. 2 (Nr. 3, Nr. 4, Nr. 5): Verkleinertes Original

In rund 40 Meter Entfernung und nur 15 Metern Höhe glitt das UFO langsam über das Haus auf die andere Straßenseite. Sein Durchmesser wurde später auf 4,20 Meter berechnet. Sein Flug war lautlos, und das »Energielicht« an der Unterseite pulsierte vor Kraft. Ich schoß die Bilder Nr. 1, Nr. 2 und Nr. 3, bevor das UFO die Richtung änderte und direkt auf mich zukam. Ich schoß die Fotos Nr. 4 und Nr. 5 und lief auf die Straße, damit ich das UFO fotografieren konnte, während es direkt über mir flog. Plötzlich wurde ich von einem blauen Strahl getroffen, der mich unbeweglich machte.

Foto Nr. 1: Lichtverstärkt und im Detail verstärkt

Foto Nr. 6

Foto Nr. 6: Lichtverstärkt und im Detail verstärkt

Ich war überwältigt, als das UFO neun Tage später, am 20. November 1987, wiederkam, wieder kurz vor Einbruch der Dunkelheit. Von weit oben fiel ein Licht, das aussah wie ein Stern, schnell vom Himmel. Ich zielte mit der Kamera, folgte dem UFO und machte dieses Foto, als das Objekt sich nach oben und dann nach rechts wegbewegte.

Foto Nr. 7 (Nr. 8, Nr. 9): Verkleinertes Original

Das UFO schwebte rechts von mir und war teilweise von einer in der Nähe stehenden Zeder verdeckt. Foto Nr. 7 wurde eingehend untersucht, und es stellte sich heraus, daß die Zeder in das Bild des UFOs hineinragte; die Echtheit des Fotos wurde durch digitale Bildverarbeitung bestätigt. Auf Bild Nr. 9 war das UFO näher herangekommen. Ich folgte ihm mit der Kamera, denn ich wollte mich nicht bewegen oder meine Augen von dem Objekt lassen.

Foto Nr. 10: Am 2. Dezember 1987 hatten meine Frau und ich eine Sichtung am frühen Morgen. Wir sahen, wie das UFO zwischen annähernder Unsichtbarkeit und leuchtendem Orange pulsierte. Nach ein paar Minuten schoß es fort, steil nach oben und außer Sicht.

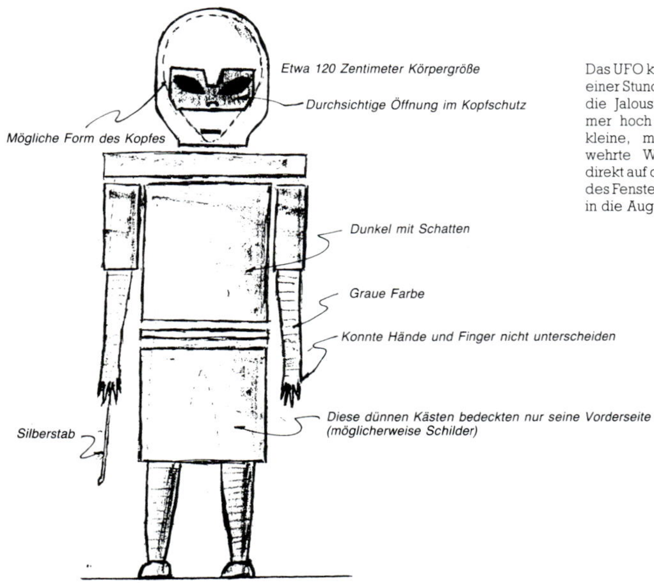

Das UFO kam in weniger als einer Stunde zurück. Ich zog die Jalousie im Schlafzimmer hoch und sah dieses kleine, mit Schilden bewehrte Wesen; es stand direkt auf der anderen Seite des Fensters und blickte mir in die Augen.

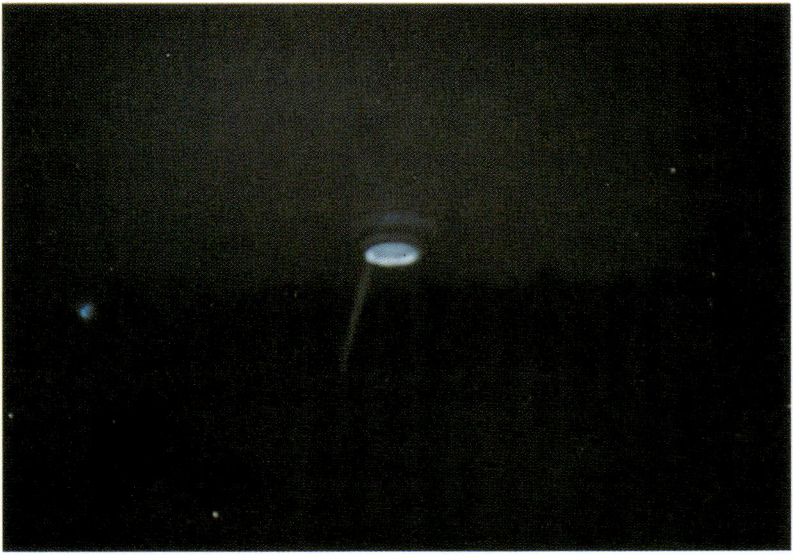

Foto Nr. 11

Ich jagte es. Als meine Füße den Schutz des hinteren Verandadaches verließen, wurde ich von dem blauen Strahl getroffen und unbeweglich gehalten, während das Wesen auf das leere Feld hinter meinem Haus floh. Sobald ich mich bewegen konnte, holte ich meine Kamera von der Veranda und machte dieses Foto von dem UFO, das den blauen Strahl auf das Feld schießt. Ich glaube, es nahm das Wesen an Bord, das ich gesehen hatte.

Foto Nr. 11: Lichtverstärkt und im Detail verstärkt, vergrößert

Foto Nr. 12

Foto Nr. 12: Lichtverstärkt und im Detail verstärkt

Kurz vor Sonnenaufgang, am 5. Dezember 1987, schwebte dieses UFO über den Bäumen bei der High School, etwa einen Block hinter meinem Haus. Es wirkte anders, irgendwie größer als die anderen UFOs, die ich gesehen hatte, obwohl es dieselbe Grundform hatte. Das UFO kam auf mich zu. Als ich zurück zum Haus floh, hörte ich in meinem Kopf eine Stimme: »Leiste keinen Widerstand… Sehaas.«

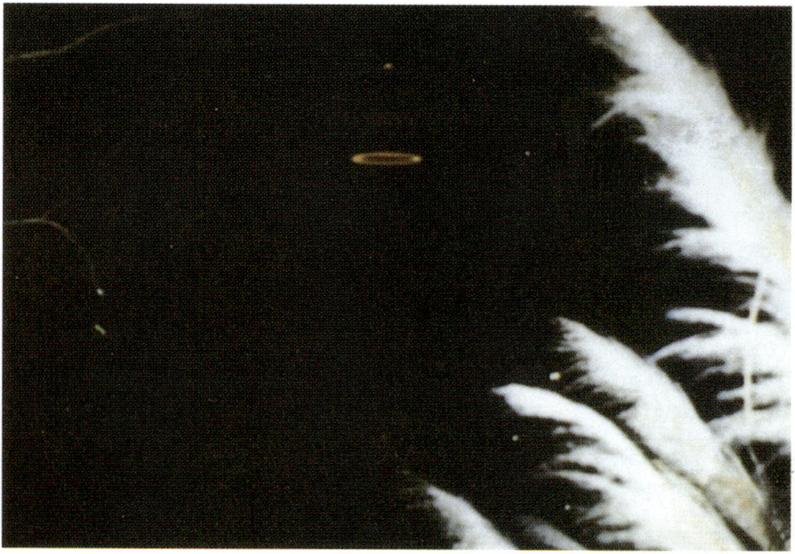

Foto Nr. 13

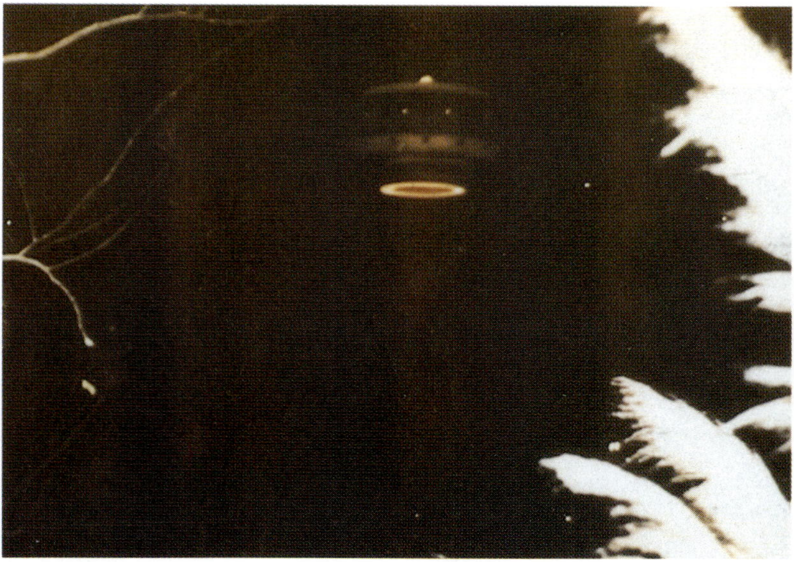

Foto Nr. 13: Lichtverstärkt und im Detail verstärkt

Meine sechste Begegnung in 36 Tagen geschah am 17. Dezember 1987. Gerade als ich dieses Foto gemacht hatte, stieß das UFO eine feuchte Nebelwolke aus, und eine seltsame Flüssigkeit fiel auf den Boden. Das UFO war nur etwa 30 Meter entfernt und nicht sehr hoch. Um die Unterseite waren viele kleine Lichter, die auf dem Foto schlecht zu sehen sind.

Tageslichtaufnahme vom Standort des Fotos Nr. 13
Dieses Foto wurde am selben Standort aufgenommen wie Foto Nr. 13. Die Gebäude sind etwa 150 Meter entfernt.

Foto Nr. 13: Lichtverstärkt und im Detail verstärkt, vergrößert
Diese Vergrößerung zeigt den orangefarbenen Ring, der auch von vielen anderen Zeugen in und um Gulf Breeze beschrieben wird.

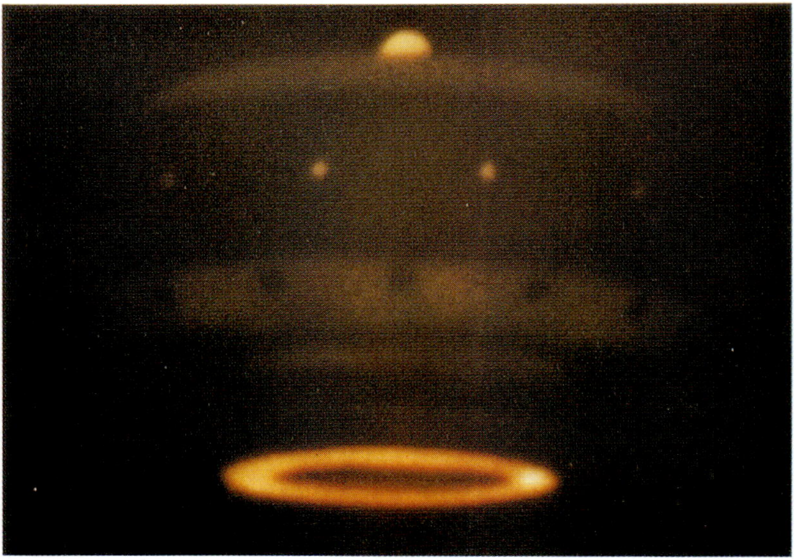

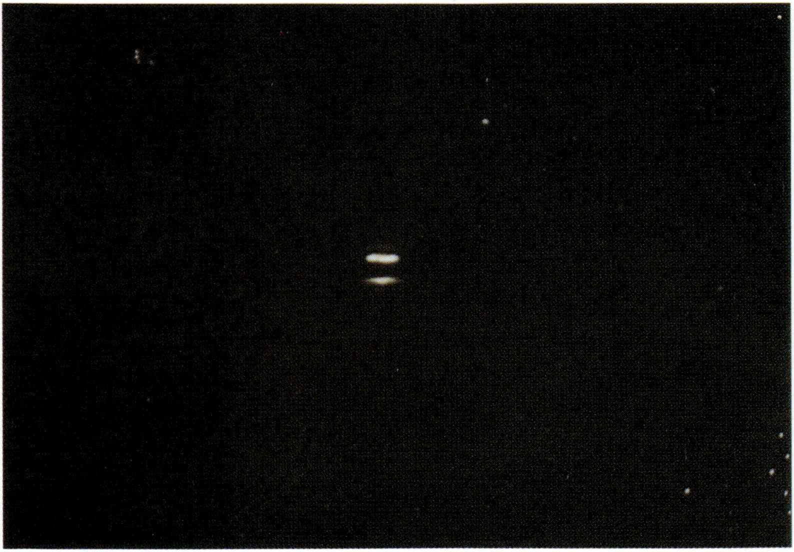

Foto Nr. 14: Verkleinertes Original

Foto Nr. 14: Lichtverstärkt und im Detail verstärkt, vergrößert

Am 17. Dezember 1987 sahen Frances und ich das UFO in einem Wäldchen bei der Schule verschwinden. Ich meinte, es müßte gelandet sein. Ich rannte über das Feld, um näher heranzukommen; da stieg es auf und schwebte knapp über dem Boden. Auf der Vergrößerung sieht man einige kleine Lichter zwischen dem »Energiering« und dem Rumpf.

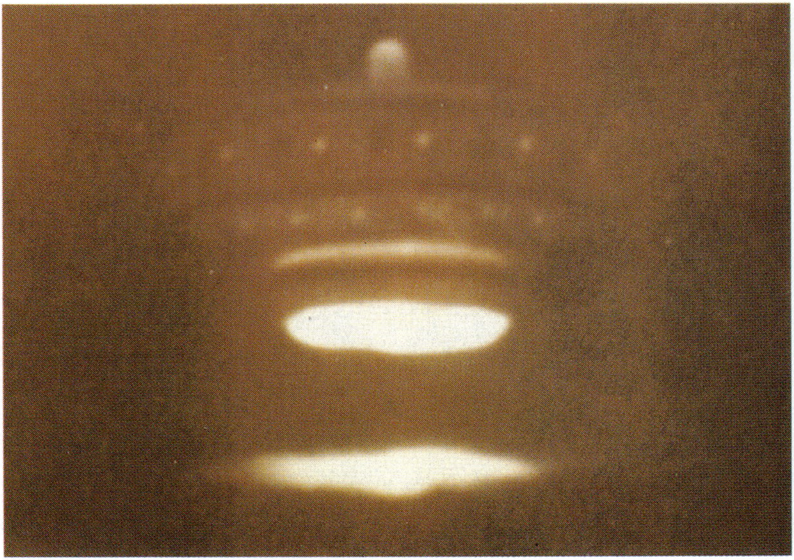

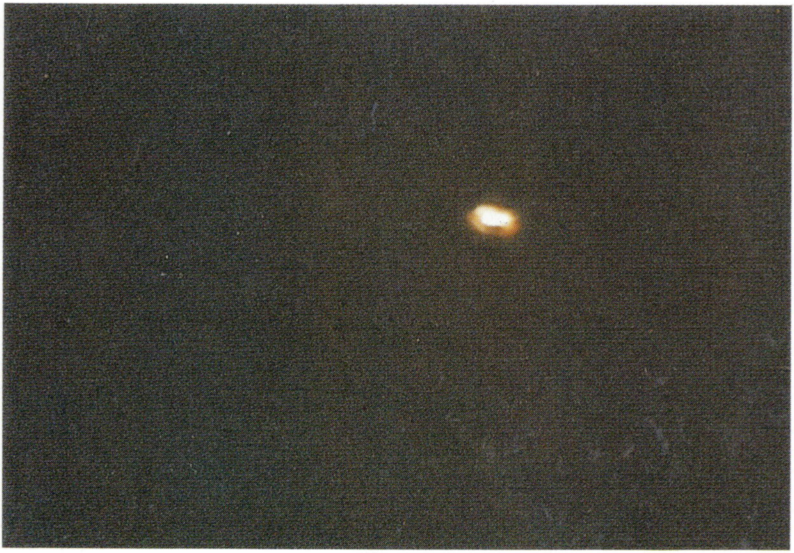

Foto Nr. 15: Nachdem das UFO in die Luft aufgestiegen war, kam es schnell auf Frances und mich zu; dann hielt es plötzlich an. Aus diesem Grund ist das Foto verwackelt.

Foto Nr. 16: Ich rannte in Deckung, hielt aber eine Sekunde inne, und es gelang mir, das UFO zu fotografieren, als es langsam über unser Haus glitt. Diesmal war es sehr nah, nur etwa 20 Meter entfernt.

Foto Nr. 17: Verkleinertes Original

Foto Nr. 17: Lichtverstärkt und im Detail verstärkt

Foto Nr. 17: Lichtverstärkt und im Detail verstärkt, vergrößert
Frances und ich kauerten uns unter einer Eiche auf den Boden und sahen zu, wie das UFO über uns schwebte. In dem »Energiering« war eine zuckende, pulsierende Masse, die ich einen lautlosen Energiesturm nenne.

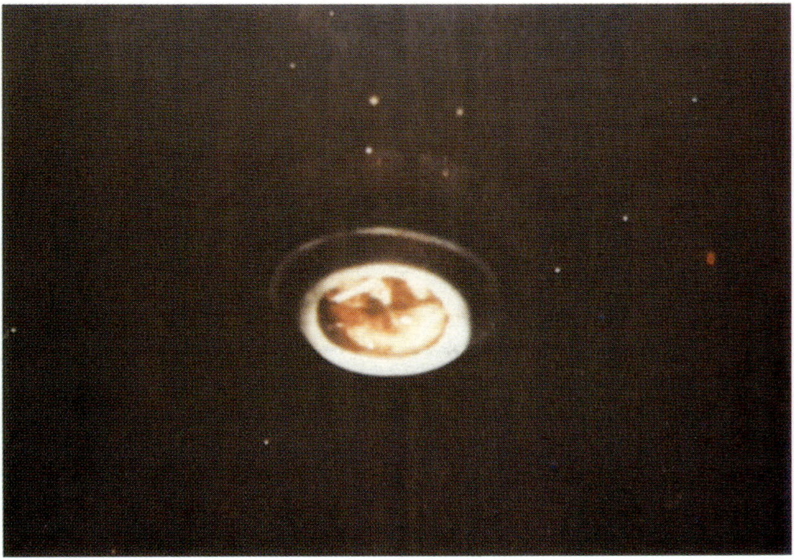

Foto Nr. 18

Foto Nr. 18: Lichtverstärkt und im Detail verstärkt
Kurz vor sechs Uhr früh, am 23. Dezember 1987, schaute ich über das Feld hinter meinem Haus und sah diese drei UFOs deutlich im Morgenlicht. Sie schwebten in etwa 60 Meter Entfernung von mir über den Bäumen. Sie stiegen steil auf, und zwar so schnell, daß es mir unmöglich war, ihnen mit der Kamera zu folgen.

Foto Nr. 19

Foto Nr. 19: Lichtverstärkt und im Detail verstärkt

Am 12. Januar 1988 kam dieses UFO hinter mir her, als ich zu einer meiner Baustellen fuhr. Es flog über meinen Lieferwagen weg, und ein weißer Blitz, der durch die Windschutzscheibe zuckte, machte meine Arme taub. Mein Wagen geriet außer Kontrolle. Es gelang mir, an einer Seite der Straße zu halten, und ich sah, daß das UFO sie jetzt versperrte. Dann wurden fünf Wesen auf der Straße abgesetzt.

Foto Nr. 19: Lichtverstärkt und im Detail verstärkt, vergrößert

Tageslichtaufnahme am Standort von Foto Nr. 19
Laut Dr. Bruce Maccabee »war es durch die Vielfalt an Vordergrund- und Hintergrundinformationen möglich, an den Schauplatz zurückzugehen und buchstäblich die Äste am Horizont zu vergleichen und die Stellung der Kamera festzustellen. Der Abstand des UFOs vom Lieferwagen betrug 56 Meter; demnach wäre die Breite des UFOs 3,65 Meter und die Gesamthöhe 2,70 Meter.«

ten einen Silberstab in ihren Händen, den sie auf und ab bewegten, während sie auf der Mitte der Straße heranmarschierten. Sie waren etwa 60 Meter von mir entfernt, und ich wußte, ich konnte nicht unter dem Wagen bleiben. So kroch ich zurück und dachte, die Wesen würden jeden Moment über mir sein.

Als ich in den Fahrersitz taumelte, waren sie etwa auf halber Strecke zwischen mir und dem UFO. Sie hatten es offenbar nicht besonders eilig, aber ich schon. Ich haute den Rückwärtsgang rein und fuhr zurück quer über die Straße. Endlich floh ich, ohne einen Blick zurück.

Meine Arme und Beine waren noch immer gefährlich taub. Als ich den Highway mit all dem Verkehr erreichte, fuhr ich an den Rand und rubbelte wieder etwas Leben in meine Arme.

Ich hatte den Durchmesser des UFOs auf rund zwölf Meter geschätzt, aber dieses UFO war eindeutig nur etwa so breit wie die Straße. Als ich das erste Foto auf dem Boden des Lieferwagens fand und sah, daß es etwas geworden war, war ich aufgeregt, obwohl das zweite Bild nur die Rückseite des Wagenreifens zeigte.

12. Januar 1988 – Frances' Bericht

Als Ed von seiner Fahrt zur Soundside zurückkam, wußte ich, daß etwas nicht stimmte, sobald er zur Haustür hereinkam. Er torkelte. Da er nicht betrunken sein konnte, war ich sicher, daß etwas anderes geschehen war. Ich führte ihn ins Schlafzimmer, und er erzählte mir von seiner Begegnung mit dem UFO.

Alles, was wir bislang erlebt hatten, war beängstigend genug gewesen. Dies aber war entsetzlich. Warum ließen sie ihn nicht in Ruhe? Warum waren sie so unbeugsam entschlossen, ihn zu kriegen? Ed legte sich aufs Bett; ich massierte ihm Arme und Beine, und wir sprachen über diesen letzten Vorfall. Diese

Wesen waren offenbar sehr fortgeschritten, jedenfalls wissenschaftlich, aber sie hatten anscheinend kein Mitgefühl mehr, falls sie je welches gehabt hatten.

Dieses Erlebnis mit dem UFO hatte so vieles in unserem Leben verändert – unser Denken über uns selbst als Menschen, unsere Fähigkeiten und Stärken, und unsere Vorstellungen von außerirdischen Lebensformen. Aber um unser Geheimnis zu hüten, mußten wir versuchen, so zu tun, als sei nichts geschehen, und anderen den Eindruck vermitteln, wir wären dieselben Ed und Frances wie immer.

Wußten diese Wesen nicht, daß die Dinge, die sie taten, sich auf unser Leben auswirkten? Vielleicht wußten sie es, und es war ihnen einfach egal. Oder vielleicht verstanden sie nicht, warum wir so reagierten und nicht anders. Wieviel denken wir Menschen schließlich über die manchmal zerstörerischen Wirkungen nach, die unser Handeln auf niedrigere Tiere hat? Persönliche Sorgen drängten solche Gedanken in den Hintergrund.

Wir versuchten, einen Weg zu finden, uns zu wehren und Ed zu schützen. Er mußte mir versprechen, nicht mehr spät auf Baustellen oder irgendwohin sonst zu fahren. Von nun an wollte ich mitkommen, wenn er noch einmal fortmußte. Mehr konnten wir anscheinend nicht tun, aber wir konnten das UFO daran hindern, ihn zum Gefangenen in seinem eigenen Haus zu machen.

13. JANUAR 1988

Beschlagnahmeverfügung

Als ich am nächsten Morgen aus dem Bett aufstand, spürte ich hinten in den Beinen ein empfindliches Ziehen. Es war tief in meinen Wadenmuskeln. Abgesehen davon und von der angsterfüllten Nacht, in der ich mir Arme und Beine gerieben hatte, war ich körperlich in Ordnung.

Frances war auf und kümmerte sich um die Kinder, denen wir nichts von dem »Straßenzwischenfall« gesagt hatten. Sie zu schützen war mir das Wichtigste. Ich fuhr in mein Büro. Im Frieden des Morgens konnte ich überdenken, was geschehen war. Vielleicht wollte das UFO mir nichts Böses tun, wie es in seiner Botschaft gesagt hatte. Was sie aber getan hatten, stand dem völlig entgegen.

Mein erster Instinkt war gewesen, mich zu schützen, und was immer sich wiederholen sollte, ich würde das gleiche tun. Meine Vermutung, daß das UFO das Summen zurücknehmen wollte, schwand schnell. Was ich erlebt hatte, war ein Angriff gewesen. Sie hatten die Straße blockiert und mich mit dem weißen »Blitz« zum Anhalten gezwungen. Als ich nicht »hervorkam«, waren sie zu fünft, bewaffnet mit Silberstäben, auf mich zugekommen.

Hätten sie mich direkt mit dem Blitz getroffen, so wäre ich möglicherweise hilflos gewesen. Diese fünf Wesen hätten einfach herankommen und mich wegtragen können. Keine Zeugen, die erzählen konnten, was geschehen war – nur mein Lieferwagen, herrenlos am Straßenrand. Sicher hätte die Polizei den Verdacht gehabt, daß etwas nicht stimmte, aber was hätte sie tun können?

Blieb immer noch die Frage, warum ich? Wenn sie mich gefangen hätten, hätten sie mich auch wieder zurückgebracht? Mir war jetzt klar, daß meine einzige Abwehr war, Leute um mich zu haben. Das UFO schien mich immer allein zu erwischen. Also massenhaft Leute, immer Leute in meiner Nähe. Keine Solofahrten auf einsamen Straßen mehr. Wenn das UFO mich kriegen wollte, würde es das vor Zeugen tun müssen. Meine Gedanken sprangen zurück zu dem Wort Sehaas. »Du bist in Gefahr… Sehaas.« Was konnte das bedeuten? In diesem Augenblick wurde ich in meinen Gedanken von der Türklingel unterbrochen, was um diese Zeit, 8.30 Uhr, nicht so ungewöhnlich war. Ich öffnete die Haustür.

Im Türrahmen standen zwei große, offiziell aussehende Männer, die sofort die Diele betraten und dabei irgendwelche Ausweise aufblitzen ließen. Ich war überrascht und trat zurück. Der rechte Mann knöpfte seine Jacke auf und stellte eine sehr große Pistole in einem Schulterhalfter zur Schau. Der Wortwechsel ging etwa folgendermaßen:

»Sind Sie Edward Walters?«

»Ja.«

»Ich bin Agent McKathy von den Special Security Services der Luftwaffe. Dies ist mein Partner, Agent (ein Name, an den ich mich nicht erinnere).«

Natürlich hätte ich mehr auf ihre Namen und ihre Ausweise achten sollen, aber während sie sprachen, drängten sie sich ins Haus. Während sie in mein Büro traten, sagte Agent McKathy: »Wir wissen, daß Sie Fotos von einem UFO haben. Dies ist eine Verfügung zur Beschlagnahme der Fotografien und Negative.«

Die Papiere, die sie mir aushändigten, waren groß mit BESCHLAGNAHMEVERFÜGUNG überschrieben. Darunter stand ein

Haufen Paragraphenchinesisch, auf das ich nur einen Blick werfen konnte, bevor der zweite »Agent« es zurücknahm. Er fragte: »Wo sind die Fotografien ?«
Beide sahen meinen Schreibtisch und meine Bücherregale an. Es war ein ziemlicher Streß für mich, daß diese beiden »Beamten« mein Privateigentum forderten. Agent McKathy stieß seinen Finger in Richtung auf mein Gesicht in die Luft und sagte: »Versuchen Sie nicht, sie vor uns zu verstecken.«
So ruhig ich konnte, sagte ich, ich hätte die Fotos nicht mehr, obwohl ich wußte, daß sie in dem Schrank neben einem der Agenten waren. Sie verlangten zu erfahren, wo sie seien.
»Ich habe sie einem Reporter vom *Miami Herald* gegeben. Er war vor ein paar Tagen hier; er macht eine Geschichte.«
Die Männer waren sehr grob, gingen aber endlich mit der Drohung, ich solle besser nicht lügen, oder sie würden wiederkommen. Sie gingen fort, und ich schüttelte ungläubig den Kopf. War ich wirklich gerade vom Militär bedroht worden? Unserem Militär? Woher wußten sie, wer ich war? Nur ein paar Leute wußten, daß ich der Fotograf war. Hatte einer von ihnen geredet?
Ich hatte nie gedacht, daß die Regierung mich bedrohen würde. Das Militär muß gewußt haben, was vor sich ging. Wie konnten sie es nicht wissen? Wie konnte ein UFO an unserem Himmel herumkreuzen und unbekannt sein? Aber sie mußten nicht so massiv vorgehen, um meine Zusammenarbeit zu bekommen. Mit dem richtigen Auftreten hätte ich ihnen alles gesagt, was sie wissen wollten, und ihnen wahrscheinlich auch die Fotos ausgehändigt. Ihre Methoden überraschten und empörten mich, konnten aber nicht den Eindruck vom letzten Abend überdecken.
Der Zwischenfall auf der Straße mit Foto Nr. 19 war noch immer das Wichtigste, das es zu bewältigen galt. So rief ich Charles Flannigan an, um ein Treffen vor Ort zu verabreden und ihm die Einzelheiten dieser kurzen, aber schreckensvollen Minuten zu

erzählen. Ich wollte ihm von den beiden Agenten berichten, wenn ich ihn sah.

Am Telefon bat mich Charles, eine weitere Probe jener Flüssigkeit mitzubringen, die während der Sichtung vom 17. Dezember aus dem UFO heruntergekommen war. Als ich den Behälter öffnete, sprudelte die Flüssigkeit noch immer ein wenig.

Um 16.00 Uhr kam ich an der Stelle an, wo ich am Vorabend von der Straße heruntergefahren war. Während ich auf Charles wartete, saß ich still da und durchlebte noch einmal das Geschehene. Als er ein paar Minuten später hinter mir hielt, schüttelte mich ein Schauer des Unglaubens. Hätte ich das Foto mit dem UFO nicht gehabt, wäre dies sehr schwer zu erklären gewesen.

Wir fanden die Reifenspuren im Gras, wo ich von der Straße heruntergefahren war. Mit Hilfe des Fotos stellten wir annähernd fest, wo das UFO über der Straße geschwebt hatte, und maßen, daß der Abstand 58 Meter zwischen UFO und Kamera betragen hatte. Charles machte mehrere Kontrollaufnahmen und maß die Breite der Straße. Weitere Reifenspuren zeigten, wo ich den Rückwärtsgang reingehauen hatte und in einem Bogen über die Straße und an der anderen Seite in den Sand gefahren war. Meine Reifen hatten sich in den Sand und das Gras gegraben, als ich vorwärts und fort von den fünf Wesen fuhr.

Bald hatte Charles seinen Vor-Ort-Bericht fertig, und wir fuhren zu meinem Haus zurück. Dort gab ich ihm eine Zeichnung von dem UFO und von einem der Wesen, die ich gemacht hatte. Ich erzählte ihm auch von den »Agenten der Luftwaffe«. Charles sagte mir, er werde das überprüfen.

Der Zwischenfall mit den »Agenten der Luftwaffe« warf für mich die Frage auf, wem wir eigentlich vertrauen konnten. Mir, einer überzeugten Konservativen, gefiel der Gedanke nicht, daß unsere Regierung so mit ihren Anhängern verfuhr.

Die MUFON-Forscher und die lokale Presse spekulierten, die Männer seien vielleicht nicht die gewesen, für die sie sich ausgegeben hatten. Einer Theorie zufolge waren die beiden UFO-Begeisterte, die vor nichts haltmachten, um die Fotos zu bekommen. Das konnte ich unmöglich glauben. Woher sollten sie wissen, wer wir waren und wo wir zu finden waren?

Eine andere Idee war, daß sie sich persönlich an den Fotos bereichern wollten – entweder arbeiteten sie für eine Publikation, oder sie wollten die Fotos an jemanden verkaufen, der sie veröffentlichen würde. Dies fand ich zwar schwer zu glauben, doch ich mußte einräumen, daß es möglich war. Es gab etliche Zeitungsleute, die wußten, was wir hatten, und möglicherweise auch, wo wir zu finden waren. Aber obwohl ich wußte, wozu Menschen aus Habgier fähig sind, hatte ich Schwierigkeiten, diese Erklärung zu akzeptieren.

Ich machte mir sogar Gedanken über die MUFON-Leute, die wir kannten. Hatten sie hinter der versuchten Beschlagnahme gesteckt? Das schien unwahrscheinlich. Zwar bestand Ed inzwischen darauf, die Originale bei sich zu behalten, aber nur, um sie vor weiterer Beschädigung zu schützen. Er hatte eingewilligt, sie den Forschern jederzeit zugänglich zu machen, wenn sie sie brauchten, und gestattet, daß die Aufnahmen kopiert wurden.

Das brachte mich zu der Annahme zurück, daß diese Männer tatsächlich Beauftragte der amerikanischen Regierung gewesen waren. Ich fand die Vorstellung furchtbar, daß dies die Wahrheit war, aber es schien die plausibelste Erklärung zu sein.

16. JANUAR 1988

Elfte Sichtung – Zwei verschiedene UFOs

2 Uhr früh

Mein Entschluß, alle Tatsachen offenzulegen, beruhte auf einer Familientradition: »Die Wahrheit kann einem niemals schaden.« Ich konnte nur hoffen, daß das UFO-Phänomen keine Ausnahme war. Diese Ereignisse waren so unerhört, daß die Wahrheit sich unter dem Gewicht der Skepsis zu beugen schien. Aber ich würde weitermachen, und meine Familie stand hinter mir.

Duane und ich hatten früher schon darüber spekuliert, wie man eine Konfrontation mit dem UFO zu einer friedlichen Begegnung gestalten könnte. Wenn wir nur wüßten, warum es mich verfolgte, konnte uns das vielleicht gelingen.

Die Fragen »Warum« und »Was wäre, wenn« halfen uns nicht, wenn das UFO entschlossen schien, mich mit dem blauen oder weißen Strahl zu betäuben. Ich hatte wenig Möglichkeiten. Mich ergeben und mit ihnen gehen – was nicht mein Fall war – oder mich sträuben, was mir auch nicht viel half.

Wir spekulierten weiter, es gebe 20 UFOs da draußen. Die spanische Stimme bei der Sichtung vom 2. Dezember hatte gesagt: »Ich sehe 20.« Zwanzig UFOs? Wenn ja, dann waren in jedem wohl fünf oder sechs Wesen, und das wären 120 zu 1. Keine üblen Chancen, wenn man Superman ist. Ich war nicht Superman.

Meine Familie hielt der Belastung stand – und was für einer Belastung. An erster Stelle stand das UFO, dann die bedrohlichen »Regierungstypen« und dann die Forscher, die versuchten, sich zurückzuhalten, aber nicht immer mit Erfolg. Am Abendbrottisch versuchte ich es mit ein paar UFO-Witzen, um die Spannung zu lindern und den Kindern zu zeigen, daß ich noch immer derselbe, verläßliche Daddy war. Im großen und ganzen funktionierte es. Solange das UFO meine Familie aus dem Spiel ließ, hatte ich beschlossen, meine 0.32er Pistole nicht mehr in Reichweite zu halten. Ich würde versuchen, positiv zu denken. Dies konnte nicht unbegrenzt so weitergehen. Ich würde offen und einladend sein und auf einen positiven Kontakt hoffen. Aber wenn sie anfingen, mit ihrem Strahl herumzublitzen, dann würde ich Widerstand leisten. Als ich im Bett lag und die Decke dicht um die Schultern gezogen hatte, begann ich ein leises Summen zu hören, ein Geräusch wie von einer Neonlampe.

Ich setzte mich auf und fühlte nach der Nachttischlampe. Es schien keinen Grund zu geben, dazuliegen und zu warten. Wenn das UFO in der Nähe war, und das nahm ich an, dann gab es nichts als hingehen und nachsehen. Mein Nachttischlicht weckte Frances, und sie fragte, wohin ich ging. Diesmal sprach ich deutlich und war entschlossen, keine Furcht zu zeigen.

»Ich höre das Summen, und ich gehe nachsehen.«

Frances warf die Decke von sich, als ich aus dem Zimmer ging. Mit der Kamera in der Hand ging ich zur Hintertür und trat hinaus. Es war kalt. Mein Atem machte eine Wolke, die im Licht der Verandalampen reflektierte. Ich fröstelte, da ich nur meine Shorts trug, und bald forderten auch meine nackten Füße Erlösung vom eisigen Betonboden um das Schwimmbecken.

Mein Denken war in eine bewußte Richtung fixiert. Ich trat zurück ins Haus, wo Frances an der Tür wartete. Sie flüsterte mir etwas zu, aber mein Denken war auf Kontakt gerichtet – positiven, konstruktiven Kontakt. Ich würde mich ihnen völlig aussetzen. Ich trug nur die Kamera. Keine Waffe, kein Rennen oder Verstecken. Das Summen drückte noch immer gegen meine Stirn, aber es kontrollierte mich nicht. Dies war meine Entscheidung. Irgendwie mußte dieses UFO aufhören, mich zu quälen und meine Familie durcheinanderzubringen. Ich mußte es hinter mich bringen.

Ich ging zurück durch das Haus, mit Frances an meiner Seite, kam zur Vordertür und ging, ohne zu schauen, in den Garten. Neben meinem Lieferwagen blieb ich stehen. Ich stand allein und war ausgeliefert. Der Nacht ausgeliefert, und dem ausgeliefert, was am Nachthimmel war.

Ich wartete und beobachtete jede Bewegung, überall. Das leere Grundstück auf der anderen Straßenseite mit seinen ins Kraut geschossenen Büschen fesselte meine Aufmerksamkeit, wenn ich nicht die verschiedenen hellen Sterne beobachtete. Ich bebte vor Kälte, und meine Zähne klapperten. Ob vor Kälte oder vor Aufregung, weiß ich nicht. Aber ich hatte keine Angst. Ich war bereit.

»Kommt schon, kommt schon«, sagte ich halblaut. »Kommt schon. Ich kann nicht die ganze Nacht hier draußen bleiben.«

Augenblicke später fiel mir ein besonderer Stern auf, der rötlich leuchtete. Er war anders. So anders, daß mir schließlich klar wurde, daß es näher war, und gar kein Stern. Sofort begann es, tiefer zu sinken. Es fiel direkt auf mich zu und wurde größer. Ich konnte es deutlich sehen, und es war nicht wie die anderen Flugobjekte. Ganz anders, viel kleiner und mehr in der traditionellen Untertassenform. Überhaupt nicht wie die kugelförmigen UFOs, die in den vorangegangenen zehn Sichtungen erschienen waren. Ein weiterer, deutlicher Unterschied war der durchsichtige »Energieschleier«, der leuchtete und sich etwa einen Meter unter der kreisrunden Energiequelle ausbreitete.

Das Summen pulsierte noch immer ganz leise in meiner Stirn, und als das UFO direkt auf mich zukam, wich ich zurück und begann, mich unter dem Lieferwagen zu verkriechen. Das UFO blieb etwa 45 Meter über mir stehen. Ich erschrak, als das Summen plötzlich lauter wurde.

Dann wurde plötzlich, höher als das UFO mit dem »Energieschleier«, ein weiteres UFO sichtbar, aus dessen Energiequelle ein helles, weißes Licht kam. Ich hatte keine Zeit, darüber nachzudenken, was hier vor sich ging. Ich schoß Foto Nr. 20. Innerhalb von Sekunden bewegte sich das UFO mit dem »Energieschleier« langsam nach Osten. Dann kam das helle UFO hinterher, und beide rasten davon.

Als ich zum Haus zurückkam, bemerkte ich, daß die Haare an meinen Armen aufrecht standen und knisterten, wenn ich darüber rieb. Dies dauerte etwa eine Minute.

Diese Sichtung verwirrte mich noch mehr. Ich war bereit gewesen, es hinter mich zu bringen, aber sie müssen etwas anderes im Sinn gehabt haben. Was ging hier vor? Zwei verschieden aussehende UFOs hatten sich mir gezeigt und waren dann schnell verschwunden. Waren in beiden UFOs dieselben Wesen? Das hellweiße UFO sah ähnlich aus wie die vorher gesichteten, aber was war mit diesem neuen UFO mit dem »Energieschleier«? Was hatte ich an mir, das diese Flugobjekte so interessierte? Warum gerade ich?

16. Januar 1988 – Frances' Bericht

In den vergangenen vier Tagen hatten Ed und ich das UFO-Erlebnis wieder und wieder von Anfang bis Ende durchgesprochen. Es gab so viele beängstigende Aspekte zu bedenken, und wir hatten keine klaren Antworten.

Die MUFON-Forscher hatten Ed geraten, keine Waffe mehr sehen zu lassen, da die UFO-Wesen das als feindliche Handlung ansehen und darauf reagieren könnten. Ed und ich waren vorher schon zu einem ähnlichen Schluß gekommen. Ed hatte beschlossen, eine geänderte Haltung könnte den ganzen Vorgängen das Explosive nehmen.

Es hatte bislang keine Gelegenheit gegeben, diese neue Haltung auszuprobieren, und ich wußte nicht recht, was Ed eigentlich im Sinn hatte. Als er das Licht anknipste und mir sagte, er ginge nach draußen, um nach dem UFO zu sehen, erwartete ich natürlich nicht, daß er mutig ins Freie heraustreten und sich einem Angriff aussetzen würde.

Als Ed vom Hintergarten hereinkam, blieben meine Fragen, ob er nicht glaubte, er sei gefährlich, und ob er die Aggressionslosigkeit nicht etwas zu weit triebe, unbeantwortet. Er beachtete mich so wenig, als wäre ich gar nicht da. Er ging aus der Vordertür hinaus und ließ mich zurück.

Ich beobachtete Ed, wie er draußen in der Einfahrt stand und wartete, was geschehen würde, und ich fragte mich, was für einen Mann ich da geheiratet hatte. Was hatte er an sich, das diese Wesen so faszinierte? Ich hatte nicht lange Zeit, über die Antwort nachzudenken. Etwas, das ich für einen hellen, rötlichen Stern gehalten hatte, fiel herunter und blieb über Ed und dem Lieferwagen stehen.

Mein Herz stockte, dann raste es. Das war nicht das UFO, das ich zuvor gesehen hatte. Ich hatte kaum Zeit, mir die Unterschiede klarzumachen, als ein weiteres UFO von oben ins Blickfeld kam. Ed machte ein Foto, dann sausten beide UFOs über das Haus und aus meinem Blickfeld.

Was heckten sie jetzt aus? Jetzt, da Ed seine Abwehrhaltung aufgegeben hatte, hatten sie es sich anscheinend anders überlegt, was sie wollten. Sie hätten ihn holen können, aber sie hatten es nicht getan. War es, weil ich da war? War das Ganze eine Art Test? Waren diese beiden UFOs auf der gleichen Seite, oder hatte eines das andere verjagt? Statt der erhofften Antworten türmten sich noch mehr Fragen auf.

17. JANUAR 1988

Internationaler Direktor trifft ein

Die UFO-Besuche verlaufen offenbar nach keinem bestimmten Schema. Es waren seit der letzten Beobachtung nur vier Tage vergangen. Es gab keine Möglichkeit, vorauszusagen, wann es wieder erscheinen würde. Wenn man nur herausbekommen könnte, was das UFO wollte. Don Ware, mit dem ich vor wenigen Tagen über diese Unbekannten gesprochen hatte, teilte mir mit, Walter Andrus, der Internationale Direktor von MUFON, verfolge diesen Fall aufmerksam und wolle gern einen Termin mit mir vereinbaren. Walter war an Informationen aus erster Hand interessiert, um den Wert der Sichtungen besser beurteilen zu können. Ich war einverstanden, mich mit ihm zu treffen.

Walter kam aus Seguin in Texas, wo die Zentrale von MUFON liegt, und brachte sechs weitere Forscher mit. Nachdem wir uns miteinander bekannt gemacht hatten, gingen wir die Fotografien und meinen Bericht über die Ereignisse durch.

Wie immer gab ich mir Mühe, die Fragen so direkt wie möglich zu beantworten und zugleich meine Gefühle mitzuteilen und die Gedanken, die mir durch den Kopf gingen. Die meisten dieser Forscher hatten schon meine ausführlichen Berichte angehört, die ich während der Konferenz vom 7. Januar 1988 vorgetragen hatte.

Da die Originale der Polaroid-Fotos ziemlich dunkel sind, drängten wir uns um die helle Lampe eines Diaprojektors.

Unter der 500-Watt-Birne erkannte man auf den UFO-Bildern Details, die nicht einmal in der Sonne zu sehen waren. Wir benutzten auch ein starkes Vergrößerungsglas, um Einzelheiten zu untersuchen, die auf allen Abzügen undeutlich sind. Natürlich macht es einen riesigen Unterschied, ob man das UFO mit bloßem Auge sieht oder nur das dunklere Bild auf dem Film.

Man fragte mich, ob ich mich in Sachen UFOs für belesen hielte. Ich antwortete, daß ich überhaupt keine UFO-Bücher gelesen hätte und meine Informationen nur aus den Berichten bezöge, die die gewöhnlichen Medien über die Erscheinungen bringen. Wie die meisten Leute hatte ich jedoch eine Menge Filme gesehen, die außerirdisches Leben und Weltraumreisen im Hollywood-Stil behandeln. Ich erklärte außerdem, daß ich im Verlauf der Ereignisse und meiner Sichtungen alle Bücher gemieden habe, die mit dem Thema in Zusammenhang stehen. Als ich zum Beispiel den blauen Strahl beschrieb, hatte ich keine Ahnung, daß ein solcher blauer Strahl auch in anderen Fällen vorkam. Davon erfuhr ich erst später.

Ein Forscher bat mich in scherzhaftem Ton, in einer Ecke meines Wohnzimmers eine Nacht verbringen zu dürfen, um eine Chance zu bekommen, das UFO zu sehen. Ein anderer erkundigte sich, ob er nicht in der Nachbarschaft ein Haus mieten könne. Aber die meisten Fragen bezogen sich auf die genaue Lokalisierung der Vorkommnisse. Ich gab ihnen die Erlaubnis, Fotos von jedem beliebigen Bereich zu machen, den sie für nötig hielten.

Während ich ihre Fragen beantwortete, wurde mir klar, daß die Art der Darstellung ein entscheidender Aspekt bei der Wiedergabe der ganzen Geschichte war. Wenn ich nicht alles, was passiert war, ganz klar und detailliert von Anfang an berichtete, würde die Geschichte bruchstückhaft und schwer verständlich werden. So könnte sich beispielsweise jemand fragen, wie es mir möglich war, so viele Aufnahmen zu machen, wenn er das mit dem Summen nicht verstanden hätte. Ich erkannte, daß ich mir

Gedanken machen mußte, in welcher Form die Öffentlichkeit informiert werden sollte. Nach einigen Stunden war die Befragung mit dem Internationalen Direktor und seinen Forschern beendet. Am nächsten Tag machte Walter Andrus eine Aussage vor der Presse, die im *Sentinel* unter folgender Überschrift erschien:

MUTUAL-UFO-NETWORK-DIREKTOR BESUCHT GULF BREEZE:
»HALTE FOTOS FÜR AUTHENTISCH«

Von Walter H. Andrus junior, Internationaler Direktor von Mutual UFO Network (MUFON), 18. Januar 1988

Die Serie von UFO-Fotografien, die ein Einwohner von Gulf Breeze machte, zog landesweit die Aufmerksamkeit von Forschern des Mutual UFO Network auf sich, die sich am 17. Januar mit dem Fotografen trafen, um das vorliegende Beweismaterial zu sichten und zu analysieren. Donald M. Ware, Leiter des MUFON in Florida, wohnhaft in Ft. Walton Beach, war von dem Fall so beeindruckt, daß er Walter H. Andrus junior, den Internationalen Direktor von Mutual UFO Network mit internationalem Hauptsitz in Seguin, Texas, veranlaßte, persönlich an der Untersuchung teilzunehmen.
Seit meiner Befragung des Zeugen und einer genauen Analyse der Fotografien, die er in der Zeit zwischen dem 11. November 1987 und dem 16. Januar 1988 gemacht hat, bin ich der Überzeugung, daß die Details auf den Fotos unerhört sind. Es handelt sich hier um einen der erstaunlichsten UFO-Fälle, die ich in den letzten 30 Jahren auf dem Gebiet der Vereinigten Staaten untersucht habe. Duane Cook hat einer herausragenden Kapazität für computergestützte Untersuchung von UFO-Fotografien eine Auswahl der Fotografien zugesandt, um sie einer neuerlichen Begutachtung zu unterziehen.

Ich unterrichtete Mr. Cook, den Herausgeber des *Sentinel*, daß die Fotos verschiedene Ansichten eines bestimmten Typs von Flugobjekt wesentlich deutlicher zeigen als die meisten UFO-Fotografien in den MUFON-Archiven. Fotografien können durch verschiedene Verfahren, die den Berichterstattern in der Gulf-Breeze-Untersuchung bekannt sind, gefälscht werden. Zur weiteren Bestätigung der Echtheit der fraglichen Fotos machte der Zeuge einen Videofilm desselben oder eines ähnlichen Flugobjekts von seinem Hintergarten aus, nachdem ihm der Polaroid-Film ausgegangen war. Es ist äußerst schwierig, einen Videofilm oder Kinofilm zu fälschen.

Bei der Beurteilung der Echtheit jeder UFO-Fotografie, die dem Mutual UFO Network zur Analyse und Begutachtung zur Verfügung gestellt wird, spielt die Glaubwürdigkeit des Fotografen eine noch bedeutendere Rolle. Der Zeuge und Fotograf ist ein ernsthafter, aufrichtiger und erfolgreicher Geschäftsmann, der mit einem Schwindel seinen persönlichen Ruf in der Gemeinde vernichten würde. Nichts deutete darauf hin, daß dieser Bürger von Gulf Breeze in irgendeine Betrügerei verwickelt wäre. Im Gegenteil beeindruckte er jeden einzelnen Forscher durch sein aufrichtiges und rückhaltloses Bemühen, seine Erfahrungen mitzuteilen.

In den letzten Jahren wurden UFO-Zeugen mitunter von den Zeitungen und den elektronischen Nachrichtenmedien ausgebeutet, weil die Öffentlichkeit an UFOs interessiert ist. Der Fotograf hat in diesem Falle mit den MUFON-Forschern zusammengearbeitet, will jedoch anonym bleiben, um seine Familie und seinen eigenen Ruf vor öffentlichem Spott zu schützen, der in jeder Gemeinde verbreitet ist. Ich rechne es zu meinen Pflichten, das Privatleben des Zeugen zu respektieren und zu schützen. Ich habe Duane Cook, dem Herausgeber des *Sentinel*, meine Anerkennung für seine diplomatische und rücksichtsvolle Berichterstattung in diesem Fall ausgesprochen, die die Anonymität des Zeugen und das Wohl seiner Familie schützt. Die Bürger von Gulf Breeze sollten Achtung vor dem Fotografen haben, der seinen geschäftlichen Ruf gefährdet und seine Familie grausamem Spott aussetzt, weil er wissenschaftliche Informationen bekanntgegeben hat, die sehr wichtig für die Suche nach einer Lösung des Rätsels »Unidentifizierte Fliegende Objekte« sind.

18. JANUAR 1988

MUFON-Überwachung

Don Ware rief an und fragte, ob der an der Untersuchung beteiligte Bob Reid später am Tag vorbeikommen und ein paar Negative abholen könne, besonders das mit dem blauen Strahl. Ich willigte ein, wiederholte aber meinen Standpunkt, daß alle Rechte an den Fotografien unter meiner Kontrolle wären und daß MUFON alle Negative zurückgeben sollte, wenn die Untersuchung abgeschlossen war.

Bob Reid kam später am Abend mit seiner Ausrüstung und einem Satz Walkie-talkies. Die Idee, die er vortrug, war, er würde in der Nähe draußen auf Wache sein, und wenn ich das Summen hörte, würde ich ihn rufen; dann, hoffte er, würde er das UFO auf Video aufnehmen und fotografieren. Die Idee klang gut.

Bob ist sehr umgänglich. Er gibt einem schnell das Gefühl, daß man ihn schon seit geraumer Zeit kennt. Er ist sehr belesen und kennt sich besonders gut mit den verschiedenen Aspekten des UFO-Phänomens aus. Laut Bob gibt es offenbar immer etwas, das die meisten guten UFO-Berichte diskreditiert oder zumindest unsicher macht. Wir fragten uns, was wohl in meinem Fall falsch ausgelegt werden konnte. Darüber sprachen wir mehrere Stunden lang.

Ich versuchte, Bob eine Vorstellung von meinem persönlichen Leben und meiner Geschichte zu geben, um zu sehen, ob irgend etwas seltsam erschien. Ich erzählte ihm von meiner besonderen Beziehung zu den Jugendlichen von Gulf Breeze, einer Beziehung voller Vertrauen und Spaß. Sie wissen, daß sie auf mich als Gastgeber für Geselligkeiten immer zählen können. So manches Wochenende habe ich Schatzsuchen und Feste um den Swimmingpool organisiert, damit die jungen Freunde ihren Spaß haben. Ich unterhalte mich dabei genauso gut wie sie.

Unsere Spiele sind oft richtig albern. Ich lasse zum Beispiel alle auf die Straße gehen und gebe jedem eine Kerze. Dann stecke ich die Kerzen an und sage, wer zuerst um den Block ist, hat gewonnen. Sie gewinnen keine Preise – sie gewinnen einfach. Keine Regeln – das mögen sie –, man muß es nur um den ganzen Block schaffen. Wenn jemand deine Kerze ausbläst, bläst du seine aus. Einen Abend blieben die Kinder stundenlang auf der Straße und versuchten, um den Block zu kommen. Wir hatten ein Spiel, das ich Heilige Könige nannte. Es ist ein Kartentrick, aufgeputzt mit einer Menge zeremoniellem Drumherum, Kerzen und Hokuspokus, damit er übernatürlich wirkt. Abends in einem dunklen Zimmer kann dies Spiel besonders gruselig sein. Bob erkannte rasch, daß diese Spiele falsch ausgelegt und möglicherweise so verdreht werden konnten, daß sie suggerierten, das UFO sei nichts als ein riesiges Spiel. Ich hatte das nie so gesehen und würde meine Aktivitäten mit den jungen Leuten nie verleugnen. Ich bin stolz darauf, ein kreativer Gastgeber zu sein, und man hat mich gebeten, all diese Gesellschaftsspiele für andere aufzuschreiben.

Vor kurzem habe ich in meinem Fernsehzimmer eine Drei-Meter-Leinwand für Filmparties installiert. Nächtelange Filmmarathons sind die letzte Attraktion in meinem Haus. Das Beste an dem Versuch, mit den Kindern wach zu bleiben und einen Film nach dem anderen zu sehen, ist, daß alles immer komischer wird, je müder wir werden.

Mein Engagement für die Jugend unseres Städtchens kommt aus meinen Erfahrungen als Jugendlicher in einer kleinen Stadt wie Gulf Breeze. Jungen und Mädchen im Teenageralter lassen sich leicht in ungute Dinge hineinziehen wie ich damals. Leider war ich als Teenager in einen bedauerlichen Zwischenfall mit einigen Schulfreunden verwickelt, und weil ich sie nicht verriet, saß ich eine kurze Haftstrafe ab. Dies Ereignis ist der Kern meiner Fürsorge und Aufmerksamkeit für meine Kinder und viele andere junge Leute, und es hat mit Sicherheit meine Anstrengungen beeinflußt, mit ihnen zu arbeiten. Ich sagte Bob, egal, was jemand versucht, daraus zu machen: Solange die Kinder ihre Feten in meinem Haus haben wollen, sind sie willkommen.

Während wir weitersprachen, zeigte Bob sich interessiert, wie meine Familie dazu gekommen war, in Costa Rica zu leben. Daran war nichts Mysteriöses oder Geheimnisvolles, und so erklärte ich es ihm.

Als Ende 1974 das Bauen immer teurer wurde, beschlossen Frances und ich, wenn wir je ein Abenteuer erleben wollten, dann war jetzt die richtige Zeit dafür. Wir nahmen unsere Ersparnisse, kauften uns auf Anraten ihres Onkels eine Kaffeeplantage und zogen nach Costa Rica. Zu unserem Glück begann der Kaffeepreis bald nach unserem Kauf zu steigen.

Wir konnten vier Jahre lang glücklich von unserer Plantage leben. Aber Frances und mir wurde klar: Während wir unseren Horizont erweiterten, indem wir in einem herrlichen, fremden Land lebten, entgingen Dan und Laura einige der Festtraditionen, mit denen wir aufgewachsen waren. Unsere Kindheitserinnerungen an Feuerwerke am 4. Juli, das Herumgeistern an Halloween, den Osterhasen waren uns lieb. Würden unsere Kinder eines Tages wünschen, sie könnten sich auch an diese Dinge erinnern? Keiner von uns wollte, daß sie sich wie Fremde in ihrem eigenen Land fühlten, und so trafen wir den schweren Entschluß, in die USA zurückzukehren.

Nachdem wir noch ein wenig weiterdiskutiert hatten, begann Bob seine »Überwachung vom Außenlager«. Später am Abend stieß Gary Watson zu ihm, der an der Untersuchung beteiligt war. Zusammen wachten sie zwölf Stunden lang, von Sonnenuntergang bis Sonnenaufgang. Ihre intensive Überwachung dauerte etwa neun Tage.

21. JANUAR 1988

Zwölfte Sichtung – Reids Bericht

22.20 Uhr

Die neueste Frage für mich war, ob ich einer speziellen Nachrichtendokumentation in unserem lokalen ABC-Sender zustimmte, die die Fotos zeigen und eine halbe Stunde zur besten Sendezeit die Ereignisse detailliert darstellen sollte. Ich zögerte, denn ich wollte nichts zustimmen, das meine Familie öffentlichem Interesse und Härten aussetzen würde.

Don Ware hatte schon mit dem Nachrichtenchef bei WEAR-TV3 gesprochen und war bereit anzufangen. Alles, was sie brauchten, war meine Einwilligung. Alle versicherten mir, die Sendung würde alle Ereignisse seriös und nicht sensationslüstern behandeln. Schließlich stimmte ich zu, aber ich war mir noch nicht sicher, welche Nachwirkungen das haben könnte.

Ich meldete mich am 21. um 22.00 Uhr über Walkie-talkie bei Bob Reid. Bob war etwa einen Block entfernt auf Wache, und er hatte freie Sicht auf die Rückseite meines Hauses. Bob hielt seine Kameras bereit, und ich brauchte nur zu sagen: »Ich höre was.«

Um etwa 22.30 Uhr rief ich Bob wieder über das Walkie-talkie, um ihm zu sagen, daß ich ihm etwas für Don Ware mitgeben wollte, wenn er am nächsten Morgen nach Fort Walton Beach zurückfuhr. Ich würde in ein paar Minuten zu ihm herüberkommen und es ihm geben. Um zu Bob zu kommen, mußte ich einen Fußpfad entlanggehen, der am Haus eines Nachbarn vorbei zu dem großen Parkplatz am Rathaus führt.

Der Weg ist dunkel, und nachts ist es ein bißchen unheimlich. Als ich, nur 60 Meter von meiner Haustür entfernt, den Pfad entlangging, begann das Summen, das die Gegenwart der Fremden ankündigte. Einen Augenblick dachte ich an Rückzug in die Sicherheit meines Hauses, aber ich beschloß weiterzugehen. Ich rannte durch einen kleinen Flecken Wald, mit Bäumen zu beiden Seiten, und rief Bob über Funk.

»Bob, nimm die Kamera. Bob, nimm die Kamera, ich hör' es.«

Bobs lakonische Antwort, »Ich sehe es«, schien unnatürlich ruhig unter diesen Umständen.

Das Summen wurde lauter. Ich hatte Angst und rannte schneller, um den Rand des Wäldchens zu erreichen. Ich war in der Dunkelheit der Bäume, das UFO war irgendwo in der Nähe – ich atmete schwer und begann zu zittern. Meine Kehle war zugeschnürt, und es war schwer, in das Gerät zu flüstern. »Du kannst es sehen?« fragte ich ungläubig.

Bob: »Ja, aber ich glaub', es ist ein Flugzeug.«

»Nein«, sagte ich, »das ist kein Flugzeug.«

»Doch. Es ist ein Flugzeug, das von Westen kommt.«

Ich konnte das Flugzeug nicht sehen, und ich konnte das UFO nicht sehen, aber es war da, irgendwo; ich hörte es. Im Rennen drehte ich mich um und schaute durch die Lücken zwischen den Bäumen. Ich stolperte, fing mich aber am Metallzaun, als ich von dem Weg zu dem offenen Platz vor dem Rathaus kam. Bob sagte noch immer, daß er ein Flugzeug sah, als ich aufschaute und das UFO sah. Es war hoch, sehr hell und im Süden. Ich brüllte in das Walkie-talkie: »Guck nach Süden! Es ist neben dem hellsten Stern da. Guck nach Süden!«

Ich sah Bob nicht, aber er muß in die falsche Richtung geschaut haben. Das UFO blieb nur noch ein paar Sekunden dort, dann wurde es unsichtbar. Das Summen wurde immer lauter, während ich eilig um den Parkplatz der Mietshäuser lief. Als ich endlich bei Bob ankam, beobachtete er den Himmel und hatte seine Videokamera laufen. Aber er hatte das UFO nicht gesehen, und er konnte nicht das Summen hören, das laut genug schien, um jeden Bewohner der ganzen Wohnanlage aufzuwecken.

Ich erinnere mich an eine Menge Aufregung und das überwältigende Gefühl, das UFO würde jederzeit auftauchen und mich kassieren. Ich setzte mich zum Schutz in Bobs Lieferwagen und beobachtete den Himmel, während das Summen abklang. Es waren nur rund zehn Minuten vergangen, seit ich mein Haus verlassen hatte, aber ich war körperlich und seelisch erschöpft.

Bob sagte mir, daß er die ganze Zeit ein tieffliegendes Flugzeug beobachtet hatte, das hinter mir im Nordwesten näher kam. Zuerst waren nur seine gelblichen Landelichter sichtbar gewesen, und er verfolgte bereits seine langsame Vorwärtsbewegung, als ich begann, das Summen zu hören. Bob war so mit diesem Flugzeug beschäftigt, daß er statt in die Richtung, in der das UFO erschien, fast in die entgegengesetzte Richtung schaute. Da der Nordwesten auch die Richtung war, aus der ich kam, war es sehr zweifelhaft, daß er den »neuen Stern« gesehen hatte, der nur ein paar Sekunden lang am südlichen Himmel sichtbar wurde.

Diese kurze Sichtung enttäuschte Bob. Das UFO war anscheinend verschwunden, sobald er in dieselbe Richtung blickte wie ich.

Wir diskutierten die Häufigkeit der Sichtungen und ein mögliches Verhaltensmuster des UFOs.

Wir stellten die Ähnlichkeit in der Zeit der unterbrochenen Sichtung vom 27. Dezember um 20.15 Uhr und der auf Video gefilmten Sichtung vom 28. Dezember um 20.00 Uhr fest. Wir entschieden, daß am nächsten Abend um etwa die gleiche Zeit, 22.30 Uhr, die Chance einer Sichtung bestand. Mit diesem Gedanken planten wir eine noch sorgfältigere Überwachung für den folgenden Tag.

Hier ist Bob Reids Bericht über seinen Überwachungseinsatz und dieses Ereignis:

Als Ed mich bat, einen kurzen Bericht aus erster Hand über meinen neuntägigen »UFO-Überwachungseinsatz von Gulf Breeze« zu liefern, den ich Mitte Januar 1988 geleistet habe, sagte ich natürlich »liebend gern«. Ich ahnte nicht, wie schwierig es sein würde, mich nur auf diesen engen (und relativ unwichtigen) Aspekt dieses UFO-Falles zu beschränken, der zu den wichtigsten und am besten dokumentierten gehört, die je bekanntgeworden sind. Ein Teil der Schwierigkeit rührt daher, daß der Einsatz nicht die erhofften Resultate brachte. Aber es war auch keine ganz vergebliche Mühe. Hätten wir unter diesen Umständen nicht versucht, ein UFO »festzunageln«, so hätten wir denen gute Gründe zur Kritik gegeben, die Wert darauf legen, jede Untersuchung, die sie nicht selbst durchgeführt haben, in Zweifel zu ziehen – außerdem haben wir fast eines erwischt!

Bei unseren ersten Besprechungen mit Ed hatten wir (Don Ware, Charles Flannigan, Gary Watson und ich) vorgeschlagen, daß einer oder mehrere von uns sich in der Nähe von Eds Haus mit Kameras versteckten, um die Aufmerksamkeit festzuhalten, die ihm und seiner Familie anscheinend zuteil wurde. Ed war die Idee willkommen, aber da er uns noch nicht gut kannte, wollte er sich absichern, daß unsere Anwesenheit und Tätigkeit keinerlei Aufmerksamkeit auf ihn und seine Familie lenken würde. Wir sagten ihm zu, daß wir ein Versteck in einiger Entfernung von seinem Haus wählen würden.

Am 18. Januar 1988 kaufte ich zwei tragbare 3-Watt-CB-Sprechfunkgeräte, und am Abend brachte ich Ed eines davon nach Gulf Breeze, zusammen mit einem Batterieladegerät. Wir waren zu dem Schluß gekommen, dies würde unsere Chancen verbessern, den Überwachungseinsatz erfolgreich werden zu lassen. Der Plan war, daß Ed mich schnell über Funk rufen würde, wenn er »das Summen bekam«, und daß ich mit Teleobjektivkamera und Video bereitstehen würde. Ich blieb an jenem Abend bis weit nach Mitternacht bei Ed; wir gingen die

Einzelheiten der vorigen Sichtungen durch und feilten an unserem Plan. Der Einsatz sollte am nächsten Abend, dem 19. Januar, beginnen.

Ich fuhr am Morgen wieder nach Gulf Breeze, um mit Lynn Hunsley zu sprechen, dem Verwalter der Wohnanlage, die sich am Südrand des Grundstückes der High School von Gulf Breeze ausdehnt. Herr Hunsley, ein pensionierter Flieger der US-Marine, war recht interessiert an den Bildern und Artikeln, die er im *Sentinel* gesehen hatte; er sagte, er würde sich glücklich schätzen, unserer Untersuchung in jeder möglichen Weise zu helfen. Ja, ich durfte meinen Lieferwagen auf dem hinteren Parkplatz am Zaun abstellen. Dort wäre ich von dem Licht und Lärm des Straßenverkehrs fort und direkt neben dem Schulgrundstück. Und obwohl Kiefern mir die Sicht auf Eds Haus verstellten, würde ich eine fast freie Sicht zum nördlichen Horizont haben, auch auf den Himmel über seinem Haus.

Ein Wort hier zu meiner Ausrüstung für diese Mission. Ich nahm den Rücksitz meines kleinen Lieferwagens heraus und legte dafür ein Polster, ein Kissen und einen Schlafsack hinein. Daneben lagen meine 8-mm-Mini-Videokamera (ähnlich wie Eds) und mein 35-mm-Fotoapparat mit 70-210-mm-Zoomlinse (ASA 200 Kodacolor-Film, Linse eingestellt auf Unendlich bei 1/60 Sek. und Öffnung 3,5), ein 7×50 Fernglas, ein kleiner Kassettenrecorder mit Batterie, Taschenlampe und Kompaß. Außerdem hatte ich einen Metalldetektor, obwohl ich nicht recht wußte, wofür ich ihn wohl brauchen könnte. Wenn ich schlief, dann in den Kleidern, so daß ich sofort bereit war zu reagieren.

Das Walkie-talkie, der Schlüsselfaktor in meinen Plänen, sollte die ganze Nacht anbleiben. Es war am Zigarettenanzünder angeschlossen; die Antenne ragte aus einer Spalte am Beifahrerfenster. Ed und ich hatten vor, irgendwann am frühen Abend unseren Funkkontakt kurz zu kontrollieren, dann würde er sein Gerät abschalten (es auf das Batterieladegerät stellen), bis er

Anlaß hatte, mich zu rufen. So hatte ich in der Nacht keine Möglichkeit, mit ihm Verbindung aufzunehmen. Dies entsprach der Vereinbarung, daß wir vom Untersuchungsteam Eds Familienleben nicht mehr störten als absolut notwendig.

Das Muster von Eds früheren »Fotochancen« deutete darauf hin, daß die Morgendämmerung (5.00–6.00 Uhr) und die Abenddämmerung (16.45–17.45 Uhr) die wahrscheinlichsten Zeiten für Sichtungen waren, daß aber jederzeit bei Dunkelheit etwas aufkreuzen konnte. Meine persönlichen Umstände erlaubten es mir leider nicht, 15–16 Stunden auf Posten zu sein, um diesen ganzen Zeitraum abzudecken. Später deckte Gary Watson die frühen Abendstunden ab, bis ich kommen konnte, doch bei diesem ersten Einsatz war niemand da, bis ich um 21.45 Uhr eintraf.

Bald rief mich Ed, wie verabredet, zur Probe, ob ich da war und das Funkgerät funktionierte. Dann stellte er ab. Die Nacht des 19. Januar war ebenso lang wie ereignislos. Gelegentliche Fetzen von Funkgesprächen anderer Leute hielten mein Ohr wachsam, und es gab massenweise Flugzeuglichter. Ich wurde bald mit den normalen Mustern des Luftverkehrs im Südosten des Flughafenbereiches von Pensacola vertraut. Aber am Himmel erschien nichts, das irgendwie anomal wirkte. Und Ed rief mich kein einziges Mal.

Am nächsten Abend war ich wieder da. Eds frohgemuter Funkruf sagte mir, daß er wieder keine Aktivität erwartete. Wir tauschten ein paar Scherze aus, bevor er abstellte, aber das war alles, was ich in jener Nacht von ihm hörte. Immer noch nichts am Himmel, außer dem Routineluftverkehr.

Donnerstag, den 21. Januar, und ich war wieder um 21.30 Uhr am Sailwind-Komplex. Es kam mir vor wie eine furchtbar kurze Zeit, seit ich um 6.15 Uhr am selben Morgen vom selben Parkplatz abgefahren war. Ich unterdrückte jeden Gedanken, das Ganze könnte eine großartige Übung in Vergeblichkeit sein. Vielleicht spürten die »Besucher« meine aufkeimenden

Zweifel, denn sie sorgten dafür, daß die Nacht nicht langweilig wurde. Und obwohl die Überwachung noch etwa eine Woche weiterging, war dies die einzige Nacht, in der etwas auch nur annähernd Phänomenales geschah.

Bald nachdem ich mich eingerichtet hatte, rief mich Ed über Funk. Alles war ruhig, und er wollte sich im Haus beschäftigen. Er wünschte mir eine erfolgreiche Nacht. Ich hatte tatsächlich den Verdacht, daß er sich ein wenig schuldig fühlte, die Ursache für soviel offensichtliche Verschwendung von Zeit und Mühe zu sein. Dieser Verdacht verstärkte sich, als er sich wieder meldete. Don Ware hatte Ed gebeten, von einigen seiner wichtigeren Fotos Negative machen zu lassen, damit für den MUFON-Bericht und für die Verteilung an andere Forscher Abzüge gemacht werden konnten. Ed wollte mir eines dieser Negative bringen, damit ich es Don weitergeben konnte.

In diesem Stadium des Spiels war Ed noch ein wenig ängstlich, im Freien zu sein, wenn er nicht eine Art Deckung vor dem Himmel hatte. Seine Erlebnisse mit den Strahlen, besonders dem weißen, der ihm neun Tage zuvor Arme und Beine betäubt hatte, als er auf dem Soundside Drive gefahren war, machten ihn unsicher, wenn er sehr weit weg von irgend etwas Dachähnlichem war (später flachsten wir, wir würden ihm eine Art Kopfputz basteln, mit einem Metall-Mülleimerdeckel daran, den er tragen sollte, wenn er im Freien herumlief!). Da ich dies wußte, fragte ich, ob ich zu ihm hinüberfahren und das Negativ abholen sollte. Nein, er glaubte nicht, daß es ein Problem geben würde. Er würde einfach zu Fuß rüberkommen. In seiner Stimme schien ein Anflug von erzwungener Tapferkeit mitzuschwingen, aber ich widersprach nicht. Sollte diese »Landpartie« Eds »Freunde« aktivieren, so würde ich jedenfalls mit der Videokamera bereitstehen, um das Ganze für die Nachwelt festzuhalten. Ich bezweifelte wirklich, daß etwas geschehen würde. Er würde das Walkie-talkie dabeihaben, und ich würde sein Fortkommen überwachen können, wenn er irgendwie in Schwierigkeiten geriet.

Die Entfernung von Eds Haus bis zu meinem Standort war in der Luftlinie wohl eine Viertelmeile oder weniger, aber weil dazwischen Zäune standen, mußte er wenigstens noch einmal die halbe Strecke gehen, um zu mir zu gelangen. Da er die Wege kannte und genug Umgebungslicht da war, entschloß sich Ed, ohne Taschenlampe zu gehen. Dies bedeutete, daß ich ihn unterwegs nicht sehen konnte; er konnte allerdings auf halben Weg, wenn er an den Sailwind-Zaun kam, eine kurze Strecke lang den Standort meines Lieferwagens sehen, der dort hinten auf dem Parkplatz war. Er meldete sich und sagte, daß er jetzt aus der Tür ging und gleich bei mir sein würde.

Ich stieg aus dem Lieferwagen in die kalte Nachtluft, um auf seine Ankunft zu warten. In ein paar Minuten sagte er über Funk, daß er jetzt die geteerte Straße verließ und den Fußpfad am Westrand des Schulhofes einschlug. Er marschierte offenbar kräftig drauflos und kam gut voran. Etwa zu dieser Zeit kam ein »falsches UFO« tief am nordwestlichen Horizont in mein Blickfeld. Dieses war zwar heller als einige andere, aber meine Erfahrung sagte mir, daß es nur ein weiteres Flugzeug mit seinen Landelichtern war. Ich sah ihm müßig zu. Der nächste Ruf von Ed kam etwa eine Minute später, und da sträubten sich mir die Nackenhaare.

Seine Stimme kam jetzt drängend und angstvoll über Funk. Leider hatte ich keinen Recorder laufen, deshalb weiß ich die genauen Worte nicht mehr; aber er sagte sinngemäß, daß er ein starkes Summen bekommen hätte, das UFO also irgendwo in der Nähe sei. Seine Funkrufe kamen jetzt schnell hintereinander; seine Stimme war angespannt, aber kaum lauter als ein Flüstern. Ich konnte seine fast panische Aktivität »sehen«, wie er vorwärts stürmte und sich dabei ständig nach dem vertrauten, aber gefürchteten Objekt umsah, das, wie er wußte, das Summen in seinem Kopf auslöste. Er lief durch einen Baumbestand; er wollte, daß ich mich umschaute, ob ich irgend etwas am Himmel sähe. Ich blickte nach Nordwesten, und das »Landelichter-UFO« war noch immer im »Sinkflug«, ein sehr langsam näher kommender, orangefarbener Ball. Konnte dies das Flugobjekt sein, das Ed in einer neuen Konfiguration fotografiert hatte? Ed hatte jetzt mehr als die Hälfte seines Weges hinter sich, also gab es kein Zurück. Er rief mich wieder und fragte, ob ich etwas sah. Ich versuchte, meine Stimme ruhig zu halten. Ich sagte, ich sähe ein Licht, hielte es aber nicht für bedrohlich. Es war hinter ihm in seiner Marschrichtung und schien sich nicht sehr schnell zu nähern.

Es folgten ein paar Minuten Stille, und als seine Stimme wiederkam, schien sie eine ganze Oktave höher zu sein. Ed klang jetzt fast panisch, als er bestätigte, daß auch er es sah. Ja, dieser Nadelkopf am Himmel war das außerirdische Flugobjekt; genauso habe es ausgesehen, als er es das letzte Mal gesichtet hatte (um 2.00 Uhr früh am 16. Januar in seinem Vorgarten). Ich war noch skeptisch, zumal ich nicht wußte, ob Ed von seinem Standpunkt aus »mein« Licht sehen konnte. Seine Sicht hätte durch Bäume blockiert sein müssen. Trotzdem hob ich meine Videokamera und fingerte an den Knöpfen herum, als Ed funkte, es sei gerade unsichtbar geworden. Ich schaute, aber meines war noch da.

Tatsächlich begann es seine Linkskurve, um zur Landung anzusetzen, und ich begann Tragflächenlichter und ein rotierendes Funkfeuer zu erkennen. Inzwischen war Ed eilig um den Zaun gelaufen und kam an der anderen Seite meines Parkplatzes in Sicht. Enttäuscht richtete ich die Kamera auf seine näher kommende Gestalt und ließ sie laufen.

Ed trabte fast, während er herankam. Seine Augen blickten wild, und sein üblicher Humor war ihm abhanden gekommen. Er fluchte und schien trotz der Nachtkühle zu schwitzen. Er gestikulierte heftig zu einem Punkt hoch am Südhimmel, genau der Richtung entgegengesetzt, in die ich geschaut hatte. Da oben war das Objekt gewesen. Da, neben dem hellsten Stern, sagte er. Er zeigte auf den Sirius. Es war eine Handbreit neben dem Sirius gewesen und mindestens ebenso groß. Und obwohl es unsichtbar geworden war, bevor ich es lokalisieren konnte, sagte er, das Summen sei noch in seinem Kopf. Es schien sogar lauter zu werden (»Hörst du es denn nicht?« fragte er ungläubig; ihm kam es so vor, als müßte es jeden in der Sailwind-Wohnanlage aufwecken). Ed war sicher, daß das UFO noch in der Nähe war und weiterhin eine Bedrohung für ihn war. Ich forderte ihn auf, in meinen Lieferwagen zu steigen. Das ließ er sich nicht zweimal sagen.

Und das ist das Ende des Kapitels Überwachung. Ich ließ die Videokamera noch eine Weile zur Sicherheit an, aber natürlich zeigte sich nichts. Das Summen begann fast sofort abzuklingen, und bald war es ganz fort. Eds seltsame Erregung schwand, und sein Humor kam zurück. Innerhalb einer Viertelstunde war er fast wieder normal. Eine weitere Viertelstunde Unterhaltung, und er war bereit, wieder zu seinem Haus hinüberzugehen. Ob er keine Angst hatte, das UFO könnte auf dem Rückweg wieder hinter ihm herkommen? Nein, er glaubte nicht, daß es ein Problem geben würde, und wir hatten ja Funkkontakt. »Ich melde mich, wenn ich da bin«, versprach er. Damit machte er sich auf den Heimweg. Acht oder zehn Minuten danach meldete er sich von seiner Haustür aus, um mir gute Nacht zu wünschen.

Man könnte sich leicht vorstellen, daß die dramatische Veränderung, die Ed in jener Januarnacht durchmachte, ebendas war – Vorstellung. Vielleicht wünschte ich, es wäre so, aber das Videoband beweist das Gegenteil. Eds Qual auf dem Sailwind-Parkplatz war echt, ebenso echt wie seine Fotos und seine anschaulichen Beschreibungen der Fremden und ihrer unglaublichen Fähigkeiten. Es ist Zeit, daß die Welt diese Dinge ernst nimmt.

22. JANUAR 1988

Helikopter umkreist das Haus

Etwa 20.00 Uhr. Ich meldete mich zur Kontrolle über Walkietalkie bei dem an der Untersuchung beteiligten Gary Watson. Gary war auf Wache am hinteren Feld, wo er darauf wartete, von Bob Reid abgelöst zu werden. Bob sollte die Nacht auf Wache in seinem Lieferwagen verbringen.

Die Zeit für eine mögliche Sichtung, 22.30 Uhr, rückte näher, und wir hatten über Funk hoffnungsvoll davon gesprochen. Da ich wußte, daß die beiden Forscher hofften, die »Rückkehr-Theorie« wäre erfolgreich, ging ich hinüber, um mich mit meiner Polaroid und meiner Videokamera der Wache anzuschließen. Während wir auf Bobs Ankunft warteten, kommentierten Gary und ich den offenbar dichten Luftverkehr jener Nacht. Ich war selbst nicht wenig neugierig wegen all dieser Bewegungen. Unsere Gegend ist eine reine Vorstadtwohngegend, und es war sehr ungewöhnlich, daß um 22.00 Uhr Hubschrauber und Düsenflugzeuge über unserer Schlafstadt kreisten. Kurz nachdem Bob Reid angekommen war, flog ein großer, militärisch aussehender Helikopter vom hinteren Feld kommend direkt über mein Haus. Bob und ich sahen zu, wie er einen weiten Kreis flog und wieder vom Norden näher kam. Wenn es eine Chance für eine Sichtung um 22.30 Uhr gab, war dieser über uns kreisende Hubschrauber nicht gerade hilfreich.

Wieder flog der Hubschrauber einen weiten Kreis und direkt

auf uns zu, über unsere Köpfe hinweg und in einer Höhe von 150 bis 300 Meter über unser Haus. Inzwischen war uns diese seltsame Entwicklung nicht mehr ganz geheuer, und ich versteckte mich sogar bei einigen kleinen Eichen. Sowohl Bob als auch ich begannen, den einsamen Helikopter zu filmen. Immer wieder flog er seine Schleife, gerade um die Zeit, die wir über Funk als mögliche Ankunftszeit für das UFO diskutiert hatten. Sechs vollständige Kreise um mein Haus, dann flog der Helikopter nach Norden und außer Sicht.

Weder vorher noch nachher habe ich je soviel Luftverkehr über meinem Haus gesehen. Natürlich stellt sich die Frage: Hatte das Militär oder sonst jemand die Mitteilung über Walkietalkie mitgehört, daß das UFO sich um halb elf an diesem Abend zeigen könnte? Wollten die »Behörden« es einfach nicht riskieren, daß mehrere Beobachter mit der Kamera in der Hand das Auftauchen eines UFOs aufzeichnen könnten?

Bob hielt die Wache und die Funkverbindung die ganze Nacht aufrecht, aber nichts zeigte sich mehr. Nicht einmal ein Summen. Hatte der Helikopter es »verscheucht«?

Mehrere Tage später berichtete der *Sentinel*, daß das UFO an ebendiesem Abend, am 22. Januar um 20.00 Uhr, über einer Parzelle namens Polynesian Isles gesehen worden war, am Highway 98 etwa vier Meilen östlich von Gulf Breeze. Hier ist der Bericht, aufgezeichnet von Diana Hansen:

> Drei Jungen aus der Gegend spielten an der Kanalseite von Scott Zepps Haus Basketball. Seine Freunde Mark Turner und Clark Allen waren zu ihm gekommen und wollten über Nacht bleiben. Die Jungen achteten genau auf die Zeit, denn um Punkt 20.15 Uhr sollten sie einige Mädchen besuchen.
> Der vierzehnjährige Scott war der erste, der ein »merkwürdiges« Flugobjekt sah; es schwebte in etwa 100 Meter Entfernung ein paar Meter über den Baumwipfeln, nordöstlich vom Haus in Richtung zur Bucht.

Er machte die anderen Jungen aufmerksam, die alle dasselbe sahen, als sie sich umdrehten. »Zuerst sahen wir rote Lichter, die sich im Kreis bewegten«, berichtet Scott, »dann wurden sie zu weißen Lichtern.«

Sie standen alle wie gebannt da, ihrem Gefühl nach einige Minuten lang. Dann zeigte einer der Jungen auf eine »Kugel« oben am Flugobjekt. Von dem Flugobjekt selbst kam kein Laut. Mark und Scott schätzen seine Größe auf »etwas größer als ein Hubschrauber«.

In einer sanften und schnellen Bewegung bewegte sich das Flugobjekt auf die Jungen zu und schwebte in einer Entfernung von »etwa 50 bis 60 Meter, etwa vier Sekunden lang«. Genauso schnell ging es in seine frühere Stellung zurück.

Um etwa diese Zeit begann das Flugobjekt, einen weißen Strahl abzugeben. Die Intensität des Lichtes wuchs stetig, bis es nach Marks Erinnerung »aussah wie Autoscheinwerfer, die direkt auf uns gerichtet waren... es war fast taghell um uns«. Das blendende Licht behinderte ihre Sicht auf das UFO.

Schließlich bekamen die Jungen Angst und rannten hinein, um Scotts Mutter Beverly Zepp zu holen. Bis sie draußen war, hatte das Flugobjekt sich bis über die Bucht entfernt. Frau Zepp konnte aber um die Unterseite kreisende Lichter sehen.

»Wir beobachteten es, bis es sich hinaus zur Bucht in Bewegung setzte«, sagte Frau Zepp; »dann packte ich sie alle ins Auto, und wir fuhren zu der Straße, die in Whisper Bay an der Bucht entlangführt.« Sie beobachteten das UFO weiter, bis es aus ihrem Blickfeld verschwand.

Die Jungen sind sich sicher, daß das, was sie sahen, kein Flugzeug oder Helikopter war. Doch der Gedanke an ein UFO ängstigt sie eigentlich nicht. Mark fragt sich: »Bei all den anderen Sternen und Planeten im Universum, ist es da nicht wahrscheinlich, daß außer uns noch jemand da ist?«

23. JANUAR 1988

Mysteriöses Radar-Luftschiff

Der Verdacht, daß das Militär das UFO-Phänomen in unserer Gegend »untersuchte« oder zumindest davon wußte, verstärkte sich durch das Foto eines Radar-Luftschiffes (siehe Foto Seite 361). Das *Pensacola News-Journal* druckte das Foto mit einem Text, der es als »mysteriös« beschrieb.

George Roberts, zuständig für Öffentlichkeitsarbeit bei der Eglin Air Force Base, beschrieb das Luftschiff als Projekt zur Erforschung der Radarreflektion. Roberts teilte den Medien mit, das Luftschiff sei an einem Schiff vertäut, das in der Bucht von Pensacola etwa zwei Meilen vor Gulf Breeze vor Anker lag, und würde bis Ende Februar in der Gegend bleiben.

Mitte April »forschte« das Luftschiff noch immer, und als immer mehr UFO-Sichtungen zehn Meilen östlich von Gulf Breeze gemeldet wurden, wurde das Luftschiff in diese Gegend verlegt.

24. JANUAR 1988 –

13. Sichtung – Cooks Bericht

Die offizielle Übergabe des neuen städtischen Freizeitcenters und der Tag der offenen Tür waren ein großer Erfolg gewesen. Ich hatte an der Zeremonie teilgenommen und Vergnügen daran gehabt, einige Vertreter von Stadt und Bezirk zu besuchen. Das UFO wurde nicht erwähnt, und das war mir nur recht. Es regnete den größten Teil des Tages und nieselte noch, als ich das Freizeitcenter verließ. Im Radio liefen ein paar Oldies, und ich sang mit, während ich die paar Blocks nach Hause fuhr. Als ich in unsere Einfahrt einbog und parkte, wurde es still im Lieferwagen. Ich konnte ein sehr leises Summen hören, das vom Radio übertönt worden war. Das Summen war so leise, daß die geringste Bewegung meines Körpers auf dem Kunststoffsitz es überdeckte. Ich saß und wartete. Es war etwa 17.15 Uhr, schon spät, aber noch war Tageslicht da. Ich wartete und horchte.

Wenn das UFO sich zeigte, war ich bereit, ins Haus zu rennen und mir das Walkie-talkie zu schnappen. Gary Watson mußte jetzt jederzeit seine Wache beginnen. Er sollte um 17.30 Uhr kommen. Das Summen kam und ging, und ich kurbelte das Fenster herunter, um zu sehen, ob das eine Wirkung hätte. Ich wurde nur naß.

Dem UFO macht das Wetter anscheinend nicht viel aus, sonst hätte es einen wärmeren, trockeneren Tag gewählt, um mich mit dem Summen in Versuchung zu führen. Ich war in Versuchung. In Versuchung, rauszugehen und es hinter mich zu bringen, komme was da wolle. Irgendwo in oder über diesen grauen Wolken, die so dicht über dem Boden hingen, war ein UFO. Ein UFO, das auf mich wartete. Ein UFO, das mich absichtlich oder unabsichtlich durch sein Summen wissen ließ, daß es da war. Ein Flugobjekt wie kein irdisches, das aus irgendeinem Grund einfach nicht wegging.

Warum folgte es mir? Ermöglichte und inszenierte das UFO diese Fototermine, wie einer der Forscher gemeint hatte? Das war schwer zu akzeptieren. Wenn das UFO jemanden zum Fotografieren wollte, hätte es sich doch bestimmt jemanden mit einer anständigen Kamera ausgesucht. Ich würde ein Fernsehkamerateam vorschlagen, oder vielleicht Touristen auf einem Flug nach Hawaii. Die würden mehr Fotos machen, als ich in einer Woche machen könnte.

Die Verlockung war stark, zu versuchen, die Gelegenheit zu arrangieren, daß das UFO gefilmt wurde. Nur noch eine kurze Zeit, und dann würde Gary Watson an seiner üblichen Stelle zur Abendwache sein. Bob Reid sollte dann später dazukommen. Ich brauchte ihre Hilfe, wenn ich dies hinter mich bringen und mich nicht länger vor dem UFO verstecken wollte. Ich wollte, daß jemand filmte, was auch immer geschah, wenn ich mich dem UFO stellte. Durch den Regen preschte ich über die Einfahrt zur Haustür, und in diesem Moment wurde das Summen lauter. Ich stürmte in mein Büro, schnappte das Walkie-talkie und rief Gary. Keine Antwort. Frances hörte, daß ich Gary rief, und fragte, was los sei. Obwohl das Summen anhaltend und stark war, beschloß ich, es ihr nicht zu sagen, um sie nicht aufzuregen.

Trotz meines Versuches wußte Frances, als sie mich ansah, daß etwas nicht stimmte, und bestand darauf, daß ich im Haus blieb. Aber ich konnte nicht. Ich wollte das UFO festnageln und gleichzeitig das Summen loswerden. Das Walkie-talkie gab nichts von sich, und ich konnte nicht warten; so rief ich Duane

Cook an und fragte, ob er mir helfen könnte. Er war sofort dazu bereit. Ich nahm meine Polaroid und meine Videokamera und fuhr zur *Sentinel*-Redaktion, wo Duane wartete. Wir beschlossen, in eine abgelegene Gegend zu fahren, in der Hoffnung, daß das UFO sich zeigen würde. Es gab eine kurze Verzögerung, als Duane und Dari Holston diskutierten, ob sie mitkommen sollte. Ich hatte wenig zu sagen. Mein Kopf brummte wie ein Massagegerät, und ich wollte bloß los und es hinter mich bringen.

Schließlich stieg nur Duane zu mir in den Lieferwagen, und wir fuhren auf dem Highway 98 nach Osten. Der Verkehr war dicht und staute sich in der abendlichen Stoßzeit. Das Summen zog weiter rechts vorn an meiner Stirn.

Die Scheibenwischer verschmierten den Film aus Regen und Straßenstaub auf der Windschutzscheibe; dadurch wurde das Fahren noch schwieriger. Vielleicht machte Duane sich Sorgen um meinen behinderten Zustand, aber er sagte nur: »Ich bin überrascht, daß sie sich bedecktes Wetter aussuchen.«

Mir war das Wetter egal. Ich konnte nicht nur das Summen hören, ich fühlte auch die Anwesenheit des UFOs. Ich sagte immer wieder: »Duane, es ist hier. Der Scheißkerl ist hier.«

Das UFO zog irgendwie an meiner Stirn, bald stärker, bald schwächer. Ich versuchte, Duane das Gefühl zu erklären, konnte aber nur immer wieder sagen, daß das UFO in der Nähe war. Dann stieg der Druck, und die UFO-Stimme sagte: »Im Schlaf weißt du es.« Ich hatte Angst und schrie laut heraus: »O verdammt, verdammt, es hat gerade etwas gesagt. O verdammt, es ist hier.« Ich wiederholte laut: »Es hat gerade gesagt: »Im Schlaf... weißt du es, im Schlaf weißt du es!«

Duane filmte weiter und hatte gerade angesetzt, etwas zu sagen, als das Summen sich tief in meinen Schädel bohrte. Ich brüllte und flehte dieses Ding an, »aus meinem Leben zu verschwinden«.

Mein Kopf, mein Mund, mein Gesicht kribbelten. »O verdammt, ich weiß nicht, ob ich fahren kann. Duane, sieht mein Gesicht aus, als wenn es sich bewegt? Bewegt sich mein Gesicht?«

Duane antwortete: »Nein, es ist okay. Es ist ruhig. Warum, fühlt es sich an, als wenn die Haut sich zusammenzieht? Nein, es ist okay, du siehst gut aus.«

Wir fuhren weiter, und ich mußte mich zwingen, nicht nach oben und aus den Seitenfenstern zu schauen, sondern auf die Straße. Es fühlte sich an, als wäre das UFO direkt über dem Wagen und griffe in die Kabine, um mich vom Steuerrad wegzuziehen. Meine Augen begannen nach außen zu quellen.

»Bewegt mein Auge sich? Bewegt mein Auge sich?« Ich lehnte mich hinüber, um in den Rückspiegel zu schauen.

Duane versuchte, mir ins Gesicht zu sehen, und antwortete: »Nein, ich glaube nicht.«

Aber ich fühlte etwas. Mein rechtes Auge fühlte sich an, als käme es aus seiner Höhle, und das Summen wurde stärker. Duane starrte mir ins Gesicht und versuchte, mich zu beruhigen; seine Stimme war ruhig und gleichmäßig wie immer.

»Du bist okay, dein Auge ist ganz ruhig.«.

Ein Geschwindigkeitsstoß schoß durch meinen Körper. Ich sah auf die Straße und dachte, ich raste unkontrolliert.

»Duane, fahren wir zu schnell?«

Er antwortete rasch: »Nein, nein. Du fährst ganz prima.«

Das Summen ließ nach, aber mein Gesicht pochte noch immer. Ich hatte Angst. Diese Empfindungen hatte ich bei den anderen Ereignissen noch nie gehabt. Ich fühlte ein drehendes Ziehen, das mir von der Stirn durch den Nacken bis in den Magen ging. Je weiter wir fuhren, desto mehr nahm der Verkehr ab. Das Summen war noch da, aber viel schwächer, und ich versuchte, Duane zu erklären, was ich empfunden hatte. Ich begann, mir Sorgen zu machen, und klagte, diese Idee, dem UFO hinterherzufahren, sei vielleicht nicht gut gewesen. Duane war nicht bereit aufzugeben, und fragte nach der Stimme.

»Sie war wie ein Messer in meinem Gehirn«, sagte ich ihm.
Ich fand, wenn es überhaupt eine Chance geben sollte, das UFO zu sehen, sollten wir vom Highway abfahren. Duane schlug gleich den Soundside Drive vor, aber von einer so verlassenen Gegend wollte ich nichts wissen. Außerdem hatte ich schon gesehen, was auf dem Soundside Drive geschah, als das UFO die fünf Wesen abgesetzt hatte. Ich wollte dieses Trauma hinter mich bringen, aber nicht so.

Das Summen begann wieder, härter zu drücken. Ich fragte lauter, ob das UFO wußte, daß Duane bei mir war.

»Wenn es deine Gedanken liest, ja. Aber solange es weiß, daß ich keine Bedrohung bin – das muß ihm klarwerden.«

Mein Magen krampfte sich zu einem Knoten zusammen, und ich begann, laut mit dem UFO zu sprechen. Vielleicht konnte ich erklären, daß ich Duanes Hilfe brauchte. Ich brauchte Duane, um zu filmen, was geschah. Während ich sprach, schoß ein Schmerz von meinem Kopf zu meinem Magen, und beinahe übergab ich mich.

Der Regen hatte nachgelassen, und Duane schlug vor, wir sollten vom Highway an irgendeiner der Straßen abbiegen, die zum Golfplatz des Country Club führten; dieser lag rechts von uns. Als wir einer Ausfahrt näher kamen, bemerkte ich, daß mein Gesicht taub war.

»Das gefällt mir nicht«, sagte ich und mußte mich zwingen weiterzufahren.

Wir taten es, und ich hatte Angst um Duane. Ich hatte gewußt, daß ich in Schwierigkeiten war, aber jetzt hatte ich ihn in meine gefährliche Konfrontation hineingezogen. Ich teilte ihm meine Ängste mit.

»Das war eine schlechte Idee. Duane, du könntest auch in Schwierigkeiten kommen. Vielleicht sollten wir dich zurückfahren. Es ist schlimm, was hier geschieht.«

»Wenn du glaubst, daß ich in Schwierigkeiten bin, dann such einen Parkplatz. Du kannst im Wagen bleiben, und ich gehe ein

Stück weit weg, filme und beobachte, oder ich bleibe im Wagen, und du gehst. ... Ich glaube nicht, daß ich in Schwierigkeiten bin.«

Wir waren jetzt auf einer Straße mit sehr wenig Häusern und hauptsächlich dem Golfplatz zu beiden Seiten. Der gelbe Glanz der Straßenlaternen spiegelte sich auf der regenverschmierten Windschutzscheibe und machte es noch schwieriger, nach dem UFO Ausschau zu halten. Ich konnte seine Nähe noch immer spüren und drängte Duane, weiter Ausschau zu halten.

Plötzlich raste mein Herz, und ich wußte, daß etwas passieren würde. Ich ließ den Wagen am Straßenrand ausrollen und rief gleichzeitig: »Wenn ihr es tun wollt, dann kommt. Okay, okay, okay, kommt schon.«

Das Summen wurde lauter, und ich warnte Duane wieder, er könnte in Schwierigkeiten sein. Dann stieg ich aus. Ich war mitten auf der Straße. Ich war ausgeliefert. Duane stieg ebenfalls aus; er filmte mich noch immer, blieb aber beim Wagen, während ich hin und her über die Straße stürmte.

»Okay, ich bin bereit. Hier bin ich.«

Wieder rief ich Duane zu, vorsichtig zu sein, und er antwortete: »Mach dir keine Sorgen um mich.«

Mein Magen krampfte sich zusammen, und ich brüllte: »Verdammte Scheiße! Ich will, daß es aus meinem Leben verschwindet. Duane, sie sind hier. Kommt her, ihr Ärsche, machen wir es.«

Meine linke Hand platzte vor Schmerz. Dann raste mir ein zermalmender Schmerz über die Brust und an meinem linken Arm und Bein herunter. Ich wurde zu Boden gezwungen und schrie nach Duane. »Sie sind hier, Duane, sie sind hier.«

Sie benutzten mein eigenes Nervensystem, um mir weh zu tun. Ich schrie weiter, sie sollten tun, wozu sie gekommen waren.

»Ich mach' das nicht wieder. Das war's. Ich fahre nicht mehr raus wie jetzt. Tut es lieber, ich mach' das nicht wieder. Kommt schon, kommt schon, ihr Ärsche.«

Das Summen wurde leiser und verschwand in einem Augenblick. Ich stand noch immer auf der Straße. Der Nieselregen durchnäßte mich, und ich zitterte. Ich ging zurück zum Lieferwagen. Duane war schon wieder eingestiegen, denn es begann etwas stärker zu regnen. Als ich die Tür öffnete, sah ich, daß er noch filmte.

Ich war enttäuscht, daß wir das UFO nicht gefilmt hatten, aber vielleicht hatten die Qual und der starke Schmerz das Summen beendet. Vielleicht war die Verbindung abgebrochen. Ich sah hinauf, suchte den Himmel ab, und verkündete, es würde nicht wiederkommen. Plötzlich wurde das UFO sichtbar, etwa 60 Meter hinter Duane und vielleicht 1,80 Meter hoch. Ich brüllte: »O verdammt, o Scheiße, da war es!«

Ich riß die Kamera hoch, richtete aber den Sucher nicht auf das UFO aus. Ich habe das UFO nie durch die Kamera gesehen. Ich zielte einfach in die Richtung und drückte ab. Der Blitz ging los für Foto Nr. 21.

Als ich die Kamera sinken ließ, war nichts am Himmel. Das UFO war weg.

Die ganze Zeit hatte Duane draußen im Regen gefilmt, und dann taten sie so was. Warum hatten sie nicht zugelassen, daß er sie sah? Ich stürmte um den Lieferwagen, in die Büsche am Straßenrand, und brüllte das UFO an. Ein paar Minuten später rief Duane mich zu sich, um die Kamera zu bekommen und zu sehen, ob ich das UFO erwischt hatte.

»Ich verstehe, warum du es schaffst, diese Fotos zu kriegen«, sagte er zu mir. »Du bist fix.«

Duane nahm die Kamera und den Film. Er wartete die 60 Sekunden, die der Polaroid-Film zum Entwickeln braucht, und zog dann das Papier vom Bild ab. Ich zweifelte, daß ich irgend etwas erwischt hatte, aber da war es, das UFO, deutlich zu sehen. Unter dem UFO waren Lichtstreifen. Das Flugobjekt war in der Bewegung getroffen, als es nach oben und außer Sicht ging, während der Verschluß offen war.

Während wir uns das Foto anschauten, merkte ich, daß meine Hände kribbelten. Sie fühlten sich sehr seltsam an, aber Duane sah nichts Unnormales an ihnen. Ich tat es als Reaktion auf die ganze Aufregung ab.

Wir versuchten, genau zu ermitteln, wo das UFO, von Duane aus gesehen, gewesen war. Es war an so ziemlich der einzigen Stelle erschienen, wo Duane es unmöglich sehen konnte. Hätte er es geschafft, sich schnell genug umzudrehen, hätte die Strebe zwischen Seiten- und Rückfenster ihm trotzdem die Sicht verdeckt. Obendrein war das UFO so schnell, daß es nur ein paar Sekunden lang sichtbar war. All diese Quälerei von dem UFO, und mein Zeuge hatte es nicht gesehen.

Duane sagte: »Eins weiß ich. Ich habe gesehen, wie du dieses Bild geschossen hast. Und ich habe zugesehen, wie du dieses Bild aus der Kamera gezogen hast, und ich habe es abgezogen.«

»Das ist gut, nicht?« Ich wollte ein bißchen Trost für alles, was wir durchgemacht hatten.

Duane antwortete mit einem gewissen Nachdruck: »Natürlich ist das gut.«

»Du hättest es sehen müssen«, protestierte ich.

Duane wies das rasch zurück. »Es ist wichtiger, daß du es aufgenommen hast, und daß ich gesehen habe, wie du es aufgenommen hast, und dies ist das Bild, das ich dich habe schießen sehen. Das ist besser, als wenn ich es gesehen hätte, und du hättest das Bild nicht. Ich hätte es zu gern auch gesehen. Aber ich kann jedem glattweg garantieren, daß ich gesehen habe, wie du dieses Bild gemacht hast.«

Wir beschlossen, eine zweite Aufnahme vom selben Standpunkt als Kontrollbild zu machen. Wie das vorige zeigte dieses Foto den Gepäckträger auf dem Dach meines Lieferwagens. Aber diesmal war der Himmel leer.

Ich war erschöpft und begann mich von der Angst zu erholen – der Angst, daß sowohl Duane als auch ich in Lebensgefahr geschwebt hatten. Duane beruhigte mich und versicherte, man habe noch nie davon gehört, daß Leute durch ein UFO zu Tode gekommen wären. Er sagte, er selbst habe sich nie gefährdet gefühlt.

Wir gingen das Geschehene weiter in Ruhe durch, und ich sagte nachdrücklich: »Das mach' ich nicht wieder.« Ich dankte Duane, daß er mitgekommen war. Allein hätte ich dies nie getan. Wäre ich allein gewesen, so hätten sie mich vielleicht mitgenommen, und es hätte keine Zeugen gegeben.

Ich dachte an Frances. Sie wartete, daß ich zurückkam. Sie hatte nicht gewollt, daß ich ging, und versucht, mich zu überreden, auf Gary oder Bob zu warten. Ich wußte, sie würde sich Sorgen machen, und deshalb mußte ich unbedingt heim.

Duane und ich notierten uns, wo genau wir auf der Straße gewesen waren, damit die Leute von der MUFON-Untersuchung die Gegend später sehen konnten. Dann fuhren wir zurück zu Duanes Büro und verabredeten uns für später bei mir, um zusammen mit Bob Reid das Videoband anzusehen.

Später schrieb Duane einen vollständigen Bericht über die Ereignisse, deren Zeuge er war; er ist in Anhang 3 angefügt.

24. Januar 1988 – Frances' Bericht

In der Stunde, die Ed etwa fort war, aß ich mit Dan und Laura; die Abwesenheit ihres Vaters entschuldigte ich, indem ich sagte, er sei von einem Kunden gerufen worden. Nicht lange nachdem die Kinder sich auf ihre Seite des Hauses zurückgezogen hatten, kam Ed zurück. Er war aufgeregt, und er brauchte eine Weile, um mir alles zu erzählen, was geschehen war.

Duane und Bob Reid würden bald vorbeikommen, um das Band anzusehen. Laura würde merken, daß etwas im Gange war. Da Ed ihr keine Angst machen wollte, erzählte er Laura in einer sehr gemilderten Version, was gerade geschehen war.

Wir schickten sie in ihr Zimmer, dann sahen Dan und ich mit Ed das Videoband an. Ich fand es entsetzlich. Zuzuschauen, wie Ed von irgendeiner unsichtbaren Kraft gequält wurde, war fast mehr, als ich ertragen konnte. Als es vorbei war, versprach Dan, seine Schwester zu beschäftigen, wenn die anderen kamen. Er war selbst erschüttert von dem, was er gesehen hatte.

Während wir auf Duane und Bob warteten, mußte Ed mir versprechen, nicht mehr so hinauszufahren. Nur weil die MUFON-Ermittler alle Informationen wollten, die sie bekommen konnten, brauchte er nicht solche Risiken einzugehen. Es war lachhaft. Sollten sie doch jemand anderen finden, der ihr Versuchskarnickel war, nicht meinen Mann.

Bob Reid traf ein, ebenso Duane. Dari Holston war bei ihm, und sie hatte den Ereignissen des Abends etwas hinzuzufügen. Sie und Ann, eine andere Angestellte beim *Sentinel*, waren Ed und Duane heimlich gefolgt, als sie zuvor fortgefahren waren. Als sie vom Highway runterfuhren, hatte Dari die Scheinwerfer ausgeschaltet, um sicherzugehen, daß weder Ed noch Duane wußten, daß sie da waren. Die Frauen parkten in etwa 200 Meter Entfernung von Eds Wagen, als die Männer hielten, um auf das UFO zu warten. Ein Kiefernwäldchen verdeckte Daris Auto, aber es verdeckte auch ihre Sicht, als das UFO aufkreuzte. Dari erzählte uns, alles, was sie gesehen habe, sei ein unbestimmtes, orangefarbenes Leuchten durch die Bäume gewesen.

Ich sah das Video mit den anderen noch einmal an. Beim zweitenmal war es weniger schockierend, aber immer noch schlimm. Bob machte die ganze Zeit Notizen und stellte Fragen, als das Band zu Ende war. Eine Frage stellte er mir. Er wollte wissen, was ich von der ganzen Sache hielt.

Ed erinnerte Bob an MUFONs Versprechen, die Kinder und mich nicht mit Fragen zu belästigen. Ich sagte Ed, es sei vielleicht an der Zeit, daß er aufhörte, mich vor Gesprächen mit

Leuten zu schützen, die bei aller Fragerei offenbar ehrlich unser Bestes im Sinn hatten. Ed stimmte zu, und ich sagte Bob ganz genau, was ich dachte. Wie entsetzlich ich es fand. Daß ich nicht verstand, warum sie anscheinend unbedingt Ed wollten. Wie sehr ich wünschte, das alles sei nie geschehen. Bob sagte nicht viel, und ich fragte mich, was die MUFON-Forscher wohl über uns sagen würden, wenn sie allein waren.

Die Männer gingen in Eds Büro. Dari blieb bei mir im Wohnzimmer, und wir sprachen über andere Dinge. Ich kannte sie eigentlich nicht, aber es tat so gut, jemanden dazuhaben, der wußte, was los war, und der versuchte, mich auf andere Gedanken zu bringen.

25. JANUAR 1988

Hoffnung auf ein Ende

Frances und ich gingen das Ereignis des Vorabends durch und redeten uns schließlich ein, das UFO müsse getan haben, was es geplant hatte. Das Videoband zeigte, daß etwas sehr Seltsames mein Nervensystem unter Kontrolle gehabt hatte.

Ich hatte mir gewünscht, daß Dan und Laura nicht sahen, welche Qual ich durchgemacht hatte, aber es war weder praktisch noch möglich, es ihnen vorzuenthalten. Das Bild, wie ich in hilflosem Schmerz kniete, machte meine Familie wütend, aber wir wußten alle, daß wir kaum etwas anderes tun konnten, als uns wehren. Deshalb wollten wir glauben, daß das UFO fort war und die Qual vorbei. Später am selben Abend ging ich hinüber zum Wagen der MUFON-Wache, um mit Charles Flannigan, Gary Watson und Bob Reid zu sprechen. Diese Männer waren ein großer Beistand, aber ich fand, daß ihre Mühen wahrscheinlich vergeblich waren. Das UFO schien zu wissen, wann wer auf Wache war. Wenn das UFO noch in der Nähe war, würde es sich, wie ich glaubte, nicht dieser Gruppe zeigen. In dem Gespräch spekulierten wir viel darüber, warum das UFO sich von mir fotografieren ließ. Wenn es stimmte, daß die Wesen es zuließen, warum hatten sie dann damals bei der zweiten Sichtung, am 20. November 1987, gesagt, Fotos seien verboten?

Es gab noch andere Fragen, die ohne Antwort blieben. Warum hatten sie am 12. Januar 1988 auf der Straße mit dem weißen

Blitz auf mich geschossen? Warum hatten sie mich gerade am letzten Abend gequält, während Duane den Vorfall filmte? Warum kamen sie immer wieder? Und die allgegenwärtige Frage: »Warum ich?«

Jemand meinte, das UFO käme immer wieder zu mir, gerade weil ich so stur war. Als es gesagt hatte: »Bilder sind nicht erlaubt«, hatte ich trotzdem Bilder gemacht. Wenn es sagte: »Tritt vor«, ging ich in die entgegengesetzte Richtung. Und dann war da die Frage der Entführung.

Die Forscher fragten mich, ob ich mich an etwas erinnern könnte, das seltsam schien. Irgendein seltsamer Traum, der immer wiederkam? Mit anderen Worten: War es möglich, daß ich schon einmal entführt worden war? Sie meinten, das UFO könnte die Erinnerung an eine Entführung blockieren, und man könnte sich nur durch regressive Hypnose an das Ereignis erinnern.

Ich erzählte ihnen von einem Traum, den ich mehrfach gehabt hatte, aber ich spielte ihn herunter, als wenn ich dächte, es wäre nichts. Tatsächlich war dieser Traum sehr lebhaft und kam mindestens einmal pro Woche.

Der Traum begann damit, daß ich hoch zum Himmel aufstieg und auf eine Küstenlinie herunterschaute. Ich konnte den Sandstrand sehen, mit Wellen, die sich am Ufer brachen. Manchmal erkannte ich den Strand, aber meistens nicht. Dann stieg ich schnell ab und ging unter Wasser ins Meer. Ich schnappte nach Luft und hatte Angst zu ertrinken, aber als ich tiefer und tiefer sank, merkte ich, daß ich in einem Behälter mit einem großen, rautenförmigen Fenster war. Durch das Fenster sah ich das Wasser und Fische. Kurz danach sah ich eine Menge Blasen am Fenster vorbeiziehen, gefolgt von steigendem Sand, der das Glas bald völlig bedeckte.

Ich erzählte ihnen nicht alle Einzelheiten und wie oft ich das träumte. Auch von den anderen Malen in meinem Leben erzählte ich nicht, in denen ein unerklärter Zeitverlust aufgetreten war. Ich wollte die MUFON-Forscher nicht ermutigen, irgend etwas anderes zu denken, als was ich für wahr halten wollte – daß der Vorabend das Phänomen beendet hatte.

Als die Forscher sahen, daß ich diese Gedanken nicht weiterverfolgen wollte, brachten sie eine andere Frage auf. War es möglich, daß das UFO am Abend des 17. Dezember gelandet war, als es sich plötzlich nicht weit über dem Boden ausgeblendet hatte und dann später ungefähr an derselben Stelle wieder erschienen war? Ich wußte es nicht. Ich hatte es nicht landen sehen. Sie dachten, es lohnte sich, hier nachzuforschen.

Es war spät am Abend, als Charles und ich über das hintere Feld gingen, um einen ersten Blick auf den Bereich zu werden, wo ich gesehen hatte, wie das UFO sich ausblendete und möglicherweise landete. Wir sahen kein unmittelbares Indiz für eine Störung in dieser Ecke des Feldes, aber da wir Taschenlampen benutzten, war uns klar, daß wir sie bei Tageslicht gründlich in Augenschein nehmen mußten.

Als wir zu Charles' Wagen zurückgingen, bemerkten wir einen Kreis mit verdorrtem Gras etwa 30 Meter neben der vermuteten Gegend. Direkt östlich von meinem Haus, etwa 120 Meter vor meinem Zaun, schien diese ausgetrocknete Stelle ein vollkommener Kreis von etwa drei Meter Durchmesser zu sein.

Am nächsten Tag gingen Frances und ich hinüber zu der Stelle, die bei Tageslicht deutlich sichtbar war, und machten einige Fotos. Es sah aus wie ein Kreis von neun Meter Durchmesser mit hellerem Gras, mit einem Kreis von drei Meter Durchmesser mit verdorrtem Gras in der Mitte (Foto Seite 294). Ich meldete mich bei Charles, der mir sagte, auch er habe früher am selben Tag einige Aufnahmen gemacht.

Charles benachrichtigte Tom Roche, den Direktor für zivile Verteidigung in Santa Rosa, der die Stelle auf Radioaktivität prüfte. Später berichtete Herr Roche, daß in der Gegend keine Radioaktivität gefunden wurde.

Am 3. Februar 1988 prüfte ein Abgesandter vom Center for

UFO Studies (CUFOS) die Stelle auf verschiedene andere abnorme Merkmale. Hier ist seine vorläufige Zusammenfassung:

> Im großen und ganzen sahen wir uns einfach die Gegend an, und es gab nichts Außergewöhnliches außer der Verfärbung des Grases. Es scheint trockener zu sein, fast ohne grünes Gras, im Gegensatz zu der Fläche außerhalb des Kreises, wo das Gras etwas grüner zu sein scheint...
> Was aber Salzgehalt, Feuchtigkeit des Bodens direkt unter dem Gras oder abnorme magnetische Werte betrifft, davon ist nichts da. Es gibt keine Abweichung im pH-Faktor, der anzeigt, ob der Boden übermäßig alkalisch ist, was ein deutlicher Hinweis auf etwas Abnormes ist.

Er nahm auch Gras- und Bodenproben innerhalb und außerhalb des Kreises, »falls wir später von etwas Ungewöhnlichem erfahren«. Als das Gras im Frühlingswetter kräftig wuchs, blieb der unerklärte Kreis kahl.

26. JANUAR 1988

14. Sichtung – Das Handtuch

Meine Familie war noch immer mitgenommen von der Videoaufnahme meiner Qual, die ich vor zwei Abenden auf der Straße erlitten hatte. Sie brauchte eine Atempause und eine Menge Zeit, um sich zu erholen. Das brauchte ich auch.

Ich versuchte noch, mich zu überzeugen, daß der Kontakt vorbei war, daß das UFO getan hatte, was es wollte. Es mußte vorbei sein. Aber selbst wenn das Phänomen vorbei war, mußte ich noch mit den Nachwirkungen fertig werden. Zuerst war da die Dokumentation, die Don Ware mit dem ABC-Lokalsender WEAR-TV 3 arrangiert hatte. Sie sollte am nächsten Tag beginnen; Charles Flannigan wollte vorbeikommen, ein paar Fotos mitnehmen und sie zum Fernsehstudio bringen, damit dort die Aufnahmen beginnen konnten.

Ich hatte schwere Bedenken, irgend etwas zu tun, das meine Familie weiter aufregen würde. Es wäre sicher besser, einfach alles sausenzulassen. Die Ermittler hatten genug fotografische Indizien, und immer mehr Leute berichteten, sie hätten das UFO gesehen. Wir alle brauchten einfach einmal Ruhe, und jetzt, da das UFO anscheinend mit mir fertig war, war die Zeit dazu.

Ich rief Don an, um ihm meine Entscheidung mitzuteilen, die halbstündige Dokumentation abzusagen. Er sah meine Gründe überhaupt nicht ein. Don war fest überzeugt, daß die Geschichte in die Öffentlichkeit gehörte. Je mehr Öffentlichkeit, desto

besser. Seine Argumentation war, je weiter die Geschichte verbreitet wäre, desto schwerer sei sie zu vertuschen.
Natürlich wollte Don, daß die Dokumentation sich auf das UFO und die Fotos konzentrierte, aber ich argumentierte, das würde ohne Zweifel zu mir führen. Er versprach, daß mein Name geheimgehalten würde, aber dies ist eine kleine Stadt, und meine Identität war schon mehr Leuten bekannt, als mir recht war. Ich bestand darauf, die Sache auf den nächsten Montag zu verschieben, damit ich mich entscheiden konnte.
Peter Neumann, der Nachrichtenchef von WEAR, hatte direkt mit Don Ware über die Dokumentation gesprochen. Ich kannte Peter seit etlichen Jahren und betrachtete ihn als Freund. Er ist clever und hat die gewisse Geistesschärfe, die ihn zu einer geachteten Größe in der Öffentlichkeit macht. Ich wußte, er würde in der Lage sein, beide Seiten des Problems zu sehen, deshalb war sein Rat mir wichtig.
Früh am Abend des 26. Januar kam Peter vorbei, um persönlich mit mir über die Dokumentation zu sprechen. Ich erklärte ihm meine Probleme, und er sagte mir gleich, er würde mir zuerst als Freund raten und danach als Geschäftsmann. Peter wollte den Bedürfnissen meiner Familie Vorrang geben.
Ich zeigte ihm die Fotos und das Videoband, damit er sehen konnte, was sich zugetragen hatte. Peter fand es auch gut, die Aufnahmen für die Dokumentation zu verschieben, und wir sagten, am folgenden Montag würden wir noch einmal darüber reden.
Später wollte ich gerade duschen, während die Familie sich vorbereitete, zu Bett zu gehen. Meine Gedanken, was als nächstes zu tun sei, wirbelten noch immer hin und her. Vielleicht war der Schmerz in meinem Kopf während der »Qual auf der Straße« die Entfernung der Telepathie gewesen. Vielleicht war es vorbei. Vielleicht konnte ich wieder normal leben. Während ich mich abseifte, ließ ich mir das warme Wasser über den Rücken laufen und betete, es möge vorbei sein.

Frances hämmerte an die Tür. »Ed, es ist da, schnell.«
Ich erstarrte, und mein Herz pochte.
Nackt rannte ich aus dem Badezimmer, schnappte mir ein Handtuch, während ich durch die Tür ins Schlafzimmer trat. Als ich in die Küche kam, hockte Frances am Rand der offenen Tür.
»Guck, da draußen ist es. Geh runter.«
Ich konnte sehen, wie das UFO sich langsam, von Süden nach Norden über das offene Feld, dem Haus näherte. Es war das kleinere UFO mit dem durchsichtigen Energieschleier, das ich am 16. Januar gesehen hatte. Kein Summen, und die Hündin bellte wie wahnsinnig. Verdammt. Es war wieder da. Warum? Warum tat es mir das an? Ich ging an Frances vorbei, geradewegs durch die Tür und ans Schwimmbecken. Ich brüllte das UFO an, das etwa 30 Meter hinter dem Gartenzaun war.
»Was zum Teufel wollt ihr?«
In meinem Kopf war ein Luftstoß.
»Sehaas... wir sind deinetwegen hier.«
»Verdammt, landet oder schert euch raus aus meinem Leben!« schrie ich, ganz außer mir.
Es war kalt draußen, und ich war fast nackt, aber ich empfand nichts als Wut. Ich hob die Hände und sagte: »Wenn ihr mich wollt, dann bringen wir es hinter uns.«
»Sehaas... im Schlaf weißt du es... wir sind deinetwegen hier.«
»Ach Quatsch! Ich komme nirgends mit euch hin!« Ich schrie noch lauter. »Geht jemand anderen quälen!«
»Sehaas... Schlafe und wisse.«
Augenblicklich wurde das Objekt unsichtbar. Es war weg, und ich stand da. Plötzlich war mir kalt.

26. Januar 1988 – Frances' Bericht

Kurz bevor es dunkel war, fing Crystal an zu bellen. Ich trat hinaus, um zu sehen, was los war. Ein Mann lief auf dem hinteren Feld herum. In dem schwachen Licht konnte ich nicht sehen, wer es war, aber am Basketballplatz parkte ein silberfarbener Lieferwagen wie jener von Bob Reid, und ich schloß daraus, der Mann auf dem Feld sei er. Ich schlüpfte wieder hinein, bevor er mich sah, denn ich fürchtete, er würde vielleicht kommen und reden wollen. Ich hatte das Ganze einfach so satt. Manchmal hatte ich ein Gefühl, als würden wir belagert, und nicht nur von dem UFO. Die MUFON-Leute mit ihren Walkie-talkies und ihrer Überwachung gaben mir das Gefühl, ständig beobachtet zu werden. Seit kurzem »klickte« das Telefon. Don Ware sagte, es könnte angezapft sein.

Peter Neumann war bei Ed im Büro, als ich hinging, um ihm von Bob zu berichten. Ed sagte etwas, daß die Forscher nach einem Landeplatz suchten. Als ich ins Büro kam, hatte Peter Ed gerade gesagt, er würde ihm zuerst als Freund und danach als Nachrichtenmann seinen Rat zu der Dokumentation geben. Ich hatte das Gefühl, wir konnten Peter vertrauen, und es war erleichternd, von jemandem wie ihm einen Rat zu bekommen. MUFON setzte Ed dauernd unter Druck, Bilder herauszugeben, Angaben zu machen, ihnen alles zu geben. Ich wußte, das war ihre Aufgabe, und sie waren interessiert daran, die Echtheit der Fotos und Sichtungen zu beweisen; aber sie vergaßen immer wieder, welche emotionale Tortur das war.

Dan und Laura zuliebe hatten wir versucht, ein möglichst normales Leben aufrechtzuerhalten. Aber es war nicht leicht, und daß die Forscher die ganze Zeit bei uns ein und aus gingen, war keine Hilfe. Mehr als alles hoffte und betete ich, daß wir das UFO zum letztenmal gesehen hatten.

Die beiden Männer redeten noch immer in Eds Büro, als es Zeit zum Abendessen war, und so gab ich Dan und Laura zu essen und sagte ihnen, sie sollten ihre Hausarbeiten fertigmachen. Ich wartete, um mit Ed zu essen, wenn Peter fort wäre. Bei unsrem verspäteten Abendessen sprach Ed davon, die Dokumentation zu verschieben. Ich war überrascht über meine eigene Erleichterung. Bislang hatten die Nachrichten nicht viel über diese Ereignisse gebracht, aber eine halbe Stunde der besten Sendezeit, selbst wenn es nur auf einem Lokalsender war, war etwas ganz anderes. Ich wollte sichergehen, daß wir wußten, worauf wir uns eigentlich einließen, bevor wir ja sagten.

Nach dem Essen ging Ed zurück in sein Büro. Ich fütterte die Tiere, machte die Küche sauber und las eine Weile, bis es Zeit war, zu Bett zu gehen.

Gegen 21.30 Uhr ging Ed durch das Zimmer und sagte, er würde jetzt duschen. Ich sagte ihm, ich würde noch ein wenig lesen und mich dann auch für die Nacht fertigmachen. Ein paar Minuten später bellte Crystal – nicht ihr Panikbellen, nur ihr Bellen für Störungen.

Ich stand auf, um sie zu beruhigen. Als ich durch die Tür trat, schaute ich auf und sah das kleinere UFO vom zweiten Typ. Es war niedrig über dem hinteren Feld, im Nordosten. Mit rasendem Herzen rannte ich, um Ed Bescheid zu sagen. Er war schon unter der Dusche. Ich hämmerte an die Tür und rief, daß »sie« wieder da wären, er sollte schnell kommen.

Ed schrie zurück. Ich wußte, daß er mich gehört hatte, und sauste aus dem Badezimmer. Ich sah Eds Kamera auf der Kommode, schnappte sie und rannte zurück zur Küchentür. Das UFO war noch da. Ich öffnete die Tür, hatte aber Angst hinauszugehen. Ich mochte nicht einmal in der Tür stehen; deshalb hockte ich mich hin und dachte, so wäre ich ein kleineres Ziel. Crystal blickte zwischen mir und dem UFO hin und her. Ich stützte mich an den Türrahmen und schoß ein Foto (Nr. 22). Der Blitz erschreckte mich, und die Hündin fing wieder an zu bellen.

Ed kam in die Küche, mit einem Handtuch um die Hüften. Er sagte irgend etwas wie »Jetzt reicht's, das muß aufhören« und ging auf die Tür zu.

»Geh nicht da raus!«

»Ich halte das einfach nicht mehr aus. Ich will, daß es vorbei ist.« Er ging an mir vorbei, schob den Hund zur Seite und ging hinaus ans Schwimmbecken.
Ich sah entsetzt zu, wie Ed einfach dastand, dem UFO gegenüber. Das Objekt kam näher zu ihm, dann hielt es an und schwebte nur. Keine Strahlen. Nichts, gar nichts. Ed schrie das Objekt an, dann hob er die Hände, als wollte er es zu etwas herausfordern. Da ich nicht wußte, was das UFO tun würde, machte ich schnell noch ein Foto (Nr. 23). Nach ein paar Sekunden schoß das UFO steil nach oben und verschwand – das nehme ich jedenfalls an. Es war einfach auf einmal weg.
Ed kam wieder hinein, und wir nahmen uns in die Arme. Wir versuchten, uns einen Reim zu machen, was das UFO eigentlich wollte. Manchmal schienen sie ihn entführen zu wollen. Wenn sie dann aber Gelegenheit dazu hatten, taten sie es nicht. Was sollten diese kryptischen Botschaften? Was würde Ed im Schlaf wissen? War es etwas, von dem sie glaubten, es würde ihn weniger widerspenstig machen, vielleicht sogar begierig mitzukommen?
Die Besatzung des UFOs war offenbar in der Lage, mit Ed in Kommunikation zu treten. Warum kamen sie nicht einfach damit raus und sagten, was sie wollten? Ed hätte vielleicht nicht zugestimmt, aber wir hätten wenigstens gewußt, warum sie ihm das antaten.

1. FEBRUAR 1988

Fernsehdokumentation auf WEAR-TV 3

WEAR-TV 3 wollte eine detaillierte Darstellung der Sichtungen und der damit verbundenen Ereignisse starten. Sie brauchten nur mich und die Fotos, um mit der Arbeit an einer halbstündigen Dokumentation zu beginnen. Der Nachrichtenchef Peter Neumann hatte ein Team mit den Recherchen beauftragt. Sie würden die Dokumentation vorbereiten, dazu einige Kurzberichte zur Einführung, die eine Woche vor der Dokumentation in den Abendnachrichten gesendet werden sollten.

Als ich mit den Fotos auf dem Weg zum Studio war, machte mich die Möglichkeit nervös, daß meine Familie ins Licht der Öffentlichkeit geriete. Die Dokumentation war prima, um die Leute wissen zu lassen, was am Himmel über unseren Köpfen vor sich ging, aber sie konnte nach hinten losgehen und meine Familie und mich treffen. Peter garantierte mir, daß ich bei allem, was mir nicht geheuer war, Vetorecht hatte. Wäre er mit seiner ruhigen, professionellen Sicherheit nicht dagewesen, so hätte ich der Sendung nie zugestimmt.

Als ich ankam, war das Kamerateam bereit, die Polaroid-Bilder auf Video aufzunehmen. Mit ihrer exzellenten Ausrüstung konnten sie das UFO deutlich sichtbar machen. Ich stand an der Tür und beobachtete den Fortgang der Arbeit; bald war mir klar, daß das den ganzen Tag dauern konnte. Das Kamerateam befestigte jedes Foto sorgfältig auf einem schwarzen Hintergrund und machte mehrere Zeitaufnahmen sowie eine Nahaufnahme.

Da ich nicht vorhatte, vor der Kamera zu erscheinen, legte ich Wert darauf, mit dem Reporterteam zu sprechen, damit sie aus erster Hand ein Gefühl für das bekamen, was sich abgespielt hatte und noch abspielte. Hope Buffington hatte über das UFO-Phänomen allgemein gelesen und fand es sehr aufregend, die Originalfotos zu sehen.

Sie berichtete über eine riesige Zahl von Anrufen, die der Sender nach ihrer ersten Sendung über das Ereignis vom 11. November erhalten hatte. Der WEAR-Reporter Mark Curtis erzählte mir auch von Berichten, daß andere Leute UFOs sahen. Ich nahm mir vor, diesen Berichten nachzugehen.

Meiner Abmachung mit WEAR gemäß konnte die Dokumentation anderen ABC-Sendern überlassen werden, um dadurch mehr Zuschauer zu erreichen. Diese anderen Sender hatten die Option, die Nachrichtenbeiträge zu übernehmen. Die halbstündige Sendung wurde dem ABC-Netz ebenfalls zur Verfügung gestellt. Dies hatte nichts mit Geld zu tun; es war einfach eine Nachricht, und ich fand, ich tat richtig daran, es als solche zu behandeln. Als Gegenleistung für meine Hilfe bei dem Programm bat ich um nichts weiter als Kopien des Bandes.

Die Arbeit ging stetig weiter bis zum Nachmittag. Bald war es Zeit, mit meinem Video vom 28. Dezember zu arbeiten, auf dem das UFO östlich von meinem Haus hin und her fliegt. Alle waren begierig darauf, das Band zu sehen und das UFO mit Hilfe ihrer Übertragungs- und Vergrößerungsgeräte zu studieren.

Das Studio mit den Videogeräten wurde von überzähligem Personal geräumt; nur die fünf Techniker, das Reporterteam und ich blieben. Zuerst spielten sie das Band ab, wie ich es aufgenommen hatte – stellten es einfach ein und sahen auf dem Bildschirm zu, wie das UFO über den Himmel schwebte. Das Objekt flog von rechts nach links; gelegentlich hielt es an und ging ein Stückchen nach rechts, bevor es weiter nach links flog. Deutlich sichtbar im Vordergrund war der Busch, hinter dem ich mich versteckt hatte. Ich folgte dem UFO mit der Kamera ganz nach links, dann verschwand es hinter einer Kiefer und außer Sicht.

Der Raum war still, während die Leute auf den Bildschirm starrten. Dies war es, was sie wirklich sehen wollten, das UFO, das sich deutlich über den Himmel bewegte. Obwohl es bei Nacht aufgenommen war, war das UFO da, und alle waren fasziniert. Sie spielten das 1 Minute 38 Sekunden lange Band wieder und wieder ab.

Die letzten 40 Sekunden des Bandes zeigten, wie das UFO sich von links nach rechts bewegte, aber nur die »Energiequelle« unten und die »Kuppel« waren beleuchtet. In dieser verdunkelten Form war leicht erkennbar, wie das UFO nachts unbemerkt am Himmel fliegen konnte, wenn es wollte. In diesem Tarnzustand konnte es leicht über der Bucht oder dem Sund schweben, ohne daß jemand aufmerksam wurde. Alle studierten dies verdunkelte Aussehen des UFOs, während es über den Bildschirm glitt, und dann wurde das UFO bei laufender Kamera einfach unsichtbar.

Die Techniker machten gleich ein Dreiviertel-Inch-Band davon. Dies vergrößerten sie dann auf ein Ein-Inch-Band, auf dem sie durch Zeitlupe viel mehr Einzelheiten zeigen konnten. Die Ausrüstung, die sie hatten, konnte die Bewegung bis auf eine Sechzigstelsekunde verlangsamen. Der Anblick des UFOs in Zeitlupe, besonders mit verstärkter Farbe, brachte eine verblüffende Entdeckung zutage, die alle im Raum immer wieder ansahen: Unter der Energiequelle des UFOs war eine pulsierende Leitkante zu sehen, die zu rotieren schien. Einige der Kommentare waren: »Mein Gott, sieh dir das an«, und »Was für eine Energie könnte das sein?« Sehen heißt glauben, und niemand bezweifelte, was sie sahen.

Die Einzelheiten des UFOs, die ihre technischen Manipulationen sichtbar machte, fand ich aufregend und überraschend. Einige Details hatte ich zuvor gesehen, doch sie waren nicht auf den Fotos erschienen, bevor sie verstärkt wurden. Aber die offensichtliche Rotation des Energieringes war für das bloße Auge unsichtbar gewesen, und seine Entdeckung faszinierte mich ebensosehr wie alle anderen. Das Reporterteam des WEAR recherchierte wochenlang, um einen ausgewogenen Bericht vorzulegen. Mark Curtis war der Hauptberichterstatter bei der Sendung. Hier sind einige kurze Kommentare von Mark, wie der *Sentinel* sie wiedergab:

»Ich finde, es ist die fantastischste Geschichte, an der ich je gearbeitet habe«, sagte er. »Sie ist so ungewöhnlich. Derlei Dinge geschehen normalerweise im Garten eines anderen, nicht im eigenen. Ich habe dieser Geschichte eine Menge Zeit gewidmet, allein durch die vielen Anrufe.« Mark wird in der Woche dreißig- bis fünfzigmal wegen der UFOs angerufen, von Leuten, die Sichtungen angeben, bis hin zu Skeptikern und einfach Interessierten.

Er fuhr fort, es gebe sehr ähnliche Bilder und Berichte von UFO-Sichtungen in Georgia, Kalifornien und Australien. »Bilder von einem kleinen, runden Flugobjekt mit kleinen, runden Fenstern«, sagte er. »Zuvor gab es auch Anrufe wegen eines großen UFOs. Vor allem haben die Leute die kleineren Objekte gesehen.«

Was »Eds« Erlebnisse betrifft, von denen der *Sentinel* vielfach berichtete, so sagt Curtis, sie paßten sehr gut zu anderen Berichten.

Curtis und seine Mitarbeiter haben Hunderte von Stunden damit verbracht, diese Geschichte zu recherchieren und zu erforschen, und er ist immer neugieriger geworden. Es wird noch immer von Sichtungen berichtet.

Curtis findet es spannend, an den UFO-Sichtungen beteiligt zu sein, die Experten zufolge zu den am besten dokumentierten aller Zeiten gehören.

Eine vollständige Erklärung von Mark Curtis ist in Anhang 3 beigefügt.

4. FEBRUAR 1988

Möglicher Landeplatz

Tag für Tag waren nun von verschiedenen Ereignissen und Treffen beherrscht, die mit dem UFO zu tun hatten. Die Leute, die den »Landeplatz« untersuchten, wollten die Fotos noch einmal sehen, um sich und neue Mitglieder auf den neuesten Stand der Dinge zu bringen. Budd Hopkins wollte Montag in der Stadt sein, und ein Verlagslektor sollte demnächst eintreffen. Ich hatte über den *Sentinel* mehrere Anfragen von Autoren bekommen, ob sie meine Geschichte schreiben dürften. Ich versuchte einfach jeden Tag neu, mit all dem Durcheinander klarzukommen.

Es gab sehr wenig Zeit, um über ein Buch nachzudenken, aber offenbar mußte man ein Buch in Betracht ziehen. Die MUFON-Forscher waren unter den ersten, die davon sprachen, und sie hielten es für eine großartige Idee. Welchen besseren Weg gab es, um die vollständige, genaue Geschichte zu erzählen? Die Berichterstattung ortsfremder Zeitungen war miserabel. Der sensationelle Aspekt, etwa der blaue Strahl, wurde viel zu stark betont. Ungenaue oder direkt falsche Informationen wurden von einer Zeitung gedruckt und dann von einer anderen als wahr aufgegriffen und nachgedruckt.

Frances und ich besprachen die Idee eines Buches und versuchten, sie von allen Seiten zu betrachten. Ein Buch würde weitreichende Folgen haben. Vor allem würde ich meine Anonymität aufgeben müssen. Die Forscher hatten uns gewarnt, wenn unsere Identität einmal bekannt sei, könnten UFO-Begeisterte zu einem Problem werden. Wenn wir ein Buch schrieben, würden wir uns einer wirklichen Invasion in unser Privatleben aussetzen. Wir waren dafür, daß die Geschichte erzählt wurde, und zwar richtig, aber wir waren nicht unbedingt willens, dieses Opfer zu bringen, gleichgültig, wie sehr es den UFO-Forschern helfen mochte.

Die Geschichte, die ganze Geschichte zu erzählen, war auch etwas, das wir bedenken mußten. Wir wußten nicht, wohin das uns führen würde, bevor alles vorbei war, aber einige Äußerungen der Forscher hatten Zweifel geweckt, ob wir nicht mehr zu bedenken hatten als die gegenwärtigen Ereignisse. Sie hatten Andeutungen über mögliche Ereignisse in der Vergangenheit gemacht, die in meinem Gedächtnis blockiert worden seien. Ich wußte nicht, ob ich ihrer Meinung war, und auch nicht, ob ich es herausfinden wollte, aber es war etwas, das wir bedenken mußten, wenn wir ernsthaft an ein Buch dachten.

Später am gleichen Abend dachten Frances und ich über einen Teil des Ereignisses vom 24. Januar nach, in dem die UFO-Stimme gesagt hatte: »Im Schlaf weißt du es.«

Die Bedeutung dieser einfachen, kryptischen Aussage war sehr schwer einzuordnen, wenn sie per Telepathie von einem UFO kam. Was sie nahelegte, war klar. Irgendwie würde ich im Schlaf irgend etwas wissen. Ich vermutete, diese Botschaft hinge mit der Art zu schlafen zusammen, die ich gelernt hatte – der Art, wie ich mich innerhalb weniger Minuten völlig entspannen und einschlafen konnte.

Vor vielen Jahren hatte ich gelernt, daß ich meinen ganzen Körper entspannen konnte, indem ich an eine dunkle Wolke dachte, die zuerst meine Füße berührte und dann langsam an meinem Körper hochstieg. Während sie sich bewegte, ganz langsam, entspannte sich jeder Körperteil, bis die dunkle Wolke meinen Kopf erreichte und mein Hirn in Schlaf sank.

Durch die Jahre hatte ich gespürt, wie mein Bewußtsein der

dunklen Wolke erlag, und ich begann die Routine, der Wolke von den Zehen aufwärts zu folgen, abzukürzen. Kurz vor dem Einschlafen dachte ich an etwas Friedliches, und bald hatte ich mich konditioniert, schnell einzuschlafen, indem ich einfach dasselbe dachte.

Als die Jahre vergingen, begann ich, nur zwei Worte zu denken, bevor ich einschlief. Es hätten beliebige Worte sein können. Ich wählte zwei, die mir gefielen; die Idee dabei war, daß Geist und Körper konditioniert wurden, sich auf diese beiden Worte hin zu entspannen und einzuschlafen. Wenn ich einmal ungewöhnlich unruhig, besorgt und krank war, schienen meine »Schlafworte« zu bewirken, daß mir am nächsten Morgen leichter zumute war. Frances und ich fuhren fort, eine Antwort zu suchen, irgendeine Verbindung zwischen der Botschaft des UFOs und meinen Schlafgewohnheiten. Die nächste Beobachtung war mein Gedächtnisappell am Morgen. Kurz bevor ich abends meine Schlafworte sagte, konzentrierte ich mich manchmal auf eine wichtige, unbeantwortete Frage oder ein Problem. Am Morgen wachte ich dann mit einem klaren Verständnis auf, wie das, woran ich am Vorabend gedacht hatte, zu lösen war.

Es ist vorgekommen, daß ich Probleme gelöst habe, die meine normalen Fähigkeiten überstiegen, und ich führe diesen Erfolg darauf zurück, daß ich meinem Unterbewußtsein die Erinnerung an Lösungen überlasse, die meinem bewußten Denken verborgen sind. Das alte Sprichwort, wenn man ein Problem oder eine Entscheidung vor sich hat, sollte man »die Sache überschlafen«, trifft für mich wahrhaftig zu.

Meine Schlafmethode ist wahrscheinlich eine Art Selbsthypnose, und ich erhebe nicht den Anspruch, sie sei etwas Besonderes. Sicher könnten die meisten Leute das, wenn sie wollten, und wenn sie die Geduld hätten, sich dazu zu konditionieren, so Entspannung und Schlaf zu finden.

Die UFO-Botschaft »Im Schlaf weißt du es« schien irgendwie an meine Fähigkeiten anzuknüpfen, mich durch mein Unterbewußtsein an Informationen zu erinnern.

Die Forscher schlugen vor, ich sollte meine Schlafworte einsetzen, um etwaige Informationen aufzudecken, die in meinem Gedächtnis verschlossen waren. Ich war nicht begeistert, sogar skeptisch, denn ich bezweifelte, daß es irgendwelche Information zu entdecken gab. Trotzdem versuchte ich es. Zu meiner Überraschung gab mein Gedächtnis ein paar verwirrende Sätze frei.

Jetzt war meine Neugier geweckt. War da noch mehr? Mein persönlicher Wissenshunger zwang mich, dieser Möglichkeit nachzugehen. Ich machte viele Versuche, mich mit Hilfe meiner Schlafworte auf andere UFO-Erinnerungen zu besinnen. Weitere rätselhafte Sätze waren das Ergebnis. Ich führte für künftige Untersuchungen ein genaues »Tagebuch« über diese Erinnerungen von »Im Schlaf weißt du es« und hoffte, eines Tages Antwort auf die Fragen zu finden, die sie aufwarfen.

Die Forscher rieten mir, die Technik der regressiven Hypnose könne möglicherweise einige Fragen beantworten. Sie drängten mich, Budd Hopkins kennenzulernen, der am kommenden Montag in die Stadt kommen sollte.

Herr Hopkins hatte die Bestseller *Missing Time* und *Intruders* geschrieben und war als führender Experte zum Phänomen UFO-Entführungen anerkannt. Sein Einsatz der regressiven Hypnose bei möglicherweise Entführten hatte viele Male Ereignisse zutage gebracht, die in ihrem unbewußten Gedächtnis verschlossen waren. Ich wußte nichts von Untersuchungen über Entführungsfälle und hatte keines von Hopkins' Büchern gelesen, aber die Forscher meinten, ich sollte ihn kennenlernen. Offenbar hatten sie den starken Verdacht, ich könnte bei einigen meiner Sichtungen entführt worden sein.

Nachdem ich es mit Frances besprochen hatte, beschloß ich, Herrn Hopkins zu treffen, und hoffte, er könnte mir verstehen helfen, was dieses UFO tat und warum mit mir. Aber ich war nicht sicher, ob ich mich hypnotisieren lassen wollte, besonders weil die Sichtungen andauerten. Mein Kopf war so voll mit dem täglichen Kampf, meine Familie zu schützen, daß ich sonst an wenig denken konnte.

7. FEBRUAR 1988

15. Sichtung – Der blaue Strahl und Frances

Am Sonntag, dem 7. Februar, kamen Duane und Dari morgens vorbei, damit ich sehen konnte, was Duane für den nächsten *Sentinel* geschrieben hatte. Weder er noch ich hatten irgendeine Information über das Ereignis vom 24. Januar bekanntgegeben, als ich auf der Straße gequält worden war – außer an MUFON. Das Videoband, das mich beim Fotografieren des UFOs zeigt, machte diese Sichtung besonders wichtig.

Nun plante Duane, diese Geschichte publik zu machen. Es war sicher, daß sein Artikel die Stadt bis in die Grundfesten erschüttern würde. Die spektakuläre Natur des Ereignisses würde die meisten Zeitungsleser schockieren, aber Duane wollte schreiben, was geschehen war, und ich stimmte ihm zu.

Ich las seinen Bericht durch und fand ihn detailliert und korrekt. Dann sprachen wir über die Botschaft des UFOs: »Im Schlaf weißt du es.« Wir konnten uns noch immer keinen rechten Reim darauf machen und fragten uns, wann und ob das UFO wiederkommen würde.

Wenn man die Zeiten und Tage untersuchte, an denen das UFO sich gezeigt hatte, wurde klar, daß es kein Muster gab. Zwischen den Sichtungen lagen beliebig viele Tage, und jede Methode, die ich anwandte, um eine mögliche Wiederkehr zu berechnen, schien an den Haaren herbeigezogen. Die kürzeste Zeit zwischen zwei Besuchen war ein Tag und die längste zwölf Tage.

Es waren zwölf Tage seit der letzten Sichtung, und ich erwähnte, daß das bisher die längste Zeit zwischen den Sichtungen gewesen war. Wir alle lächelten nervös und sagten, heute nacht wäre es soweit, aber niemand meinte es wirklich ernst.
Der Rest des Tages brachte Besuche von einem Untersuchungsteam, das den »Landeplatz« weiter erforschte, indem es diesem Bereich Boden- und Grasproben entnahm. Ich ging mit dem Team zum Feld, und sie versprachen mir eine Abschrift der Ergebnisse der Analyse. Der Bericht von Max E. Griggs, einem Mitarbeiter der Universität Florida, wurde mir später zugeschickt.
Dieser Bericht untersuchte die Möglichkeit physikalischer, chemischer oder biologischer Ursachen, die Bermudagras abtöten könnten. Auf dem Boden wurden Tests durchgeführt, die viele Möglichkeiten eliminierten. Die geometrisch perfekte Kreisform wurde ebenfalls berücksichtigt. Die allgemeine Schlußfolgerung war, daß giftige Chemikalien oder die Berührung mit einer Energie das Gras abgetötet hatte und daß dazu mechanische Präzision nötig gewesen war. Der vollständige Bericht ist in Anhang 3 enthalten.
Fast den ganzen Tag war ich von UFO-Berichten und Fragen in Anspruch genommen, und die Nächte war ich auf der Hut vor jedem ungewöhnlichen Laut. Die Baupläne und Zeichnungen, die ich fertigmachen sollte, stapelten sich. Ich mußte kämpfen, um Zeit zur Arbeit zu finden.
An diesem 7. Februar war ich seit dem Abendessen in meinem Büro gewesen, ganz konzentriert auf mein Zeichenbrett. Die Familie war ruhig. Ich hörte das Fernsehen in der Küche, wo meine Tochter ihre Hausaufgaben fertigmachte. Plötzlich schrie sie: »Daddy, Mama ruft dich!« Wieder rief sie mit erregter Stimme: »Beeil dich, Daddy. Du sollst zu Mama kommen.«
Mein erster Gedanke war, daß Frances das UFO gesehen hatte. Ich sprang von meinem Schreibtisch auf, und während ich aus dem Büro rannte, schnappte ich die Polaroid, die mit

Film und Blitz bestückt war. Ich erwartete, Frances und Laura beide in der Küche zu sehen, als ich vom Wohnzimmer um die Ecke kam. Laura hatte die Küchentür geöffnet, stand drei oder vier Fuß innerhalb und sah hinaus.

Rasch sagte ich: »Wo ist Mama?«

Laura sah aus der Tür und zeigte hinaus. Ich trat vor sie und sah Frances von den Stufen am Schwimmbecken zur Küchentür rennen, so schnell sie konnte. Sie schrie.

»Paß auf, paß auf! Es ist da hinten!«

Ihre Augen waren aufgerissen, und ihr Haar flog beim Laufen wild hin und her. Ein paar Sekunden waren vergangen, und ich stürzte aus der Tür, mit einem Auge den Himmel hinter ihr beobachtend. In meinem Blickfeld war nichts als eine sternenklare Nacht. Ich konnte nur den Osten sehen; das Haus blokkierte den Blick nach Süden, der Richtung, aus der Frances gerannt kam.

All dies geschah extrem schnell. Als ich in den Türrahmen trat, schoß ein blauer Strahl schräg an der Tür vorbei und traf die Betonumrandung des Schwimmbeckens am Fuß der Treppe. Meine Reflexe ließen mich zurückspringen und die Kamera an die Brust heben. Ich drückte den Auslöser, und der Blitz ging los, während Frances gerade rechts von dem Strahl ins Haus stürzte.

Panik und Entsetzen waren unbeschreiblich. Ich warf die Tür hinter Frances zu und zog Laura zu Boden, wo Frances lag und nach Luft schnappte.

»Bist du okay? Bist du okay?« fragte ich flüsternd und zog Frances am Arm.

Frances keuchte: »Nimm Laura. Wo ist Dannie? Es ist da draußen.« Die meisten Jalousien waren offen, und wir hatten Angst aufzustehen. Wir hatten entsetzliche Angst, der Strahl würde durch die unverdeckten Fenster schießen. Ich kroch zu Dans Zimmer und fand ihn, umgeben von Schularbeiten, ungestört mit Kopfhörern im Bett liegen. Er hatte nichts gesehen oder gehört. Aber als er mein Gesicht sah und ich ihm sagte, er solle zu mir auf den Boden kommen, war er bei mir wie der Blitz und sagte: »Das können wir dem Ding nicht durchgehen lassen. Das ist Mama. Soll es auf mich schießen. Tun wir was.«

Natürlich konnten wir nichts tun als unten bleiben, außer Sicht. Wir suchten Zuflucht im Flur vor dem Elternschlafzimmer, dem einzigen Ort ohne Fenster. Zusammengekauert überlegten wir, was zu tun sei. Die kleinen Geräusche, die es in einem Haus immer gibt, jagten mir jetzt Angstschauer den Rücken hinunter. Laura hielt sich in der Angst über das Gesehene an meinem Arm fest. Dan wollte aufstehen und sich wehren. Er hatte weniger Respekt vor dem UFO als wir anderen – die Kühnheit der Jugend.

Nach etwa fünf Minuten völliger Stille, in der ich überlegte, was da war, wenn es etwas war, beschloß ich, wir sollten in den Lieferwagen einsteigen. Wir drängten uns an die Tür zur Garage und krochen einer nach dem anderen in den Lieferwagen. Wir schlossen die Türen ab und waren bereit, den Wagen zu starten und rückwärts hinauszufahren, wenn nötig.

In der Dunkelheit sah ich auf Frances' Gesicht Tränen schimmern. Jetzt hörten wir nichts als unseren eigenen, ruhigen Atem, während wir auf dem Boden des Lieferwagens saßen und warteten. Einmal wollte Dan sich wieder hineinschleichen und die Flinte holen. Das redete ich ihm aus.

Ich merkte, daß ich die Kamera noch immer am Riemen hatte, zog den Film heraus und wartete 60 Sekunden. In dem schwachen Licht konnten wir nicht viel von dem Bild sehen, aber während wir es herumreichten, sprachen wir wenigstens, und alle schienen ruhiger. Etwa zehn Minuten waren vergangen, und wir hatten alle begonnen, uns von der Panik zu erholen. Da hörte ich das Summen. Ich war still und sagte nichts, das meine Familie alarmiert hätte. Nur ein paar Sekunden Summen, danach die Stimme: »Verleugne uns nicht.« Pause. »Wir sind hier.« Dann: »Erinnere dich.«

Ich versuchte, mich normal zu verhalten und zuzuhören, was Frances Dan zuflüsterte, aber die Stimme muß meinen Gesichtsausdruck verändert haben. Laura, die am nächsten bei mir saß, fragte:

»Daddy, was ist los?«

»Nichts, meine Süße, alles in Ordnung«, flüsterte ich.

Nach und nach wurde uns klar, daß es vorüber war, und wir begannen, uns zu bewegen. Dan und ich beschlossen, ins Haus zurückzugehen und nachzusehen. Wir wollten nicht einfach in eine Gruppe kleiner UFO-Typen mit Silberstäben hineinmarschieren, und so überprüften wir sorgfältig jedes Zimmer, jeden Schrank, hinter den Möbeln, unter jedem Bett. Kein Zeichen von irgend etwas.

Für den Rest der Nacht blieben wir zusammen. Wir redeten stundenlang und schliefen schließlich auf dem Sofa und den Bohnensack-Sesseln im Fernsehzimmer nacheinander ein.

7. Februar 1988 – 20.30 Uhr – Frances' Bericht

Wir warteten auf einen Anruf von Budd Hopkins, der seine Ankunft in der Stadt ankündigen sollte, aber nach dem Abendessen hatten wir noch immer nichts von ihm gehört. Ich fütterte später als sonst die Tiere und sagte Laura, ich würde ihr bei ihren Hausaufgaben helfen, nachdem ich den Hund und die Katzen gefüttert hätte. Wie immer fütterte ich zuerst die Katzen in der verglasten Veranda und ging dann durch das Wäschezimmer hinaus, um Crystal zu füttern. Sie war ungeduldig und stürzte sich auf ihr Fressen, als ich den Napf unter den Rand der Veranda stellte. Als ich mich umdrehte, um die Stufen hinauf ins Haus zu gehen, blitzte ein blauer Strahl zwischen mir und der Tür herunter und schnitt mir den Weg ab. Um den Strahl und darin wirbelten Blätter und Kieselsteinchen.

Entsetzt schrie ich nach Ed; ich wußte nicht, ob er mich hören konnte, obwohl die Tür ein wenig offenstand. Ich blickte auf und sah die leuchtende Unterseite des UFOs; der Strahl kam von irgendwo außerhalb des Innenrings. Der Anblick des Strahls, nicht seine Kraft, überwältigte mich. Ich zögerte einen Augenblick, bevor ich mich umdrehte, zu den Stufen am Schwimmbecken rannte und dabei nach Ed schrie. Ich sprang die Stufen hinauf und sah die Küchentür offenstehen.

Mit der Kamera in der Hand erschien Ed in der Tür, als ich am flachen Ende um das Schwimmbecken kam. Bevor er heraustreten konnte, schoß der blaue Strahl zu meiner Rechten herunter und versperrte ihm den Weg. Ich wollte nur hinein und raste ungebremst weiter. Ich hatte keine Zeit, nachzudenken, was ich tat. Ich rannte einfach. Niedergeduckt, weg von dem Strahl, stürzte ich an ihm vorbei ins Haus.

Ed warf die Tür hinter mir zu und schloß ab. Nach einem kurzen Wortwechsel über das UFO ging Ed Dan holen. Ich schickte Laura mit ihrem Vater. Dann begann ich, auf Händen und Knien die Türschlösser zu überprüfen. Ich kroch ins Fernsehzimmer und schloß die Verandatüren ab, dann erinnerte ich mich daran, daß die Tür zum Wäschezimmer nicht nur unverschlossen war, sondern offenstand. Sowohl innen als auch außen waren die Lichter an. Ich konnte nichts Ungewöhnliches sehen. Trotzdem wollte ich nicht zu der Tür mit der verglasten oberen Hälfte gehen. Gerade auf der anderen Seite davon war der erste Strahl heruntergekommen. Ich zögerte, mein Herz raste, meine Handflächen waren kalt und klamm vor Angst. »Reiß dich zusammen«, murmelte ich, um mich zu ermutigen, kroch zur Tür und schob den Riegel vor. Die Türen waren gesichert, und ich beeilte mich, zu den anderen zu kommen.

Ed beschloß, das Haus sei nicht der sicherste Ort, und so gingen wir rasch zum Lieferwagen. Seine Enge schien uns Sicherheit zu geben. Bald wich unsere stille Panik nervösem Gerede. Während wir die Fotos herumreichten, erzählte ich ihnen von den beiden Strahlen.

Später gingen Ed und Dan ins Haus zurück. Laura und ich saßen und warteten, hielten uns umarmt; ihr Kopf lag auf meiner Schulter. Minuten vergingen, bis sie mit der willkommenen Nachricht zurückkamen, daß keine Wesen zu finden waren und wohl auch keine dagewesen waren. Es war offenbar vorüber. Für den Rest der Nacht ließen wir uns im Fernsehzimmer nieder und redeten. Ich erzählte noch einmal, was geschehen war, dieses Mal mit meinen neuesten Gedanken zum Thema. Nachdem ich Zeit zum Nachdenken gehabt hatte, war ich zu dem Schluß gekommen, daß das UFO nicht versucht hatte, mich mit dem blauen Strahl zu holen. Ich war ein offenes Ziel gewesen, vom ersten Strahl bis zu dem Moment, als ich durch die Küchentür raste.

»Wenn sie mich gewollt hätten, hätten sie mich kriegen können.« Ed widersprach mir nicht, er fragte sich nur: »Wenn sie nicht daran interessiert waren, dich zu holen, was wollten sie dann?« Wir kamen zu dem Schluß, daß sie uns etwas mitteilen wollten. Aber was? Hatten sie einfach ihre Macht gezeigt, oder war mehr dahinter?

Ich hatte das Gefühl, als wollten sie uns klarmachen: »Wir hätten sie holen können, aber wir haben es nicht getan.« Was ich nicht begreifen konnte, war der Grund. War es ein Versuch, Ed zu überzeugen, daß er ihnen trauen konnte? Oder war es als Drohung gemeint, eine Warnung, was Ed geschehen könnte, wenn er nicht so reagierte, wie sie wollten?

Dann sagte Ed uns, was er im Lieferwagen gehört hatte, und uns wurde klar, daß es einen Zusammenhang geben könnte. Vielleicht hatten die UFO-Wesen beschlossen, daß Ed mehr als nur die telepathische Botschaft brauchte, um zu verstehen, daß er mehr tun sollte, als nur ihre Flugobjekte zu fotografieren. Die Frage war: Was sollte er denn für sie tun?

8. FEBRUAR 1988

Befragungen von Budd Hopkins

In der vorangegangenen Woche hatte ich auf Anraten von Don Ware mehrfach mit Budd Hopkins telefoniert. Budd, der in New York lebt, sollte in Verbindung mit den Entführungsfällen, die er untersucht und berichtet, eine in der Nähe lebende Familie besuchen. Ich war geschmeichelt, daß er sich auf seiner Arbeitsreise Zeit nehmen wollte, vorbeizukommen und mit mir zu sprechen.

Bei seiner Ankunft erklärte Budd die Theorie hinter dem Entführungsphänomen. Er behielt die meisten Einzelheiten für sich, um die Details der Ereignisse in meinem Leben nicht zu beeinflussen oder durcheinanderzubringen. Er erzählte mir nur die Grundlagen.

Ein typischer Entführungsfall beginnt gewöhnlich mit einer UFO-Sichtung, gefolgt von einem Gedächtnisverlust für die Zeit der Entführung, und endet damit, daß man sich an wenig oder gar nichts von dem Ereignis erinnert, außer daß man sich an der Ausgangsstelle der Entführung wiederfindet und für mehrere Stunden keine Rechenschaft geben kann. Es ist dieses verräterische Zeichen der fehlenden Zeit, das oft als erstes die Ermittler darauf aufmerksam macht, daß eine Entführung stattgefunden hat. Sosehr ich auch versuchte, mich an eine fehlende Zeit zu erinnern, oder an eine Zeit, wenn »etwas nicht stimmte«, was ich aber nicht genau angeben konnte – es gelang mir nicht. Ich war recht sicher, daß ich bei keiner der Sichtungen seit dem 11. November 1987 entführt worden war. Vor diesem Datum hatte ich nie besonders auf merkwürdige Träume geachtet – Träume, die, wie Budd mir sagte, Anzeichen dafür sein könnten, daß im Unterbewußtsein die Erinnerung an eine Entführung gespeichert ist.

Budd war trotzdem fest überzeugt, daß eine Entführung möglich war, und so gingen wir sorgfältig alle Sichtungen durch und versuchten, etwa fehlende Zeiten zu entdecken. (Bei diesem Treffen hatte ich zwar gute Notizen, aber ich hatte noch nicht begonnen, die Einzelheiten jedes Augenblicks bei einer Sichtung niederzuschreiben. Als ich Monate später die Sichtung vom 17. Dezember 1987 niederschrieb, erinnerte ich mich an viel mehr Einzelheiten jenes frühen Morgens als die wenigen, die ich Budd erzählte.)

Die erste Sichtung war um 17.00 Uhr gewesen, kurz nachdem Frances einkaufen gefahren war. Ich schätzte, daß das Ereignis von meinem ersten Foto bis zu dem Moment, als ich japsend auf der Straße lag, nur etwa 8 Minuten gedauert hatte. Frances kam nur etwa eine Minute später zurück, als ich die Fotos dort aufhob, wo sie heruntergefallen waren. Sie war etwa eine Viertelstunde fort gewesen, und als wir ins Haus gingen, war die Zeit normal. Keine fehlende Zeit.

Die zweite Sichtung hatte um etwa 16.55 Uhr begonnen. Frances war mit Laura zum Fußballstadion gefahren, und ich sollte gegen 17.30 Uhr die Schulkapelle treffen, um mit ihr zum Stadion zu gehen. Als die Sichtung vorbei war, kam ich noch immer ungefähr pünktlich im Raum der Band an. Wiederum keine fehlende Zeit, keine Entführung.

Die dritte Sichtung war spätnachts, um 3.00 Uhr früh. Ich ging mit Gewehr und Kamera in den Hintergarten, aber das UFO zeigte sich nur ein paar Minuten lang, bevor es unsichtbar wurde. Frances und ich saßen bis fast halb vier auf und sprachen darüber. Kurz nach halb vier kam das Wesen auf die Hinterveranda. Wieder dauerte das Ereignis nur ein paar Minuten, bevor wir das UFO verschwinden sahen. Diesmal blieben wir für den Rest der Nacht auf und sind sicher, daß wir zu keiner Zeit bewußtlos gemacht und entführt wurden.

Zu dieser Zeit, als ich mit Budd und den anderen Forschern sprach, glaubte ich, daß es ausnahmslos keine Sichtung gab, bei der ich eine Entführung vermutete. Selbst der Angriff auf der Straße mit den fünf Wesen, die herunterbeamten und hinter mir herkamen, war schnell abgelaufen.

Die landesweiten Nachrichten hatten gerade angefangen, als ich abfuhr. Als ich heimkam, liefen im Fernsehen noch die lokalen Abendnachrichten. Da ich um 17.45 Uhr angegriffen wurde und gegen 18.20 Uhr heimkam, hatte ich 35 Minuten für die Hin- und Rückfahrt benötigt. Die Fahrt dauert normalerweise eine halbe Stunde hin und zurück; bleiben fünf Minuten für den Zwischenfall. Keine fehlende Zeit für eine Entführung.

Weiter und weiter rief ich mir die Ereignisse in Erinnerung, aber es fehlte keine Zeit. Die Schlußfolgerung war, wenn ich je vom UFO entführt worden war, dann in meiner Jugend.

Nachdem Budd und die anderen gegangen waren, sprachen Frances und ich über die Möglichkeit einer Entführung irgendwann in meiner Vergangenheit. Ich dachte an die drei ungewöhnlichen Vorkommnisse zu verschiedenen Zeiten meines Lebens, die ich wegerklärt hatte, ohne an einen Zusammenhang mit UFOs zu denken. In allen drei Ereignissen fehlte Zeit, für die ich irgendwie eine Erklärung gefunden hatte.

Das erste geschah, als ich 17 war, und ich hatte es als schlechten Traum erklärt. Beim zweiten war ich 25, und ich hatte es als Halluzination aufgrund von Schlafmangel abgetan. Beim dritten war ich 33, und ich hatte es als möglichen Hitzschlag eingeordnet.

Das Gespräch mit Budd hatte uns neue Gedanken eröffnet, und als wir uns diese Vorfälle nun in Erinnerung riefen, sahen wir sie in einem anderen Licht. Diese für uns neue Möglichkeit einer Entführung war sehr beunruhigend. Ich beschloß, dies für eine Weile mit niemandem außer meiner Frau zu besprechen. Es geschah so viel, daß mir der Gedanke einer tieferen Verstrickung mit dem UFO zuviel war, besonders wenn sie mein ganzes Leben durchzog.

8. Februar 1988 – Frances' Bericht

Als ich von der Schule nach Hause kam, fand ich Eds Büro schon wieder voller Menschen. Budd Hopkins, Charles Flannigan und Bob Reid waren schon seit einiger Zeit da. Ich entschuldigte mich dafür, daß ich nicht daheim gewesen war, als sie kamen, und setzte mich, um ihnen zuzuhören.
Sie brauchten nicht lange, um mich auf den neuesten Stand zu bringen. Dann fragte mich einer nach dem Ereignis vom Vorabend mit dem blauen Strahl. Ich erzählte so kurz wie möglich, was geschehen war – mein Herz raste wieder, als mir die Ereignisse gegenwärtig wurden.
Herr Hopkins schien meine Not zu spüren und lenkte das Gespräch auf allgemeine Aspekte der Fälle, die er bearbeitete. Seine sanfte, freundliche Art beruhigte mich, und ich glaubte den Schlüssel zu seinem Erfolg mit den Entführten gefunden zu haben: Es scheint, daß ihm wirklich an den Leuten liegt, mit denen er arbeitet.
Ich blieb etwa eine Stunde in Eds Büro, fasziniert von dem, was Budd zu sagen hatte, und beantwortete Fragen über unsere Erlebnisse. Dann mußte ich mich entschuldigen, um Laura bei ihren Hausaufgaben zu helfen und das Abendessen zu kochen.
Als die Forscher gegen 17.00 Uhr aufbrachen, nahm ich mir die Zeit, sie zu verabschieden. Budd versprach, am Morgen anzurufen, wenn er alles, was wir gesagt hatten, überdacht hätte und sich eine Meinung gebildet hätte, wie man am besten damit umging.
Nachdem sie gegangen waren, sprachen Ed und ich über

Dinge in seiner Vergangenheit, die nach dem, was wir bei diesem Treffen gelernt hatten, eine neue Bedeutung gewannen.

Mir stieg eine Gänsehaut den Nacken hoch, als ich die Möglichkeit bedachte, daß Ed schon früher heimgesucht worden war. Obwohl ich solche Gedanken abtun wollte, konnte ich es nicht. Ich erinnerte mich deutlich an eine Gelegenheit, als er mit 33 Jahren über den Verlust von fünf Stunden bei einer Kanufahrt geklagt hatte.

Noch lebhafter war in meiner Erinnerung die Nacht, als er 25 war. Vielleicht erinnere ich mich wegen meiner eigenen Ängste in jener Nacht so gut daran. Es war die erste Nacht in meinem Leben, die ich allein verbrachte. Ich habe nie vergessen, wieviel Angst und Sorge ich empfand.

Ich kannte Ed nicht, als er 17 war, aber dieser Vorfall hatte ihm Jahre danach noch so zu schaffen gemacht, daß er mir davon erzählte, nachdem wir geheiratet hatten.

Ob Ed und ich es zugeben wollten oder nicht – offenbar konnte an diesen Phänomenen mehr dran sein, als wir gedacht hatten.

10. FEBRUAR 1988

Nimslo-Kamera mit vier Linsen von MUFON

Es hatte schon Diskussionen mit Ermittlern über meine alte Polaroid-Kamera gegeben. Da viele Bilder, die ich gemacht hatte, sehr dunkel waren, fragte ich sie, ob ich mit einer anderen Kamera wohl bessere Ergebnisse bekäme. Sie meinten, ich sollte weiter die Polaroid benutzen und nichts ändern. Ihre Schlußfolgerungen beruhten gewöhnlich auf der allgemein anerkannten Auffassung, daß man eine Polaroid-Kamera oder ihren Film nur sehr schwer manipulieren könnte.

Als die Zeit verging und viele Sichtungen in den dunkelsten Nachtstunden geschahen, kam wieder die Frage auf, eine 35-mm-Kamera zu benutzen. Bob Reid bot an, mir eine von seinen 35-mm-Kameras zu leihen, aber ich hatte mir schon eine geborgt. Man hatte mir gesagt, der beste Film sei einer mit ASA 1000, der speziell für Nachtaufnahmen ist. Am Abend des 26. Januar, als Frances die Fotos Nr. 22 und Nr. 23 schoß, hatte ich die Kamera, aber nicht den Film.

Bevor ich Gelegenheit hatte, diese Kamera zu benutzen, kam Bob am Abend des 10. Februar gegen 20.00 Uhr mit seinem Sohn zu mir. Er hatte von Don Ware eine spezielle »MUFON-Kamera« bekommen und sollte sie mir bringen. Sie hofften, daß ich das UFO mit dieser neuen Kamera fotografieren könnte.

Bob Reid erklärte mir anhand der Gebrauchsanweisung: »Das Besondere an der Kamera ist, daß vier Bilder gleichzeitig belichtet werden, so daß vier fast identische Negative entstehen. Dadurch können wir mindestens ein Negativ intakt und unangetastet lassen, während die anderen Negative gleichzeitig von verschiedenen Labors für Reproduktion und Analyse verwendet werden können. Außerdem liefert diese Kamera mehr detaillierte Information als andere.

Die Kamera ist versiegelt, um die Sicherheit und Unversehrtheit des Films zu gewährleisten. Wenn du den Film dieser Kamera mit den UFO-Phänomenen belichtest, wird er durch den ganzen Prozeß der Filmentnahme, Entwicklung und sicheren Aufbewahrung der Negative von mindestens zwei Leuten gehandhabt. Die Kamera und die Negative werden unter der Kontrolle von zwei Leuten bleiben, für jede Aushändigung muß unterschrieben werden, bis die Analyse abgeschlossen ist.«

Die Kamera, eine Nimslo 3D, war offiziell und MUFON-kontrolliert. Nicht nur, daß sie versiegelt war, sondern es war schon ein Bild aufgenommen worden, um als Kontrolle zu dienen. Falls jemand versuchte, den Film zu entfernen, zu manipulieren und wieder einzulegen, würden die Transporttrommeln nicht mitgehen. Die Kamera hatte vier Linsen, die wohl in einer bestimmten Weise angeordnet waren, um das UFO zur Verifikation und Untersuchung der Negative besser ins Bild zu bekommen. Die Linsen standen auch fest, so daß der Fotograf keine Kontrolle über sie hatte. Ich brauchte nur zu zielen und abzudrücken.

Ich freute mich über die Kamera, als Bob sie mir erklärte. Wenn ich eine Aufnahme des UFOs mit ihrer Kamera bekommen konnte und man den Film entwickeln ließ, sollte das die Fragen lösen, und wir hätten den Beweis, den viele Menschen seit Jahren suchten. Damals verstand ich nicht, welchem Druck ich mich durch die willige Annahme der Kamera aussetzte.

Das Problem wurde mir zum erstenmal bewußt, als ich eine MUFON-Aussage las, die nahelegte, wenn ich nicht mit dieser Spezialkamera ein Bild machte, sei die Glaubwürdigkeit des Falles beeinträchtigt. Mit anderen Worten, ich mußte hoffen,

daß das UFO wiederkam, damit ich es fotografieren und dadurch die anderen Fotos beglaubigen konnte – oder ich konnte wegen »Nichtfotografierens« kritisiert werden.
Ich stand vor einem Dilemma. Ich hatte gehofft, das UFO würde aus meinem Leben verschwinden. Nun mußte ich beten, daß es noch einmal für mindestens ein Foto wiederkam.
Die Tage vergingen ohne Summen und ohne Sichtung, und ich begann, mir Sorgen zu machen. Vielleicht war das UFO weg, jedenfalls was mich betraf. Es wurde von anderen Sichtungen in der Stadt berichtet, aber ich sah nichts. Ich nahm die MUFON-Kamera überallhin mit und begann, sie zu hassen. Mich ärgerte der Druck, dem diese Kamera mich aussetzte.
Der Druck kam von allen Seiten. Ein Buchverleger versuchte mich zu überreden, einen Ghostwriter bei uns wohnen zu lassen. Das hatte mir gerade noch gefehlt. Schließlich rief ich nicht mehr zurück. Andere Leute wollten die Rechte haben, um die Fotos an verschiedene Zeitungen zu verkaufen. Ich konnte nicht wissen, was das beste war, und so gewöhnte ich mir an, zu sagen: »Nein. Ich bin zur Zeit nicht interessiert.«
Ich mußte auch noch mit der Abmachung fertig werden, die Duane Cook mit dem *National Enquirer* ausgehandelt hatte. Am Anfang hatte Duane Kontrolle über die ersten fünf Fotos, und er hatte eine Option zum einmaligen Gebrauch im *Enquirer* vereinbart. Inzwischen waren wir uns alle einig, daß eine Veröffentlichung im *Enquirer* nicht wünschenswert war. Da das Blatt inzwischen anscheinend mehr wollte als nur die ersten fünf Fotos, mauerte ich und wartete, daß ihre Option ablief – was sie auch tat. Das war ein Funken guter Nachrichten in dieser angespannten Zeit.
Später in der Woche kam Charles Flannigan vorbei, um einen Termin mit dem bekannten Physiker Dr. Bruce Maccabee zu vereinbaren, der beginnen sollte, die Fotos gründlich zu untersuchen. Wir besprachen auch die Möglichkeit einer Computer-Tomographie und eines Lügendetektortests.

Es bestand ein gewisser Verdacht, daß ich ein Implantat im Körper hätte, das dort während einer Entführung eingepflanzt worden war. Das Summen auf meiner rechten Stirnseite war die Ursache dieser Spekulation. Ich wußte nicht, wie eine Computer-Tomographie funktioniert, aber wenn mir dabei ein Färbemittel ins Blut gespritzt würde, wäre ich nicht interessiert. Ich ließ die Frage offen, ob die Computer-Tomographie etwas Röntgenähnliches sei. Trotzdem fürchtete ich, daß, sollte ein Implantat in meinem Körper gefunden werden, irgend jemand es würde herausnehmen wollen. Darüber war ich nicht begeistert.

Als wir über den Lügendetektortest diskutierten, war ich gekränkt. Der Haken beim Lügendetektor ist, wenn man den Test verweigert, wird angenommen, daß man lügt. Charles begründete seine Bitte, den Test zu machen, damit, daß er die Kritiker zum Schweigen bringen würde, die sofort fragen würden: »Na, hat Herr Ed denn einen Lügendetektortest gemacht?« Ich wußte, daß ich die Wahrheit sagte, aber ich war nicht sicher, daß der Test die Wahrheit sagen würde. Dies war eine große Entscheidung, und ich sagte Charles, ich würde es mir überlegen.

Die ganze Woche hindurch gab es weitere Interviews, die ich zuließ, solange mein Name nicht genannt wurde. Ein Reporter vom *Orlando Sentinel* nahm mehrere Tage lang den Hauptteil meiner Zeit in Anspruch, bekam aber dadurch die Geschichte fast korrekt heraus. Dies belegte wieder die Notwendigkeit, daß ich die Geschichte niederschrieb, genauso, wie sie sich zugetragen hatte. Die Zeitungs- und Zeitschriftenartikel konnten die Tatsachen einfach nicht hundertprozentig richtig wiedergeben.

18. FEBRUAR 1988

Lügendetektortest

Ich hatte am Vorabend Harvey McLaughlin jr. angerufen, einen bekannten Prüfer mit dem Lügendetektor, um einen Termin zu vereinbaren. Ich mochte ihm die Einzelheiten nicht am Telefon erzählen und bat nur um ein Treffen. All dies muß für Herrn McLaughlin sehr mysteriös geklungen haben, und er setzte zögernd einen Termin fest, zu dem ich in sein Büro kommen sollte.

Um 15.00 Uhr gab mir Herr McLaughlin die Hand und begrüßte mich mit einem spürbaren Maß an Argwohn. Ich setzte mich auf den eckigen, starren Untersuchungsstuhl, der eine gewisse Ähnlichkeit mit einem elektrischen Stuhl hat, und fragte Herrn McLaughlin, ob er die Zeitungsberichte über das UFO von Gulf Breeze gelesen habe. Er sah mich an, als ob ich seine Zeit verschwendete, und antwortete: »Nein. Ich bin nicht daran interessiert und habe nichts über UFOs gelesen.«

Mir sank das Herz. Dieser Mann würde mich bestimmt bitten zu gehen, wenn ich ihm nicht schnell versichern konnte, daß ich ihn für eine Dienstleistung engagieren wollte. Ich reichte ihm mein Album mit den UFO-Fotos und erklärte ihm, wenn ich keinen Lügendetektortest absolvierte, könnte das schädliche Auswirkungen auf die Glaubwürdigkeit der Sichtungen und Ereignisse haben, die ich erlebt hätte.

Er stellte mir ein paar Fragen, aber ich war nicht sicher, daß er von meiner Zurechnungsfähigkeit überzeugt war. Vielleicht

war das die Haltung, die ein Prüfer in seinem Fach haben mußte. Als ich den blauen Strahl und den Besucher auf der Hinterveranda erklärte, meinte ich, fast seine Gedanken lesen zu können: Klar doch, klar doch, und ich bin der Mann im Mond!
Zwei Stunden lang ließ ich die UFO-Vorkommnisse Revue passieren. Die Vorbefragung beinhaltete eine Menge persönlicher Fragen über meine Vergangenheit. Herr McLaughlin war hartnäckig und wiederholte manche Fragen wieder und wieder, bis jeder Tropfen Information aus mir herausgepreßt war. Die Prozedur war einschüchternd, aber ich war so weit gegangen, und ich wollte keinen Rückzieher machen. Ich wollte die Untertöne in »Na, hat Ed denn einen Lügendetektortest gemacht?« ausmerzen. Wir fuhren mit dem Befragungsteil der Prüfung fort, bis er bereit war, ein paar Tests durchzuführen.
Test nach Test, und jeder wurde mehrfach wiederholt. So hatte ich mir das nicht vorgestellt. Wie falsch war meine Vorstellung gewesen, ich würde innerhalb einer halben Stunde wieder aus dem Büro kommen. Drei Stunden nach meiner Ankunft brachte mich Herr McLaughlin zur Tür und sagte, ich sollte ihn anrufen, um einen weiteren Termin zu vereinbaren.
Ich erwartete, dann die Ergebnisse zu bekommen. Später fand ich heraus, daß Herr McLaughlin einige meiner Referenzen überprüfen und die MUFON-Ermittler fragen wollte, welche besonderen Fragen sie beantwortet haben wollten.
Vier Tage später, am 23. Februar, wurde mir mitgeteilt, Herr McLaughlin wolle mich in seinem Büro sehen. Zu meinem Entsetzen fingen wir noch einmal von vorne an, mit direkteren Fragen. Ich erklärte meine Lebensgeschichte und erlebte die UFO-Sichtungen noch einmal in den genauesten Einzelheiten. Wieder wurde ich an die Geräte angeschnallt, und der Test begann. Kein Reden. Einfach ja oder nein. Keine Bewegung. Ich mußte auf eine Stelle an der Wand sehen und die emotionslosen Fragen eines Prüfers beantworten, der entschlossen war, die Wahrheit herauszufinden.

Nachdem noch einmal drei Stunden vergangen waren, wurde ich losgeschnallt und verabschiedet. Ich würde die Ergebnisse mit der Post erhalten. Ich war sicher, bestanden zu haben, aber ich gebe offen zu, daß der Lügendetektortest äußerst unangenehm war. Ich zweifelte nicht daran, daß ein Schuldiger keine Chance hätte, Harvey McLaughlin anzulügen. Mein Trost war das Wissen, daß ich die Wahrheit gesagt hatte.
Hier sind die genauen Ergebnisse des Lügendetektors, die ich später erhielt:

1. März 1988

Klient: Edward Daniel Walters
Art der Prüfung: Spezifisches Thema

Geprüfte Person: Edward Daniel Walters

Datum/Ort der Prüfung:
Diese Prüfung wurde am 18. und 23. Februar 1988 in Pensacola, Florida, durchgeführt.

Zweck der Prüfung:
Verifikation von Fotografien, persönlichen Sichtungen, Erlebnissen und allgemeinen Angaben von Herrn Walters, die seine Erlebnisse mit UFOs seit dem 11. November 1987 betreffen.

Vorbefragung:
Vor der Prüfung wurde von der geprüften Person eine Vereinbarung unterzeichnet, die die Prüfung gestattet, und der Prüfer gab eine Erklärung des Lügendetektorgerätes. Jede zu stellende Frage wurde vor dem eigentlichen Test ausführlich mit dem Geprüften besprochen.
Während der Vorbefragung machte der Geprüfte folgende Angaben:

1. An beiden Prüfungsterminen wird der Klient ausführlich über seine vielfachen Sichtungen von unidentifizierten fliegenden Objekten in und bei seinem Haus in der Gemeinde Gulf Breeze befragt. Er behauptet, selbst seit November 1987 zahlreiche Sichtungen erlebt zu haben.
2. Der Klient legt etwa 20 bis 25 Fotos von verschiedenen fliegenden Objekten an verschiedenen Stellen vor, deren Herkunft unbekannt ist. Er behauptet, es könnten menschenähnliche Wesen dagewesen sein, die gesehen wurden, ungewöhnliche Lichter, die von diesen Gebilden kamen, und eine Art physischer Kontakt mit diesen Objekten.
3. Während der rund 5 bis 6 Stunden dauernden Vorbefragung stellt der Klient seine Angaben aufrichtig dar und sagt aus, daß einzig sein Wunsch, der Verifizierung dieser Angaben zu helfen, ihn veranlaßt, diese Prüfung zu absolvieren. Er gibt an, aus diesen Sichtungen keinen persönlichen oder finanziellen Vorteil ziehen zu wollen.

Lügendetektortest:
Nach zwei Multiple-Chart-Prüfungen auf ein spezifisches Thema wurden keine physiologischen Reaktionen betrügerischer Natur auf irgendeine der Testfragen notiert. Allgemeinen Fragen folgte: »Haben Sie im Zusammenhang mit den Angaben, die Sie mir über das von Ihnen gesehene UFO gemacht haben, gelogen oder etwas verfälscht?« »Haben Sie im Zusammenhang mit den Fotos, die Sie von diesen UFOs vorgelegt haben, in irgendeiner Weise etwas verfälscht oder gelogen?« »Haben Sie in irgendeiner Weise etwas verfälscht oder gelogen im Zusammenhang mit den menschenähnlichen Wesen, die Sie sahen, oder mit anderen Indizien, die Sie vorgelegt haben?« Anhand der gegenwärtig vorliegenden Informationen, die der Klient geliefert hat, sind keine konsistenten, betrügerischen Reaktionen zu sehen.

Meinung(en):
Anhand der Information, die dem Prüfer gegenwärtig zur Verfügung stehen, besteht der Eindruck, daß Herr Walters aufrichtig nach bestem Wissen und Gewissen glaubt, daß die Fotografien und die von ihm beschriebenen persönlichen Sichtungen der Wahrheit und den Tatsachen entsprechen.

Genehmigt
(Unterschrift)
Harvey W. McLaughlin, jr.
Prüfer

18. Februar 1988 – Frances' Bericht

Es war mehr als eine Woche her, daß Bob Reid uns die spezielle 3D-Kamera gebracht hatte. Anstatt erleichtert zu sein, daß das UFO uns in Ruhe ließ, ja vielleicht sogar weg war, verbrachten wir angstvolle Nächte, als die Rekordmarke von zwölf Tagen seit dem Vorfall mit dem blauen Strahl näher rückte und noch immer keine Sichtung kam. In unseren Köpfen spukte die Angst, wenn wir die Kamera nicht einsetzten, würden einige das als Beweis nutzen, daß das UFO nicht existierte.
Es regnete mehr oder minder den ganzen Tag. Die feuchte Kälte machte mich nicht gerade fröhlicher, während ich wartete, daß Ed von seinem Lügendetektortest heimkam. Er hatte nicht gewußt, was ihn erwartete, und war viel länger fort, als er angenommen hatte. Ich hatte den Kindern schon zu essen gegeben, als er dann heimkam. Während ich sein Abendessen aufwärmte, erzählte Ed mir, was er durchgemacht hatte, und daß der Prüfer ihn noch einmal kommen lassen wollte.
Ed müde und frustriert zu sehen machte mich wütend. Wütend auf das UFO, weil es überhaupt in unser Leben gekommen war, und wütend auf die Ermittler, die es Ed noch schwerer mach-

ten. Welches Recht hatten die, ihm zu sagen, er müsse einen Lügendetektortest machen, eine Computer-Tomographie und eine Hypnose? Obendrein erwarteten sie noch, daß er das UFO mit ihrer Kamera fotografierte, als wenn er es zu einem Fototermin herkommandieren könnte.

Ed beruhigte mich und dadurch auch sich selbst. Ich berichtete ihm, was ich über die UFO-Berichte gehört hatte, die immer noch die Büros von MUFON, die ABC-Lokalnachrichten und unsere Wochenzeitung überschwemmten. Einige der Berichte waren von IFOs (identifizierten fliegenden Objekten), aber viele schienen Eds Sichtungen zu ähneln.

Der *Sentinel* war mit der Nachmittagspost gekommen, während er fort war, und ich fragte, ob er ihn lesen wolle. Die Berichte in der Zeitung stammten von Leuten, die bezeugten, sie hätten wirklich seltsame Objekte am Himmel gesehen. Sie hatten ihre Erlebnisse persönlich berichtet, und diejenigen, die ihre Identität nicht öffentlich bekanntgaben, waren dem Reporter bekannt. Dies berichtete der *Sentinel:*

> Am 24. November 1987 kam eine Frau aus Villa Venyce mit ihrer elfjährigen Tochter und ihrem fünfzehnjährigen Sohn aus Pensacola zurück. Als sie auf dem Highway 98 durch das Naval-Live-Oaks-Gebiet fuhren, entdeckte die Frau ein beleuchtetes Flugobjekt in der Luft, gegenüber der Santa Rosa State Bank. Sie neckte ihren jugendlichen Sohn: »Sieh mal, da ist ein UFO!«
>
> Als sie näher kamen, waren sie überrascht über die seltsame Form des Objekts und die roten und weißen Lichter, die zu rotieren schienen. Sie fuhren auf den Parkplatz der Bank und kurbelten die Fenster herunter, um das Objekt zu beobachten.
>
> Das Objekt schien etwa 100 Meter über dem Boden zu sein, möglicherweise über der Bucht (zwischen dem Highway und der Bucht sind Wälder und Häuser). Anscheinend ro-

tierte das ganze Objekt, während es gleichzeitig ruhig und lautlos schwebte. Jetzt begannen sie zu glauben, es sei eine Art Raumschiff. Dann sahen sie einen »roten Lichtball« aus dem Objekt gerade nach unten fallen, dann abrupt im rechten Winkel drehen, dann noch einmal um 90 Grad und gerade zum Himmel hinaufsteigen, bis er zwischen den Sternen verschwand.

Mehrere Minuten waren vergangen, als sie beschlossen, heimzufahren und Ferngläser zu holen. Als sie wieder hinauskamen, war das Objekt fort.

Am Freitag, dem 12. Februar, fuhr dieselbe Familie um 18.12 Uhr mit einem anderen Jungen von Villa Venyce nach Gulf Breeze ab, als sie dasselbe Objekt entdeckten. Es bewegte sich über der Bucht nach Westen. Es war wieder etwa 100 Meter hoch, und sie hatten eine »perfekte Sicht«. Das UFO schien sich etwa ebenso schnell wie das Auto entlang des Highway zu bewegen. Es hatte dieselben roten und weißen Lichter. Das Objekt schien zu rotieren.

Zweimal neigte sich das UFO nach vorn und hinterließ »einen weißen Lichtstreifen«.

Als sie sich Shoreline Drive näherten, bog das UFO ab und verschwand über der Bucht.

Auch andere Sichtungen wurden in dieser Zeit angegeben; sie sind in Anhang 3 beigefügt.

19. FEBRUAR 1988

Begegnung mit einem Nachahmer

Es war zwei Wochen vor der Ausstrahlung der Dokumentationssendung auf WEAR-TV 3, und schon erregte die Aufmerksamkeit die Gefühle derer, die das UFO mit eigenen Augen sehen wollten. Früh am Tag hatte Dari Holston beim *Sentinel* einen interessanten Anruf von einem Mann erhalten, der behauptete, er hätte gesehen, wie sein Freund in der Nacht zuvor an Bord eines UFOs gebeamt worden sei. Er war anscheinend überzeugend genug, um ein persönliches Interview mit Duane Cook und Dari im Sheraton Motel von Fort Walton Beach zu arrangieren.

Als Dari Frances und mir von diesem Bericht erzählte und uns fragte, ob wir seine Geschichte auch hören wollten, willigte ich ein. Schließlich, so seltsam es auch klang, wer war ich, ihm nicht zu glauben, bevor ich die Einzelheiten hörte. Meine eigenen Sichtungen und Erlebnisse klangen genauso unmöglich, bis alle Tatsachen erzählt waren. Und wer war besser geeignet, seine Geschichte anzuhören, als Frances und ich, gewappnet mit unserem Fotoalbum voller UFO-Abzüge (die Originale waren fast immer unter Verschluß und meistens nicht einmal im Haus).

Wir kamen ein wenig verspätet im Motel an und wurden mit einem Mann namens Carl bekannt gemacht, der bei Duane und Dari saß. Carl erzählte ihnen gerade seine Geschichte. Wir hörten die meiste Zeit nur zu, ohne irgendwelche wichtigen Tatsachen über unsere anhaltenden Sichtungen einzuflechten.

Hin und wieder versuchte Carl, mich auszufragen, und dann gab ich ihm ein ausgewähltes Stückchen Information, etwa daß der Strahl, den ich gesehen hatte, blau war. Innerhalb weniger Minuten war der rote Strahl, über den er gesprochen hatte, irgendwie plötzlich blau geworden. Immer mehr paßte sich Carls Geschichte langsam den Einzelheiten an, die ich aus meinen Erlebnissen erwähnte. Wir aus Gulf Breeze erkannten sehr bald, daß wir den vergessen konnten.

Ich erwähnte kurz den weißen Strahl, ohne zu sagen, daß er mehr wie ein Blitz war. Bald darauf bat Duane Carl, seine Frau und zwei andere Freunde zu holen, die, wie er sagte, das UFO auch gesehen hatten. Wir sagten ihm, wir würden hier auf ihn warten, während er sie holen ging. Sobald Carl fort war, sprachen wir über seine Geschichte und lachten; unser Argwohn war eindeutig geweckt. Als Carl etwa zehn Minuten später allein zurückkam, war die Geschichte, die er uns auftischte, fast zu lächerlich für mich, um ernst zu bleiben. Er sagte: »O mein Gott. Wir sind in großen Schwierigkeiten.« Er fuhr fort: »Ich habe im Motel angerufen, und meine Frau hat gesagt, das UFO ist da und schwebt über dem Dach und fragt meinen Spezi nach mir.«

Ich dachte bei mir, jeder normale Mann wäre zu seiner Frau gerannt, so schnell er nur konnte, statt hier bei uns zu sitzen. Dann sagte Carl: »Meine Frau hat das UFO gesehen, als sie nach draußen zum Cola-Automaten ging. Es hat einen weißen Strahl auf sie geschossen, der ihre Füße traf und ihr die Beine auseinandertrieb.«

Ich konnte mir diese Szene ausmalen. Ich lachte laut heraus und sagte, das klänge, als wenn das UFO einen Haufen Männer an Bord hätte, die zu lange auf Reisen gewesen waren. Alle lachten, außer Carl. Er schien nicht einmal zu merken, was ich gesagt hatte. Inzwischen waren wir, die aus Gulf Breeze gekommen waren, soweit, das Treffen zu beenden und uns höflich zu verabschieden. Carl folgte uns hinaus vor das Motel, und ich konnte es nicht glauben, als er sagte, er wolle uns am nächsten Tag wieder treffen. Ich sagte ihm, ich könnte nicht noch einmal nach Fort Walton kommen, und er sagte, er würde nach Gulf Breeze fahren.

Am nächsten Tag rief Dari an und erzählte mir, daß Carl in der Redaktion aufgekreuzt war und gesagt hatte, er hätte eine Botschaft vom UFO. Wenn sie seine Geschichte nicht im *Sentinel* brachten, würde das UFO die Stadt in die Luft jagen. Ich konnte es nicht fassen. Kein Wunder, daß das Ansehen glaubwürdiger Zeugen und echter Sichtungen leidet, wenn sie mit solchen Stories wie jener Carls in einen Topf geworfen werden. Dies war ein Lernerlebnis gewesen, und obwohl wir es alle mit einem Lachen abtaten, waren wir voll darauf eingestellt, es wieder mit dieser Art Randerscheinung zu tun zu bekommen. Das nächste Mal würden wir besser vorbereitet sein, eine verdächtige Geschichte zu erkennen.

Es würde Leute geben, die sagten, ich sei nicht besser als Carl, Leute, die mir einen »Schwindel« vorwarfen. Ich wußte, daß ich vielleicht später lernen mußte, mit den Skeptikern fertig zu werden, die versuchen würden, mich persönlich zu diskreditieren, wenn sie die Fotos nicht widerlegen konnten. Ich und meine Glaubwürdigkeit würden die Zielscheibe sein. Ich mußte mir klarwerden, wie ich mich am besten verteidigte, ohne meiner Familie dabei weh zu tun.

20. FEBRUAR 1988

Dr. Maccabee beginnt

Bruce Maccabee, Doktor der Physik und Fachmann für Optik, sollte irgendwann am Samstag, dem 20., bei uns eintreffen. Früh an diesem Morgen klingelte es an der Tür, und da waren sie – Charles Flannigan, Bob Reid und der langerwartete Dr. Maccabee. Ich führte sie in mein Büro.

Zu Beginn des Treffens wußte ich, daß Dr. Maccabee einen kompletten Satz Dias der ersten Generation für seine Akten haben wollte. Ich dachte noch darüber nach, ob ich ihm Kopien geben sollte, als wir mit dem Foto begannen, das die Wissenschaftler für das wichtigste halten: Foto Nr. 19, auf dem das UFO über der Straße schwebt.

Dr. Maccabee holte seine Meßgeräte heraus, stellte seinen Laptop-Computer auf und begann, die Größe des UFOs im Vergleich mit den bekannten Entfernungen und Maßen (z.B. der Breite der Straße und der Entfernung des UFOs von der Kamera) zu berechnen. Es wurde eine Menge über die Brennweite der Kamera geredet, und bald hatte er sie millimetergenau ausgemessen.

Anhand der uns bekannten Faktoren rechnete Dr. Maccabee es auf eine besondere Weise aus und sagte, das UFO habe einen Durchmesser von mindestens 4,20 Meter. Dann berechnete er es noch einmal in anderer Weise und sagte, 4,20 bis 4,50 Meter und ein Energiering von 2 bis 2,50 Meter kämen der Sache sehr nahe. Er sagte uns, er müßte dies vielleicht später korrigieren, nachdem er alle Fotos genauer untersucht hätte. Er mußte ermitteln, welche UFOs dieselben waren und was die genaue Form der Objekte war.

Dr. Maccabee fuhr fort, seine Meßskalen auszurichten und in sein Vergrößerungsglas zu schauen, während er erklärte, er brauche einen kompletten Satz Dias von den Fotos. Er sagte, wenn die Fotos abschließend geprüft werden sollten, müßte er einen kompletten Satz haben, um seine Untersuchungen fertigzustellen. Dann müßte er die Dias behalten, damit er auf Fragen und Kritik von anderen angesehenen Wissenschaftlern antworten konnte.

Das leuchtete mir ein. Ich konnte keinen Foto-Experten mit seinem Ruf bitten, sein Ansehen aufs Spiel zu setzen, und ihm dann das wichtigste Beweismaterial vorenthalten.

Foto nach Foto schrieb er auf, vermaßte sie und fotografierte sie auf Diafilm. Während der Arbeit an seinen Berechnungen schrieb Dr. Maccabee die Einzelheiten jeder Sichtung auf. Mit jedem Foto fand er mehr Informationen und wurde interessierter.

Das erste Foto, das ich am 11. November 1987 gemacht habe, zeigt das UFO, wie es hinter dem Ast einer Kiefer im Vorgarten hervorkommt. Dies Foto war ein Fehler, den ich glücklicherweise gemacht hatte, denn ich hatte ein wenig zu früh abgedrückt, statt zu warten, bis das UFO hinter der Kiefer hervorgekommen war. Ich hatte nicht daran gedacht, daß gerade der Ast vor dem UFO ein wichtiges fotografisches Indiz war. Dr. Maccabee untersuchte das Foto und hielt es für sehr wichtig. Zusammen mit dem »Straßenbild« war es ein starker Hinweis, daß die Fotos weder Doppelbelichtungen waren noch Modelle, die an einem Faden ein paar Fuß vor der Kamera hingen. Seine erste Berechnung ergab, daß das UFO auf dem »Straßenbild« etwa 57 Meter von der Kamera entfernt war.

Es wurde elf Uhr nachts, bis das Niederschreiben und Berechnen im großen und ganzen fertig war. Bob Reid und Bruce

diskutierten über die merkwürdige Färbung des gesamten Films. Und wie konnte die Kamera ein so klares Bild bei so schwachem Licht produzieren? Ich wußte es nicht. Ich hatte nur die Kamera ausgerichtet und auf den Knopf gedrückt. Manchmal hatte ich einen Blitzwürfel, manchmal nicht. Vielleicht konnten sie die Kamera nehmen und herausfinden, warum.
Bruce meinte, die Belichtungszeit sei fast eine ganze Sekunde. Er und Bob waren schockiert, zu sehen, daß bei einer so langen Belichtung ein mindestens 25 Meter entferntes Straßenlicht auf den meisten Bildern gar nicht und auf andern nur sehr wenig verwackelt war. Jede Aufnahme zeigte auf den Testfotos auch unregelmäßige Farbtöne. Aus keinem erkennbaren Grund war ein Bild bläulich und das nächste, von derselben Stelle aufgenommen, bräunlich. Alle waren sich schließlich einig, die Ursache der Abweichung offiziell als unbekannt zu bezeichnen.
Das »Baumbild« zeigte auch die brennende Straßenlampe. Dr. Maccabee benutzte ein anderes Gerät, um zu messen, wieviel Lumen die Straßenlampe abgab, und verglich das mit dem Licht von dem UFO. Dr. Maccabee wollte nach der Rückkehr in sein Haus alle Ergebnisse dieser Tests fertigstellen.

Zwei Tage später erhielt ich einen Anruf von Charles Flannigan, der zusammen mit Dr. Maccabee die Winkel und Dimensionen am Schauplatz des »Straßenbildes« nachmaß. Ich schlug vor, den Vorfall für Foto Nr. 9 nachzustellen, damit Dr. Maccabee vor Ort messen und exakte Fragen stellen konnte.
Nach etlichen Dutzend Testfotos hatte Dr. Maccabee fast exakt den Standort des Lieferwagens und meine Position darin zur Zeit der Aufnahme festgestellt. Danach wurde ein 1,20 mal 2,50 Meter großes Stück Sperrholz an der errechneten Position des UFOs aufgestellt, etwa 57 Meter entfernt von uns auf der Straße. Wieder wurden viele Testaufnahmen gemacht, bis Dr. Maccabee überzeugt schien, daß er die nötigen Daten für seine weiteren Auswertungen hatte.

Am selben Abend fand ein weiterer Test ohne mich statt. Charles und Dr. Maccabee fuhren zum Soundside Drive, in der Nähe der Stelle, wo ich das »Straßenbild« gemacht hatte, um die Szene bei Nacht nachzustellen. Sie wollten die Beschaffenheit des UFO-Leuchtens untersuchen, das auf der Straße unter dem Objekt deutlich zu sehen ist.

Sie benutzten ein großes Flutlicht, richteten es auf die Straße und fotografierten das Leuchten aus verschiedenen Entfernungen und mit dem Licht in unterschiedlicher Höhe über der Fahrbahn. Die erste Schlußfolgerung war, daß das Leuchten auf Foto Nr. 9 von einer Energiequelle stammte, die möglicherweise tausendmal heller war als das im Test verwendete Flutlicht.

Am selben Abend kamen Dr. Maccabee und Charles Flannigan vor meiner Tür an, winkten aufgeregt mit einem Foto und zeigten zum Himmel. Sie hatten gerade das UFO gesehen und fotografiert. Ich stellte mich schnell zwischen sie und sah in die Richtung, die sie anzeigten. Das Foto zeigte ein orangefarbenes Licht, aber ich fand, es sah irgendwie komisch aus. Das Ganze war ein Trick, und kurz darauf erklärte Dr. Maccabee, wie er ihn gemacht hatte. Ich war enttäuscht und ein bißchen frustriert, aber ich verstand, daß dieser Fall von allen Seiten betrachtet werden mußte.

26. FEBRUAR 1988

16. Sichtung – MUFON-Kamera

Der Druck, das UFO mit der Spezialkamera von MUFON zu fotografieren, wurde mit jedem Tag stärker. Der zwölfte Tag seit dem letzten Ereignis war gekommen und ohne Sichtung vergangen.

Emotional waren Frances und ich gezwungen, auf den nächsten Besuch und die Gelegenheit zum Fotografieren zu hoffen. Diese radikale Wende von der Hoffnung, es würde uns in Ruhe lassen, war eine zusätzliche Belastung. Wir wurden gleichzeitig in zwei Richtungen gerissen.

Wir hatten es verzweifelt aufgegeben, jeden Abend hinten im Garten zu sitzen und darauf zu warten, daß wir das UFO sahen. Statt dessen beschlossen wir am Dienstag, dem 23. Februar, einen Park in der Nähe zu besuchen, von dem aus man den Santa Rosa Sound überblickt. Vielleicht würde das UFO sich über dem offenen Wasser zeigen. Gegen 21.00 Uhr nahmen wir die MUFON-Kamera und fuhren die anderthalb Meilen zu dem Pavillon an der Westseite des dicht bewaldeten Parks. Wir hatten einen klaren Blick nach Süden über den Sund nach Pensacola Beach, aber unsere Sicht nach Osten, Norden und Westen begann erst über den Bäumen.

Frances und ich setzten uns unter die Südecke des Pavillons und warteten. Wir sprachen über Unternehmungen der Familie, Ballspiele und dergleichen, und behielten den Himmel nervös im Auge. Nach zwei Stunden waren wir müde, verfroren und enttäuscht. Wir gingen. Am nächsten Abend versuchten wir es wieder und setzten uns noch einmal in den leeren Park, in der Hoffnung, die Kamera mit den vier Linsen einsetzen zu können. Wieder geschah nichts, kein UFO, kein Summen. Es schien vorbei zu sein. Einerseits waren wir erleichtert, andererseits enttäuscht und darauf gefaßt, daß die Skeptiker argwöhnisch reden würden, zum Beispiel: »Ich habe nicht geglaubt, daß sie das UFO mit der versiegelten, kontrollierten Kamera fotografieren könnten.«

Am Donnerstag abend sollte Don Ware vor einer örtlichen Erwachsenengruppe einen Diavortag über UFOs halten. Er lud uns ein, dabeizusein, und da wir es für nutzlos hielten, wieder in den Park zu gehen, nahmen wir an.

Ohne uns zu erkennen zu geben, saßen Frances und ich da und sahen Dons Vortrag zu, dann hörten wir die Fragen und Antworten. Eine spontane Umfrage wurde gemacht: »Glauben Sie, daß UFOs außerirdischer Herkunft sind?« Von den 80 Leuten im Raum hoben 75 die Hand für ja. Das war genau die Ermutigung, die wir brauchten, um es weiter zu versuchen.

Gegen 21.00 Uhr am nächsten Abend nahm ich die MUFON-Kamera und ging zu Frances. Sie sagte ohne Zögern: »Ich hole meinen Mantel.« Sie wußte genau wie ich, daß wir es wieder versuchen mußten.

Als wir in den Park kamen, war der Bereich um den Pavillon leer, aber ein paar Boote wurden die Rampe hochgezogen, während die Fischer sich auf den Heimweg machten. Die Geräusche davon hörten wir hinter uns, während wir unseren Stammplatz auf einer der Pavillonbänke einnahmen.

Wir saßen still und lauschten, wie das Wasser ans Ufer plätscherte und wie ein Schlepper seine Last den Küstenwasserweg entlangschob. Die letzten Fischerboote wurden auf ihre Anhänger geladen. Als sie die Straße hinauffuhren, wußte ich, wenn das UFO sich zeigen wollte, würde es warten, bis wir allein waren. Jetzt waren wir allein.

Frances saß dicht bei mir. Ich wußte, sie hatte Angst, aber sie würde mich nicht verlassen. Die Stille des Parks wurde von einigen Katzen gestört, die in den großen Müllcontainer sprangen und mit Krach und Radau nach Freßbarem suchten. Wir sagten nichts; wir warteten.

Ich starrte die Milchstraße an und geriet wieder einmal ins Staunen. Wir konnte der Raum einfach immer weitergehen? War das UFO von einem fernen Sternensystem? Vielleicht wäre eine Art Reise durch die Zeit die Antwort. Die Art, wie das UFO sichtbar und unsichtbar wurde, schien jede Vermutung möglich zu machen.

Frances stieß mich an: »Da. Guck, da drüben.«

Sie sah zu meiner Rechten hinüber, nach Westsüdwest. Ich folgte ihrem Blick, und da war es. Aber dies war ganz anders als das, was ich bisher fotografiert hatte. Ich konnte nur drei Reihen Lichter und ein Hecklicht sehen. Die Lichter gehörten eindeutig nicht zu einem Flugzeug, und es war lautlos. Obwohl nicht der erwartete Flugkörper, war es eine Art UFO.

Die Bäume im Westen verdeckten das UFO kurz, und ich sauste zum Rand des Waldes hinüber, um am nächsten Baum vorbeischauen zu können. Das UFO bewegte sich langsam über den Himmel; deshalb nahm ich an, daß es sehr groß und sehr weit weg sei. Ich sah durch den Sucher der Kamera, und da wirkte diese seltsame Anordnung von Lichtern noch entfernter. Ich beschloß, daß das unwichtig sei. Ich mußte dieses UFO fotografieren, obwohl es anders war und weit weg schien. Es konnte meine einzige Chance sein.

Ich begann, auf den Auslöser zu drücken, und machte ein Foto nach dem anderen, während das UFO weiterglitt. Frances war zurückgegangen und sagte immer wieder, die Lichter seien so klar, daß das UFO nicht über 300 Meter entfernt sein könnte, wie ich gesagt hatte. Ich fotografierte immer noch und beharrte darauf, es müßte riesig sein; ich schwor, jeder in Gulf Breeze müßte diesen überwältigen Anblick sehen können.

Es erschien mir sehr groß, und ich war überzeugt, als ich das merkwürdige Wabern der Luft um das UFO herum bemerkte. Es mußte seine enorme Größe sein, die sich so auf die Luft auswirkte. Nichts, das Frances sagte, konnte mich von etwas anderem überzeugen. Ich belichtete alle zehn Bilder, die in der Kamera waren (Foto Seite 295). Genau wie die UFOs, die ich so oft zuvor fotografiert hatte, wurde dieses plötzlich unsichtbar. Mit Frances neben mir zog ich mich zum Pavillon zurück. Wir schauten über den Parkplatz und sahen genau das, was wir erwarteten. Niemand war da; der Park war leer.
Ich war aufgeregt darüber, den Druck mit der MUFON-Kamera los zu sein, und als wir heimkamen, machte ich mehrere Skizzen, damit ich später eine bessere Zeichnung anfertigen konnte. Die Lichterreihen waren orange, und ich hielt sie für Bullaugen. Von der Seite des zigarrenförmigen Rumpfes standen größere, orangefarbene Halb-Untertassen ab. Die atmosphärische Störung ging vom UFO aus und umgab es ganz. Dieses Wabern ähnelte den Hitzewellen, die an einem Sommertag von einer Asphaltstraße aufsteigen.

26. Februar 1988 – Frances' Bericht

Seit Bob Ed die Spezialkamera gegeben hatte, wußte ich, unter welchem Leistungsdruck er stand. Widerwillig hoffte ich auf eine Sichtung. Wir hatten uns einige Mühe gemacht, nach dem UFO zu schauen. Jeden Abend saßen wir draußen, und wenn wir aufgaben, waren wir bis auf die Knochen durchgefroren. Unsere Abende auf Wacht hatten uns nichts eingebracht. Als Ed unsere Jagdgründe in den südlichen Shoreline Park verlegte, bot er an, allein zu gehen, denn er weiß, wie ich Frieren hasse. Das konnte ich auf keinen Fall zulassen. Ich packte mich einfach warm ein und kam mit.
Im Park hatten wir nicht einmal die Annehmlichkeiten des

Hauses in Reichweite, um die Stunden des Sitzens und Schauens zu erleichtern. Frierend und entmutigt dachten wir viele Male daran aufzugeben. Wir kamen aus reiner Entschlossenheit wieder, und schließlich wurden wir am Abend des 26. Februar mit der Erscheinung einer dreifachen Lichterreihe belohnt.

Dies war ganz anders als jedes UFO, das wir bisher fotografiert hatten; dafür ähnelte es auffallend jenen Lichtern, die er an dem Abend, als wir zu Carl fuhren, als Flugzeug über Eglin AFB identifiziert hatte. Nun, da wir im Freien standen und besser sahen, wußte ich, daß dies kein Flugzeug war. Da waren keine Radarlichter, kein Laut; und kein Flugzeug, das ich je gesehen hatte, hatte drei parallele, waagerechte Fensterreihen und ein großes, rundes Licht, das den Heckteil der Maschine zu bedekken schien.

Ich folgte Ed zum Waldrand, wo er stand und fotografierte. Er sagte immer wieder, das UFO sei riesig, aber ich war nicht so sicher. Die Lichter waren ganz klar und deutlich. Ich konnte jedes einzeln leuchten sehen. Da meine harten Kontaktlinsen Lichtern bei Nacht einen »Heiligenschein« geben, besonders entfernten, meinte ich, daß das UFO viel näher und deshalb viel kleiner war.

Während Ed weiterfotografierte, ging ich zurück, denn ich dachte, dann würde das UFO höher über den Bäumen erscheinen. Obwohl ich fast bis zum Pavillon ging, blieb das UFO gerade über den Baumwipfeln. Für mich bedeutete das, daß es ziemlich nahe sein mußte, denn ein entfernter Gegenstand hätte höher wirken müssen, je weiter ich von den Bäumen entfernt war.

Ich versuchte, Ed zu sagen, was ich dachte, aber er war eisern. Ich bestand nicht darauf; ich war einfach dankbar, daß etwas erschienen war, das er fotografieren konnte, damit der Druck von MUFON gemildert wurde.

Als wir heimkamen, versuchte Ed, Charles Flannigan anzurufen, aber niemand nahm ab. Nun, da die Kamera benutzt worden war, wollten wir sie so rasch wie möglich jemandem von MUFON zurückgeben. Vielleicht konnten wir dann UFOs und Ermittler vergessen und unser Leben weiterleben.

3. MÄRZ 1988

Weitere Zeugen

In der Nacht des 26. Februar und auch in den darauffolgenden Tagen wurden weitere UFO-Sichtungen gemacht. Hier kurze Berichte darüber aus dem *Sentinel*:

John Fletcher fuhr letzten Sonntag (28. Februar) um 21.45 Uhr gerade vom Strand nach Gulf Breeze zurück. Als er die Bob-Sikes-Brücke in nördlicher Richtung überquerte, bemerkte er sonderbare Lichter zu seiner Rechten, über dem Meeresarm. »Ich habe mein ganzes Leben am Wasser verbracht und habe nie zuvor etwas Derartiges gesehen«, sagte er über seine Sichtung. Er beschrieb »komisch golden-bernsteinfarbige Lichter«, die einen Kreis bildeten; sie schienen rund 7,50 Meter über dem Wasser zu sein, etwa 25 Meter vor der Nordküste des Meeresarmes.

Er fuhr langsamer, um die Lichter zu beobachten, und bemerkte, daß die Lichter sich anscheinend in einer langsamen Kreisbewegung drehten. Er sah ungefähr sechs vollständige Umdrehungen, bevor die Lichter eines nach dem anderen ausgingen. Er schätzte den Durchmesser des Lichterrings auf sechs Meter.

Letzten Dienstag (1. Mai) gegen 20.00 Uhr war Debra Kneff auf dem Heimweg von Pensacola. Als sie am Supermarkt »Food World« vorbeikam, bemerkte sie ein »gelbliches Licht« am Himmel »oberhalb der Bäume, aber nicht so hoch wie ein Flugzeug. Es war größer und heller als ein Stern und bewegte

sich langsam über den Himmel«, berichtete sie. »Ich wußte nicht, was es war, aber ich wußte, daß es kein Flugzeug war.«
Während Debra auf dem Highway 98 in Richtung Osten fuhr, bewegte sich das Licht nach Norden über die Straße hinweg auf die Bucht zu. Obwohl sie sehr erschrocken war über das, was sie sah, bog sie nach links ab auf den College Parkway und fuhr bis zum Ende der Straße; dort sah sie zu, bis das Licht über der Bucht »verschwand«.

Ein fünfzehnjähriger Schüler der High School von Gulf Breeze war am Freitag abend (26. Februar) mit mehreren Freunden am Strand. Einer der Freunde machte die anderen auf ein paar merkwürdige Lichter aufmerksam, die über Gulf Breeze zu schweben schienen. Die Gruppe beobachtete die Lichter eine Weile, bis sie sich außer Sichtweite bewegten. Die Jugendlichen konnten keine bestimmte Form erkennen und waren nicht in der Lage, weitere Details zu liefern.

Der siebzehnjährige Chris Poole, ein Schüler der High School von Gulf Breeze, war gegen 20.30 Uhr (26. Februar) bei McDonald's, als ein paar Freunde auf den Parkplatz fuhren und berichteten, vom Highway 98 aus sei ein UFO zu sehen. Er ging hinaus, um mit sechs anderen Schülern aus Gulf Breeze nach dem UFO zu schauen. Sie beobachteten alle ein großes, gelbes Licht, das »ziemlich nah am Boden« über der Bucht zu schweben schien.

Das Licht wurde heller, verdunkelte sich dann und ging ganz aus. Als es einige Augenblicke darauf wieder erschien, war das Licht in einer leicht veränderten Position. Die Schüler sahen etwa zehn bis fünfzehn Minuten lang zu, bis das Licht verschwand.

4. MÄRZ 1988

Fotos von der MUFON-Kamera

Die außergewöhnlichen Vorsichtsmaßnahmen in Verbindung mit der MUFON-Kamera wurden fortgesetzt. Es war geplant, die Kamera zu öffnen, den Film zu entwickeln und Abzüge zu machen – alles in Gegenwart von Journalisten und Fernsehreportern, die jeden Augenblick aufzeichnen sollten. Diese Vorsichtsmaßnahmen sollten jeglichem späteren Einwand vorbeugen, der Film sei möglicherweise ausgetauscht worden.

Die Pressekonferenz, bei der die Kamera geöffnet werden sollte, war auf den 4. März, 10.00 Uhr, beim Coast Photo Service, einem Fotolabor, angesetzt. Walter Andrus, der Internationale Direktor von MUFON, war von Texas hergeflogen und sollte verantwortlich sein. Frances und ich sollten dabeisein, aber der Gedanke an all diese Kameras und Reporter machte uns zu nervös. Wir teilten den MUFON-Reportern sowie Duane und Dari mit, wir würden in einem Schnellrestaurant warten.

Nachdem ich dem MUFON-Team die Kamera zurückgegeben hatte, bereitete ich eine Empfangsbestätigung vor, die belegte, daß die Negative mir gehörten. Ich wollte nicht nur sichergehen, eine Serie der Fotografien zu erhalten, sondern ich wollte auch eine gewissen Kontrolle darüber haben, was mit ihnen geschah. Deshalb ersuchte ich auch darum, daß eine Serie der Abzüge und Negative Dr. Bruce Maccabee zugesandt würde, der meiner Meinung nach die ausgewiesene Befähigung hatte, eine unanfechtbare Analyse zu erstellen.

Im Restaurant angekommen, bestellten Frances und ich Kaffee und warteten in einer Nische. Ich hatte angenommen, daß es ungefähr eine halbe Stunde dauern würde, bis die Reporter kommen und uns die Ergebnisse zeigen könnten. Fast eineinhalb Stunden später trat Dari Holston über das ganze Gesicht strahlend herein. »Es ist da. Es ist klein, und fast hätten sie's nicht gesehen, aber es ist da. Es muß weit weg gewesen sein. Sie haben es zweimal vergrößert. Ich dachte mir, daß Sie es gleich wissen wollten. Da ist es. Sie sind Vater geworden.«

Dari hatte recht. Wir hatten dagesessen wie in einem Wartezimmer, aber anstatt zu fragen, ob es ein Junge oder ein Mädchen sei, fragten wir: »Ist es da?« und »Was ist es?«

Je mehr Reporter eintrafen, desto aufgeregter wurden die Gespräche. Ich war aufgeregt, weil sie es waren. Die lebhafte Unterhaltung drehte sich um das Flugobjekt; die Bezeichnung »Mutterschiff« kam auf und sprang von einer Gruppe unserer Leute auf die nächste über. Ziemlich bald hatte der Ausdruck »Mutterschiff« sich eingebürgert.

Inzwischen war es fast Zeit zum Mittagessen. Charles Flannigan fragte, ob er ein Treffen zwischen Frances und mir und einigen der Forscher, einschließlich Walter Andrus, arrangieren dürfe. Wir waren alle einverstanden, uns nach dem Mittagessen bei Charles zu treffen.

4. März 1988 – Frances' Bericht

Als Ed und ich am vereinbarten Treffpunkt eintrafen, war der Parkplatz voller Autos und Reporter gewesen. Das steigerte noch unsere Aufregung, so daß wir uns zurückzogen und – stundenlang, wie mir schien – auf die Ergebnisse warteten, am Kaffee nippten und uns besorgt fragten, warum es so lange dauerte. Endlich war Dari, die wußte, wie gespannt wir sein würden, gekommen, um uns zu informieren.

Etwa eine halbe Stunde später trafen Duane und die Reporter ein, und Ed und ich bekamen zum ersten Mal ein Bild des Flugobjekts zu sehen, das er fotografiert hatte. Es zeigte kaum mehr als eine Anordnung von Lichtern. Der Umriß war nicht zu erkennen, und es gab keinen sichtbaren Beweis für die atmosphärische Störung, die wir gesehen hatten.

Ich nehme an, die Qualität der Bilder hätte mich nicht überraschen sollen. Es war so dunkel gewesen und die Lichter so klein.

Trotzdem war ich enttäuscht. Meine Enttäuschung hielt nicht lange an. Alle anderen waren so aufgeregt – es war anstekkend. Und schließlich war es Ed tatsächlich gelungen, etwas zu fotografieren.

Walter Andrus hatte darum gebeten, sich mit uns gegen 13.00 Uhr bei Charles zu treffen. Es sollte mein erstes richtiges Treffen mit ihm werden. Als Walter früher bei uns gewesen war, hatte ich nur ein oder zwei Fragen beantwortet und mich dann entschuldigt.

An jenem Nachmittag waren viele Leute bei Charles – Walter, Bob Reid, Gary Watson und natürlich Charles sowie Charles' Frau und, glaube ich, zwei erwachsene Kinder von irgend jemandem. Sie nahmen nicht teil an dem Treffen, so daß ich sie nicht richtig kennenlernte. Zuerst untersuchten wir die Fotos und – sehr gründlich – die Negative.

Die Frage nach Größe und Entfernung des Flugobjekts wurde gestellt. Ed wiederholte noch einmal seine Überzeugung, das Objekt sei groß und weit entfernt gewesen. Wenn auch ohne große Autorität, sagte ich, ich sei mir da nicht so sicher. Mein Kommentar wurde mit einem höflichen Nicken quittiert und dann übergangen. Alle außer Walter Andrus hatten offenbar schon beschlossen, daß dies ein »Mutterschiff« sei. Sie hatten schon angefangen, es so zu nennen.

Angesichts ihrer Sicherheit begann ich meine eigene Theorie in Zweifel zu ziehen und verfolgte sie nicht weiter. Vielleicht

täuschte ich mich, und sie hatten recht. Schließlich hatten sie wesentlich mehr Erfahrung in diesen Dingen als ich. Wer war ich denn, daß ich ihnen widersprach? Nachts sehe ich nicht besonders gut, und ich bin schlecht im Schätzen von Entfernungen. Eines wußte ich allerdings genau: Das UFO muß, wenn es nicht nah war, wirklich riesenhaft gewesen sein, sonst hätte ich es nicht so deutlich sehen können, wie ich es gesehen habe.
Als wir mit dem Betrachten der Fotos fertig waren, setzten wir uns um Charles' Eßtisch und redeten. Ed erzählte ihnen, daß er den Lügendetektortest absolviert und bestanden habe. Er fragte Charles und Walter, die beide von UFO-Sichtungen berichtet hatten, ob sie wie er gebeten worden seien, sich einem Lügendetektortest zu unterziehen, um ihre Erfahrungen zu überprüfen. Wie erwartet war keiner von ihnen darum gebeten worden, noch hatten sie je einen solchen Test gemacht. Ed empfahl ihnen, sich das niemals anzutun.
Wir redeten mehrere Stunden, riefen uns die Sichtungen in Erinnerung, und ich äußerte meine Gedanken und Gefühle über alles. Walter nutzte ausführlich die Gelegenheit, mit mir persönlich zu sprechen, und ich beantwortete jede seiner Fragen. Ich teilte Walter und den anderen mit, ich hätte vor, in Zukunft jedesmal dabeizusein, wenn Ed mit einem von ihnen zusammenträfe. Wenn er sich allein mit ihnen traf, konnten sie ihn zu allem und jedem überreden. Ich hatte die Absicht, dafür zu sorgen, daß das nicht geschah. Ich wollte der ganzen Aufregung der letzten Monate ein Ende machen.
Bevor die Zusammenkunft vorüber war, bat Walter Ed ernsthaft, eine hypnotische Regression in Erwägung zu ziehen, und wieder wurde von der Möglichkeit einer Computer-Tomographie gesprochen. Dann fragte er uns wegen des Buches. Ich sagte ihm, daß – sollte es ein Buch geben – wir es in lesbarer, aber wissenschaftlicher Weise gehandhabt wissen wollten, ohne die geringste Sensationsmache. Wir konnten uns leicht vorstellen, wie einige Vorkommnisse verzerrt dargestellt wer-

den könnten, und wollten nichts Derartiges dulden. Walter war vollkommen einverstanden.

Wir blieben lange bei Charles und kamen gerade noch rechtzeitig heim, um den UFO-Dokumentarfilm zu sehen. WEAR-TV sendete an diesem Abend um 20.00 Uhr *Die Sichtungen*. Wir stellten den Videorecorder an, obwohl Ed von ABC Kopien des Programms bekommen sollte.

Ungefähr bei der Hälfte der Sendung wünschte ich, wir hätten Duanes und Daris Einladung angenommen, mit ihnen auf eine Party im Ort zu gehen, die den Schlußpunkt eines monatelangen Engagements für die Krebs-Vereinigung bildete. Sie hatten geplant, Fernseher aufzustellen, so daß die Leute den Dokumentarfilm sehen könnten. Es wäre interessant gewesen, zu sehen, wie unsere Mitbürger auf das, was sie sahen, reagierten. Wenigstens würden Duane und Dari mir später berichten, was die Leute gesagt hatten. Ich hoffte nur, es würde etwas Freundliches sein.

5. MÄRZ 1988

Berichterstattung der Medien über den Film aus der MUFON-Kamera

Ich war früh auf und begierig, das *Pensacola News-Journal* zu lesen. Eine Titelgeschichte von Michael Burke berichtete über die Ergebnisse der Pressekonferenz am Tag zuvor:

> Die Spannung war groß, als eine Horde von Reportern, Fernsehkameraleuten und UFO-Forschern sich aufgeregt schnatternd zusammendrängte, um die Öffnung der versiegelten Kamera mitzuerleben.
>
> Die Versammlung trug alle Zeichen eines klassischen Medienereignisses: dramatischer Aufbau, lange Wartezeit, während der Film entwickelt wurde, und – ja – ein Geheimnis, das es zu lüften galt. Als aber am Freitag morgen das Wachssiegel an der Kamera gebrochen und die Fotografien entwickelt wurden, waren die Ergebnisse interessant – jedoch nicht abschließend.
>
> Ein anonymer Geschäftsmann aus Gulf Breeze hatte mit der versiegelten Vier-Linsen-Kamera, die ihm UFO-Ermittler zur Verfügung gestellt hatten, tatsächlich ETWAS fotografiert. Aber es hatte nicht die Form des mutmaßlichen Raumschiffs, das er in mehr als 25 früheren – größtenteils mit seiner eigenen Polaroid-Kamera aufgenommenen – Fotografien vorführte.
>
> Dieser Film, der während der Pressekonferenz bei Coast Photo Service in Warrington entwickelt wurde, zeigte ein

kleines, entferntes Objekt, das – vergrößert – annähernd einem beleuchteten Luftschiff, Flugzeug oder Raumschiff ähnelte. Das dünne, ellipsenförmige Objekt war hauptsächlich durch Lichtflecken vor dem schwarzen Hintergrund der Nacht definiert, von denen ein paar wie Bullaugen aussahen.

Der anonyme Geschäftsmann, hier Jim genannt, hatte Ermittlern des Mutual UFO Network (MUFON), einer privaten Gruppe von UFO-Forschern, erzählt, er habe mit ihrer versiegelten Kamera in der Nacht des 26. Februar an der Südseite des Shoreline Park in Gulf Breeze zehn Fotografien gemacht.

Vorher hatte der Geschäftsmann den Ermittlern eine Reihe detaillierter Fotografien und ein Videoband gezeigt, die ein Raumschiff oder eine Gruppe von Raumschiffen darzustellen scheinen. Jim sagte, einige seien aus einem geschätzten Abstand von 60 bis 90 Meter gemacht. Jim behauptete, er habe die UFOs bei 16 verschiedenen Gelegenheiten fotografiert, angefangen mit seiner ersten Sichtung am 11. November vor seinem Haus in Gulf Breeze. Um die Glaubwürdigkeit der anderen von Jim aufgenommenen Fotos zu überprüfen, legten die MUFON-Ermittler selbst einen Film in ihre dreidimensionale Spiegelkamera ein und ließen die Kamera mit Wachs versiegeln.

Die Kamera wurde Jim überreicht mit dem Auftrag, sie zu benutzen, falls er das Raumschiff sehen sollte.

Nachdem Jim die Fotos letzte Woche geschossen hatte, erhielt MUFON die Kamera zurück und arrangierte ihre Öffnung vor der Presse. Bevor die Kamera geöffnet wurde, räumte Walter Andrus jr., der Internationale Direktor von MUFON, ein, daß mit Jims ursprünglicher Polaroid-Kamera eine Doppelbelichtung gemacht worden sein könnte. Doch er fügte hinzu: »Wir haben festgestellt, daß sich die 25 Originalfotografien als sehr solide erweisen, was ihre Glaubwürdigkeit angeht.«

Als Jim die Fotos machte, waren keine MUFON-Ermittler bei ihm. Und sie haben das Raumschiff selbst nicht gesehen, obwohl sie Jims Haus neun Nächte lang überwachten. Andrus erklärte jedoch den Reportern, die Fotografien, die mit der MUFON-Kamera gemacht wurden, seien »unter wissenschaftlichen, kontrollierten Bedingungen entstanden, ohne die geringste Möglichkeit für Fälschung, Montage, Doppelbelichtung oder etwas Ähnlichem. Das macht die Sache so bedeutsam«, sagte er. Nachdem am Freitag die neuen Fotos vergrößert wurden, sagte Andrus, MUFON würde etwa sieben Tage brauchen, um sie genau zu analysieren. Andrus' bislang einziges Ergebnis: »Er hat tatsächlich etwas am Himmel fotografiert.«

Am darauffolgenden Donnerstag, dem 10. März, traf die nächste Ausgabe des Wochenblattes *Sentinel* an den Zeitungsständen ein. Ein Artikel von Diana K. Hansen handelte von der Öffnung der Kamera.

Die Berichte von den UFO-Sichtungen in Gulf Breeze halten die ganze Stadt in Atem. Als eine Pressekonferenz einberufen wurde, bei der vor Zeugen die versiegelte Kamera geöffnet werden sollte, versammelte sich eine Menge von vielleicht 30 Fotografen, Autoren, Nachrichtensprechern, MUFON-Mitgliedern und »UFOlogen« im Coast-Photo-Geschäft in der Barrancas Avenue, um zuzusehen.
Die Kamera war eine Nimslo 3-D, die »Ed« von den MUFON-Ermittlern zur Verfügung gestellt worden war. Vor wenigen Tagen hatte er etwas fotografiert, das er für ein wesentlich größeres UFO hielt als die auf den früheren Fotos.
Der Internationale Direktor von MUFON, Walt Andrus, sprach die Presse an: »Dies ist das erste Mal seit Beginn der Geschichtsschreibung, daß wir die Gelegenheit hatten, so nah mit einem Zeugen zusammenzuarbeiten, während die

Sichtungen andauerten... Die Wahrscheinlichkeit lag bei eins zu einer Million, daß wir etwas auf den Film bekommen würden, aber nun sind wir hier.« Er fügte hinzu: »Wir wissen nicht, ob sich irgend etwas auf diesem Film zeigen wird. Es kann so vieles schiefgehen.« Da die Kamera noch immer mit Wachs versiegelt war, konnten die Zuschauer den gesamten Prozeß der Entnahme des Kodak-Films, des Entwickelns und Abziehens mit eigenen Augen bezeugen.

Als die Bilder das gesamte Verfahren durchlaufen hatten, konnten Reporter kleine Lichter auf den dunklen Abzügen erkennen. Vergrößerungen wurden gemacht, um so viele Details wie möglich herauszuholen.

Der *Sentinel* druckte eine der Fotografien, auf der ich mit einem Stift das Schiff und die Lichter umrandet hatte. Sie berichteten auch, daß an dem Abend, als die Kamera geöffnet wurde, eine weitere Sichtung stattgefunden hatte. Der Artikel war von Robin Fuchek geschrieben, die zusammen mit ihren Kindern Connie (elf), Loren (neun) und Allen (acht) das UFO gesehen hatte.

Angeregt von etwas am Himmel über Tiger Point am 4. März 1988 um 18.45 Uhr. Dies sahen wir von Ceylon Drive aus, auf dem Weg von Sabertooth Circle nach Tiger Point Boulevard: Durch die Baumwipfel erschien eine Art großer Himmelskörper.

Nachdem wir die Bäume hinter uns gelassen hatten, schien es sich zu bewegen. Ich hielt an, um nachzusehen, und es glitt weiter über den Himmel – ein gleichmäßiges, ovales, orangefarbenes Licht. Wir beobachteten es mehrere Sekunden lang, und es hatte keine blinkenden Positionslichter oder Tragflächenlichter, wie sie ein Flugzeug oder Hubschrauber hätte. Zwischen uns und dem Objekt standen keine Bäume, aber es verschwand und erschien dann wieder. Dann begannen plötzlich auf einer Seite des orangefarbenen Leuchtens einige verschiedenfarbige Lichter schnell zu blinken, und wenige Sekunden später verschwand das ganze Ding wieder. Wir hatten für diesen Abend Karten für *Disney on Ice* (eine Eisrevue), und ich fuhr weiter mit den Worten: »Tja, es ist weg – fahren wir.« Als wir auf den Tiger Point Boulevard einbogen, schrien die Jungs auf dem Rücksitz: »Nein, es ist überhaupt nicht weg – es verfolgt uns.« Loren sagte: »O Gott – es fliegt überall rum.« Sie beschrieben die Bewegungen als schwankend, aber anscheinend immer noch hinter dem Auto herjagend. Sie wollten, daß ich schneller fuhr, um ihm zu entkommen, aber es tat uns nichts.

7. MÄRZ 1988

Neue Polaroid gekauft

Unsere Entscheidung mußte endgültig sein. Diese Konzentration der Medien auf alles, das uns widerfahren war, mußte ein Ende haben. Selbst wenn das UFO blieb, brauchten wir die Dinge nicht dadurch zu erschweren, daß wir uns der öffentlichen Neugier aussetzten. Die einzige Frage, die an dieser Entscheidung noch hing, war: Würde ich Fotos machen, wenn ich Gelegenheit hatte? Einfach fotografieren und es niemandem sagen? Und wenn ja, sollte ich dieselbe alte Polaroid 108 benutzen? Sie war kritisiert worden, weil man mit ihr Doppelbelichtungen machen konnte.

Ich dachte an eine 35-mm-Kamera, aber sie hatte auch Nachteile. Erstens waren Doppelbelichtungen immer noch möglich. Zweitens mochten mehr Einzelheiten sichtbar sein, aber ich müßte die Entwicklung und die Abzüge irgendwo machen lassen. Ich konnte mir den Ausdruck in den Augen eines Angestellten in einem Fotogeschäft vorstellen, wenn er einen Film mit UFOs entwickelte. Nein, das ging auf keinen Fall. Die nächstbeste Lösung war, ein neueres Polaroid-Modell zu kaufen, das beim Drücken des Auslösers automatisch das Bild ausstößt, so daß man beim Entwickeln zusehen kann. Sollte ich ein Bild aufnehmen, dann lieber eines, bei dem die Experten keine »Manipulation« behaupten konnten.

Ich hatte mehrfach gehört, daß eine »Überlagerung« von Dr. Robert Nathan ausgeschlossen worden war. Dr. Nathan hatte anscheinend die Originale, die Duane Cook ihm im Dezember 1987 gebracht hatte, auf eine Überlagerung hin geprüft und Dr. Maccabee mitgeteilt, daß die Originalfotos keine Überlagerungen waren. Aber Dr. Nathan hatte die Frage der Doppelbelichtungen nicht angesprochen.

Es gab keine Möglichkeit, die alle vollständig zufriedenstellte, und das wußte ich. Aber vielleicht half eine andere Kamera. Also gingen Frances und ich in ein Kaufhaus und kauften eine Polaroid-Sun-600 mit automatischem Blitz. Da wir beschlossen hatten, keine weiteren Bilder zu zeigen, die wir eventuell aufnahmen, und keine weiteren Berichte zu machen, hätte ich mir nicht einmal diese Mühe machen sollen, aber trotzdem war es das beste, wenn diese neue Kamera die Frage der Doppelbelichtungen lösen konnte.

Die neue Sun-Kamera war beim Abendessen noch in ihrer Schachtel auf meinem Schreibtisch. Die Unterhaltung war normal; sie drehte sich um Veranstaltungen in der Schule und dergleichen und mischte sich mit dem Fernsehton, der aus dem Wohnzimmer kam. Plötzlich ging ein rasches Summen rechts durch meine Stirn. Etwa vier oder fünf Sekunden lang hörte ich nur das Summen.

Ich sah auf zu Frances und sagte: »Ich habe gerade ein Summen gehört.«

Sie fragte schnell: »Hörst du es jetzt nicht?«

Ich sagte nein, dann waren wir still und aßen weiter. Ich hatte das Gefühl, wenn ich aufgestanden und draußen nachgeschaut hätte, wäre das UFO dagewesen.

Zuerst waren wir ein bißchen nervös, aber als die Stunden vergingen, waren wir zufrieden mit dem Gedanken, daß ich es ignoriert hatte und nichts geschehen war. Wenn ich mich weiter weigerte, auf das UFO zu reagieren, würde es vielleicht weggehen.

Gegen 23.30 Uhr lag ich wach, als ich wieder das Summen hörte. Zweimal ging das Summen fünf Sekunden lang durch meinen Kopf, dann eine Pause von drei oder vier Sekunden, dann ein weiteres Summen von fünf Sekunden. Dann sagte eine ruhige, tiefe Stimme: »Sehaas. Sehaas.«

Ich flüsterte Frances zu, was ich gerade gehört hatte, und wollte mich aufsetzen. Frances faßte mich am Arm und zog mich zurück. Ich kroch zu ihr hinüber und dachte, sie würde etwas sagen. Sie sagte nichts, sondern schlang schnell ihre Arme und Beine um mich. Es hätte zwar einige Kraft gekostet, aber ich hätte mich von ihr losmachen können – doch ich verstand die Botschaft und leistete keinen Widerstand. Wenn sie nicht wollte, daß ich hinausging und das UFO konfrontierte, dann würde ich es nicht tun. Aber wieder war das Gefühl mächtig, daß es da draußen war, auf mich wartete und mich nach draußen rief.

Frances hielt mich stundenlang, bis ich schließlich fühlte, wie ihre Umklammerung sich lockerte und ihr Atem vom Schlaf tief wurde. Sie hatte recht. Wir waren uns einig geworden, das UFO zu ignorieren, aber ich wurde zerrissen. Die Gegenwart des UFOs bewirkte, daß ich zu ihm gehen wollte, sehen, was es wollte, und es fotografieren – aber die Kraft meiner Familie war stärker. Ich wußte, mit Frances an meiner Seite konnte ich durchhalten.

8. MÄRZ 1988

17. Sichtung – Das Geißblatt-Bild

Mit jedem Tag wurde mir klarer, daß eine Menge Leute (besonders Leute, mit denen ich geschäftlich zu tun hatte) erraten hatten, daß ich der so oft in der Zeitung erwähnte »Herr Ed« war. Mehrere Hypotheken- und Immobilienmakler hatten Andeutungen über ihren Verdacht gemacht und geglaubt, ich würde vielleicht mit ihnen über das UFO reden. Meine Standardantwort war, das UFO-Phänomen sei sehr interessant, und auch ich würde gern mehr darüber lernen. Meine Tochter hatte sich beklagt, daß ein paar Mitschüler ihr erzählt hätten, ihre Eltern hielten ihren Vater für »Herrn Ed«. Sie ging immer einfach weg und sagte nichts. Sie verstand nicht, daß ich meine Identität zum Teil geheimhalten mußte, um sie vor direkter Konfrontation zu schützen. Wenn es offiziell wurde und die Presse meinen Namen veröffentlichte, wäre der Ansturm der Medien nicht mehr zu bremsen.

Die Probleme mit der Abschirmung meiner Familie vor Reportern, Ermittlern und öffentlicher Neugier waren schwierig, aber die ständigen Besuche des UFOs waren ein Problem, das sich meiner Seele zu bemächtigen schien. Ich saß in meinem Büro und überdachte die vergangenen vier Monate, wie das UFO über unser Leben hereingebrochen war. Es gab eine geheime Verbindung, die ich weder leugnen noch verstehen konnte, eine Verbindung, die das UFO immer wieder kommen ließ.

Im stillen sagte ich zu mir selbst: »Sehaas, Sehaas? Was bedeutet das?« Da begann plötzlich ein Summen in meinem Kopf. Ich bewegte mich nicht und lauschte dem Summen, das mir ruhig quer über die Stirn glitt.

Die neue Sun-600-Kamera wartete darauf, daß der erste Film eingelegt wurde, und das tat ich, während ich langsam durch die Küche zur Hintertür ging. Frances war mit Hühnchenbraten beschäftigt und achtete nicht auf mich, als ich vorbeiging. Es fiel ein leichter Nieselregen. Es war 17.30 Uhr.

Ich ging ans hintere Ende des Schwimmbeckens und schaute über das offene Feld. Die Straßenlampen brannten auf dem Parkplatz hinter der Schule. Die dichte Decke von Regenwolken hätte eine ganze Luftwaffe verstecken können, aber ich suchte nicht nach einem gewöhnlichen Flugzeug. Das Flugobjekt, das mich rief, war besonders, und auf einmal war es da, links von mir, etwa 90 Meter hinter zwei Kiefern. Ich konnte sehen, daß es von einem der Bäume teilweise verdeckt wurde. Ich nahm mich zusammen und holte tief Luft.

Ich mußte an den hinteren Zaun zu einer Geißblattranke gehen, um einen freien Blick zu bekommen. Die Szene war sehr deutlich vor meinen Augen; aber als ich das UFO mit dem Sucher ins Bild bekommen wollte, konnte ich die Bäume nicht sehen, weil die Dunkelheit durch die Kamera noch tiefer wirkte.

Da ich die Kamera noch nie benutzt hatte, fingerte ich am Auslöser herum, aber schließlich machte ich das Foto Nr. 35. Als ich vom Sucher aufsah, war das UFO nicht da. Das Bild kam sofort heraus, und ich versuchte, es vor dem Regen zu schützen – ich wußte nicht, daß dieser neue Film durch eine Plastikbeschichtung wasserdicht ist. Als ich in die Küche zurückging und Frances das Bild zeigte, war sie gleichzeitig gespannt und aufgeregt. Wir studierten das Bild und stellten schnell fest, warum ich das UFO nicht gesehen hatte, als ich wieder aufblickte. Es war steil nach oben geschossen, so daß Lichtstreifen auf dem Foto waren. Es war fortgezischt, während der Film belichtet wurde.

Diese Aufnahme war ganz ähnlich wie Foto Nr. 21, das ich mit Duane Cook gemacht hatte. Ich erinnerte mich, daß es auch genieselt hatte, als ich Foto Nr. 21 schoß. War da ein Zusammenhang?

Wären die Lichtstreifen nicht dagewesen, so hätte ich das Bild weggelegt und niemandem davon erzählt, denn ich hatte beschlossen, keine neuen Sichtungen mehr anzugeben. Stattdessen rief ich Bruce Maccabee an.

Ich erzählte ihm das Ereignis und das daraus resultierende Foto und meinte, ich würde diese Sichtung nur dann dem Ermittlungsteam melden, wenn es nicht in die Nachrichten käme. Fotos in den Zeitungen bewirkten endlosen Aufruhr. Dr. Maccabee empfahl mir, dieses und eventuell folgende Bilder nicht zu veröffentlichen.

Am Ende unseres Gespräches schlug er vor, jetzt, da ich zwei Polaroid-Kameras hatte, könnte ich vielleicht eine Stereoaufnahme von dem UFO machen. Er erklärte schnell, wie die Kameras aufgestellt werden konnten. Ich hörte höflich zu, obwohl ich nichts damit zu schaffen haben wollte, die Sichtungen zu provozieren. Aber es war eine faszinierende Idee, und während ich versuchte, die Anleitung zu einer Stereokamera zu ignorieren, wußte ich, daß ich es vielleicht doch versuchen würde.

9. MÄRZ 1988

Dr. Maccabees »Stereokamera«

Dr. Maccabees Vorschlag, ich sollte zwei Kameras parallel zueinander zusammenmontieren, nur für den Fall, daß ich noch einmal Gelegenheit hätte, einen Schnappschuß vom UFO zu machen, gefiel mir nicht. Zuerst wollte ich diese Idee ablehnen, doch hörte ich mir Dr. Maccabees Erklärung an, wir könnten mit einer solchen doppelten Kamera möglicherweise weit mehr räumliche Informationen erhalten als aus einem Einzelbild.

Ich ließ mich überzeugen, stellte aber klar, daß dieser Versuch einzig von meiner Entscheidung abhing. Das letzte Mal hatte ich der MUFON-Kamera zugestimmt, und der Druck, das UFO zu fotografieren, war enorm groß gewesen. Außerdem wollte ich, indem ich mich bereit erklärte, eine Doppel-Kamera (in der Folge SRS-Kamera genannt) zu konstruieren, nicht mein Haus und mein Grundstück in einen Kamera-Zirkus verwandeln.

Zögernd ging ich ans Werk, und es gelang mir, ein 60 Zentimeter langes Brett auf ein Kamerastativ zu montieren. Ich schnallte meine Sun-600-Polaroid an die eine Seite. Das Glück wollte es, daß Duane Cook eine identische Kamera besaß, die ich mir auslieh und in paralleler Ausrichtung an die andere Seite montierte.

Meine Bemühungen, die SRS-Kamera zu konstruieren, nahmen viel Zeit in Anspruch, aber mir wurde klar, wie wichtig eine

SRS-Fotografie sein könnte. Ein solches Foto würde Entfernung und Größe beweisen können – jedem beweisen, der mein Wort oder die anderen Fotos in Zweifel zog.

Ich arbeitete hart und lange daran, die SRS-Kamera so zu stabilisieren, daß sie für den Transport abgebaut und anschließend leicht wieder aufgebaut werden konnte. Ich machte mir ein paar Probeaufnahmen, die Bruce Maccabee untersuchte. Die Testergebnisse der Entfernungsmessungen waren ermutigend, doch er regte noch einige Verfeinerungen an, die ich vornahm. Dr. Maccabee hat weitere Details in Anhang 1 zusammengestellt.

11. MÄRZ 1988

Identität im Park aufgedeckt

Die ganze Stadt war in Aufregung, und in allen Stadtvierteln konnte man Gespräche hören, die sich um die UFO-Sichtungen drehten. Frances und ich hatten erfahren, man könnte nicht selten UFO-Beobachter sehen, die am Rand der Landstraße 191-B in ihren Liegestühlen saßen. Außerdem hörten wir, daß nach den Sichtungen im Shoreline Park Süd auch dort Gruppen von Leuten Wache hielten. Frances und ich waren neugierig, und so fuhren wir zum Park und spazierten unauffällig am Strand entlang. Es waren einige Kameras aufgestellt worden, und mehrere Gruppen von Leuten waren auf Wache und diskutierten miteinander. Als wir uns dem Pavillon näherten, hörte ich, wie jemand meinen Namen rief.

»Hey, Ed. Hey, Ed! Hey, Leute, das ist Ed.«

Ich war perplex. Ich spürte, wie alle im Park mich anschauten, und drehte mich schnell um, um herauszufinden, wer gerufen hatte. Fast ein Dutzend Leute standen, in 15 Meter Entfernung, zwischen mir und dem Lagerfeuer, das den Hintergrund der Gruppe erleuchtete. Ihre Gesichter waren völlig im Dunkeln, so daß ich keine Ahnung hatte, wer sie alle waren.

Die Stimme fuhr fort: »Hey, Ed. Komm doch rüber. Hey, Leute, das ist Ed Walters.«

Inzwischen hätte ich mich am liebsten auf der Stelle umgedreht und Fersengeld gegeben, aber ich antwortete: »Hallo, wer ist da?«, während Frances und ich weitergingen.

»Ich bin's, Dick Smith. Komm doch zu uns rüber.«
Alle UFO-Beobachter, die sich miteinander unterhalten hatten, waren still. Mir war klar, daß jeder in Rufweite Dick »Ed Walters« hatte sagen hören. Die Kamera um meinen Hals erschien mir plötzlich riesenhaft, als ich sie unter meinem Mantel zu verstecken versuchte.
Matt gab ich zur Antwort: »Hallo, Dick. Nett, Sie zu sehen, aber wir müssen weiter.«
All diese Wechselreden wurden quer durch den Park geschrien, doch war es Dicks »Hey, Leute, das ist Ed Walters«, das in meinem Kopf widerhallte. Es war keine überdurchschnittliche Begabung nötig, um seinen Tonfall zu deuten: »Hey, Leute, das ist ›Herr Ed‹, der UFO-Fotograf.«
Wir machten uns auf den Weg nach Hause, besorgt über dieses Ereignis. Wir fanden später heraus, daß auch das UFO in jener Nacht unterwegs gewesen war. Der *Sentinel* berichtete:

> Die neuesten UFO-Nachrichten enthalten diese Woche die Geschichten zweier Sichtungen, die kürzlich von acht verschiedenen Zeugen gemacht wurden. Zuerst wurde am Freitag abend, dem 11. März, zwischen 18.30 und 19.00 Uhr, ein kleines, rundes Flugobjekt beobachtet. Die zweite Sichtung war die eines großen, länglichen Flugobjektes gegen 20.00 bis 20.10 Uhr am Montag abend, dem 14. März. Den folgenden Bericht verdanken wir einem Zeugen, den ich nur als »über jeden Zweifel erhaben« beschreiben kann. Er ist Pastor in einer unserer örtlichen Kirchen und bat verständlicherweise darum, daß sein Name nicht gedruckt werde. Seine Sichtung fand in der Gegend von Tiger Point/Bay Ridge statt.
> »Am Freitag abend um Viertel vor sieben, als ich gerade zu einer Versammlung gehen wollte, sah ich einfach ein paar Lichter oben am Himmel über den Bäumen, direkt gegenüber von meinem Haus hier in Bay Ridge. Wenn ich aus

meiner Haustür trete und von meinem Haus aus genau geradeaus schaue, liegt die Bucht in dieser Richtung ungefähr eine Meile von meinem Haus entfernt. Ich sah nur die Lichter und dachte mir eigentlich nicht viel dabei. Ich schaute einfach hinauf, um herauszufinden, was es war, und schaute weiter, und es war einfach da; es war kein Blinken, sondern sah eher aus, als drehten sich die Lichter im Kreis. Ich sah es sehr deutlich, ein rundes Objekt mit Lichtern, die sich um den unteren Teil drehten, und es sah dem Bild, das ich in der Zeitung gesehen hatte, sehr ähnlich. Ich stand da und betrachtete es einfach nur ehrfürchtig und dachte die ganze Zeit, ich werde es gleich heraushaben, und dann schrie ich ins Haus hinein, kommt raus und seht euch das an. Ich wußte zu diesem Zeitpunkt nicht, wo ich eine Kamera finden sollte, und dachte eigentlich auch nicht an eine Kamera. Meine Frau war in einer Versammlung, aber Stephanie (die Babysitterin) kam heraus und sah es auch. Ich schaute insgesamt ungefähr eine Minute lang zu, und dann machten wir uns auf in Richtung Straße, und es zog sich einfach weiter und weiter zurück, bis es außer Sichtweite geriet und verschwand.
Die ganze Zeit hörte ich nicht das geringste Geräusch, das ist das Bizarre daran. Es war vollkommen still; ich stieg ins Auto und fuhr hinüber zur Bucht, um nachzusehen. Ich blieb etwa zehn Minuten dort, sah aber nichts weiter.«

(Die anderen Sichtungen der Nacht des 11. März sowie auch die vom 14. März sind in Anhang 3 zu finden.)

12. MÄRZ 1988

Zeugin von 1986 ruft an

Gegen 22.00 Uhr läutete das Telefon. Ein so später Anruf wäre normalerweise von einer Vertragsfirma gekommen, und dementsprechend meldete ich mich am Telefon einfach mit: »Hallo, Ed am Apparat«. Die sanfte Stimme der Frau, die mir antwortete, überraschte mich.
Sobald die Anruferin ihren Namen nannte, schaltete ich den Telefonlautsprecher ein und machte Frances Zeichen, sie solle jedes Wort, das gesprochen wurde, mitschreiben. Die ersten paar Sätze sind aus dem Gedächtnis rekonstruiert. Der Rest des Gesprächs stammt aus Frances' Notizen.

ED: »Hallo, Ed am Apparat.«
ANRUFERIN: »Ed, mein Name ist... Jane.«
ED: »Hallo, Jane. Was kann ich für Sie tun?«
JANE: »Ich bin die, die '86 im Shoreline Park die Bilder vom UFO gemacht hat.« (Sie sagte das sehr schnell, als hätte sie Angst, vielleicht ihre Absicht zu ändern und wieder aufzulegen.)
ED: »Jane, einen Augenblick. Macht es Ihnen etwas aus, wenn ich meinen Recorder einschalte?«
JANE: »Nein! Dann lege ich auf. Jemand könnte meine Stimme erkennen.« (Es lag echte Panik in ihrer Stimme.)
ED: »Gut, Jane, dann nicht.« (Ruhig und besänftigend.) »Danke, daß Sie anrufen. Wie haben Sie meinen Namen ausfindig gemacht?«

JANE: »Das kann ich Ihnen nicht sagen, jemand könnte herausfinden, wer ich bin. Das geht nicht.« (Wieder die Angst.)

ED: »Okay, verstehe.« (Leise und beruhigend.) »Ich freue mich einfach, daß Sie angerufen haben. Erzählen Sie mir alles über die Fotos.«

JANE: »Ich habe sie vor meiner Familie und allen versteckt. Niemand weiß etwas davon. Sie würden mich auslachen. Meine Kirche würde es nicht gutheißen.« (Nervös und unsicher.)

ED: »Ich verstehe.» (Der Ton sollte ihr Sicherheit vermitteln, damit sie nicht auflegte.) »Sie müssen mir nicht sagen, wer Sie sind, aber ein paar Dinge würden mir helfen. Wie spät war es, als Sie die Fotos machten?«

JANE: »Nicht so dunkel, wie es auf den Bildern aussieht. Vielleicht halb acht. Die Sonne ging gerade unter. Ich ging zum Ende des Piers, um den Sonnenuntergang zu fotografieren. Am Abend vorher war er herrlich gewesen, und ich dachte, er würde wieder genauso werden, aber das war nicht der Fall. Ich hatte mich gerade auf den Heimweg gemacht, und ich war genau am Fuß des Hügels und wollte die Straße hinaufsteigen. Ich blieb stehen, um noch einmal den Sonnenuntergang scharf einzustellen. Ein greller Blitz zuckte über den Bäumen auf.« (Ihre Stimme klang jetzt ruhiger, doch am Schluß kam die Spannung zurück.)

ED: »Wie hoch über den Bäumen?«

JANE: »Das kann ich wirklich nicht sagen – vielleicht 15 Meter.«

ED: »Was war es Ihrer Meinung nach?«

JANE: »Ich wußte, was es war.« (Sehr sicher.) »Auf keinen Fall war es ein Flugzeug. Es flog wie ein... tja... es war schnell, wie ein Blitzstrahl, der über den Himmel schießt. Dann hielt es ruckartig an. Da machte ich das zweite Bild. Ich hatte Angst, deshalb rannte ich die Straße hoch. Ich sah hinter mich, während ich rannte. Es war tiefer gekommen – fast bis zu den Bäumen.« (Es lag noch etwas anderes in Janes Stimme, vielleicht eine gewisse Scham, zuzugeben, daß sie gerannt war.)

ED: »War es dabei zu landen?«

JANE: »Nein. Es war immer noch oberhalb der Bäume. Es stand nur so da. Ich rannte weiter und sah dabei zurück. Ich kam von der Straße ab und wäre fast hingefallen, da zog es sich blitzartig auf demselben Weg zurück, auf dem es gekommen war.« (Stimme etwas lauter und erregter.)

ED: »Wie lange konnten Sie es beim Abfliegen beobachten?«

JANE: »Es war im Handumdrehen verschwunden. Es war schnell!« (Anzeichen von Ehrfurcht oder Unglauben gegenüber der Geschwindigkeit des Flugobjektes.)

ED: »Welche Farbe hatte es?«

JANE: »Tja... hm... die Bilder sehen irgendwie orange aus, aber ich erinnere mich, daß es oben weiß aussah, in der Mittel dunkel und unten ganz golden – feurig golden.«

ED: »Kam aus der Unterseite Feuer?«

JANE: »Nein. Soweit ich sehen konnte, war da kein Feuer. Nur eine wahnsinnig helle Unterseite.« (Ruhig, mit Sicherheit in der Stimme.)

ED: »Jane, ich versuche, alles aufzuschreiben, was mir passiert ist. Macht es Ihnen etwas aus, wenn ich schreibe, was Sie mir erzählt haben?«

JANE: »Na ja...« (Eine lange Pause.) »Nein...« (Noch eine Pause, etwas kürzer.) »Wenn niemand herausfinden kann, wer ich bin.« (Offensichtliche Besorgnis, an ihrer Stimme erkannt zu werden.)

ED: »Keine Angst, niemand wird das herausfinden. Jane, noch etwas. Könnte ich die Negative bekommen? Das wäre eine Hilfe für die UFO-Forscher.«

JANE: »Nein. Ich habe sie nicht mehr. Ich habe sie weggeworfen. Ich hatte Angst, daß jemand sie findet. Dieses ganze UFO-Gerede hat mich nervös gemacht.«

ED: »Nicht schlimm, ich verstehe das. Wollten Sie mir noch etwas erzählen?«

JANE: »Nein, nur vielen Dank, daß Sie mit mir gesprochen

haben. Es geht mir schon besser. Ich werde nicht verraten, wer Sie sind. Ich verstehe Ihre Besorgtheit.« (Eine Verwandtheit in ihrer Art zu sprechen. Sie kennt dieses Unbehagen und versteht mich.)

ED: »Ich danke Ihnen, Jane. Hören Sie, rufen Sie wieder an, wenn Sie das Bedürfnis haben, ja?«

JANE: »Gut, danke. Auf Wiederhören.«

ED: »Auf Wiederhören.«

Sobald »Jane« aufgelegt hatte, fragte ich mich, ob es nicht noch andere Dinge gab, die ich sie hätte fragen sollen, Dinge, die den MUFON-Forschern nützlich gewesen wären. Wenigstens hatte ich einiges von ihr erfahren, was vorher niemand gewußt hatte. Am bedauerlichsten war ihre Eröffnung, die Negative seien nicht mehr da. Aber daran konnte ich nichts ändern, also konzentrierte ich mich auf die Tatsache, daß sie angerufen hatte.

Es schien mir ein sonderbarer Zufall, daß »Jane« (ich glaubte nicht einen Augenblick daran, daß das ihr richtiger Name war) ausgerechnet einen Tag, nachdem mein Name mehreren Dutzend Leuten im South Shoreline Park offenbart worden war, angerufen hatte. Es war nur eine Vermutung, daß sie an diesem Abend im Park gewesen war, aber ich hielt es für eine reelle Möglichkeit.

Frances und ich unterhielten uns über »Jane«. Nach dem, was sie uns erzählt hatte, konnten wir vielleicht herumfragen und feststellen, wer sie wirklich war, aber das wollten wir nicht. Wenn sie unerkannt bleiben wollte, würden wir ihren Wunsch respektieren, doch fragten wir uns, ob sie jemals an die Öffentlichkeit treten würde. Wir bezweifelten es, und mit allem, was ich heute über die »Entlarver« weiß, kann ich es ihr nicht zum Vorwurf machen. Tatsächlich hätte ich ihr, wenn sie mich gefragt hätte, den Rat gegeben: Lassen Sie niemanden je wissen, wer Sie wirklich sind.

13. MÄRZ 1988

Auf Wache mit Stereokamera – Frances' Bericht

Meine Hoffnung, mit den Fotos, die Ed mit der MUFON-Kamera gemacht hatte, würden unsere Beziehungen zum UFO enden, war zerschlagen. Offenbar sollte es anders kommen. Das UFO kam weiterhin, und Eds Vorsatz, keine Fotografien für die Forscher mehr zu machen, war schon gescheitert.
Ed verbrachte in seiner Freizeit viele Stunden damit, das Doppel-Kamera-Monster zusammenzubauen, das Dr. Maccabee vorgeschlagen hatte, aber es gab Zeiten, in denen ich darauf bestand, daß er die Arbeit daran unterbrach.
Selbst wenn wir nicht zu Hause waren, begleiteten uns die Probleme der SRS-Kamera in unseren Gesprächen. Die Kamera war endlich fertig, aber es war eine ziemlich auffällige Konstruktion. Wir fragten uns, wie um Himmels willen Ed mit der SRS jemals Fotos machen sollte, ohne daß jeder, der ihn sah, sofort wußte, wer er war. Es war eine zusätzliche Belastung, mit der wir fertig werden mußten; noch etwas, das an Eds Anonymität kratzte.
Am Sonntag, dem 13. März, gingen wir nachmittags Duane und Dari besuchen. Ed wollte ihnen von »Janes« Anruf erzählen und die SRS vorführen. Sie fragten, wann Ed vorhätte, die Kamera auszuprobieren, und schlugen vor, wir sollten uns gegen 18.00 Uhr mit ihnen im Shoreline Park treffen, in der Hoffnung, daß das UFO sich zeigen würde. Ed war einverstanden und sagte, er hätte Peter Neumann versprochen, ihn anzurufen, falls wir

wieder hinausgingen, so daß Peter seine Kamera mitbringen und alles, was geschah, für die Fernsehnachrichten aufnehmen könnte.

Später, als wir uns alle im Park trafen, schirmte uns eine unterschwellige Erregtheit gegen die Kälte des frühen Abends ab. Peters Frau Phyllis war mitgekommen, und wir versammelten uns alle sechs um einen Picknicktisch in einem offenen Teil des Parks. Ed machte einige Probeaufnahmen mit der SRS, und wir warteten. Nicht lange nach unserer Ankunft sahen wir zwei Satelliten über uns vorbeiziehen, einen sehr schnell von Westen nach Osten, den anderen langsamer von Norden nach Süden. Dann sahen wir jenseits des Meeresarmes ein Feuerwerk, das Jugendliche am Strand veranstalteten – es waren Frühlingsferien.

Wir waren ungefähr seit einer Stunde da, als ein Mann und sein Sohn, die dem UFO auf der Spur waren, fragten, ob sie sich zu uns setzen dürften. Duane kannte den Vater und führte die beiden fort von der Stelle, wo wir anderen noch immer saßen und den Himmel beobachteten. Der Mann sagte zu Duane, er habe das sichere Gefühl, entweder Ed oder Peter sei »Herr Ed«. Wer sonst würde mit dieser sonderbaren Kamerakonstruktion herumlaufen? Er wußte nur nicht, welcher der beiden Männer der Fotograf war. Duane erklärte, so sollte es auch bleiben, und bat den Mann, keinen Versuch zu machen, sich unserer Gruppe anzuschließen, weil wir sonst alle gehen würden und vielleicht eine Fotogelegenheit verloren wäre. Der Mann war einverstanden, doch das änderte nichts. Wir blieben mehr als zweieinhalb Stunden im Park – ohne ein Zeichen vom UFO. Schließlich beschlossen wir, da der Wind jetzt von der Wasserseite her kam und uns kalt wurde, das Unternehmen abzubrechen. Wir hätten noch ein paar Stunden bleiben sollen, wie der folgende Bericht aus dem *Sentinel* zeigte:

Am Sonntag, dem 13. März, erhielt Dennis Warren zwischen 22.00 Uhr und 22.30 Uhr einen Anruf seiner Mutter; sie teilte ihm mit, daß einer ihrer gemeinsamen Freunde gerade ein UFO beobachtete. Dennis, der in Pensacola Beach auf der Seite des Meeresarmes südlich vom Shoreline Park lebt, sah durch sein Fernglas zwei sehr helle Lichter, die sich entlang der Halbinsel von Gulf Breeze auf ihn zu bewegten.

Die Lichter fielen in der Nähe des Shoreline Park unter die Höhe der Bäume ab, schnellten aber wieder hoch und bewegten sich zuerst westwärts an Deer Point vorbei, dann ostwärts in Richtung Shoreline Park, und verschwanden schließlich wieder unterhalb der Baumhöhe. Dennis sah weiter zu, während die Lichter noch einmal über die Bäume emporschnellten und sich Richtung Nordosten und außer Sichtweite bewegten.

»Ich beobachtete alles durch mein 7x50-Fernglas«, sagte er. »Kein Hubschrauber oder Flugzeug hat eine Anordnung von Lichtern, wie ich sie sah. Ich werde mich nicht der Mode anschließen und Ihnen erklären, ich hätte ein UFO gesehen«, fügte er schnell hinzu, »aber ich habe wirklich etwas gesehen, das ich nie zuvor gesehen habe. Wegen der Intensität der Lichter konnte ich nicht erkennen, was hinter ihnen war.«

14. MÄRZ 1988

Weitere Zeugen

Laura kam gegen 15.00 Uhr aus der Schule und klagte über schlimme Schmerzen im linken Handgelenk, die von einem früheren Sturz herrührten. Ich fuhr sie ins Krankenhaus, um es röntgen zu lassen. Frances mußte mit Dan zum Kieferorthopäden gehen, um nachprüfen zu lassen, ob man ihm die vier Weisheitszähne ziehen müsse, deshalb kam sie nicht mit.

Später half Frances Laura (deren Handgelenk verbunden war, um drei gezerrte Bänder zu schonen) bei den Hausaufgaben, während ich versuchte, meine Arbeit im Büro aufzuholen. Wir hatten beschlossen, in dieser Nacht nicht auf UFO-Jagd hinauszugehen, aber das UFO war aktiv. Der *Sentinel* berichtete, daß am Montag abend, dem 14. März, mehrere Leute etwas sahen, das sie für ein größeres und langsameres UFO hielten; es ging über die Halbinsel von Gulf Breeze hin und her.

Einer dieser Berichte stammte von einer Familie – Vater, Mutter und jugendlicher Sohn. Gegen 20.00 Uhr sahen sie, wie ein großes UFO von Südwesten her auf Gulf Breeze zukam, sie beobachteten es einige Minuten lang und versuchten es zu verfolgen.

In einem bestimmten Augenblick schrie der Sohn, er höre eine erwachsene, männliche Stimme in seinem Kopf befehlen: »Stopp!« Der Junge sagte, es sei nicht so gewesen, als würde er angesprochen, sondern eher so, als hörte er, wie die Stimme mit jemand anderem sprach.

Die Mutter erklärte, daß ihr Sohn, der nicht leicht ängstlich ist, an diesem Abend nach dem Zwischenfall sehr durcheinander und körperlich krank war.
Ich habe diesen stark verkürzten Bericht hier wegen der offensichtlichen Telepathie mit dem Jungen eingefügt. Der vollständige Bericht dieser und anderer Sichtungen an diesem Tag sind in Anhang 3 beigefügt.

15. MÄRZ 1988

Mehr Merkwürdiges auf Radar

Südlich von Gulf Breeze liegt auf der anderen Seite des Meeresarmes Pensacola Beach auf Santa Rosa Island, eine Touristenattraktion mit allen Schikanen. Ein Schild verkündet »Die besten Strände der Welt«, und das kommt der Wahrheit wahrscheinlich näher als die meiste Werbung.

Im Westen der Insel sind die Reste des historischen Fort Pickens, das zum National Park Service gehört. Dieser Parkbereich wimmelt von Touristen, und das macht es für mich unerklärlich, warum das Militär den Parkplatz des Forts als den Standort für eine transportable Radaranlage auserkor. Ein großes Farbfoto von der Anlage erschien im *Pensacola News-Journal*, begleitet von etwas, das klang wie die spontane Antwort auf die Frage des Reporters: »Warum ist das denn hier?« Der Text zu dem Foto lautete:

Wer im nächsten Monat Fort Pickens besucht, wird hier eine Radar-Versuchsstation der Armee sehen. Es ist ein geländegängiges Fahrzeug mit einem Arm, der ein in eine Kugel eingeschlossenes Radargerät 50 Meter anheben kann. Der Lastwagen wurde von der Firma Westinghouse in Zusammenarbeit mit der Armee entwickelt, um das Wetter und den Luftverkehr zu beobachten. Fort Pickens wurde ausgesucht, weil es eine Bundeseinrichtung in der Nähe des Marineflugplatzes ist, sagte Oberstleutnant Nelson Johnson. Die Station mußte in der Nähe des Marineflugplatzes sein, denn die Armee testet außerdem andere Geräte in dem Stützpunkt. Johnson konnte jedoch nicht sagen, welche anderen Geräte getestet werden.

Es muß in der Nähe des Marineflugplatzes ein Dutzend aktive Bundeseinrichtungen geben, aber der Touristenparkplatz von Fort Pickens ist mit Sicherheit am nächsten bei Gulf Breeze. Wenn das Militär versuchte, die Gegend mit Radar zu erfassen, dann brauchten sie nur noch eine weitere Anlage im Osten, um mit den Anlagen vom Marineflugplatz und Fort Pickens ein Dreieck zu bilden. Später in der Woche kamen Berichte, das erste »mysteriöse Radar-Luftschiff«, das in der Bucht von Pensacola verankert gewesen war, sei nun im Osten, bei Navarre. Das Dreieck war komplett.

17. MÄRZ 1988

18. Sichtung – Shoreline Park mit SRS-Kamera

Die Menge der Radaranlagen in der Gegend schien die Besatzungen der UFOs nicht zu stören. Der lokale ABC-Fernsehsender berichtete von Gerüchten über mehrere Sichtungen in der vorangegangenen Nacht. Ich fuhr am Nachmittag zur Redaktion des *Sentinel*, um herauszufinden, was man über diese Berichte wußte. Es war wenig.

Der Versuch, von den Sichtungen anderer Leute zu erfahren, ging auf Kosten meiner täglichen Arbeit und machte es notwendig, daß ich abends lange arbeitete. An diesem Abend klingelte das Telefon, als ich versuchte, mich auf Pläne für ein Haus zu konzentrieren, die ich gerade zeichnete. Ich hob ab; es waren Duane und Dari, die von ihrem Autotelefon aus dem Shoreline Park Süd anriefen. Sie hielten Ausschau nach UFOs und wollten wissen, ob Frances und ich uns anschließen mochten. Ich antwortete mit einem gleichgültigen »Vielleicht« und schränkte ein: »Nur wenn Frances mitkommen will.«

Kurz nach dem Gespräch mit Duane, bevor ich Frances fragen konnte, ob sie zum Park fahren wollte, hörte ich das Summen – nur einen kurzen Ton. Ich rief Frances in mein Büro, und wir sprachen darüber. Die Argumente gegen den Park gewannen die Oberhand, als das Summen wiederkam, ein sehr kurzes, starkes Summen. Ich wäre auf der Stelle aufgebrochen, aber Frances war weiterhin dagegen. In der nächsten Stunde, zwischen 19.00 und 20.00 Uhr, gab es fünf solche Vorkommnisse, während wir weiter darüber sprachen, in den Park zu fahren. Schließlich waren wir überzeugt, daß das Summen eine Art Signal war, und legten die SRS-Kamera in den Lieferwagen, um in den Park zu fahren. Ich hatte versprochen, in einem solchen Fall Bürgermeister Ed Gray, die Stadträtin Brenda Pollak und den Nachrichtenchef Peter Neumann anzurufen, und so telefonierte ich, bevor wir abfuhren. Nur Ed Gray war zu Hause, und er fand, er sollte diese Gelegenheit auslassen und auf einen anderen Tag warten.

Als Frances und ich in den Park kamen, waren Duane und Dari nicht zu sehen. Wir stiegen aus, und uns schlug der eisige Wind entgegen, der über das rauhe Wasser des Meeresarmes fegte. Frances beklagte sich über die Kälte und stieg wieder ein.

Zufällig hatte ich hinten im Lieferwagen mehrere Stücke Sperrholz. Ich sagte ihr, sie solle im Wagen warten, während ich mit einigen Stücken einen Windschirm für den Picknicktisch machte. Dann baute ich die Kamera auf. Das Stativ stand vor dem Windschutz, und die Kameras waren nach Süden gerichtet. Während ich noch die SRS-Kamera justierte, ging Duane zurück, um zu versuchen, die Pollaks und Neumanns über Autotelefon zu erreichen. Als ich nach Dr. Maccabees Anweisungen den Stab in der Mitte befestigt hatte und damit die Kamera fertig justiert war, kamen die Neumanns hinzu. Wir erwarteten noch Buddy und Brenda Pollak.

Die SRS-Kamera war noch ohne Film, und ich gab Peter Neumann zwei neue, ungeöffnete Filmpäckchen. Peter öffnete die Päckchen, und die Filme wurden vor aller Augen eingelegt. Ich legte großen Wert darauf, daß es für den Prozeß des Filmeinlegens Zeugen gab, daß er auf kontrollierte, wissenschaftliche Weise durchgeführt wurde, wie die Forscher es erwarteten.

Innerhalb weniger Minuten kam Buddy Pollak an und sagte, er hätte Brenda eine Mitteilung hinterlassen, und sie würde später hinzukommen. Ich hatte gelernt, was die »Entlarver« behaupten würden, und so machte ich eine Kontrollaufnahme mit der SRS-Kamera, die Buddy im Vordergrund zeigte. Die Büsche, die uns vor dem Wind abschirmten, und einige neugierige Fremde waren deutlich sichtbar im Hintergrund.

Diese Kontrollaufnahme sollte zeigen, wo sie gemacht wurde, und daß sie in Gegenwart dieser Zeugen gemacht wurde. Zudem waren Seriennummern auf der Rückseite jedes Fotos. Diese Seriennummern entsprachen den Nummern der beiden verschiedenen Kameras. Die linke Kamera hatte eine andere Seriennummer als die rechte.

Als die Kameras bereit waren, setzten wir uns, plauderten und warteten. Die Minuten vergingen langsam, und der kalte Wind blies uns ins Gesicht. Allein der Windschutz aus Sperrholz machte es uns möglich auszuharren.

Die SRS-Kamera war sehr imposant und sehr auffällig. Die paar Leute, die außer uns noch im Park waren, waren hartnäckige »UFO-Gucker«; einige hatten Kameras dabei. Sie zählten zwei und zwei zusammen und merkten schnell, daß einer in unserer Gruppe wahrscheinlich »Herr Ed« war.

Einige dieser »Gucker« kamen immer näher an unseren Picknicktisch heran. Buddy Pollak ging zu ihnen, um sie wegzuführen. Er kam zurück und sagte, daß er die Leute kannte und sie einfach gebeten hatte, unsere Ungestörtheit zu respektieren.

Wir setzten unsere Nachtwache fort und beobachteten ungestört jeden hellen Fleck am Himmel. Jenseits des Meeresarmes konnte wir die Skyline von Pensacola Beach sehen, und die Frage kam auf, ob die SRS-Kamera die Lichter der Gebäude in dieser Entfernung (rund drei Kilometer) erfassen konnte oder nicht. Peter schlug vor, eine weitere Testaufnahme zu machen, und das taten wir. Nur die hellsten Lichter waren auf dem Foto zu sehen.

Die Kälte nistete sich tiefer in unsere Knochen ein, und gegen 22.00 Uhr beschlossen wir, daß alle außer Frances und mir weggingen; wir hofften, das UFO könnte sich zeigen, wenn wir allein waren. Die anderen einigten sich, Kakao und Kaffee zu holen und in etwa einer halben Stunde wiederzukommen. Peter und Phyllis Neumann sagten, sie müßten am Morgen früh aufstehen, und fuhren heim.

Frances und ich glaubten, wir seien allein; die umstehenden Bäume machten unseren Picknicktisch vom Parkplatz aus unsichtbar. Ohne unser Wissen hatten unsere »Wachkameraden« verabredet, so zu tun, als gingen sie fort, waren sogar vom Parkplatz fortgefahren und dann heimlich zurückgekommen, ohne Scheinwerfer, um sich nicht zu verraten.

Sie nahmen an, wenn das UFO meine Gedanken las, und wenn ich dachte, sie seien fort und Frances und ich allein, dann könnte das UFO sich zeigen. Vielleicht hatten sie recht. Nur eine Minute, nachdem alle gegangen waren, hörte ich ein Summen – das erste seit über einer Stunde. Wir beobachteten den Himmel und glaubten, wir könnten niemanden rufen. Etwa vier Minuten später blickte ich nach Südwesten und sah das UFO plötzlich erscheinen.

Ich sprang zur Kamera und drehte den Führungshebel des Stativs. Mein Herz hämmerte, und meine Beine fühlten sich plötzlich schwach an. Immer wieder sagte ich: »Da ist es! Da ist es!« Ich suchte die Auslöser und schoß die Bilder. Die beiden Blitze beleuchteten die Bäume vor der Kamera. Als ich aufschaute, war das UFO noch ein paar Sekunden da, dann verschwand es. Es war 22.10 Uhr. Die ganze Sichtung hatte nur etwa zehn Sekunden gedauert.

Frances hatte sich über das Sperrholz gelehnt, um das Ganze zu beobachten, und nun sagte sie, ich sollte die Fotos holen. Die Bilder waren automatisch vorne aus der Kamera herausgekommen und hingen da baumelnd im Wind. Ich zog sie heraus und brachte sie zum Tisch.

Wir versuchten, unsere Taschenlampe zum Entwickeln zu benutzen, aber sie funktionierte nicht. Es ist eine wiederaufladbare Black & Decker, und sie funktionierte, als wir in den Park kamen; doch seither funktioniert sie nicht mehr. Ich war begierig, zu sehen, ob sich etwas auf dem Film zeigen würde, und sauste den Weg zwischen den Bäumen hinunter zum Parkplatz, um mit den Scheinwerfern meines Lieferwagens die Fotos zu sehen. Als ich zwischen den Bäumen herauskam, sah ich Duane und Dari in ihrem Auto und winkte ihnen, zu mir zu kommen. Buddy fuhr vom anderen Ende des Parkplatzes heran, als ich die Scheinwerfer anstellte. Ich lief zur Vorderseite des Lieferwagens, um die Bilder in den Scheinwerferstrahl zu halten. Das UFO entwickelte sich noch auf dem Film, während wir alle uns schweigend darum drängten. Dann brach Jubel aus, um uns rannten Leute herum, die ich nicht kannte, und sagten: »O nein, so was, daß ich das verpaßt habe.«

»Ich war gerade draußen auf dem Pier; wäre ich bloß dageblieben!«

»Es muß hinter den Bäumen da gewesen sein.«

»Machen wir es noch einmal. Verstecken wir uns, mal sehen, ob es wiederkommt.«

Brenda Pollak kam inmitten des Trubels angefahren und hatte eine ebenso aufregende Geschichte von ihrer Sichtung, die auf dem Weg zu uns im Park geschehen war. Duane fragte sie, ob er ihre Geschichte im nächsten *Sentinel* bringen dürfte, und sie stimmte zu. Nachdem sie ihre Geschichte erzählt hatte, wollte Brenda hören, wie es uns allen ergangen war.

Duane erzählte von dem kleinen Trick, den sie angewandt hatten, als sie zum Schein abfuhren. Sie alle hatten den Blitz oben in den Bäumen gesehen, aber die dichten Bäume im Südwesten hatten sie wie die anderen im Park daran gehindert, das UFO zu sehen (später wurde uns klar, daß das die einzige Stelle im Park war, von wo aus Frances und ich das UFO sehen konnten, alle anderen aber nicht). Dann fragten mich alle, was genau bei der Sichtung geschehen war. Wir strömten zurück zum Picknicktisch, wo Frances und ich die Sichtung mehrmals nachstellten; dann machten wir noch zwei Paar Kontrollaufnahmen mit Carlos Hill als Anhaltspunkt für den Vordergrund. Eins dieser Paare gaben wir Carlos Hill als Souvenir, nachdem wir die Nummern auf der Rückseite überprüft hatten. Jetzt hatten wir von dem neuen Filmpäckchen, das zehn Aufnahmen hatte, insgesamt fünf Bilder gemacht.

Bevor ich die SRS-Kamera abbaute, bat ich Carlos, die Nummern auf dem Bildzähler hinten an den Kameras laut vorzulesen. Beide zeigten noch fünf Aufnahmen an. Jede Aufnahme war identifiziert, und die Nummern der Filmpäckchen waren korrekt, aber noch wichtiger waren die Zeugen, die mit eigenen Augen gesehen hatten, wie der Film sich im Scheinwerferlicht des Lieferwagens entwickelte. Noch besser wäre es nur gewesen, wenn die ganze Gruppe das UFO mit uns gesehen hätte.

In der nächsten Woche brachte Duane die Fotos im *Sentinel*, zusammen mit seinem bestätigenden Bericht und Brendas Geschichte, die in Anhang 3 zu finden ist.

18. MÄRZ 1988

Kritiker aus der Ferne

Am Tag nach dem erfolgreichen Ausflug in den Park mit der SRS-Kamera kam Peter Neumann bei mir vorbei und erklärte, er sei gebeten worden, mich zu einem Gespräch mit einem Rundfunkjournalisten zu bewegen. Er versicherte mir, der sei professionell und würde meinen Wunsch, meine Identität geheimzuhalten, respektieren.

Ich rief an, während Peter noch in meinem Büro saß. Der Redakteur richtete gleich eine Konferenzschaltung mit einem Kollegen ein. Wir sprachen zwei Stunden lang; in dieser Zeit schilderte ich die meisten Sichtungen und Ereignisse. Eine der Stimmen am Telefon klang vertraut; ich hatte sie in verschiedenen Nachrichtenbeiträgen gehört. Mir fiel nicht ein, welches Gesicht zu der Stimme gehörte, aber der Mann klang offen und aufgeregt, als ich seine Fragen beantwortete. Ich ahnte nicht, daß er versuchte, mich in eine Falle zu locken.

Dieser Korrespondent der Rundfunkanstalt ABC hatte aus der Ferne, nur anhand einer Kopie der halbstündigen Dokumentation mit den fernsehverstärkten Fotos, befunden, die UFO-Fotos seien Doppelbelichtungen. In unserem langen Gespräch sagte er mir das nie, deutete nicht einmal an, daß er Zweifel hatte. Später entdeckte ich allerdings, daß er sich die Mühe gemacht hatte, Bürgermeister Ed Gray anzurufen; er hatte seine Position bei ABC genutzt (aber ohne seinen Namen zu nennen), um den Bürgermeister davon zu überzeugen, daß

»jeder mit zwei Stücken Glas und einem schwarzen Vorhang eine Doppelbelichtung machen kann«.

Als dieser anonyme ABC-Kritiker herausgefordert wurde, uns ein Beispiel wie das »Straßenbild« oder selbst das teilweise von einem Baum verdeckte Foto Nr. 1 zu schicken, konnte er es nicht. Als er gebeten wurde, die Aufnahmen mit der SRS-Kamera zu erklären, fegte er sie nur vom Tisch und sagte: »Es muß eine Erklärung geben.« Da hatte er nun wieder recht. Es gab eine Erklärung – eine, die für die meisten Forscher und Ermittler und zunehmend für die allgemeine Öffentlichkeit auf der Hand lag: Es gab ein unidentifiziertes fliegendes Objekt am Himmel über Gulf Breeze. Hätte ich von den »Lehnstuhlkritikern« gewußt, die nicht auf die Tatsachen warteten, sondern voreilig ihre Meinung kundtaten, um in der Zeitung zu stehen, dann hätte ich vielleicht weniger bereitwillig den Medien die Fotos und Sichtungen zugänglich gemacht. Ich lernte später, daß Berichterstattung in den Medien das Adrenalin ist, das die Herzen der »Entlarver« höher schlagen läßt, während geduldige Forscher ruhig arbeiten, um das UFO-Phänomen unbeeinflußt von der Medienhysterie zu beweisen oder zu widerlegen. Auch lernte ich später, daß ein Teil der Kontroverse, ausgelöst von Leuten, die noch nicht einmal zu Nachforschungen in Gulf Breeze gewesen waren, politisch war – UFO-Politik zwischen verschiedenen ermittelnden Gruppen.

Eine UFO-Gruppe fand im Fall Gulf Breeze ein perfektes Mittel, um eine Kontroverse loszutreten. Sie veröffentlichte ein Mitteilungsblatt, das an Verleumdung grenzte, denn ihre Behauptung, es handle sich um einen Schwindel, stützte sich auf keinen Beweis. Sie bekam wohl die gewünschte Aufmerksamkeit, doch das meiste ging nach hinten los, und einige Monate später hängte sich dieselbe Gruppe mit einer Erklärung aus dem Fenster, in der stand: »Gulf Breeze ist ein bedeutsamer Fall, der noch bewiesen werden muß.« Gegenüber der früheren war diese Stellungnahme eine komplette Kehrtwendung.

Foto Nr. 20

Foto Nr. 20: Lichtverstärkt und im Detail verstärkt

Um ein Uhr früh, am 16. Januar 1988, sah Frances von der Haustür aus zu, wie ich im Garten stand und den Himmel nach irgendeiner Bewegung absuchte. Ich wußte, daß das UFO irgendwo war. Plötzlich wurde ein rotes Leuchten, das anfänglich so groß aussah wie ein Stern, immer größer und fiel vom Himmel. Es schwebte etwa 60 Meter vor mir und war ganz anders als die anderen, die ich fotografiert hatte.

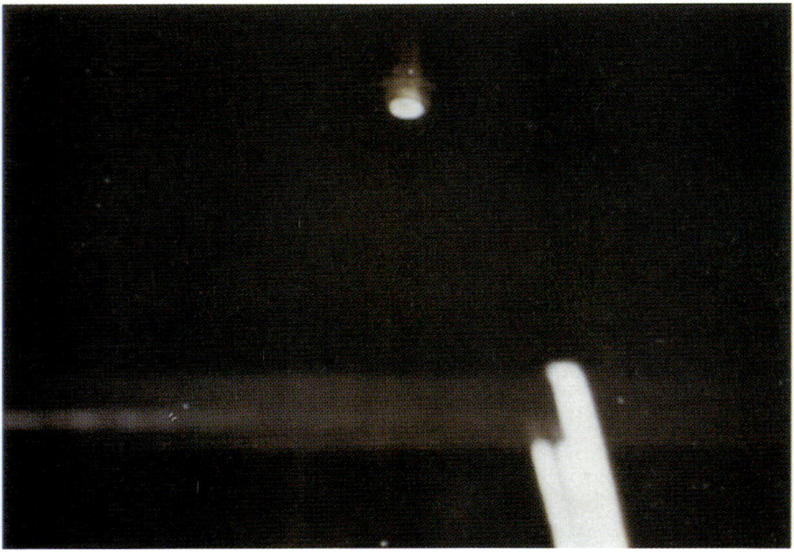

Foto Nr. 21

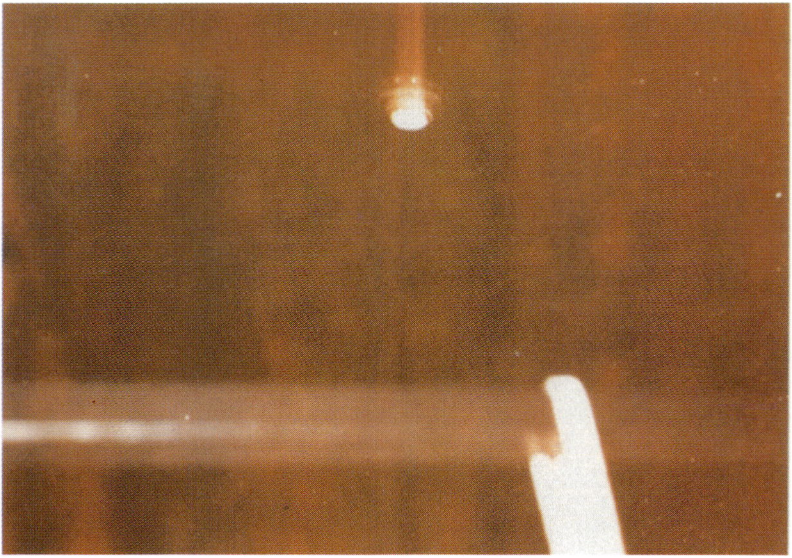

Foto Nr. 21: Lichtverstärkt und im Detail verstärkt

Am 24. Januar 1988 wünschte ich mir verzweifelt ein Ende der Begegnungen und ermutigte die Forscher zu einer Überwachungsoperation von der Abenddämmerung bis zum Morgengrauen. Über Sprechfunk konnte ich bei Bedarf sofort Hilfe anfordern. Dieses Foto machte ich während eines Vorfalls von 45 Minuten, den der Redakteur des *Sentinel,* Duane Cook, auf Video aufzeichnete.

Foto Nr. 22

Foto Nr. 22: Lichtverstärkt und im Detail verstärkt

Am 26. Januar 1988 wurden meine Hoffnungen auf ein Ende zerschmettert, als das kleinere UFO mit dem roten Schleier über dem Feld hinter meinem Haus schwebte. Während ich duschte, machte Frances dieses Foto. Unsere Hündin bellte und sah zwischen dem UFO und ihr hin und her. Eine Stimme aus dem UFO sagte: »Sehaas, schlafe und wisse.«

Foto Nr. 23

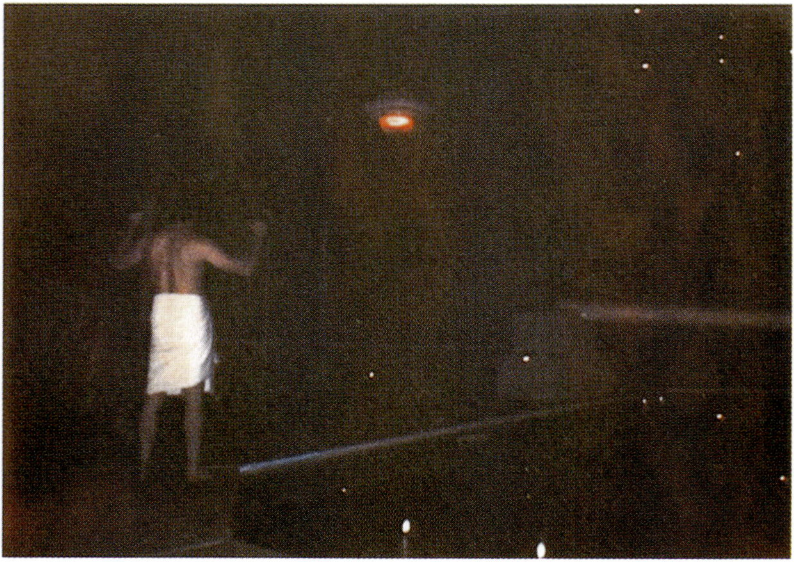

Foto Nr. 23: Lichtverstärkt und im Detail verstärkt
Wütend und erregt rannte ich an Frances vorbei hinaus, um das UFO zu stellen. Ich wollte, daß das Ganze aufhörte, daß es einfach wegging. Ich schrie das UFO an: »Landet oder schert euch weg!«

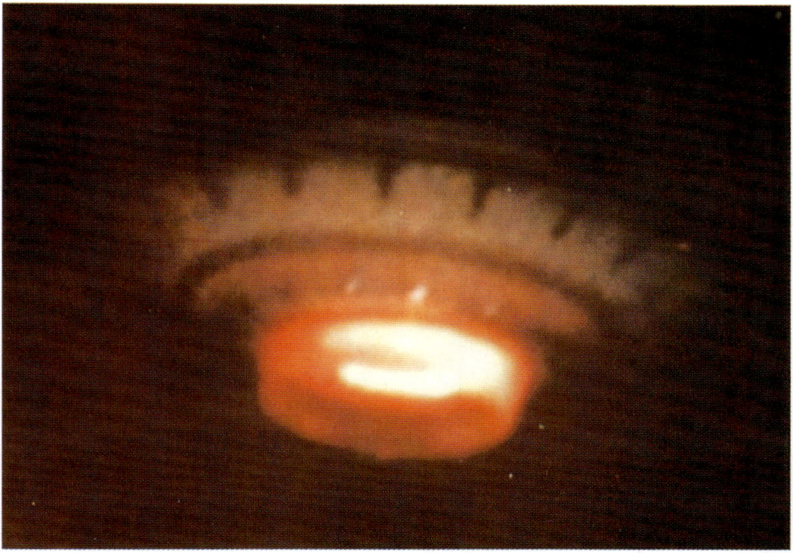

Foto Nr. 23: Lichtverstärkt und im Detail verstärkt, vergrößert

Foto Nr. 24: Lichtverstärkt und im Detail verstärkt

Zwölf Tage später, am 7. Februar 1988, zeigte das UFO seinen blauen Strahl wieder. Frances wurde draußen erwischt und entging dem Strahl nur ganz knapp, als sie durch die Küchentür hereinraste und zu Boden fiel. Ohne Zeit zum Einstellen der Kamera drückte ich auf den Auslöser und schoß Bild Nr. 24.

Tageslichtaufnahme des möglichen Landeplatzes
Dieser Kreis aus totem Gras auf dem Feld hinter meinem Haus gilt als die Stelle, wo ein UFO gelandet sein könnte. Er mißt 3,60 Meter im Durchmesser, annähernd soviel wie das UFO. Gründliche Untersuchungen des Bodens konnten nicht erklären, warum das Gras abgestorben ist.

Fotos Nr. 25–34: Lichtverstärkt und im Detail verstärkt, vergrößert

Ich war gebeten worden, bei einer weiteren Sichtung wenn möglich die Nimslo-Kamera mit vier Linsen zu benutzen. Sie war versiegelt, und eine Testaufnahme war gemacht worden, um sicherzustellen, daß man den Film nicht manipulieren konnte. Am 26. Februar machte ich zehn Fotos von einem Objekt, das riesengroß und weit weg schien. Frances war anderer Meinung und beharrte darauf, das Objekt sei nahe und deshalb klein. Sie hatte recht. Das Objekt ist von den UFO-Forschern »Kundschafter« genannt worden; es war nur an die 90 Zentimeter lang. Die Fotos Nr. 25–34 zeigen alle dieselbe Anordnung von Lichtern.

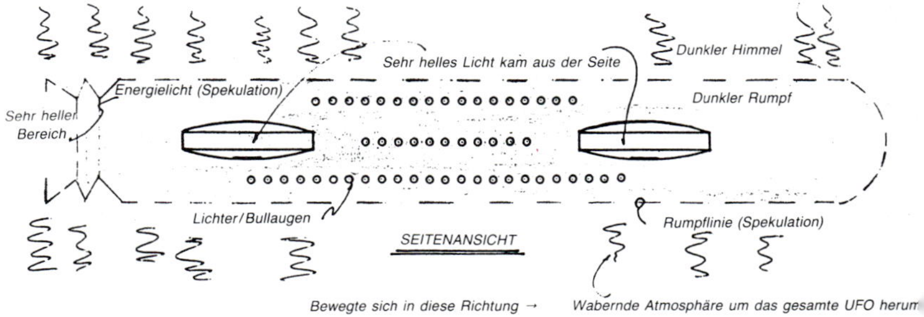

Dies ist meine Zeichnung von dem »Kundschafter-UFO« vom 26. Februar 1988. Es ist etwa 90 Zentimeter lang und tauchte auch bei einer späteren Sichtung auf.

Foto Nr. 35

Foto Nr. 35: Lichtverstärkt und im Detail verstärkt

Ich hatte am Tag vor dieser Sichtung, am 8. März 1988, eine neue Polaroid-Kamera gekauft, Modell Sun 600. Ich schickte das Original dieses Bildes direkt an Dr. Maccabee, der sagte: »Die Kombination des gut geformten Bildes vom UFO mit den schwachen Streifen legt nahe, daß das Objekt aufwärts ging, kurz bevor sich die Blende nach einer Drittelsekunde schloß. Das UFO war etwa 80 Meter entfernt.«

Jan 23 '88

Radar screening

That mysterious blimp attached to the commercial ship "Jan Tide" in Pensacola Bay is part of an Army research project on radar reflection, said George Roberts, an Eglin Air Force Base public affairs specialist. The ship will remain in the area until late January or early February.

Florida Wednesday, March 16, 1988

RADAR ABOVE THE BEACH

Bruce Graner/News Journal

Visitors to Fort Pickens for the next month will see an Army Mobile Hot Bench, which serves as a radar test station. It's an all-terrain vehicle with an arm that can lift a globe-enclosed-radar 150 feet. The truck was developed by Westinghouse Corp., in conjunction with the Army, to monitor weather and for air traffic control. Fort Pickens was selected because it is a federal installation close to the Naval Air Station, said Army Lt. Col. Nelson Johnson. The station had to be close to NAS because the Army is also testing other devices at the base. But, Johnson said he could not say what other devices are being tested.

Diese Zeitungsausschnitte belegen das plötzliche Interesse an bodennaher Überwachung, das das Militär nur wenige Wochen nach meiner ersten Sichtung zeigte. Radargeräte wie diese waren in Gulf Breeze noch nie zuvor gesehen worden. Diese Gegenstände wurden eine Woche nach meiner (letzten) Sichtung vom 1. Mai 1988 entfernt.

Foto Nr. 36 R

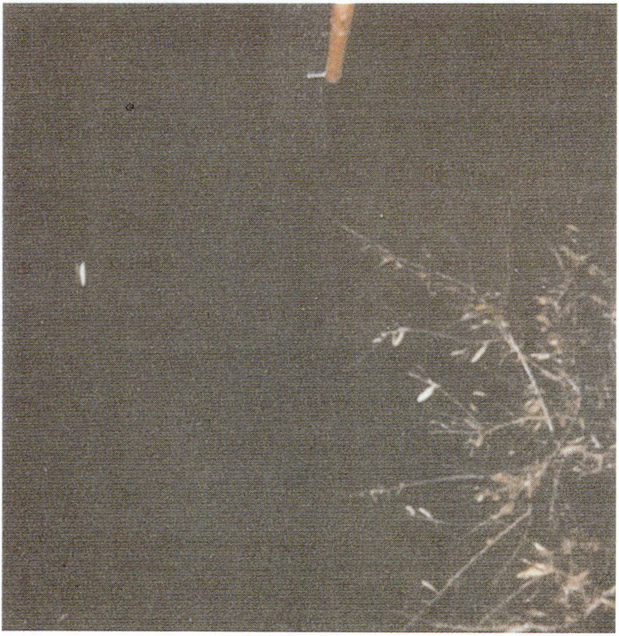

Foto Nr. 36 L

Am 17. März 1988 waren Frances und ich mit sechs anderen Leuten aus Gulf Breeze auf UFO-Wache. Wir hatten die SRS- (Self-Referencing Stereo = selbstüberprüfende Stereo-) Kamera dabei, die Dr. Maccabee entworfen hat, um Entfernungen und Größen zu messen. Nach stundenlangem Warten im kalten Wind an der Küste des Santa Rosa Sound schoß ich diese SRS-Fotos. Wir alle stellten uns vor die Scheinwerfer meines Lieferwagens, um zuzusehen, wie sich der Polaroid-Film entwickelte.

Foto Nr. 36 R: Lichtverstärkt und im Detail verstärkt, vergrößert

Tageslichtaufnahme am Standort der Fotos 36 L und 36 L

Nach der Sichtung gab es eine Menge Aufregung im Park. Wir machten etliche Dokumentationsfotos vom Standort und achteten besonders darauf, die Filmnummern aufzuschreiben. Die Stereokamera bestätigte, daß das UFO ein entferntes Objekt am Himmel gewesen war.

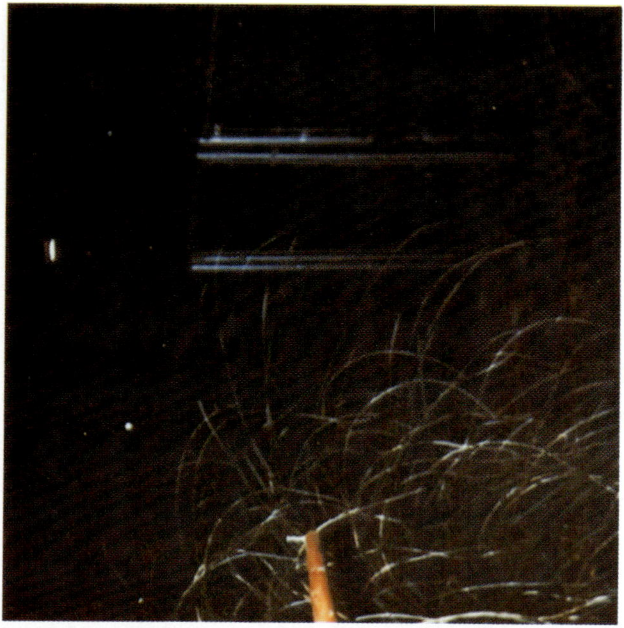

Foto Nr. 37 R

Foto Nr. 37 L

Zuerst war ich enttäuscht über diesen zweiten Satz SRS-Fotos, die am 20. März 1988 aufgenommen wurden. Die linke Kamera hatte nur eine seltsame, gebrochene Lichtlinie fotografiert. Später entdeckten die Forscher, daß der Winkel der linken Kamera von einem 18 Meter entfernten Ast verdeckt gewesen war. Als wir die Fotos nachstellten, erwies sich, daß das UFO ein großes, festes Objekt gewesen war, wohl 100 Meter entfernt. Ich hatte die Auslöser der Stereokamera etwa eine Sekunde nacheinander gedrückt, und das verursachte Schwierigkeiten bei den Berechnungen.

Foto Nr. 37 R: Lichtverstärkt und im Detail verstärkt, vergrößert

Tageslichtaufnahme am Standort der Fotos Nr. 37 L und 37 R

Die Vergrößerung von Foto Nr. 37 R (oben) zeigt denselben Typ UFO, den ich so oft fotografiert hatte. Das Tageslichtfoto zeigt die Äste, die eine vollständige Aufnahme der linken Kamera behinderte.

Foto Nr. 38 R

Foto Nr. 38 L

Am 1. Mai 1988 hatte ich die Kamera mit Blick über den Santa Rosa Sound aufgestellt und wartete auf die Gelegenheit, ein UFO zu fotografieren. Die Kamera war jetzt mit einem schweren Stativ und zusätzlichen Meßstäben verbessert. Gegen 1.10 Uhr nachts war der Park leer; da sah ich ein UFO über dem Meer schweben. Ich drückte auf die Auslöser, dann blickte ich auf zu dem UFO. Zur Rechten des ersten UFOs war ein weiteres Objekt.

Foto Nr. 38 R: Lichtverstärkt und im Detail verstärkt, vergrößert

Tageslichtaufnahme am Standort der Fotos Nr. 38 L und 38 R

Nachdem ich die Fotos mit der Stereokamera gemacht hatte, war das UFO plötzlich fast direkt über mir, vielleicht neun Meter über der Eiche in der Nähe. Das zweite Objekt auf dem Foto hatte dieselbe Größe wie das »Kundschafter-UFO«. Eine Untersuchung der Stereofotos bestätigte, daß das größere UFO etwa 145 Meter und das kleine nur gut 40 Meter entfernt gewesen waren.

Am 22. Dezember 1987 fotografierte »Bill der Gläubige« dieselben UFOs, die ich am darauffolgenden Morgen sah, als ich Bild Nr. 18 schoß.

Am 3. Dezember 1987 gab »Jane« dieses und ein anderes Foto in der Zeitungsredaktion des *Sentinel* ab, dazu eine Erklärung, daß sie die Fotos im Sommer 1986 aufgenommen hatte.

20. MÄRZ 1988

19. Sichtung – Hinter Baum mit SRS-Kamera

Ich verstand nun, daß die SRS-Kamera die glaubwürdigste war. Diese Kamera, zusammen mit Dr. Maccabees Fähigkeiten, die Ergebnisse zu analysieren, war schwer anfechtbar. Eine einzelne Kamera gab dem Analytiker viel weniger Material, besonders wenn das Foto eine Nachtaufnahme mit wenig Vordergrund und ohne Hintergrund war. Eine 35-mm-Kamera war leicht zu diskreditieren, weil man mit ihr doppelt belichten konnte. Meine alte Polaroid 108 konnte ich ebenfalls leicht doppelt belichten, aber die neuen Sun-600-Kameras hatten diesen Nachteil nicht. Mit ihrem automatischen Blitz und sofortigen Bildausstoß waren sie bei weitem die besten, um als SRS-Kamera auf dem Stativ montiert zu werden.

Nachdem ich eine Doppelaufnahme mit der Kamera gemacht und die wissenschaftliche Bedeutung der neuen Fotos begriffen hatte, war ich entschlossen, es wieder zu versuchen, wenn mir das UFO Gelegenheit gab. Zwei Tage lang blieb die SRS-Kamera auf meiner Hinterveranda aufgestellt, und ich hoffte, etwas zu hören. Dann hörte ich am 20. März um 22.50 Uhr, als ich mir die Zähne putzte: »Sehaas. Sehaas, schlafe und wisse.«

Ich schnappte rasch meinen Bademantel und ging hinaus auf die Hinterveranda. Von der überdachten, verglasten Veranda hat man nur einen begrenzten Blick, deshalb nahm ich die Kamera und stellte sie an der Ostseite des Schwimmbeckens, in der Nähe der Pforte im hinteren Zaun auf. Ich saß ruhig da, und innerhalb weniger Minuten erschien das UFO nördlich von mir. Ich lehnte mich vor, um das Stativ zu drehen und durch den rechten Sucher zu schauen. Das UFO hatte dieselbe Form und Farbe wie jenes, das ich am 17. im Park fotografiert hatte. Ich knipste mit der rechten Kamera, dann fingerte ich ein paar Sekunden am linken Auslöser herum, bis er losging. Wie zuvor blieb das UFO nur noch ein paar Sekunden, nachdem ich es fotografiert hatte. Dies schien Absicht zu sein, als ob das UFO mich riefe, herauszukommen und es aufzunehmen. Aber warum? Ich konnte nur folgern, daß die Wesen an Bord des Objekts die Bedeutung der Fotos kannten und wollten, daß die Forscher die bestmöglichen fotografischen Beweise bekamen. Ich trug die SRS-Kamera auf die Veranda zurück und nahm die Fotos (37L und 37R) mit ins Haus, um sie anzusehen. Sie waren enttäuschend für mich, denn auf dem linken Bild war das UFO von einem Ast verdeckt und durch die Kiefernnadeln nur teilweise zu sehen. Etwa einen Tag später schickte ich die Originale zur Analyse an Dr. Maccabee.

Später erfuhr ich, daß am selben Abend vor meiner Sichtung mit der SRS zwei andere Sichtungen gewesen waren; in einem Bericht kam ein blauer Strahl vor. Hier ist er, wie er im *Sentinel* erschien:

> Am Sonntag abend, dem 20. März, hatten Roger McCann, seine dreizehnjährige Tochter Jennifer und sein achtjähriger Sohn Trey ein sehr aufregendes Erlebnis.
>
> Gegen 20.10 Uhr sahen die McCanns und drei erwachsene Freunde die drei UFOs; sie schwebten in dreieckiger Anordnung über dem Strand. »Wir waren etwa auf halber Strecke zwischen dem zweiten Wasserturm und dem National Seashore«, berichtet Roger. »Eins der Objekte war größer als die beiden anderen.«
>
> Herr McCann, Besitzer der Versicherungsagentur McCann und des Charterboots Jolly Roger, war sehr skeptisch gewe-

sen, was die Berichte von UFO-Sichtungen in der Gegend betraf. »Ich habe die Bilder und Artikel, die veröffentlicht wurden, nie gesehen«, sagte Roger, »deshalb weiß ich nicht, was die anderen alle gesehen haben. Ich weiß nur, daß das keine Versuchsflugzeuge waren... sie waren echt.«

Die Gruppe hatte die Objekte etwa zehn Minuten lang beobachtet, als ein weiteres, kleines UFO in einer Entfernung von einem Kilometer vor der Küste vorbeizischte. Sie konnten gut genug sehen, um diese Beschreibung zu geben: »Es war ziemlich länglich – fast wie die Raumschiffe, die man in einem Film sieht. Oben auf dem Objekt waren vier Radarlichter. Die Lichter pulsierten. In der unteren Mitte des Objekts war eine Reihe gelber Lichter, die feststanden... das waren Bullaugen, meinen wir. Um die Unterseite war eine Reihe rotierender Lichter. Sie waren gelblich.«

Die sechs hatten zusammen nur ein Fernglas, das sie gemeinsam benutzten; deshalb waren die Dinge manchmal verwirrend. Aber zwei aus der Gruppe berichteten, daß sie sahen, wie blaue Strahlen aus dem größten Objekt herausschossen. Eine Beobachtung war, daß das größte UFO zu pulsieren schien – die Form zu verändern schien.

Die Objekte gingen außer Sicht, sobald ein Flugzeug sie zu verfolgen schien. Aber zuvor hatte das UFO die Gruppe 15 Minuten lang unterhalten.

»Jetzt bin ich gespannt, die Bilder und Artikel zu sehen, die im *Sentinel* waren«, sagt Roger. »Dies war das Aufregendste, das ich je im Leben gesehen habe.«

Mehrere weitere Sichtungen, die in dieser Zeit gemeldet wurden, sind in Anhang 3 angefügt.

Ein kurioses Nebenereignis: Duane Cook bekam einen Anruf von Ada Vasquez, die in Orlando, Florida, lebt. Sie meinte, der Name, den mir die Außerirdischen gegeben hatten, sei eigentlich Spanisch für »Augenbrauen« und werde cejas geschrieben. Sie hatte einen Artikel über die UFO-Berichte von Gulf Breeze gelesen, in dem meine gekräuselten Augenbrauen erwähnt wurden, und schloß, die Außerirdischen wären von solchen Augenbrauen wahrscheinlich beeindruckt. Dann erklärte sie, daß cejas »Ssehas« ausgesprochen wird.

Ob ihre Vermutung zutraf oder nicht, wußte ich nicht. Aber da die Wesen keine Augenbrauen hatten, war es möglich, daß sie sich an meine ziemlich auffälligen Brauen leicht erinnern konnten. Die Idee, daß die Wesen tun könnten, was unsere Forscher tun, wenn sie ein wildes Tier studieren, nämlich ein unterscheidendes Merkmal finden, um ihren Gegenstand identifizieren zu helfen, war gar nicht angenehm. Vielleicht schrieb ich deshalb in meinem Tagebuch weiter »Sehaas«.

18. APRIL 1988

Kontroverse mit »Entlarvern«

Fast ein Monat war vergangen, voller Tumult, Aufregung und Enttäuschung. Reporter und Leute, die mich befragen wollten, waren meine tägliche Norm. Ich wollte so gern nein sagen, besonders zu den Reportern, die die Geschichte nie ganz richtig hinbekamen. Einige waren schlimmer als andere und brachten, selbst wenn ich stundenlang mit ihnen geredet hatte, noch Zeiten, Schauplätze und Ereignisse durcheinander.

Die Sonntagsbeilage des *Orlando Sentinel* hatte die meisten Fakten richtig, spielte aber noch immer Verstecken mit einer Menge kleinerer Einzelheiten. Obwohl die Fehler nicht wichtig waren, waren es doch Fehler – etwa die Behauptung, unsere Hündin erschiene auf einem bestimmten Bild, während sie tatsächlich auf einem anderen war. Es wäre nicht so furchtbar wichtig gewesen, nur benutzte der Reporter die Reaktion des Hundes als Begründung für eine negative und unlogische Schlußfolgerung.

Die Fehler in den Medien waren frustrierend, aber nicht so schlimm wie andere Nachrichten. Ich erfuhr, daß ein Kritiker einen Jugendlichen aus Gulf Breeze mit der Aussage zitierte, ich sei ein gefährlicher Mensch. Der Kritiker war begierig, etwas Negatives zu enthüllen, und glaubte alles, was man ihm sagte; er machte keinen Versuch, herauszufinden, ob das, was der Junge sagte, auch zutraf.

Hätte sich dieser Kritiker die Mühe gemacht, ein wenig zu

recherchieren, so hätte er erfahren, daß dieser Junge wegen seines unguten Benehmens von unseren Festen ausgeschlossen worden war. Statt verantwortlich zu handeln, machte der Kritiker soviel Aufsehens wie möglich. Der Mann schrieb einen sechzehnseitigen, unbesonnenen Brief, der an Verleumdung grenzte, und versuchte, meinen Ruf in Zweifel zu ziehen; dann verteilte er diesen Brief an alle, die an der Untersuchung beteiligt waren. Meine Frau und ich hörten davon und verlangten, ein Exemplar zu bekommen. Frances war so empört, daß sie mit einer detaillierten Gegendarstellung, Fakt für Fakt, antwortete.

Inmitten des Hagels von Geschriebenem und Gesprochenem, der täglich auf meine Familie herunterbrach, versuchten wir, eine möglichst normale Routine aufrechtzuerhalten. Zu meiner regulären Arbeit kamen verschiedene Engagements in der Gemeinde hinzu. Von einem Vortrag vor einer High-School-Klasse über Architektur und Bautechniken bis zur Hilfe für die Förderer der Schulband, ein wöchentliches Bingo zu organisieren, damit Geld in die Kasse kam, hatte ich alle Hände voll zu tun.

Jeden Tag, der verging, rechnete ich als Sieg, solange das UFO wegblieb und meine Frau und meine Kinder nicht verspottet wurden. Doch das sollte nicht so weitergehen. Je glaubwürdiger diese überwältigenden Ereignisse für die Öffentlichkeit wurden, desto wütender erschienen die Kritiker, die sichtlich Schwierigkeiten hatten, zu akzeptieren, was auf der Hand lag. Von diesen gab es nur wenige, aber sie waren lautstark. Eines Nachmittags erhielt ich einen Schmähbrief mit der Post, der auch an Duane Cook gerichtet war. Später stellten wir fest, daß jemand, der schon früher versucht hatte, UFO-Sichtungen zu diskreditieren, viele, viele Exemplare in der Stadt verteilt hatte.

Die »Entlarver« versuchten, meine Freunde und Nachbarn gegen mich einzunehmen. Der Brief enthielt meine Telefonnummer und forderte die Leute auf, mich anzurufen und mich zu terrorisieren. Niemand rief an. Meine Gemeinde verweigerte sich dem Versuch, mich zu diskreditieren, und ich war stolz auf meine Nachbarn und denen dankbar, die die Wahrheit über mich wußten. Die Leute von Gulf Breeze waren viel zu vorurteilslos, um zu glauben, daß all die Sichtungen, die ich und Hunderte von anderen Leuten erlebt hatten, etwas anderes sein konnten als Wirklichkeit. Die Leute von Gulf Breeze sind die besten, und ich danke ihnen.

Die Sichtungen gingen in jedem Teil der Stadt weiter. Wenn man mit jemandem über das UFO redete, hatte er es entweder selbst gesehen, oder er kannte jemanden, der es gesehen hatte. Die Sichtungen waren so zahlreich, daß viele nie in die Zeitung oder irgendeinen offiziellen Bericht gelangten; andere wurden tage- oder wochenlang nicht veröffentlicht, nachdem sie dem *Sentinel* gemeldet worden waren. Hier ist der kurze Bericht einer Sichtung, die ein Pastor von Gulf Breeze erlebte. Es war der zweite Pastor, der eine UFO-Sichtung meldete.

> Ein prominenter Bürger von Gulf Breeze berichtete von einer Sichtung am 3. März. Er und seine Frau waren auf dem College Parkway in der Siedlung Polynesian Isles. Beide bemerkten zwei längliche Flugobjekte mit sehr hellen Lichtern, die über der Whisper Bay schwebten. Nach ein paar Minuten gingen die UFOs hinaus über die Bucht und verschwanden.

Vgl. Anhang 3 für eine Liste der Sichtungen, die in dieser selben Zeit geschahen.

Während andere Leute weiterhin Sichtungen hatten, blieben sie mir, Gott sei Dank, erspart. Zwar mußte den Attacken der »Entlarver« begegnet werden, aber Frances und ich schworen, das nicht zum Brennpunkt unseres Lebens werden zu lassen. In dem Bemühen, zu unserem normalen Leben zurückzufinden, beschlossen wir, ein Frühlingsfest für die Teenager des Ortes zu veranstalten. Ich fühlte mich fast schuldig, daß es so lange nicht mehr jene Parties gegeben hatte, an die die Teenager so gewöhnt waren.

18. April 1988 – Frances' Bericht

Die Party in den Frühlingsferien mit den Kindern war genau das gewesen, was unsere Familie brauchte. In diesen Stunden hatten wir das UFO, die »Entlarver«, die Reporter, alles vollkommen vergessen. Als die nächste Nummer des *Sentinel* herauskam, erfuhren wir, daß das UFO nicht untätig gewesen war, als wir ihm nicht unsere volle Aufmerksamkeit widmeten.

> Der *Sentinel* erhielt vor kurzem eine Rolle Film und eine Handzeichnung, zusammen mit einer auf einer braunen Papiertüte geschriebenen Nachricht, die im Nachtbriefkasten gelassen wurde.
> Die Nachricht lautete: »Dies war am letzten Samstag, 2. April, am Himmel über dem Strand. Vielleicht ein Düsenflugzeug. Ich glaube, es war ein UFO. Andere Leute auch gesehen. Fünf Minuten und verschwand.«
> Und bei der Zeichnung eine weitere Mitteilung: »23.00 Uhr – später am selben Abend waren wir am Strand. Es kam über uns, vielleicht 30 Meter. Ein weißes Licht traf uns. Ich glaube, wir waren bewußtlos.«
> Als der *Sentinel* den Film entwickelte, zeigen die Abzüge große Bälle aus orangefarbenem Licht.

Zusammen mit dem Artikel brachte die Zeitung eines der Fotos mit dem Text: »Dieses Bild eines großen, orangefarbenen Objekts wurde am Strand aufgenommen. Wer dieses Objekt gesehen hat oder identifizieren kann, wird gebeten, den *Senti-*

nel anzurufen.« In einer späteren Nummer der Zeitung wurde gebeten, wer den Fotografen kenne, der mit seinem Namen unterschrieben hatte, möge beim *Sentinel* anrufen. Es rief nie jemand an.

Im selben Zeitraum wurden weitere Sichtungen gemeldet. Eine war für uns besonders interessant, obwohl wir die Einzelheiten schon kannten. Die Frau, die das UFO gesehen hatte, wohnte in unserer Nachbarschaft und hatte Ed am Morgen nach ihrem Erlebnis angerufen, um zu sehen, ob er am Vorabend etwas gesehen oder gehört hatte. Ed war zwar überrascht, daß sie seine Identität kannte, doch er ging zu ihr und tat sein Bestes, um sie und ihre Tochter zu beruhigen. Hier ist die Geschichte, wie sie im *Sentinel* erschien:

> Eine Frau aus Gulf Breeze und ihre kleine Tochter wurden am vergangenen Sonntag morgen (3. April) sehr geängstigt durch ein Erlebnis mit einem UFO.
>
> »Ann« (sie hat uns gebeten, nicht ihren richtigen Namen zu nennen) wurde gegen 2.45 Uhr in der Frühe von einem »pochenden Geräusch« geweckt. Sie stand auf, um im Haus nachzusehen. Als sie die anderen Zimmer und den Hintergarten überprüfte, fand sie nichts. Als sie wieder in ihr Schlafzimmer kam, bemerkte sie ein helles Leuchten, das durch ihr Schlafzimmerfenster kam.
>
> Etwa zu dieser Zeit wachte Anns Tochter auf und kam in ihr Zimmer. Sie war von der Bewegung im Haus geweckt worden und wollte herausfinden, was los war. Sie schauten aus dem Fenster und sahen zu ihrem Schrecken ein UFO, das in etwa der gleichen Höhe wie die Straßenlampe neben ihrem Haus schwebte.
>
> Wie Ann sagt, gab das »untertassenförmige« Flugobjekt ein orangefarbenes, blinkendes Licht ab und machte ein Geräusch, das lautem Herzklopfen ähnelt. Das Objekt schien rund zu sein und sich im Kreis zu bewegen (Ann hörte das

pochende Geräusch während des ganzen, schrecklichen Erlebnisses; ihre Tochter hingegen hörte keinen Laut). Die beiden hatten furchtbare Angst und wußten nicht, was sie tun sollten. Ann sagte, sie hatte das Gefühl, als ob das UFO sie beobachtete. Sie dachte daran, die Polizei zu rufen, glaubte aber, diese könnte ihr nicht wirklich helfen. Sie und ihre Tochter legten sich auf das Bett und warteten voller Furcht. Sie lauschten etwa eine Stunde; das UFO schwebte derweil weiter draußen, bis es verschwand.

»Meine Tochter war zu Tode geängstigt... Ich empfand totale Angst und Panik«, sagte Ann über ihre Begegnung. »Bevor dies geschehen ist, habe ich es ganz einfach nicht geglaubt... und fertig. Ich hatte mich geweigert, Ihre (des *Sentinel*) Artikel zu lesen.« Sie sagt, diese Erfahrung habe ihre Meinung definitiv geändert.

Auch die »Entlarver« blieben nicht untätig. Es war ihnen nicht gelungen, Ed in Gulf Breeze zu diskreditieren; deshalb hatte einer von ihnen einen sechzehnseitigen Brief mit dem Titel »Die andere Seite der Medaille« geschrieben und an alle verschickt, die an der Untersuchung des Falles beteiligt waren – auch an viele, die nicht direkt beteiligt waren. Als Ed und ich durch Gerüchte von diesem Brief hörten, verlangte und erhielt ich ein Exemplar. Ich schrieb eine Antwort von 27 Seiten, in der ich die »Tatsachen« dieses »Entlarvers« widerlegte. Ich hoffte, daraufhin würden die Kritiker wenigstens einmal nachdenken und sich die Zeit nehmen, die Dinge zu überprüfen, bevor sie sie druckten.

Leider war das dann nicht der Fall. Eine geraffte Version von »Die andere Seite der Medaille« wurde als Grundlage für ein Spezialmitteilungsblatt benutzt, das im ganzen Land verschickt wurde. Als wir von der verleumderischen Natur des Mitteilungsblattes hörten, strengten Ed und ich uns gemeinsam an, ein Exemplar zu bekommen. Als wir es lasen, waren wir schockiert, daß die Autoren, die eine angeblich legitime UFO-Forschungsgruppe repräsentierten, so offensichtlich voreingenommen waren. Ich hoffte, daß bestimmt niemand solche tendenziösen, erfundenen Dummheiten glauben würde. Gleichzeitig mit den »Entlarvern« kamen auch Radio und Fernsehen auf Touren. Lokale Sender hatten ebenso wie das *News-Journal* Exemplare des Mitteilungsblattes bekommen. Um dessen Verdrehungen und direkten Lügen entgegenzutreten, mußte Ed sich auf mehr Live-Interviews einlassen, damit die Öffentlichkeit die wahre Geschichte erfuhr und seine Antworten auf Fragen hören konnte. Er meinte, wenn man die Öffentlichkeit beide Seiten wissen ließ, würde sie die falschen Anschuldigungen des Mitteilungsblattes zurückweisen.

Ich war der gleichen Ansicht, vor allem, weil die »Entlarver« ihre Attacken nicht auf die Richtigkeit der UFO-Sichtungen beschränkt hatten. Hätten sie das getan, so wäre ich vielleicht geneigt gewesen, die Lösung den Experten zu überlassen, aber viele ihrer Anschuldigungen zielten auf Ed persönlich. Wir fanden, wir mußten etwas tun, obwohl es keinem von uns gefiel, in den Medien eine Schlacht um Eds Ruf auszutragen.

Die Anrufe von den Medien kamen nicht länger nur aus der Umgegend, auch nicht nur aus Florida. Ed machte mehrere Live-Radiosendungen über Telefon für weit entfernte Sender, bis nach Maryland. Dann bat KNBC-TV aus Los Angeles, Kalifornien, um eine Kopie des 1 Minute 38 Sekunden langen Videobandes für eine Miniserie über UFOs, die sie machten. Ed schickte ihnen eine Kopie. Er sagte, er könnte sich nicht einfach umdrehen und die »Entlarver« die Sichtungen von Gulf Breeze diskreditieren lassen. Statt dessen tat er, was er konnte, um die Tatsachen bekanntzumachen.

Ich nehme an, das war der Grund, warum ich die »Entlarver« eigentlich nicht verstehen konnte. Wäre Ed der einzige gewesen, der das UFO gesehen hatte, oder selbst wenn es nur unsere Familie gewesen wäre, dann hätten die Angriffe der

»Entlarver« vielleicht ein wenig Sinn gehabt. Aber es fiel mir schwer, zu verstehen, warum die »Entlarver« es vorzogen, all die anderen Sichtungen zu ignorieren, die zum Teil von hochangesehenen Zeugen gemeldet wurden. Fast jeden Tag wurde dem *Sentinel* oder den Forschern etwas Neues berichtet. Hier ist eine dieser gemeldeten Sichtungen, die die »Entlarver« offenbar lieber ignorierten.

> Am Mittwoch, dem 6. April, sah der 16 Jahre alte Brandon Wheeler gegen 21.00 Uhr etwas Ungewöhnliches über der Gegend von Gulf Breeze.
> »Wir fuhren (von Osten) auf dem Highway 98 und waren gerade an dem Schild ›Naval Live Oaks‹ vorbeigefahren, als wir einen großen, weißen Ring über den Bäumen bemerkten«, berichtet Brandon.
> Brandon war mit zwei Freunden zusammen, der sechzehnjährigen Tabitha Rodenberry und dem siebzehnjährigen Cuck Jordan.
> »Die Lichter fingen an, immer heller zu leuchten. Meine Freunde sind ausgeflippt und haben geschrien.« Brandon beobachtete, wie die Lichter »von links nach rechts gingen und über den Highway 98 weg«.
> Es schien über Gulf Breeze zu sein. Nachdem die Lichter zurück über den Highway nach links gegangen waren, »verschwanden sie total«.

19. APRIL 1988

Skeptiker

Bei einem Ereignis dieser Größenordnung muß es Kontroversen geben. Diese Kontroversen nehmen vielfältige Formen an, die zum Teil nicht sehr erfreulich sind.

SKEPTIKER

Vor dem 11. November 1987 war auch ich ein Skeptiker. Ich hatte in den Nachrichten kurz von UFOs gehört, aber mir deshalb weder Sorgen gemacht noch eine definitive Meinung gebildet, ob sie existieren. Ich fiel unter die Kategorie der Unvoreingenommenen, die anderes Leben im Universum für möglich hält, aber meine Haltung war weiterhin: »Zeigt es mir.« Ich finde an den unvoreingenommenen Skeptikern nichts auszusetzen.

KRITIKER

Ein Kritikertyp schließt die Existenz von UFOs aus, die seiner eigenen, persönlichen Theorie nicht entsprechen. Ein anderer Typ Kritiker ist selektiv und entscheidet nach dem Beweismaterial, das er gelten läßt. Der erste Typ ist der auswählende »Entlarver«, nur unter anderer Bezeichnung; der zweite ist oft

ein Skeptiker, der beschlossen hat, in der Untersuchung des UFO-Phänomens eine aktive Rolle zu übernehmen.
Ein UFO-Kritiker sollte die Sichtung untersuchen und dann auf der Grundlage der Tatsachen in jedem einzelnen Fall persönlich entscheiden. Ich finde an dieser Vorgehensweise wenig auszusetzen. Leider lesen viele Kritiker Berichte von »Entlarvern« und lassen sich unangemessen beeinflussen.

ENTLARVER

Der »Entlarver« ist der Mensch, der die Möglichkeit, daß UFOs existieren, unmißverständlich verneint, und der in dem Versuch, eine UFO-Sichtung zu diskreditieren, auf jedes Niveau der Verdrehung sinkt, um andere zu überzeugen, daß alle Fälle unglaubwürdig sind. Er braucht keine Beweise aus erster Hand für eine Sichtung zu sehen, er braucht mit keinem der Zeugen zu sprechen, nein, er behauptet: »Wetterballon, Venus, Flugzeug, Zeugen sind Lügner, und Zeugen legen einen Schwindel auf.«
»Entlarver« kommen in vielerlei Tarnung daher. Manchmal haben sie eine naturwissenschaftliche Ausbildung und leben davon, UFO-Bücher zu schreiben. Manchmal gehören sie UFO-Untersuchungsteams an. Welche Gestalt sie auch annehmen, ihre Vorgehensweise ist stets dieselbe: soviel negative Information wie möglich gedruckt zu bekommen.
Zwei oder drei »Entlarver« haben hart gearbeitet, um die Sichtungen zu widerlegen, die ich gemeldet habe. Sie begannen mit dem Versuch, die Beweise zu diskreditieren, und haben dabei die Fakten verdreht, wenn das ihrem Zweck diente.
Den »Entlarvern« ist es sehr wichtig, daß die Öffentlichkeit ihnen glaubt, und so ist es ihr Standardtrick, eine »Presseverlautbarung« in Umlauf zu bringen – je offizieller sie aussieht,

desto besser. Ich habe eine solche »Pressemitteilung« gesehen, die so begann:

> Wissenschaftliche Wertlosigkeit der UFO-Berichte von Gulf Breeze, Florida, festgestellt

Diese Überschrift war zweifellos beeindruckend für die Medien, aber die »Verlautbarung« erwähnte mit keinem Wort, wer diese kühne Behauptung »festgestellt« hatte. Wir fanden allerdings später heraus, daß der Mann, der die Desinformation in Umlauf gebracht hatte, keine wissenschaftliche Ausbildung besaß, die ihn für solch eine Behauptung qualifiziert hätte.

Ein Forscher aus Central Florida berichtete, nach ausführlichen Untersuchungen sei er zu dem Schluß gekommen, die UFOs auf Foto Nr. 18 seien, »wenn sie echt waren, viel näher gewesen, als der Zeuge angab«. Er berechnete die Entfernung der Bäume von der Kamera auf 135 Meter, und das war die Zahl, die er bei seinen weiteren Berechnungen verwendete. Als die Entfernung jedoch gemessen wurde, ergab sie 53 Meter – ein ziemlicher Unterschied. Als er später mit den zahlreichen Fehlern in seinem Bericht konfrontiert wurde, sagte der »Entlarver« aus Central Florida, er hätte »die Korrekturen für künftige Rückgriffe unter Vermischtes archiviert«. Derselbe Mann schloß nach vielen Berechnungen, die Sichtung vom 11. November 1987 habe nicht, wie ich sagte, etwa fünf Minuten gedauert. Aufgrund der fortschreitenden Dunkelheit auf den Fotos Nr. 1 bis Nr. 5 behauptete er, zwischen dem ersten und dem letzten Foto seien eher 30 Minuten vergangen. Deshalb, behauptete er, »ist es offensichtlich, daß ›Herr Ed‹ gelogen hat«.

Die Wahrheit meiner Aussage war allerdings leicht zu beweisen. An mehreren verschiedenen Abenden machte ich auf Dr. Maccabees Vorschlag hin in einem Zeitraum von rund fünf Minuten, nachdem die Straßenlampen angingen, eine Serie von Fotos mit meiner alten Polaroid-Kamera. Ich fand, daß die auf Foto Nr. 1 bis Foto Nr. 4 sichtbar zunehmende Dunkelheit in rund fünf Minuten eintrat. Dr. Maccabee sagte mir, daß auch er abends mit einer Polaroid 600 fotografische Helligkeitstests gemacht und gefunden hatte, daß Bilder vom Himmel, kurz nachdem die Straßenlampen eingeschaltet wurden, über einen Zeitraum von rund fünf Minuten sehr dunkel wurden.

So wurde das Beweismaterial wieder bestätigt und ich entlastet. Aber das schien nicht zu zählen. Die Anschuldigungen der »Entlarver« wurden publik gemacht und die Richtigstellungen ignoriert. Wie viele Schwierigkeiten die »Entlarver« beim Entkräften der Beweise gehabt hatten, spiegelte sich direkt darin, wie sehr sie sich bemühten, mich persönlich zu attackieren. Das nämlich ist die Trumpfkarte der »Entlarver«: der Zeuge muß um jeden Preis diskreditiert und als Lügner hingestellt werden.

Das Spezial-Mitteilungsblatt, das Frances oben erwähnt hat, wurde von einer Gruppe verschickt, die den Anspruch erhob, unvoreingenommen zu berichten. Sie zitierten einen Reporter des *Miami Herald*, der sagte: »Es (das UFO) sieht einfach nicht richtig aus.« Es wurden keine Einzelheiten über die Qualifikation dieses Reporters angegeben, und Dr. Maccabees fortdauernde Analyse wurde nicht erwähnt.

Als ich gebeten wurde, den Lügendetektortest zu machen, war ich beleidigt, aber ich machte den Test innerhalb einer Woche. Dieses Mitteilungsblatt, das sich für unvoreingenommen erklärte, berichtete so darüber:

> Nach einigem Drängen machte Herr Ed einen Lügendetektortest, den er bestand. Es ist freilich allgemein bekannt, daß soziopathische Persönlichkeiten Lügendetektortests bestehen können, selbst wenn sie die Unwahrheit sagen. Wir geben nicht viel auf Lügendetektortests.

Dies Zitat kam mir nicht unvoreingenommen vor, und ich konnte nicht umhin, mich zu fragen, was sie gesagt hätten, wenn ich bei dem Test durchgefallen wäre. Hätten sie plötzlich ihren Glauben an den Lügendetektortest bekannt?

Als ich über die Versuche der »Entlarver« nachdachte, die Sichtungen von Gulf Breeze zu diskreditieren und dabei meine Familie zu verleumden, fiel mir ein, daß ich die Untersuchung der Flüssigkeit überprüfen sollte, die ich aus dem UFO hatte fallen sehen. Eine Probe dieser Flüssigkeit, die ich am 17. Dezember 1987 auf dem Feld hinter meinem Haus sichergestellt hatte, war einem Mann überlassen worden, der sich als ernsthafter Forscher ausgegeben hatte.

Etwa einen Monat später hatte dieser Mann verkündet, die Flüssigkeit sei »bedeutungslos«, es handle sich um bloßes Regenwasser. Ich hatte immer gezögert, ihm zuzustimmen. Mehrere Forscher hatten die sprudelnde Flüssigkeit gesehen, aber keiner hat je eine Kopie der Laboranalyse erhalten, die gemacht werden sollte. Später entdeckten wir, daß nie ein Labortest bestellt worden war, und daß dieser Mann es ganz allein auf sich genommen hatte, die Flüssigkeit für bedeutungslos zu erklären. Das hätte uns gleich warnen sollen, daß er ein »Entlarver« war, denn er gab ohne Fakten rasche Urteile ab.

Ich hatte ein wenig von der Flüssigkeit behalten und brachte sie vier Monate später ins Pioneer Laboratory in Pensacola, um sie analysieren zu lassen. Der Befund war verblüffend. Die Behauptung, es sei Regenwasser, war falsch, und ich konnte nicht umhin, mich zu fragen, ob sie nicht ein absichtlicher Betrug war. Die Flüssigkeit bestand hauptsächlich aus Seewasser mit zusätzlich einigen anderen Elementen (vgl. Bericht im Anhang), eine sehr seltsame Mixtur für meinen Hintergarten. Ich fand, die Analyse bestätigte meinen Bericht, daß ich gesehen hatte, wie die Flüssigkeit von dem UFO auf die Erde fiel.

20. APRIL 1988

Budd Hopkins kommt zurück

Mark Curtis, der Reporter von WEAR-TV 3, rief vormittags an und gab mir eine erstaunliche Nachricht durch: Sie hatten, ebenso wie jeder andere Fernsehsender, jeder Radiosender und jede Zeitung in der Region, einen zehnseitigen Bericht von einem »Entlarver« erhalten, der sich die Mühe gemacht hatte, das UFO von Gulf Breeze vom Standpunkt der Wetterverhältnisse zu »überprüfen«. Seine Prämisse war, die erste Sichtung vom 11. November könnte nicht am 11. November stattgefunden haben, denn die Wolken auf den Fotos bewegten sich von links nach rechts. Er kalkulierte, die Wolken hätten von rechts nach links ziehen sollen.

Der Bericht, den er herausgab, war sehr eindrucksvoll und klang für den Durchschnittsleser korrekt. Der Kopf des Papiers, auf dem er geschrieben war, verkündete kühn »Project Starlight International«, und ein Copyright-Hinweis suggerierte, die Information sei es wert, urheberrechtlich geschützt zu werden. Leider betrieb er seine Forschung aus der Ferne und konnte nicht feststellen, ob die Bedingungen der Wolkenformationen auf den Fotos Nr. 1, 2 und 3 stimmten oder nicht. Ich brauche nicht im einzelnen zu begründen, warum sein Bericht nicht korrekt war. Eine vollständige Erklärung von Bob Oechsler, warum der Bericht falsch war, ist im Anhang zu finden. Hier sei nur gesagt, daß der Winkel der Kamera und die Windrichtung, von der er ausging, falsch waren, und daher auch seine

Ergebnisse. Die Medien allerdings nahmen sich nicht die Zeit, die Gültigkeit seines Berichtes zu überprüfen. Seine Ergebnisse wurden am selben Abend in den Lokalnachrichten gesendet und am nächsten Morgen im *News-Journal* gedruckt. Schon am nächsten Tag, nachdem alle Medien in heller Aufregung über den Bericht waren, mußte der Kritiker ihn im lokalen Fernsehen und in der Lokalzeitung mündlich zurücknehmen, und er mußte ihn bei all denen schriftlich widerrufen, die den falschen Bericht erhalten hatten. Sein Widerruf lautete:

> Ich bin jetzt überzeugt, daß die Bilder tatsächlich an jenem Mittwoch aufgenommen wurden. Ich gebe unumwunden zu, daß ich unrecht hatte. Beurteilen Sie diesen Fall nicht aufgrund meines Berichts.

Leider bekommt ein Widerruf nie dieselbe Aufmerksamkeit wie der ursprüngliche Bericht in den Medien, besonders bei der Titelblattschlagzeile, die da lautete: *Verdacht eines Forschers: UFO-Fotos von Gulf Breeze sind getürkt.* Sogar einer meiner Freunde, der Bürgermeister von Gulf Breeze, wurde beeinflußt, und der Kritiker fragte mich, ob ich es für angebracht hielte, wenn er den Bürgermeister anriefe und persönlich widerrief. Ich sagte, ja, meiner Meinung nach sei das das mindeste, was er tun könnte. Ich erinnerte ihn nicht an das Versprechen, mit dem ihn die Zeitung in ihrem ursprünglichen Artikel zitiert hatte: »Wenn ich unrecht habe, werde ich mich ganz aus diesem Fall zurückziehen.« Auch er erwähnte dies Zitat nie wieder.

Zwei Stunden, bevor die falschen Anschuldigungen des Kritikers in den Abendnachrichten vom 20. April gesendet werden sollten, kamen Budd Hopkins, Charles Flannigan, Don Ware und Bob Reid zu mir. Ich hatte erwartet, viele Stunden ernsthaften Forschens mit Budd Hopkins zu verbringen, aber das sollte nicht sein. Das Treffen wurde viele Male von dem Trubel um die bevorstehenden Abendnachrichten unterbrochen. Es fiel mir schwer, mich auf die Diskussion zu konzentrieren und dabei zu wissen, daß ich fälschlich beschuldigt werden würde, ich hätte die Fotos getürkt.

Ich wollte nämlich Budd Hopkins und den anderen Forschern erzählen, was ich in den vergangenen Wochen getan hatte. Seit dem 31. März versuchte ich, die Bedeutung hinter der Botschaft »Im Schlaf weißt du es« aufzudecken. Jeden Abend hatte ich mich still konzentriert, bevor ich einschlief, einen Gedanken oder eine Frage immer wieder gedacht und gehofft, aus meinem Unterbewußtsein eine Antwort abzurufen, die ich vielleicht im Schlaf wußte.

Meine blitzartigen Erinnerungen waren wahrhaft bizarr und so kryptisch, daß sie extrem schwer zu verstehen waren. Ich hatte jede dieser Erinnerungen für spätere Analysen niedergeschrieben, und genau das wollte ich eigentlich mit Budd Hopkins während seines Besuches besprechen. Aber angesichts dieser neuesten Aktivität der Medien war meine Aufmerksamkeit zum größten Teil davon in Anspruch genommen, meine Glaubwürdigkeit zu wahren. Ich konnte die Versuche der »Entlarver«, mich zu diskreditieren und das fotografische Beweismaterial in Verruf zu bringen, nicht ignorieren.

Das Thema Hypnose war zu dieser Zeit für etliche Forscher von vorrangigem Interesse. Auch der WEAR-TV-3-Reporter Mark Curtis wollte einen angesehenen, professionellen Psychologen auswählen, der mich hypnotisierte. Ich war völlig einverstanden mit dieser Prozedur; die Frage war nur, wann. Wenn es soweit war, wollte ich Budd Hopkins um seine Mitwirkung bitten, wenn er bereit war, seinen Rat zur Verfügung zu stellen. Aber die größeren Fragen und möglichen Antworten, die die Hypnose bringen konnte, wurden verdrängt, weil ich den »Entlarvern« ihre falschen Anschuldigungen nicht durchgehen lassen konnte.

Da ich nervös war, wollte ich das Thema Hypnose nicht diskutieren, und so verfolgten wir einen anderen Gedankengang. Wieder sprachen wir über die drei Male in meinem Leben, bei denen ich mich bewußt an fehlende Zeit erinnerte. Ich hatte diese Vorfälle immer wegerklärt, aber es kam mir immer wahrscheinlicher vor, daß ich schon früher entführt worden war. Diese drei möglichen Entführungen waren in Abständen von je acht Jahren geschehen.

Als ich 17 war, wohnten mein Bruder und ich in einer kleinen »Schwiegermutterwohnung«, die mit unserem Haus verbunden war. Es war etwa 15.00 Uhr, und meine Mutter bat mich, in unserem Supermarkt einen Laib Brot zu holen. Ich sauste mit dem Fahrrad los und beachtete den großen, schwarzen Hund kaum, der an der Ecke unseres Gartens an der Straße saß.

Beim Radeln auf der flachen Straße wurde mir unbehaglich, und ich schaute zurück. Der schwarze Hund war hinter mir. Ich meine direkt hinter mir. Ich machte einen Ruck nach links, als ich ihn sah, kam von der Straße ab und landete im Graben.

Als ich mich aufrichtete, konnte ich den Hund nirgends sehen. Er war weg. Es lief mir eiskalt den Rücken hinunter. Ich richtete mein Rad wieder her und fuhr weiter, so schnell ich konnte, um zum Supermarkt und unter Menschen zu kommen.

Ich hatte noch fünf Blocks vor mir, als ich das unheimliche Gefühl wieder hatte. Ich wußte, wenn ich mich umsah, würde der Hund dasein. Ich sah mich nicht um. Statt dessen radelte ich schneller und lehnte mich vornüber, um mein ganzes Gewicht in die Geschwindigkeit zu bringen. Als ich bei dem Supermarkt an den Straßenrand fuhr, schaute ich zurück. Ich sah nur die leere Straße.

Ich ging langsam durch die Gänge zur Brotabteilung und nahm mir Zeit, zur Kasse zu gehen. Ich wollte diesem seltsamen, schwarzen Hund eine Menge Zeit geben, woanders hinzugehen. Schließlich kam ich aus dem Laden und ging um die Ecke zu meinem Rad. Da saß der schwarze Hund; sein Kopf war neben der Lenkstange und höher als sie.

Ich stand wie versteinert und starrte den Hund an. Er wich nicht zurück. Er sah mich nur an. Ich ging vorsichtig auf die gegenüberliegende Seite des Rades und schob es langsam fort. Sobald ich es wagte, sprang ich auf und fuhr ab.
Ich bin nie so schnell geradelt – muß ein Temporekord gewesen sein –, aber der schwarze Hund kam nach. Es hätte ihm unmöglich sein sollen, mit mir Schritt zu halten. Aber er sah mich nur gerade an und lief ruhig und unbeirrt weiter.
Ich fuhr in den Garten, sprang vom Rad, ließ es fallen und rannte zur Vordertür unserer Wohnung. Ich knallte die Tür hinter mir zu und riß die Jalousie vor dem Fenster herunter. Mein Herz hämmerte. Ich krümmte mich zusammen und pumpte wie wild Luft in meine Lungen. Irgend etwas stimmte ganz und gar nicht mit diesem Hund. Er war viel zu zielstrebig. Ich lehnte mich an den Türrahmen und spähte aus dem Fenster. Der Hund drehte langsam den Kopf und begegnete meinen Augen mit einem leeren Starren. Ich ließ die Jalousie zurückfallen. Nach ein paar Minuten riskierte ich wieder einen Blick.
Der Hund saß da, auf der kleinen Eingangsveranda, als wäre er in Trance. Unbeweglich, kaum 1,50 Meter entfernt, als wäre er ein Wächter. Hätte an der gegenüberliegenden Seite ein zweiter gesessen, so hätten sie gewirkt wie ein Paar unheimlicher Statuen. Ich wartete und sah etwa eine halbe Stunde lang immer wieder nach, bis der Hund weg war.
Als mein Bruder und ich uns später am Abend anschickten, ins Bett zu gehen, war alles normal. Mama hatte im Garten den Sprenger angestellt wie an jedem Sommerabend. Gegen halb elf setzte ich die Katze hinaus, schloß ab und löschte auf dem Weg ins Bett das Licht.
Irgendwann später fühlte ich eine Kraft, die den äußeren Rand meines Bettes an meinen Füßen niederdrückte. Mein Kopf registrierte, daß es die Katze war, die aufs Bett sprang. Wieder wurde das Bett niedergedrückt; meine Knie gingen auf und ab, als die Matratze den Druck auffing.

Plötzlich wirbelte mir der Kopf, und ich spürte einen Adrenalinstoß. Ich hatte die Katze hinausgesetzt! Was in Dreiteufelsnamen kroch da am Rand meines Bettes lang? Ich wollte aufspringen und schreien, aber ich hatte zuviel Angst. Ich lag da und horchte.
Die Stille lastete schwer; ich konnte nur das Geräusch meines Atems hören. Dann spritzte der Sprenger Wasser an die vorderen Fenster. Mir tat der Kopf weh, und ich fühlte einen Knoten im Magen, der zum Brechreiz wurde. Ich war gelähmt vor Angst, aber ich mußte etwas tun.
Ich lag auf der Seite; das linke Auge war vom Kissen bedeckt. Ganz, ganz langsam öffnete ich das rechte Lid, um durch die Wimpern zu spähen. Das Zimmer war dunkel, meine Sicht undeutlich. Ich sah schattenhafte, graue Gestalten hin und her gehen, als ich versuchte, scharf zu sehen.
In diesem Moment, als ich mich mühte, etwas zu sehen, geschah es wieder. Das Bett wurde niedergedrückt, diesmal stärker. Meine Brust bewegte sich scharf in die Richtung der Matratze. Ich war kurz vor der Panik. Das Ding kam immer näher an meinen Kopf. Ich schloß das rechte Auge fest und tat so, als drehte ich mich im Schlaf, so daß ich mich zu einer Kugel zusammenrollen konnte. Da muß ein Wahnsinniger im Haus sein, war alles, was ich denken konnte.
Wieder ging das Bett nach unten, diesmal nur ein paar Zentimeter vor meinem Kopf. Das Kissen wurde nach unten gezogen, und mein Kopf ging nach unten, dann nach oben. Ein saurer Geruch wehte mir in die Nase. Ich wollte aufspringen und schreien. Aber wenn der »Wahnsinnige« nun ein Messer hatte?
Wieder öffnete ich vorsichtig mein Auge, gerade weit genug, um sehen zu können. Meine Muskeln erstarrten vor Angst. Ein schwacher Lichtschein von einem Spalt im Vorhang spiegelte sich auf einem kahlen Kopf, nur sechs Zentimeter von meinem Gesicht entfernt. Große, schwarze Augenhöhlen, ohne Umris-

se, keine Augenbrauen, keine normalen Gesichtszüge, füllten mein Blickfeld aus.
Auge in Auge mit diesem Ding, packte mich das Entsetzen. Ich kniff die Augen zu und schrie im Kopf: Ich schlafe... Ich schlafe... Bitte geh weg! Ein paar Minuten lag ich vollkommen still; jeder Laut, jedes Gefühl war mir bewußt. Ich bemerkte, wie naß das Kissen unter meinem Kopf war. Ich schwitzte, aber nicht genug, um es so naß zu machen. Der Sprenger spritzte gegen das Fenster, doch das Geräusch wurde von dem hämmernden Blut in meinen Ohren übertönt.
Ich geriet in Panik und hielt es nicht mehr aus. In einer einzigen Bewegung riß ich mir das Kissen vor die Brust – davon erhoffte ich mir ein wenig Schutz – und sprang zur Nachttischlampe. Im selben Augenblick begann ich zu schreien: »Bert! Bert! Wach auf! Da ist jemand im Haus!«
Bert antwortete brummig: »Was hast du?«, als ich das Licht andrehte.
Nichts! Ich konnte nichts im Zimmer sehen. Ich kauerte mich auf den Boden neben mein Bett, mit dem Rücken am Nachttisch. Ich rief Bert zu, daß etwas auf meinen Bett war. Er antwortete mit schläfriger Stimme:
»Ja, das war die Katze. Auf meinem Bett war sie auch.«
Ich sagte schnell: »Mach dein Licht an. Hier ist jemand drin. Ich hab' die Katze nach draußen gebracht.«
Sein Licht ging an, und ich sah Bert auf mich zukommen. Ich sprang auf und lief auf ihn zu. Wir trafen uns in dem kleinen Flur und verabredeten flüsternd, in den Schränken und im Bad nachzusehen. Wir rissen jede Schranktür auf, sahen aber nichts als unsere Kleidung. Als wir im Bad nachsehen wollten, bemerkte Bert, daß der Boden im Flur und in den Schlafzimmern naß war.
Seltsame, nasse Fußspuren führten von der abgeschlossenen Vordertür an die Seite meines Bettes und an Berts Bett. Die meisten führten in mein Zimmer. Sie waren geformt wie flache

Pantoffeln und bedeckten einen Großteil des Bodens mit nassen Abdrücken.

Dann fiel Bert auf, daß ich naß war, als wäre ich draußen gewesen. Ich sagte ihm, daß ich nirgends gewesen war. Aber ich konnte nicht erklären, warum ich naß war oder was ich gesehen hatte.

Als ich 25 war, war ich seit zwei Jahren verheiratet, und Frances und ich hatten einen einjährigen Sohn, Dannie. Wie die meisten jungen Paare, die es zu etwas bringen wollen, arbeiteten wir hart.

Ich arbeitete als Bauzeichner und freute mich über jede Überstunde, die ich machen konnte. Wir hatten vor kurzem unser ganzes Erspartes in ein älteres Mietshaus in der Nähe des Strandes investiert. Die Renovierung verschlang jeden zusätzlichen Penny, den wir verdienen konnten.

Eines Tages bat mich der Chefarchitekt, nach der Arbeit mit ihm zu kommen, um einen Kunden zu treffen und Notizen über den Entwurf eines geplanten Hauses zu machen. Ich wußte nicht, wie spät ich heimkommen würde, und rief Frances an, daß ich nicht zum Abendessen käme.

Das Treffen zog sich in die Länge; endlich trennten wir uns gegen 23.00 Uhr. Ich war begierig heimzukommen. Da ich nur eine halbe Stunde zu fahren hatte, fuhr ich gleich ab, ohne Frances noch einmal anzurufen.

Auf halber Strecke bemerkte ich, daß die Dunkelheit hinter mir irgendwie seltsam war. Als ich an einer Straßenlampe vorbeifuhr, konnte ich sie an mir vorbeiziehen sehen, aber im Rückspiegel war sie nicht zu sehen. Der Innen- wie der Außenspiegel waren schwarz. Ich drehte den Kopf und blickte nach hinten. Wieder sah ich nichts als Schwärze. Es war, als ob eine riesige, schwarze Decke mir die Sicht auf alles versperrte, was hinter mir war. Ich schüttelte den Kopf, rieb mir die Augen und gab Gas. Der Motor drehte auf, aber der Wagen wurde langsa-

mer. Ich lenkte nach rechts und ließ den Wagen am Straßenrand ausrollen.
Was zum Teufel!? Ich sah auf den Schalthebel. Er stand auf Neutral. Wie hatte ich das gemacht? Ich befand, daß ich müder war, als ich gemerkt hatte. Ich beschloß, mir die Beine eine Minute zu vertreten, um wacher zu werden. Ich stieg aus, voller Vertrauen, daß alles normal aussehen würde.
Zuerst schaute ich nach vorn. Alles war, wie es sein sollte. Dann sah ich hinter mich. Die Dunkelheit war weg. Ich schüttelte den Kopf. Irgendein Trick mit dem Licht mußte bewirkt haben, daß meine Spiegel dunkel schienen.
Ganz hinten auf der Straße sah ich ein einzelnes Licht wie von einem Motorrad, nur heller. Es wurde immer schneller und kam näher, dann stieg es über der Straße auf. Ich sprang in den Wagen und verriegelte die Türen, während ich den Motor anließ. Ich brauste zurück auf den Asphalt und blickte in den Rückspiegel. Das Licht war weg. Die Dunkelheit war wieder da.
Ich raste in Panik die Straße entlang und sah, wie die Schwärze alles verdunkelte, an dem ich vorbeifuhr. Vielleicht war es ein Trick mit dem Licht. Ich kurbelte das Fenster herunter und streckte den Kopf nach draußen, um ungehindert sehen zu können. Weniger als drei Meter hinter mir kräuselte sich eine schwarze Welle, die alle Sicht verdeckte. Sie schien einfach dazuhängen, schimmernd, und alles zu verschleiern. Das Haar an meinem linken Arm stand steil zu Berge. In der Luft hing ein schwerer, brenzliger Geruch.
Ich drehte mich wieder zurück. Als ich das Fenster hochkurbelte, kam der rechte Vorderreifen von der Straße ab. Ich kämpfte, um die Kontrolle über den Wagen zu behalten. Als ich wieder zurückschaute, war die Dunkelheit weg.
Wieder kam ein einzelnes Licht von hinten. Es raste auf mich zu, und ich hatte Angst, es würde mich überfahren. Ich trat stärker auf das Gaspedal und riß den Wagen zurück auf die Straße. Ich

versuchte, ihm davonzufahren. In Sekunden wurde das Licht so groß wie ein Flughafenstrahler und überflutete das Wageninnere mit Helligkeit.
Sechs Stunden später wachte ich hinter dem Steuerrad am Straßenrand auf, ohne Erinnerung an diese verlorenen Stunden.

Als ich 32 war, waren wir erst vor kurzem aus Costa Rica zurück und nach Corpus Christi gezogen. Ich machte einen Solo-Ausflug zum Angeln und Kanufahren und wollte mich den Tag über entspannen. Wenn ich ein, zwei Fische fangen konnte, prima.
Die Tierwelt entlang der Barriere-Inseln vor der Küste war spektakulär. Ich hätte meine Kamera mitnehmen sollen statt der Angelrute. Das Wasser teilte sich sauber unter dem Bug des Kanus, als ich langsam an Hunderten von braunen Pelikanen vorbeifuhr, die in und an den Bäumen der geschützten Inseln nisteten. Die Fahrrinne, in der ich war, war tief, etwa 15 Meter, und recht oft sah ich, wie Delphine die Wasseroberfläche durchbrachen. Gegen Mittag ließ ich mich in der Strömung treiben und beschloß, nachzusehen, was Frances mir zum Essen eingepackt hatte. Als ich in die Tüte griff, stieß der Boden des Kanus auf etwas, dann lag es plötzlich still, als wäre ich auf Grund gelaufen. Aber das Geräusch war wie Metall auf Metall. Bevor ich das Paddel heben konnte, war das Kanu wieder frei und trieb weiter.
Ich schaute zurück, sah aber nichts im klaren Wasser, das mich behindert haben konnte. Als ich mich wieder nach vorn drehte, sah ich eine Reihe Blasen, die sich vor dem Kanu erstreckte und vor mir hersauste. Meine Aufmerksamkeit galt nicht mehr der Bananen-Nußschnitte in meiner Hand; sie war von den seltsamen Blasen gefesselt. Das war kein Delphin.
Wenn die Blasen platzten, roch es nach Chlor. Die Strömung schob mich weiter voran, aber die Blasen blieben auf meinem

Weg stehen. Ich paddelte nach links, um ihnen auszuweichen. Die Blasen gingen nach links. Ich steuerte nach rechts. Die Blasen gingen nach rechts.
Nur neun Meter entfernt sah ich ein grünes Leuchten unter dem Wasser. Sehr groß, und es wurde größer. Ich versuchte, rückwärts zu paddeln. Die Strömung trug mich vorwärts, näher an das, was da vor mir hochkam.
Augenblicke später – so jedenfalls mein Gefühl – fand ich mich wieder, ausgestreckt auf dem Boden des Kanus. Ich sah auf und stellte fest, daß ich bei der Mündung des Kanals gestrandet war, Meilen entfernt von meinem vorigen Standort. Eine Bark fuhr vorbei in den Golf. Auf meinem Essen saßen Fliegen, und meine Armbanduhr zeigte 17.00 Uhr.

1. MAI 1988

20. Sichtung – Die Begegnung am Ende

Als ich 41 war, fotografierte ich ein UFO und wurde entführt. Frances und ich waren uns weiterhin uneinig über die Entfernung und Größe des Objekts, das wir im Shoreline Park Süd gesehen und mit der MUFON-Kamera fotografiert hatten. Diese Uneinigkeit veranlaßte uns, die SRS-Kamera zu nehmen und im Park jeden Abend mindestens zwei Stunden geduldig zu warten, hoffend, daß sich das Objekt wieder zeigte.

Wir begannen damit am Dienstag, dem 26. April. Dr. Maccabee wußte von unseren Versuchen und hatte uns geraten, die Videokamera und ein Radio mitzunehmen, um so die Zeit nachzuweisen. Er bat uns auch, zusätzliche Meßstäbe im Kreis um die SRS-Kamera aufzustellen. Jeder Stab war weiß und wurde in drei Meter Entfernung von den Kameralinsen aufgestellt. Unsere Routine begann gewöhnlich um 23.00 Uhr, nachdem die Kinder im Bett waren und schliefen.

Da Frances am Freitag eine Reise antrat, von der sie erst am Montag zurückkommen würde, machte ich mich alleine auf, die SRS-Kamera im Park aufzustellen. Ich wollte dieses Foto haben. Nachdem Laura zu Bett gegangen war, lud ich den starren Rahmen und das Stativ mit der Kamera in den Lieferwagen. Augenblicke später kam ich in den Park, stellte die Geräte auf, setzte mich still hin und beobachtete den Abendhimmel, ob sich etwas bewegte. Stunden später war ich enttäuscht; meine Mühe hatte mir nur ein Schlafdefizit eingebracht.

Am Samstag abend ging Laura etwas später zu Bett, und ich kam erst um 23.30 Uhr in den Park. Mehrere saßen in ihren Autos und genossen den Blick über den Meeresarm, und ein paar Fischer warteten auf die Rückkehr ihrer Kollegen.

Die Stelle, wo ich die SRS-Kamera aufstellte, war derselbe Picknicktisch – von drei Seiten durch Bäume und Büsche abgeschirmt und mit Blick über das Wasser nach Süden – den wir schon so oft benutzt hatten. Das SRS-Stativ war um 360 Grad schwenkbar und konnte nach oben verstellt werden, falls sich das UFO in irgendeiner Richtung über den Bäumen zeigte.

Es nieselte ganz leicht, aber ich stellte weiter den Kreis von Stäben in einem Radius von drei Metern um die Kameralinsen auf. Ich verwendete eine Taschenlampe und ein Maßband, um sicherzustellen, daß die Stäbe genau in diesem Abstand um die Kamera standen. Als ich fertig war, setzte ich mich und wartete. Die Betonpicknickbank wurde härter, je länger ich wartete.

Um 0.30 Uhr machte ich eine Pause und stieg in den Lieferwagen ein, um mich in den Liegesitzen zu entspannen. Ich war weniger als 15 Meter von der Kamera entfernt, es lief niemand herum, und so machte ich mir keine Sorgen um die Ausrüstung.

Ein wenig später, während ich mich entspannte, versuchte ich, mir das UFO im Geist vorzustellen, und in diesem Augenblick hörte ich das Summen. Sehr entfernt und nur ein paar Sekunden lang ging das Summen über meine Stirn.

Ich setzte mich auf und sah über den Park in die Dunkelheit, die mich umgab. Mein Herz begann zu rasen. Ich stieg aus. Die anderen Autos, die ich vorher gesehen hatte, waren nicht mehr da. Nur ein einziger Fischer war zu sehen, der am anderen Ende des Parks bei einer der wenigen Straßenlampen stand.

Ein Schauer überkam mich, und ich dachte plötzlich an Laura, die allein im Haus war. Ich mußte dem Drang widerstehen, die Kameras zu schnappen und schnell abzuhauen, wegzukommen von dieser Gegenwart da irgendwo im Dunkeln. Ich spürte die Brise vom Meeresarm kühl in meinem Gesicht.

Ich flüsterte mir ermutigend zu: »Ganz ruhig, sie haben dir in letzter Zeit nicht weh getan.« Dann sagte ich laut: »He, hier bin ich. Ihr nennt mich Sehaas. Hier bin ich.«
Ich sah auf die Uhr; es war 1.10 Uhr. Ich ging den Pfad zurück zu der SRS-Kamera. Die Äste waren nah an mir, und in meiner Einbildung hörte ich Geräusche in den Büschen. Ich sagte noch einmal lauter: »Ihr nennt mich Sehaas. Ich will, daß das beendet wird. Ich will, daß ihr aus meinem Leben verschwindet.«
Als ich den Picknicktisch erreichte, setzte ich mich auf die Bank und legte die Hand an den Hebel des Stativs. Ich hörte schwache Geräusche aus den Büschen, die meine kleine Lichtung umgaben. Meine Adern pochten, und mein Herz raste wie ein Maschinengewehr. Ich schrie: »Ich weiß, ihr seid da. Tut, was ihr tun müßt, damit es vorbei ist!«
Meine Aufmerksamkeit galt vor allem dem südwestlichen Bereich rechts von mir, wo das UFO am 17. März sichtbar geworden war, aber als ich mich nach links umdrehte, war es da. Das Leuchten von der Unterseite war intensiv, und das kleine Licht oben war wieder klar. Der Mittelteil war viel dunkler, aber ich konnte trotzdem mehrere kleine Lichter um die Mitte herum sehen. Ein vertrauter und dennoch unglaublicher Anblick, und ich fühlte ein leichtes Pochen im Nacken und an den Schläfen. Ich atmete schnell durch, um mich zu beruhigen, und schwenkte das Stativ zu dem UFO hin. Durch den Sucher der rechten Kamera konnte ich deutlich sehen, wie es sanft hin und her schwankte. Das Leuchten an der Unterseite verschwand dann fast und kam zurück. Ich drückte auf die Auslöser und machte die Fotos Nr. 38L und Nr. 38R. Als ich wieder aufblickte, war das UFO noch da, aber rechts davon und etwas höher war eine weitere Anordnung von Lichtern, ähnlich dem Objekt, das ich mit der MUFON-Kamera fotografiert hatte. Dieses zweite UFO bewegte sich nach rechts; deshalb bückte ich mich wieder, um durch den Sucher zu schauen, aber ich sah nichts, nicht einmal das helle Leuchten des ersten UFOs.

Mein Instinkt sagte mir, das Stativ rasch zu verstellen, und ich schaute auf, um zu sehen, wohin ich mit der Kamera zielen mußte. Im Bruchteil einer Sekunde nahmen meine Augen das Leuchten des UFOs etwa zehn Meter über mir wahr. Ich wich zurück, und meine rechte Hand drückte auf den Auslöser, was zu Foto Nr. 39 führte. Dann, als das UFO genau über einer kleinen Eiche stand, wurde mir völlig weiß vor den Augen, als wäre in meinem Gehirn ein Blitzlicht losgegangen. Ich wußte nicht, ob es auch um mich herum weiß war wie ein Flutlicht, oder nur in meinem Kopf. Gleich darauf spürte ich gar nichts, keine Körperempfindung, nur ein vages Gefühl zu fallen.
Im nächsten Augenblick hob ich Gesicht und Oberkörper vom Sand direkt am Ufer. Mein Kopf hämmerte, und als ich versuchte, aufzustehen, wurde mir schwindlig. Ohne Orientierung kroch ich die sechs Meter bis zur Bank den Strand hinauf.
Ein Geruch von meinen Händen verursachte mir Brechreiz. Dann dämmerte es mir. Wie konnte ich direkt bei der SRS-Kamera zu Boden fallen und eine Sekunde danach sechs Meter weiter weg aufstehen? Ich sah auf die Uhr und konnte es nicht fassen. Es war 2.25 Uhr. Was war mit den eineinviertel Stunden zwischen den Aufnahmen und dem Moment geschehen, als ich mich am Strand wiederfand?
Ich schauderte, saß da und schüttelte den Kopf. Ich hatte massive Kopfschmerzen, aber schließlich gelang es mir zu stehen. Ich schrie Flüche in den Nachthimmel, dann begann ich zu weinen. Ich weinte nicht vor Schmerz, ich war auch nicht emotional außer Kontrolle, aber als ich die SRS-Kamera zusammenklappte, liefen mir die Tränen übers Gesicht.
Laura! Laura war allein. Ich mußte heimfahren und nach Laura sehen. Ich packte die Ausrüstung wieder in den Lieferwagen; in der Eile heimzukommen, ließ ich einige der Meßstäbe stehen. Als ich daheim ankam, sah ich, daß Laura friedlich schlief. Trotzdem saß ich für den Rest der Nacht vor ihrer Tür, denn ich hatte Angst, »sie« könnten wiederkommen.

Bei Tagesanbruch war ich erschöpft und fiel ins Bett. Meine rechte Hand stank so, selbst nach dem Waschen, daß ich mehrere Handtücher darumwickeln mußte, um den Geruch einzudämmen. Um zwölf Uhr mittags wachte ich plötzlich auf und rief nach Frances. Sie konnte mir helfen, über das Geschehene zu sprechen, aber im Augenblick war sie für mich unerreichbar. Ich stand auf, erwähnte aber vor Laura nichts von dem Vorfall.

Im Badezimmer kämmte ich mich und fühlte eine Beule am Hinterkopf, ganz nah an der Mitte meines Nackens. Ich ging zum Spiegel, um sehen zu können, was ich spürte. Als ich in den Spiegel schaute, konnte ich die Beule nicht sehen, aber als ich mich umdrehte, sah ich sofort mehr, als ich erwartet hatte.

Eine große Beule mit einem roten Punkt in der Mitte hob sich zwischen meinen Augen über dem Nasenrücken ab. Zwei weitere, ähnliche rote Stellen waren in der Mitte der Schläfen, jede von einer Beule umgeben. Ich war entsetzt. Was zum Teufel hatten die mit mir gemacht?

Später beschloß ich, Dr. Maccabee anzurufen, einfach um irgend jemandem die Tatsachen mitzuteilen, aber als ich die Einzelheiten erzählte, nahm es mich sehr mit; ich durchlebte die Gefühle noch einmal Augenblick für Augenblick. Dr. Maccabee war ein besorgter und geduldiger Gentleman, hörte zu und zeichnete die Einzelheiten auf.

Ich klagte mehrfach über den Gestank an meinen Händen, und im Lauf dieses Telefongesprächs entdeckte ich, daß der Geruch von Spuren einer schwarzen Masse unter meinen Fingernägeln kam. Dr. Maccabee bat mich, die schwarze Masse aufzuheben und in den Gefrierschrank zu tun (diese Masse soll analysiert werden, sobald die dazu notwendigen Spezialgeräte gefunden sind).

Ganz offensichtlich war mir in diesen fehlenden eineinviertel Stunden etwas Seltsames zugestoßen. Eines Tages in nicht allzu ferner Zeit werde ich die Geheimnisse lüften, die in meinem Unterbewußtsein verschlossen sind. Schon jetzt habe ich flüchtige Erinnerungen, wenn ich morgens aufwache, und seltsame Botschaften von »Im Schlaf weißt du es« zwingen mich, mich einer regressiven Hypnose zu unterziehen.

Epilog

Die Begegnungen und Ereignisse vom 11. November 1987 bis zum 1. Mai 1988 haben mein Leben und das Leben meiner Familie für immer verändert. Ich kann nicht länger den Nachthimmel betrachten und die Möglichkeit ignorieren, daß es irgendwo am Himmel intelligentes Leben gibt.

Die Sichtungen haben aufgehört, und mit ihnen das seltsame Unbehagen, das jede wache Stunde störte. Aber andere Gefühle sind geblieben. Die Außerirdischen haben mich gequält, und das nehme ich ihnen übel. Mein Ruf ist angegriffen worden, und das kann ich nicht vollkommen vergeben oder vergessen.

Die Batterie von Fotos wurde wieder und wieder untersucht. Das Videoband ist eingehend geprüft worden. Die über hundert weiteren Zeugen haben standhaft ausgesagt, was sie sahen. Wir haben eine Begegnung von spektakulären Ausmaßen erlebt, bei der mehrere weitere Anwohner von Gulf Breeze ebenfalls von fehlender Zeit berichten.

Die Frage »Warum ich« wird durch regressive Hypnose unter der Leitung des klinischen und forensischen Psychologen Dr. Dan Overlade aufgedeckt. Die Erinnerungen vom »Im Schlaf weißt du es« passen in das Bild, das sich abzuzeichnen beginnt, wie die Stücke eines Puzzles. Während das Bild sich entwikkelt, weisen die fehlenden Zeiten auf Kontakte und Entführungen hin, die sich fast mein ganzes Leben hindurch wiederholten.

Das persönliche Stigma, das ich trage, weil ich die wahre Geschichte dieser erregenden Ereignisse offenlege, wird immer unwichtiger im Vergleich mit der Wirklichkeit des UFOs – die bewiesen ist.

Anhang 1

Untersuchung und Foto-Analyse von Dr. Bruce Maccabee

»Ich lebe jeden Tag, als wäre dies nicht wirklich.«
Dr. J. Allen Hynek

Einleitung

Ich bin sicher, die Geschichte, die Sie eben gelesen haben, hat Sie ebenso perplex gemacht wie mich. Obwohl ich den letzten Teil der Geschichte dieser Sichtungen miterlebt habe, finde ich es noch immer unglaublich, darüber zu lesen. Sie mögen denken, daß all diese Sichtungen unmöglich so stattgefunden haben können, wie Ed und Frances sie geschildert haben. Ich würde, wenn ich keine weitere Information als die vorangegangenen Kapitel dieses Buches hätte, bestimmt annehmen, die ganze unglaubliche Geschichte sei ein äußerst cleverer Schwindel von Ed und seiner Familie.
Nach meiner Meinung ist es kein Schwindel. Am Ende einer ausführlichen Untersuchung bin ich überzeugt, daß alles, was hier beschrieben ist, tatsächlich mehr oder minder in der beschriebenen Weise geschehen ist.
Es ist mir nicht leichtgefallen, diesen Schluß zu akzeptieren. Ich bin Naturwissenschaftler mit langjähriger Erfahrung in experimenteller Physik. Die Aktionen dieser UFOs widersprechen ganz offensichtlich den Grundsätzen der uns bekannten Physik. Zuzugeben, daß sie wirklich sein könnten, verlangt von mir

deshalb, dem zu widersprechen, was ich über die »bekannte« Welt gelernt habe.

Nachdem ich zahlreiche UFO-Sichtungen untersucht hatte, die bis 1947 zurückreichen, ist mir zwar vor vielen Jahren klargeworden, daß zumindest einige UFO-Berichte nicht mit herkömmlichen Mitteln wegerklärt werden können, aber ich nehme nicht automatisch an, daß jede neue Beobachtung deswegen echt sein muß. Vielmehr verlange ich für jede neue Sichtung Beweise. Deshalb war die Untersuchung jeder Sichtung gründlich, und der Schwindel als mögliche Erklärung wurde in Betracht gezogen. Eds zahlreiche Sichtungen, Fotos und Kontakte mit den Wesen machten es mir noch schwerer, diese Berichte als echt zu akzeptieren, als die üblicheren »Nachtlicht«-UFOs oder die sogenannten »Tageslicht-Scheiben«. Wie ich zu dem Schluß kam, daß Ed und Frances wirkliche Ereignisse beobachtet haben, ist eine Geschichte, die parallel zum letzten Teil der Sichtungen verläuft. Ich gebe sie hier wieder, damit Sie sehen können, wie bestimmte wichtige Fakten über die Sichtungen auf mein Denken wirkten und mich zu meiner Folgerung brachten.

Für das Untersuchungsteam vor Ort (Don Ware, Charles Flannigan, Bob Reid und Gary Watson) begann die Arbeit Ende November 1987. Ich kam relativ spät hinzu. Ich hörte erst von diesen Sichtungen, nachdem Ed und Frances einige ihrer beängstigenden Ereignisse schon hinter sich hatten.

Anfang Januar 1988

Das erste Mal hörte ich von den Sichtungen in Gulf Breeze, als ich Anfang Januar an einem Treffen des Fund for UFO Research (Stiftung für UFO-Forschung) in Washington, D. C., teilnahm. Man erzählte mir, in Florida seien etliche interessante Fotos aufgenommen worden, und die Leute, die den Fall vor Ort untersuchten, meinten, die Sichtungen könnten sehr wichtig sein, obwohl sie nicht wußten, wer der Fotograf war. Ich schenkte diesem mündlichen Bericht aus dritter Hand wenig Beachtung. Etwa Mitte Januar erhielt ich Halbtonabzüge (Bilder aus winzigen Pünktchen, die sich für den Zeitungsdruck eignen) von den ersten fünf Fotos, aber keine weitere Information. Man schlug mir vor, nach Florida zu reisen, um die Originale zu sehen und die Sichtungen zu untersuchen. Die Bilder waren nicht sehr beeindruckend. Sie zeigten die Silhouette eines seltsam aussehenden Gegenstandes vor dem Hintergrund des Himmels. Na und? Ich kann ein Bild machen, das ein seltsames Objekt am Himmel zeigt, obwohl das Objekt nicht unbedingt wirklich am Himmel war. Ich hatte den Verdacht, daß es ein Schwindel war.

Das einzige interessante Bild war das erste. »Ein Foto eines Objekts zu machen, das teilweise durch einen Baum verdeckt ist, wäre eine schwierige Doppelbelichtung«, sagte ich mir. Da ich keine Informationen hatte, wer die Fotos aufgenommen hatte, wann, wo und wie, konnte ich die Möglichkeit nicht ausschließen, daß der Betreffende tatsächlich die Fähigkeit hatte, eine solche Belichtung zu machen.

In meiner unmittelbaren Reaktion auf die Bilder steckt eine Lektion, nämlich: »Fotos machen noch kein UFO.« Viele Menschen denken, die Existenz fotografischer Beweismittel sei gleichbedeutend mit einem Beweis. Dies trifft aber nicht allgemein und vielleicht sogar niemals zu, denn Fotos kann man in vielerlei Weise fälschen (und viele gefälschte UFO-Fotos sind bekannt). Was man braucht, ist fotografisches Beweismaterial, kombiniert mit einer vollständigen Geschichte, wann, wie, unter welchen Umständen und von wem die Fotos aufgenommen wurden. Dann können die Fotos als akkurate Gedächtnisstütze für die Zeugen gelten, aber sie sind in sich selbst kein Beweis, daß der Zeuge die Wahrheit sagt. Für diesen Beweis muß man die Geschichte ansehen, die »Indizien«.

Eines können die Fotos unabhängig von allen Indizien leisten: Sie können einen Eindruck vermitteln, wie schwierig der fotografische Teil des Schwindels wäre. Es ist sehr einfach, ein Bild von einem Licht am Himmel herzustellen und zu behaupten, das sei ein vorbeifliegendes UFO. Schwieriger ist es, ein überzeugendes Bild zu produzieren, das ein offenbar festes Flugobjekt am Himmel zeigt, denn dies erfordert, daß man ein Modell baut, ein Bild malt (um es zu fotografieren) oder was auch immer, je nach der verwendeten Fälschungstechnik. Noch schwerer wäre es, ein Bild herzustellen, auf dem ein UFO teilweise durch einen Gegenstand verdeckt ist, der einen bestimmten Abstand von der Kamera hat. Und noch schwerer, einen überzeugenden Film oder Videofilm von einem UFO in Bewegung zu machen.

Als ich die Bilder zum ersten Mal sah, konnte ich sofort sehen, daß sie Zeit und Geduld vom Fotografen verlangten, falls sie Fälschungen waren. Besonders das erste ließ auf beträchtliches Können in der Abstimmung des UFO-Randes zum Rand des Baumes schließen. Ohne irgendwelche Indizien konnte ich jedoch nicht wissen, ob solch fotografisches Können im Einklang mit den Fähigkeiten des Fotografen wäre.

Mein Interesse an den Sichtungen von Gulf Breeze hätte wohl mit einer oberflächlichen Untersuchung dieser Fotos geendet, hätte sich Ed nicht am 7. Januar 1988 den Untersuchungsbeauftragten zu erkennen gegeben.

26. Januar 1988

Ich war auf Dienstreise in Los Angeles und beschloß, Dr. Robert Nathan in seinem Büro im Jet Propulsion Laboratory in Pasadena zu besuchen. Ich war viele Male zuvor dort gewesen, um UFO-Fälle zu diskutieren. Ich kam in sein Büro, und bevor ich das Thema anschneiden konnte, das wir besprechen wollten (andere UFO-Fotos), zeigte er auf einige Hochglanzvergrößerungen im Format 20 x 25, die in der Nähe seines Schreibtisches lagen. Er fragte, ob ich sie gesehen hätte, und ich erinnerte mich an die Halbtonabzüge, die ich vor mehreren Wochen mit der Post bekommen hatte. Seine Abzüge waren viel, viel besser. Dann sagte er mir, die Original-Polaroid-Bilder seien ihm Anfang Dezember von einem Reporter des *National Enquirer* und einem anderen Zeitungsmann (Duane Cook) zur sofortigen Auswertung gebracht worden. Das Fotolabor hatte Schwarzweißvergrößerungen gemacht, während die Zeitungsleute da waren. Er zeigte sie mir und sagte, die Reporter wüßten nicht, wer der Fotograf sei. Er war nicht beeindruckt und sagte ihnen, er halte sie für Fälschungen. Dann hatte ihm jemand die Kopie einer Seite aus dem *Gulf Breeze Sentinel* mit einem Brief von »Bill dem Gläubigen« und einem Foto von drei Objekten am Himmel geschickt. Wir hatten den Eindruck, »Bill« hätte das Foto oben auf der Seite gemacht, das drei Objekte zeigte (erst später fand ich heraus, daß Ed es gemacht hatte). Bob und ich amüsierten uns über die Leichtgläubigkeit der Presse, die Fotos von anonymen Fotografen veröffentlichte. Dennoch waren wir uns einig, daß zumindest das erste Foto eine schwierige Doppelbelichtung wäre. Bob hatte mehrere Abzüge von den Bildern und gab mir einen Satz.

12.–14. Februar 1988

Am Abend des 12. Februar erhielt ich einen Anruf von Budd Hopkins. Zu meiner großen Verblüffung begann er, über die Sichtungen in Florida zu reden. Er sagte, er sei in Gulf Breeze gewesen und habe dort mit verschiedenen Leuten gesprochen. Nach dem, was er sagte, war klar, daß an den Sichtungen weit mehr dran war als das wenige, das ich gehört hatte. Viele waren in den vorangegangenen Monaten gemacht und viele

Fotos aufgenommen worden, die letzten gerade ein paar Tage vor Budds Besuch. Budd sagte, daß er den Fotografen befragt hatte. Aufgrund dieser Befragung und anderer Informationen vom Untersuchungsteam vor Ort fand er, es spreche einiges für den Fall, aber bevor man zu einem Schluß kommen konnte, müßten die Fotos ausgewertet werden. Er wies darauf hin, daß das Untersuchungsteam vor Ort weder die Ausrüstung noch das technische Können hatte, um die Fotos gründlich zu untersuchen. Er wußte, daß ich in der Vergangenheit mehrere UFO-Sichtungen mit den dazugehörigen Fotos untersucht hatte, und schlug deshalb vor, ich solle dorthin reisen und diese Sichtungen auswerten.

Ich war völlig überrascht. Da erzählte mir ein Mann, den ich achte, daß er ernsthaft in Betracht zog, die Sichtungen in Florida seien echt – Sichtungen, die ich glatt als Schwindel abgetan hatte.

Budd sagte auch, daß die Lokalzeitung und der lokale Fernsehsender unabhängig voneinander planten, die Sichtungen zu publizieren. Dies machte mir Sorgen. Besonders der Fernsehsender, WEAR, arbeitete an einer Dokumentation über die Sichtungen, die für mich nicht ausreichend untersucht worden waren. Es war sehr gut möglich, daß mehrere Wochen oder Monate nach der Sendung irgend jemand beweisen würde, daß die Beobachtungen ein Schwindel waren. Dann hätten die Medien und Skeptiker ihren Spaß dabei, leichtgläubige UFOlogen auszulachen. Das bevorstehende öffentliche Interesse gab Budds Bitte, ich solle den Fall untersuchen, zusätzliche Dringlichkeit. Ich sagte ihm, ich würde es mir überlegen, und legte auf.

Zwei Tage lang dachte ich nicht daran. Ich hatte weder die Zeit noch das Geld, um für nichts und wieder nichts nach Florida zu fliegen. Wie die meisten Leute, die UFO-Fälle untersuchen, bin ich nicht unabhängig wohlhabend und gehe meinen UFO-Interessen in der Freizeit nach. Dennoch beschloß ich, über ein

Wochenende hinzufliegen, wenn die Stiftung für UFO-Forschung die Reisekosten übernahm. Um festzustellen, wie nützlich eine solche Reise wäre, setzte ich mich mit Donald Ware in Verbindung. Er gab mir weitere Einzelheiten, sagte, seiner Meinung nach seien die Sichtungen echt, und schlug mir vor, Charles Flannigan anzurufen, der in Pensacola wohnt. Ich rief Charles an, und er gab mir noch weitere Einzelheiten über die Untersuchung vor Ort. Er sagte, er könne ein Gespräch mit dem Fotografen arrangieren. Dies war von erstrangiger Bedeutung für mich, denn eine Reise nach Florida kam nicht in Betracht, wenn ich nicht mit dem Fotografen zusammenkommen konnte. Dann sprach ich mit Dr. Willy Smith, der mir sagte, eine Untersuchung sei notwendig, weil er den starken Verdacht hatte, daß es sich um einen Schwindel handelte. Ich rief Robert Nathan an, der sagte, er würde bei der Fotoanalyse helfen, wenn ich die Originalfotos bekäme.
Nach all diesen Telefonaten ahnte ich, daß dies tatsächlich ein »heißer Fall« war, der als Schwindel allerdings sehr schnell erledigt werden könnte. Ich besprach die Möglichkeit der Reise mit Mitgliedern der Stiftungsleitung, und sie stimmten darin überein, daß sich die Reise lohne. So traf ich meine Vorbereitungen und landete am Abend des Freitag, 19. Februar, in Pensacola. Ich schätzte, es würde höchstens drei Tage dauern, zu klären, ob ein Schwindel vorlag. Ich hatte keine Ahnung, daß ich mitten hineintrat in eine UFO-Untersuchung, die so kontrovers werden sollte, daß sie die kleine Gemeinde der UFO-Forscher innerhalb von Monaten fast sprengte.

19. Februar 1988

Charles holte mich am Flughafen ab und berichtete mir, was bisher geschehen war. Er sagte mir Dinge, die ich noch nie gehört hatte und mir kaum vorstellen konnte. Ein Wesen am

Schlafzimmerfenster? Ein blauer Strahl, der den Fotografen hochhebt? Ein blauer Strahl auf einem Foto? Stimmen im Kopf? Ein Dutzend Fotos? Ein Videoband? Ich war erst ein paar Minuten da, und meine Bereitschaft, ihm zu glauben, war schon fast erschöpft. Als wir sein Haus erreichten, zeigte er mir ein paar Abzüge von den Fotos und einen der Berichte, die er über die Beobachtungen geschrieben hatte. Ich war wie vor den Kopf geschlagen. Da stand schwarz auf weiß eine Geschichte von Ereignissen, die ich mir nie außerhalb eines Sciencefiction-Buches vorgestellt hätte. Der Vorbericht des örtlichen Untersuchungsteams sah nach soliden Recherchen aus. Warum waren sie dann noch nicht zu dem Schluß gekommen, daß es ein Schwindel war? Charlie sagte mir, das größte Argument gegen einen Schwindel sei Ed selbst. Alles lief auf zwei wichtige Argumente gegen einen Schwindel hinaus: Erstens hatte man außer den Fotos, die ich auswerten sollte, keine Hinweise auf einen Schwindel gefunden; und zweitens konnten sie nicht glauben, daß Ed das tun würde. Charles erklärte, Ed sei recht vermögend, bekannt in Gulf Breeze, und hätte nach Ansicht der Untersuchungsbeauftragten vor Ort weder die Zeit noch das Motiv, all diese Fotos und die dazugehörige Story zu fabrizieren.

Da ich Ed nicht kannte, war ich von Charles' Argument nicht sonderlich beeindruckt. Beeindruckt war ich allerdings von der Fülle der Informationen. Wenn dies ein Schwindel war, dann eindeutig ein Schwindel im großen Stil. Ich stellte mich darauf ein, Ed am nächsten Tag kennenzulernen, und fragte mich, wie er wohl sein würde. Würde er kooperativ sein oder distanziert? Würde er mir eine Sichtung nach der anderen mit den kleinsten Einzelheiten servieren, oder würde er sich zurückhalten und lieber nicht viel sagen? Und vor allem: Würde er mir erlauben, für die spätere Analyse Kopien von seinen Bildern zu machen?

Ich hielt diese Sichtungen und Fotos zunächst für einen raffinierten Schwindel. Das ist nicht überraschend, denn die Annahme eines Schwindels ist mein Ausgangspunkt bei jeder UFO-Untersuchung, die mehrere Fotos betrifft, und in diesem Fall besonders, weil die Sichtungen und Fotos so anders waren als die früheren. Aber ich konnte den Knaben nicht verurteilen, bevor ich ihm nicht schlüssig einen Schwindel nachweisen konnte. Sonst konnte ich mich nur an scheinbare Beweise für einen Schwindel klammern, die Untersuchung sofort beenden und dadurch etwas Wichtiges übersehen, das der Schwindel-Hypothese widersprach. (In den folgenden Monaten haben einige Forscher genau das getan.) Wenn ich dies einen Schwindel nennen wollte, mußte ich gute, solide Beweise haben, die einer kritischen Analyse standhielten, fast wie vor Gericht. Es ist weder wissenschaftlich noch moralisch zu rechtfertigen, einen Fall aus den falschen Gründen einen Schwindel zu nennen, wie »Entlarver« das manchmal tun.

20. Februar 1988

Als wir in Eds Haus ankamen, waren wir anscheinend früher gekommen, als er erwartet hatte, aber wir wurden willkommen geheißen und in sein Büro geführt, wo wir ein Gespräch begannen, das den ganzen Tag dauern sollte.
Wenn ich einen UFO-Zeugen zum erstenmal befrage, ziehe ich es vor, sowenig wie möglich zu reden und nicht zu freundlich zu sein. Ich lehne mich einfach zurück und lasse den Zeugen seine Geschichte erzählen. Die meisten Menschen sind nur allzu bereit, mit jemandem zu sprechen, der ein starkes Interesse an dem zeigt, was sie sagen. Wenn ich einige entscheidende Einzelheiten weiß, kann ich darauf zurückkommen und tiefer bohren. Da ich als der »Foto-Experte« vorgestellt worden war, begannen wir damit, die Fotos anzusehen. Ich ließ Ed über seine Erlebnisse sprechen und prüfte, maß und kopierte der-

weil die Fotos. Bob Reid kam hinzu, und er und Charles hielten das Gespräch mit Ed in Gang, während ich an den Fotos arbeitete. Die Unterhaltung wurde aufgezeichnet, um später analysiert zu werden.

Ich hatte von dem »Straßenbild« gehört (Foto Nr. 19) und eine schlechte Kopie gesehen. Jetzt sah ich das Original. Es war erstaunlich. Die Komposition wirkte so echt. Dennoch stellten sich gleich etliche Fragen, etwa: Wenn dieses Objekt so hell war, warum warf es dann nicht mehr Licht auf die Straße oder die Umgebung? »Die Wahrheit ist seltsamer als die Fiktion«, dachte ich, falls dies die Wahrheit war. Zuerst versuchte ich ungefähr eine Stunde lang, die Größe des UFOs zu ermitteln; dabei nahm ich an, es sei in der von Charles Flannigan und Ed geschätzten Entfernung gewesen. Ich arbeitete mit der Größe der Abbildung, der Brennweite und der gemessenen Entfernung, um die Größe des UFOs (Breite, Höhe usw.) mit der Formel der Kamera zu errechnen (Größe der Abbildung / Brennweite x Entfernung = Größe des Objekts). Für den unteren Ring ergab sich ein Durchmesser von 2,30 Meter und für den sehr unscharfen, schwer zu messenden Mittelteil etwas über vier Meter. Die Höhe von der Unterseite bis zur Spitze des Lichtes an der Oberseite wurde auf 2,70 Meter geschätzt. So war das Objekt, falls es echt war, erheblich kleiner, als Ed geschätzt hatte, aber gewiß von beträchtlicher Größe.

Nachdem ich diese Berechnungen gemacht hatte, bat ich Ed, eine maßstabgerechte Zeichnung der Straßenszene mit der entsprechenden Position des UFOs zur weiteren Analyse anzufertigen. Als ich Ed die Maße mitteilte, wurde er enthusiastisch. Ich wußte, daß ich jetzt seine Aufmerksamkeit hatte. Dann nahmen wir uns andere Fotos vor, zuerst die frühesten. Ich ließ ihn zu jedem Foto die Bedingungen beschreiben, unter denen es entstanden war, und dabei maß und kopierte ich es.

Ed wollte mir zuerst nicht gern erlauben, seine Bilder zu kopieren, aber ich sagte ihm, daß ich Kopien brauchte, denn wenn ich über eines der Fotos mit jemandem in eine Auseinandersetzung geriete, hätte ich ohne eine eigene Kopie keine Chance, die Auseinandersetzung zu gewinnen (ich sagte ihm nicht, daß das der Fall sein würde, ob ich nun für oder gegen die Hypothese eines Schwindels argumentierte). Ed war überzeugt, sagte aber, er wollte die Kopien nach dem Ende der Analyse zurückhaben. Er war in Sorge, daß die Fotos seiner Kontrolle entzogen würden. Er wollte nicht, daß sie ohne sein Wissen in Zeitungen oder anderen Publikationen erschienen. Ich stimmte seiner Forderung zu, aber ich sagte nicht, wann ich mit den Fotos fertig sein würde (bei einigen früheren Fällen habe ich die Fotos jahrelang behalten).

Die Uhr tickte, und der Tag verging. Es gab mehr und mehr Fotos. Es gab so vieles zu lernen und zu fragen. Eds Frau schloß sich der Unterhaltung an. Dann sah ich sein Videoband und den Kreis aus totem Gras auf dem Feld hinter Eds Haus. Patrick Hanks (Pseudonym), ein Freund der Familie Walters, kam vorbei und ließ sich von Charles über seine Sichtung befragen. Wir testeten Eds Fähigkeiten, die Kamera beim Fotografieren ruhig zu halten. Wir machten nur eine halbe Stunde Mittagspause, und mein Kopf näherte sich dem Zustand endgültiger Informationsüberlastung.

»Durchhaltevermögen« – das braucht ein Ermittler. Den Zeugen dazu bringen, alle Einzelheiten seiner Sichtungen zu erzählen, und ihn dann noch einmal zu fragen. Im Lauf der Zeit beginnt seine Geschichte vielleicht zu bröckeln. Frances brachte uns das Abendessen in Eds Büro, und wir machten weiter bis in die Nacht.

Schließlich machten wir Schluß, nach rund 14 Stunden pausenloser Diskussion. Ed war kooperativ gewesen und hatte sich nicht beschwert, als er immer und immer wieder das gleiche gefragt worden war. Einige Fragen mußte er in den Wochen zuvor ein dutzendmal beantwortet haben, aber er rebellierte nicht dagegen, sie noch einmal zu beantworten. Dies war offenbar ein seriöser Typ. Sein Eifer, mir die notwendige Information zu liefern, paßte völlig zu dem, was er mir über seinen Entschluß gesagt hatte, die ersten Fotos zu veröffentlichen: Er sagte mir, es sei seine Bürgerpflicht, die Menschen wissen zu lassen, was da herumflog. Er sagte: »Was, wenn ein Kind von dem Strahl erfaßt würde und verschwände? Niemand würde wissen, wohin das Kind verschwunden wäre. Ich mußte die Gemeinde einfach auf diese Möglichkeit aufmerksam machen.«

Ich war beeindruckt von Eds Durchhaltevermögen. Er hatte sich nicht über die Länge und Intensität meiner Befragung beklagt. Ebenfalls beeindruckt war ich davon, daß Ed keine Angst hatte, auf einige meiner Fragen zu sagen: »Ich weiß es nicht.« Noch interessanter war die Tatsache, daß er nicht die Gelegenheit aufgriff, den Kreis aus totem Gras als direkten Beleg für seine Beobachtung jenseits des Feldes zu benutzen. Er hätte leicht sagen können, gerade dort habe ein UFO geschwebt, und der Kreis beweise, daß die UFOs echt waren. Statt dessen sagte er: »Ich würde gern sagen, ich hätte über der Stelle ein UFO gesehen, aber ich kann es nicht sagen, denn ich habe keins über der Stelle gesehen.« Der Durchmesser des Kreises betrug rund vier Meter. Dies entspricht etwa dem Durchmesser des UFOs auf dem »Straßenbild«. Wenn die Sichtungen ein Schwindel waren, dann war der Kreis wahrscheinlich auch ein Schwindel. Würde ein Schwindler Beweise ablehnen, die er fabriziert hatte, um seine Berichte zu untermauern? Das bezweifelte ich. Ich verließ ihn mit dem Gefühl: Wenn dieser Knabe ein Schwindler ist, dann ein äußerst ungewöhnlicher.

Als ich am Sonntag abend endlich ins Bett kam, war ich »fix und fertig«. Trotzdem wachte ich früh auf und begann sofort, intensiv zu arbeiten. Bei Ed hatte ich einen tragbaren Computer benutzt, statt mit der Hand Notizen zu schreiben. Das schien Ed zu beeindrucken. Das war mir ganz recht. Er sollte wissen, daß ich Ernst machte. Ihm sollte auch klar sein, daß er unter Druck stand. Ich war mir bewußt, daß Charles, Bob, Gary Watson und Don Ware Ed schon seit über einem Monat »unter dem Mikroskop« hatten. Ich hoffte, ein bißchen zusätzlicher Druck würde der letzte Tropfen sein und das Faß zum Überlaufen bringen. Ich wollte sehen, ob er die Befragungen satt bekommen und den Schwindel zugeben oder uns hinauswerfen würde. Er tat weder das eine noch das andere.

Am Sonntag nachmittag brachte Charles mich zum lokalen Fernsehsender WEAR, der eine besondere Videoausrüstung hat. Dort sah ich mir eine verlangsamte Version des Videobandes vom 28. Dezember an. Auf dem Fernsehschirm war das Bild klein und nicht sehr beeindruckend. Zudem war die Bewegung zu kompliziert für eine sofortige Analyse. Das UFO schien tatsächlich an die Rückseite eines nahen Gebäudes zu gehen, aber ich war nicht sicher, was es war. Ich würde das Videoband viele Stunden lang geduldig und mit komplizierten Geräten untersuchen müssen, bevor ich es völlig verstehen konnte. Dann fuhren Charles und ich zur Bundesstraße 191-B, dem Ort des »Straßenbildes«. Ich merkte, daß ich die Kamera fast genau wieder positionieren konnte, indem ich die Baumlinie der Aufnahme Nr. 19 mit der tatsächlichen Baumlinie abstimmte. Ich sagte Charles, daß ich das am nächsten Tag versuchen wollte. Schließlich besuchten wir einen Freund von Charles zum Abendessen, und dann sah ich das Videoband, das Duane Cook am 24. Januar gemacht hatte.

Nachdem ich Duanes Videoband angeschaut hatte, wußte ich, wenn dieser Fall ein Schwindel war, dann war Ed nicht nur ein großartiger Fotograf, sondern auch ein großartiger Schauspieler. Wenn es kein Schwindel war, hatten wir hier eine aufgezeichnete Interaktion zwischen »ihnen« und einem Menschen von erheblicher Tapferkeit und Standhaftigkeit.

Der Mann auf dem Videoband schien nicht derselbe zu sein, mit dem ich am Vortag 14 Stunden verbracht hatte. Der Ed auf dem ersten Teil des Bandes war überspannt, schrie Kraftausdrücke in die Luft, fluchte wie ein Müllkutscher, schrie vor Schmerz, und sprach mit... was? wem? War dies eine andere Persönlichkeit von Ed, die ich unter streßfreien Bedingungen nicht gesehen hatte, oder wurde er wirklich gequält?

Verglichen mit Ed, war Duane »Mr. Cool«. Während er mit Ed im Lastwagen fuhr, hielt er nur die meiste Zeit die Videokamera auf Ed und sprach ruhig, während Eds Stimme ständig angespannt war. Ed sagte, er hörte das »Summen« in seinem Kopf, und er sagte mehrmals: »Es ist hier, Duane, es ist hier.« Dann stöhnte er, fluchte und hielt die Hand an den Kopf. »Es hat gerade was gesagt. Es hat gerade was gesagt: ›Im Schlaf... weißt du es.‹« Er hörte Stimmen in seinem Kopf? Das kam mir merkwürdig vor. »Verschwindet aus meinem Leben«, brüllte er. Dann klagte er, etwas zöge an seinem Gesicht. »Dein Gesicht sieht für mich normal aus«, antwortete Duane, als Ed fragte, ob er irgend etwas sehe, das an seinem (Eds) Gesicht nicht stimmte. Ed klagte über Schmerzen, die ihm bis in den Magen gingen, und über Brechreiz. Er meinte, er sollte vielleicht nicht Auto fahren, aber das schien Duane nichts auszumachen, obwohl Ed mit 50 oder 60 Meilen pro Stunde im Regen auf einem Highway fuhr. »Fahre ich zu schnell?« fragte Ed. »Du fährst okay«, sagte »Mr. Cool«. Kein einziges Mal gab Duane Zeichen, daß er aus dem Lieferwagen aussteigen wollte, obwohl Ed später andeutete, er sei in Gefahr gewesen (was eigentlich jedem klar gewesen sein mußte, der mit einem Mann fuhr, der Stimmen in seinem Kopf hörte). Duane war eindeutig ein Mann von einer gewissen Kühnheit – oder er war ein Teil des Schwindels. Während ich schaute, fühlte ich, wie die Spannung stieg. Ed flehte »es« an, Duane filmen zu lassen, während es mit Ed tat, was es wollte. Ich wußte nicht genau, was Ed erwartete, aber anscheinend wollte er, daß das Summen aufhörte. Ed war etwa neun Minuten gefahren, und noch immer hatte er das UFO nicht gesehen. »Wir müssen von dieser

Straße runter«, sagte er. Ed hielt den Lieferwagen nicht weit vom Highway entfernt an und stieg mit seiner Polaroid-Kamera aus. Der Regen hatte aufgehört, und es nieselte nur ein wenig. Ed ging zur Vorderseite des Lieferwagens, und Duane stieg aus, um zu filmen, was da kommen sollte. Ed flehte »sie« an, zu tun, was sie planten, um das »Summen« aus seinem Kopf zu nehmen. Ed schrie sie an, es hinter sich zu bringen, das Summen zurückzunehmen und aus seinem Leben zu verschwinden. Dann klagte er laut über einen Schmerz in seiner linken Hand – der Hand, die die Kamera hielt. Plötzlich schrie er vor Schmerz auf. Er weinte fast. Ich konnte seine Silhouette in der Spiegelung einer Straßenlampe auf der nassen Straße sehen. Er krümmte sich zusammen und schrie vor Qual. Dann hörte der Schmerz plötzlich auf, denn das Summen begann abzuklingen. »Wenn ihr es tun wollt, tut es. Ich mach' das nicht wieder.« Er flehte sie an, es hinter sich zu bringen. Plötzlich sagte er: »Es ist weg. Der Scheißkerl ist weg. Ich höre das Summen nicht mehr.« Ed klang enttäuscht, daß es weg war. Als ich das Band zum ersten Mal sah, fand ich es seltsam, daß Ed über das Verschwinden des UFOs offenbar nicht froh war. Mir schien, er hätte selig sein sollen. Erst viel später verstand ich die volle Bedeutung von Eds Enttäuschung.

Es begann heftiger zu regnen. Der Schmerz und das Summen waren weg; Ed ging zurück zum Lieferwagen. Duane, der neben dem Wagen gestanden hatte, stieg wieder ein. Ed stand draußen an der Tür auf der Fahrerseite. Wieder beschwor er sie, »es zu tun«, denn: »Ich mach' das nicht wieder.«

»Ich glaube, es ist weg, Duane.« Duanes Antwort war: »Vielleicht hätte ich nicht aussteigen sollen.« Dann fragte Duane, wie die Kamera abzustellen sei, denn er dachte offenbar, alles sei vorbei. »Laß sie an«, sagte Ed. »Das wird mir helfen, mich zu erinnern, was passiert.« Und dann, nur drei Minuten, nachdem Ed angehalten hatte und ausgestiegen war, kam der Höhepunkt.

»O verdammt, Scheiße, da ist es!« brüllte er. Im selben Augenblick nahm die Videokamera den Blitz von seiner Polaroid-Kamera auf. Die Bilder auf dem Fernsehschirm bewegten sich wild, als Duane versuchte, auszusteigen und das UFO zu sehen, aber er kam zu spät. Das Flugobjekt war nur ein paar Sekunden lang sichtbar gewesen, wie Ed sagte. Ed hatte versucht, es aufzunehmen. »Ich weiß nicht, ob ich es erwischt habe, Duane. Ich habe zu schnell gezielt.«

Ed war sehr wütend, daß Duane das UFO nicht gesehen hatte. »Dieser Scheißkerl verarscht mich einfach«, brüllte er wütend. »Er versucht, mich zu quälen.« Duane versuchte, ihn mit der Feststellung zu beruhigen, daß er ja gesehen hatte, wie die Kamera losging. Nach mehreren Minuten, in denen Ed »ihnen« lauthals die Meinung sagte, erinnerte Duane ihn daran, den Film von der Kamera abzuziehen, damit er sich entwickeln konnte. Nach einer weiteren Minute zog Duane das Papier vom Bild ab, und da war es. Das Foto zeigte ein UFO über dem Lieferwagen, mit Lichtstreifen, die zum oberen Bildrand hinaufgingen (Foto Nr. 21). Duane war begeistert, Ed hingegen nicht. »Aber du hast es nicht gesehen«, protestierte er. Duane stimmte ihm zu, wies aber darauf hin, daß er gesehen hatte, wie Ed das Foto schoß (so sah es jedenfalls aus), und daß er ja selbst das Papier vom Bild gezogen hatte. Für Duane war das fast so gut, als hätte er das Objekt selbst gesehen. Ed schlug vor, ein weiteres Foto von derselben Stelle aus zu machen, und das tat er.

Die nächsten zehn Minuten, auf dem Rückweg zu Duanes Büro, diskutierten Ed und Duane die Ereignisse. Sie versuchten, sich zu erinnern, was die Stimme Ed eine halbe Stunde zuvor auf der Hinfahrt gesagt hatte, aber sie konnten sich nicht erinnern. Ed erklärte, daß er einmal geschrien hatte, weil sie einen extremen Schmerz in seinem linken Arm verursacht hatten, dem Arm, der die Kamera hielt. Er sagte, seiner Meinung nach quälten sie ihn, weil Duane da sei.

Langsam wurde Ed ruhiger. Er fluchte nicht mehr und begann, über den ironischen Aspekt der Dinge, die er gerade erlebt hatte, zu kichern und zu lachen. Das war schon eher der Mann, den ich am Tag zuvor kennengelernt hatte. Im ersten Teil des Videobandes hatte er nicht gelacht. Jetzt war er meiner Ansicht nach wieder normal. Das Video war zu Ende. Es war nur etwa 40 Minuten lang, schien aber ein ganzes Leben zu dauern. Ich hätte nie etwas Derartiges erwartet. Eine lange Unterhaltung mit einer enthusiastischen Person und die Entlarvung einiger Schwindelfotografien vielleicht, aber nicht einen Live-Mitschnitt einer äußerst emotionsgeladenen Sichtung. Ein Live-Mitschnitt einer Sichtung ist nichts Einzigartiges (ich habe 1978 in Neuseeland Sichtungen untersucht, bei denen während der Ereignisse zwei Bänder aufgenommen wurden). Aber ein Mitschnitt einer offenbar persönlichen Interaktion mit ihnen ist noch nie dagewesen.
War die aufgezeichnete Wut und Frustration echt? Sie sah gewiß so aus. War Ed wirklich ein Besessener, hatte er eine psychische Störung, oder war alles gespielt? Ed wirkte nicht verrückt, und eine Geisteskrankheit konnte bestimmt nicht die UFO-Bilder erklären. Es schien nur die beiden Möglichkeiten zu geben: Es war echt oder gespielt.
Ein Teil von mir hoffte, es sei gespielt, denn waren die Ereignisse, die ich gerade gesehen hatte, echt, war ihre Tragweite ein schrecklicher Gedanke. Es war seltsam, daß das UFO auftauchte, als Duane an der falschen Seite des Wagens hinaussah, um es zu sehen (Duane hatte nach links zu Ed geschaut. Dem UFO-Bild nach war das Objekt am Himmel rechts vom Lieferwagen. Im Dunkeln konnte Duane durch den Sucher der Videokamera nicht sehen, in welche Richtung Ed blickte, so daß er nicht wußte, wohin zu schauen, als Ed schrie). Als alles vorüber war, hatte Ed ein Bild von etwas, das Duane nicht gesehen hatte. Das klingt allerdings verdächtig.
Außerdem wußte ich, wie man es mit einer Doppelbelichtungs-

technik machen konnte. Ich wußte aus meinen Experimenten am Vortag, daß es möglich war, Mehrfachbelichtungen mit seiner Polaroid-Kamera zu machen, indem man den Auslöser mehrfach drückte, bevor man den Film zum Entwickeln herauszog. Ed würde zuerst ein kleines Modell oder ein ausgeschnittenes Papierstück ablichten, das ein UFO vor einem schwarzen Hintergrund darstellen konnte. Er würde den Film in der Kamera lassen und ihn nicht zum Entwickeln herausziehen. Dann würde er in der Aufregung, während Duane ihn filmte, die zweite Belichtung machen und mit dem Blitz den nahen Lieferwagen beleuchten. Wenn der Film jetzt aus der Kamera gezogen würde, würde das Bild eine Doppelbelichtung zeigen, auf der die Aufnahme vom Lieferwagen über der ersten vom UFO war.

Hatte Ed wirklich die Kenntnisse, das zu tun? Nach meinem Gespräch am Vortag glaubte ich es nicht, aber ich konnte nicht sicher sein. Ich beschloß, sein Wissen zu prüfen.

Am nächsten Tag gingen Charles und ich zur Redaktion des *Sentinel*, wo ich Duane Cook kennenlernte und die Fotos ansah, die zwei andere anonyme Zeugen eingesandt hatten. Hier waren die Originalfotos von »Bill dem Gläubigen« und die beiden anderen Fotos. Sie alle zeigten eindeutig die gleichen Objekte, obwohl die Fotoausrüstung unterschiedlich war. Bill hatte eine Kamera vom Typ 110 benutzt (er stellte die Kamera mit den Fotos zur Verfügung). Der andere Fotograf hatte offenbar eine 35-mm-Kamera benutzt. Ich kopierte diese Bilder für spätere Untersuchungen und sprach dann mit Duane über seinen Besuch im Jet Propulsion Laboratory. Ich hatte den Eindruck, daß Duane ein redlicher Zeitungsmann war, der wohl kaum bei einem UFO-Schwindel mitmachen würde.

Am Nachmittag fuhren Charles und ich zum Schauplatz des »Straßenbildes« zurück. Ed kam mit, um den Lieferwagen zur Verfügung zu stellen. Wir wollten den exakten Standort des Lieferwagens bestimmen. Nachdem wir zahlreiche Messun-

gen durchgeführt hatten, rekonstruierte Ed die Szene für mich. Er erzählte, wie er am linken Straßenrand auf der nassen Erde eine Vollbremsung gemacht hatte. Man könnte erwarten, daß ein solches abruptes Anhalten Reifenspuren hinterlassen würde. Tatsächlich waren deutliche Reifenspuren am Straßenrand, nahe an der Stelle, wo Ed nach seinen Angaben angehalten hatte. Doch er sagte, dies seien nicht die Spuren von seinem Lieferwagen. Dies überraschte mich, denn wenn die Beobachtung ein Schwindel war, dann ließ Ed schon wieder erstklassige »harte Beweise« für seine Behauptung sausen. Am Ende zeigte sich, daß Ed recht hatte: Nach einer akkuraten Rekonstruktion aufgrund der in Foto Nr. 19 sichtbaren Baumlinien war die Position seines Lieferwagens drei oder fünf Meter von den Spuren entfernt. Wäre er ein Schwindler gewesen und hätte er die Reifenspuren als Beweismittel gebraucht, so hätte das fotografische Beweismaterial ihm widersprochen.
Am selben Abend fuhren Charles und ich noch einmal zu der Stelle auf der Straße, diesmal, um die Reflexionseigenschaften der Fahrbahn mit einem Scheinwerfer zu messen. Charles richtete den starken Scheinwerfer seines Wagens auf die Straße, und ich fotografierte die Stelle aus verschiedenen Entfernungen mit Eds Polaroid-Kamera. Erst als ich bis auf wenige Meter an die Stelle herangekommen war, wurde das Bild so hell wie die »Spiegelung« unter dem UFO auf Foto Nr. 19. Dem Ergebnis dieses Experiments nach mußte das Licht, das vom UFO herunterkam und auf die Straße traf, enorm stark sein, wenn das Leuchten unter dem UFO eine Spiegelung auf der Straße war.
Danach gingen Charles und ich zu Ed, wo ich weitere Experimente mit seiner Kamera vor dem Haus machte, bevor wir an die Tür klopften. Ich machte direkt vor Charles' Augen zwei »NFO« (»Nichtfliegendes Objekt«)-Fotos, und erst nach dem zweiten wurde ihm klar, was ich getan hatte. Diese Bilder zeigen die Straßenlampe, die auf Eds ersten UFO-Bildern

erscheint, und oben links, am Himmel gleich rechts neben dem Baum vor Eds Haus, erscheint ein heller, gelblicher Fleck. Ich machte diese Bilder, indem ich zuerst die gelbe Glühbirne von der Lampe einer Nachbareinfahrt aufnahm. Ich merkte mir die ungefähre Stelle innerhalb des Blickfeldes, an der das Bild der Glühbirne erscheinen würde. Dann fotografierte ich die Straßenlampe so, daß sie unten rechts auf das Bild kam und die gelbe Birne links über ihr zu sein schien. Nach der zweiten Belichtung zog ich das Bild zum Entwickeln aus der Kamera. Ich führte diese Prozedur zweimal durch und erklärte sie Charles. Dann klopfte ich an die Tür. Ed war überrascht, uns zu sehen. Ich sagte ihm, wir hätten vor seinem Haus etwas am Himmel gesehen, und wir hätten Fotos. Er sah die Bilder an, die wir gerade gemacht hatten, und begann, erregt herumzulaufen und zum Himmel zu schauen. Er sagte, er sei froh, daß noch jemand das UFO gesehen habe, aber unglücklich, daß es wiedergekommen war. Er sagte außerdem, er könne nicht verstehen, warum das Bild so gelb aussah. Ich wußte zu jener Zeit noch nicht, daß er die Rückkehr des UFOs mehr oder minder erwartete. Er hatte nämlich den anderen Untersuchungsbeauftragten erzählt, daß die UFOs in den vergangenen drei Monaten nie länger als zwölf Tage weggeblieben waren, und dies war der vierzehnte Tag seit der letzten Beobachtung. Mein Eindruck von seiner Reaktion auf die NFO-Fotos war, daß er glaubte, ich hätte wirklich vor seinem Haus ein UFO fotografiert. Nichts wies darauf hin, daß er den Verdacht hatte, meine Bilder seien ein Schwindel. Dann erklärte ich, was ich getan hatte. Er schien es nicht zu verstehen, bis ich mit der gleichen Methode ein weiteres NFO-Foto machte. Nach dieser Demonstration verstand er offenbar, was die Eignung seiner Kamera zu Doppelbelichtungen bedeutete. Er nahm diesen Trick gutmütig hin, und wir gingen ins Haus, um andere Aspekte der Untersuchung zu besprechen.

Als Ergebnis dieses Schwindelversuches hatte ich eindeutig

den Eindruck, daß er nichts über Doppelbelichtung wußte, und daß die Idee, zwei Aufnahmen zu machen, bevor er den Film aus der Kamera zog, ihm fremd war.
Am Morgen des Dienstag, 22. Februar 1988, verließ ich Gulf Breeze mit einer Sammlung von Notizen, Papieren, Videobändern, Bildern und Gedanken. Meine Hoffnung auf eine nette kleine Untersuchung war zunichte geworden. Ich wußte, dies war entweder einer der wichtigsten UFO-Fälle in den letzten 40 Jahren oder aber ein außerordentlich raffinierter Schwindel. Was es auch war, ich mußte es herausfinden, und das würde mehr Zeit und Mühe kosten, als ich erwartet hatte.

Anfang März 1988

Etwa eine Woche nach meiner Reise nach Florida bat mich Walter Andrus, ein Referat über meine Untersuchung für das MUFON-Symposion im Juni zu schreiben. Dies war für mich ein Anlaß, mit der Niederschrift der Geschichte zu beginnen, während ich die Fotos analysierte. Zwar war dies ein zeitaufwendiges Unterfangen, aber ich wußte, ich mußte mich mit diesen und den anderen Sichtungen in der Gegend gründlich vertraut machen, damit ich die Echtheit oder Unechtheit des fotografischen Materials richtig auswerten konnte.
Am 27. Februar erfuhr ich, daß Ed Bilder mit der Nimslo-Stereokamera geschossen hatte. Das fand ich aufregend, denn ich konnte die Fotos benutzen, um den Abstand zu dem Objekt zu schätzen, das Ed gefilmt hatte, und um dessen Größe zu berechnen. Der Film wurde eine Woche später entwickelt und Tom Deuley zur ersten Analyse geschickt. Er hatte die Kamera, mit einem Film bestückt und mit Wachs versiegelt, den MUFON-Forschern zur Verfügung gestellt, damit sie sie Ed geben konnten. Tom hatte das erste Bild auf dem Film aufgenommen, ein Bild, das niemand nachmachen konnte, damit er feststellen

konnte, ob Ed den Film in der Kamera gegen einen entsprechenden »präparierten« Film ausgetauscht hatte.
Mehrere Wochen später schickte er mir einen Satz Kontaktabzüge dieses Filmstreifens. Dann bat ich ihn um einen Satz Testfotos von bekannten Gegenständen aus bekannten Entfernungen, damit ich die Genauigkeit der Entfernungsmessungen prüfen konnte, die mit der Kamera gemacht worden waren. Ein paar Wochen später erhielt ich einige Testfotos, aber sie waren nicht genau genug. Ich bat um einen zweiten Satz und unterbrach die Analyse des Nimslo-Films, bis sie Anfang Mai eintrafen. In der Zwischenzeit, dachte ich, würde ich mit 23 Polaroid-Bildern und einem Videoband genug zu tun haben.
Am Abend des 8. März rief Ed mich an und sagte, daß er ein weiteres Bild gemacht hatte, diesmal mit einer neuen Kamera. Ed sagte: »Ich hatte nicht vor, es jemandem zu sagen, wenn ich noch ein Foto schoß, aber dies kam mir wichtig vor. Erstens wurde es mit dieser neuen Kamera aufgenommen. Zweitens wurde es im Nieselregen aufgenommen, und das Foto zeigt Streifen, wie auf dem Bild, das ich mit Duane gemacht habe.«
Ich war überrascht, zu hören, daß er gerade am Vortag eine Polaroid, Modell 600 LMS, gekauft hatte. Dieser Kameratyp hat einen eingebauten Blitz und stößt das Foto aus, sobald es aufgenommen ist. »Ich habe die gekauft, weil meine alte Kamera diskreditiert ist.« Als er das sagte, wurde mir klar, daß meine Demonstration, wie man mit seiner alten Kamera durch Doppelbelichtung ein UFO-Foto fabrizieren konnte, Eindruck auf ihn gemacht hatte. Er sagte, das UFO sei das erste, was er mit seiner neuen Kamera aufgenommen habe.
Viel später sagte mir Robert Oechsler, der sich mit einem Polaroid-Techniker in Verbindung gesetzt hatte, daß es möglich, aber schwierig ist, mit einem Modell 600 eine Doppelbelichtung zu machen. Es erfordert einige unkonventionelle Manipulationen an Kamera und Film. Ich selbst wäre nie darauf gekommen. Und daß Ed diese Möglichkeit gefunden haben

könnte, nachdem er die Kamera erst einen Tag hatte, bezweifelte ich.

Unser Gespräch an jenem Abend drehte sich um eine Reihe von Themen, die mit dem Foto vom 8. März nichts zu tun hatten. Ed sagte mir, daß er versuchte, zu einer Entscheidung zu kommen, was die Freigabe von Informationen über seine Beobachtungen, den Lügendetektortest usw. betraf. Er sagte, wie zuwider es ihm war, »daß nach alledem mein Wort in Zweifel gezogen werden muß.... Ich verstehe es, aber ich habe das Recht, etwas dagegen zu haben, obwohl ich es verstehe.« Dann sagte er, von nun an wolle er alle Fotos, die er vielleicht aufnahm, für sich behalten, um die Wirkung zu vermeiden, die weitere Beobachtungen auf sein Leben haben würden. Er sagte: »Wenn sich die Gelegenheit ergibt und meine Frau nichts dagegen hat, werde ich ein Foto machen und es in die Schublade stecken.«

Während wir sprachen, fiel mir ein, daß er eine weite Stereokamera bauen konnte, weil er jetzt zwei Polaroid-Kameras hatte. Halb im Scherz schlug ich vor, er solle seine beiden Polaroids auf ein Brett setzen, mit 30 Zentimeter Abstand und einer Stange dazwischen, die weit genug herausragte, um im Blickfeld jeder Kamera sichtbar zu sein. Ein Nagel am Ende der Stange konnte als Entfernungsmarke dienen, und dann wäre es eine selbstüberprüfende Stereokamera (SRS-Kamera). Ich sagte, wenn er eine solche Kamera benutzte, um ein UFO zu fotografieren, könnte ich den Abstand zu ihm errechnen, und dies würde es mir ermöglichen, die Größe des UFOs zu berechnen. Als ich erklärte, wie er diese SRS-Kamera bauen konnte, fragte ich mich, wie er reagieren würde: Wenn dies alles ein riesiger Schwindel wäre, konnte mein Vorschlag den Schwindel auffliegen lassen.

Eine Stereokamera, die zwischen 30 Meter (oder mehr) und zehn Meter (oder weniger) Abstand unterscheiden konnte, könnte den Beweis liefern, den ich suchte. Wenn die Kamera

zeigte, daß das UFO weniger als zehn Meter entfernt und die Größe des Bildes zusätzlich klein war, dann konnte das UFO ein Modell sein. Zeigte die Kamera aber, daß das UFO über 30 Meter entfernt und das Bild relativ groß war, dann wäre das UFO groß und wahrscheinlich echt. Die Genauigkeit der Entfernungsmessung wäre von zweitrangiger Bedeutung. Das heißt, es wäre nicht wichtig, wenn die Kamera nicht zwischen 50 und 80 Metern unterscheiden konnte, solange kein Zweifel bestünde, daß sie zwischen beispielsweise drei und 30 Metern unterscheiden konnte. Ich war sicher, daß dieser Grad an Genauigkeit mit einer Stereokamera aus zwei Kameras im Abstand von 30 Zentimetern erreichbar war.
Ed klang, als interessierte ihn die Idee, die Größe des UFOs messen zu können, aber er schien nicht besonders begierig, die SRS-Kamera zu bauen. Schließlich wollte ich, daß er sich außerhalb seiner »Pflicht«, Fotos zu schießen, zusätzlich Arbeit machte. Er ging aber auch nicht lachend darüber hinweg. Ich hatte den Eindruck, er würde es vielleicht tun… irgendwann einmal. Mehrere Tage später kam mit der Post das neue Foto (Nr. 35). Es war tatsächlich wie das Foto vom 24. Januar (Nr. 21), nur etwas kleiner und weniger scharf. Die Streifen waren leicht zu sehen und ziemlich gerade.
Ich beschloß, mir eine Vorstellung zu verschaffen, welche Beschleunigung das Objekt gehabt haben könnte. Hierfür nahm ich an, das Objekt sei vier Meter breit gewesen, es habe etwa ein Drittel der Belichtungszeit (etwa 0,1 Sekunden) benötigt, um den oberen Bildrand zu erreichen, und die Beschleunigung sei konstant gewesen wie die Schwerkraft. Ich fand den Abstand zum Objekt (etwa 75 Meter) und die Strecke, die es nach oben zurücklegte (etwa acht Meter), indem ich eine angenommene Größe in Kombination mit Messungen verwendete, die ich an dem Foto und mit der effektiven Brennweite der Kamera vornahm (110 Millimeter). Das Ergebnis überraschte mich: Um bei einer Ausgangsgeschwindigkeit 0 in 0,1

Sekunden acht Meter zurückzulegen, war die 156fache Beschleunigung der Schwerkraft nötig (156 g). Dies bedeutete, als das UFO am oberen Bildrand war, legte es bereits 170 Meter pro Sekunde zurück und war so schnell wie ein Jet. Wenn die Beschleunigung weitere 0,1 Sekunden konstant blieb, würde sie die Schallgeschwindigkeit überholen (etwa 335 Meter pro Sekunde). Unter normalen Umständen würde eine derartige Geschwindigkeit eine Druckwelle erzeugen, die am Boden hörbar wäre. Aber Ed hatte seinem Bericht zufolge keinen Laut gehört. Was bedeutete die Lautlosigkeit?

Ende März 1988

Zu meiner großen Überraschung teilte Ed mir am 12. März mit, daß er nach meinen Vorschlägen eine SRS-Kamera gebaut hatte, jedoch mit einem Abstand von 60 Zentimetern zwischen den Kameras. Weiterhin hatte er von Duane Cook ein weiteres 600er Modell geliehen, so daß er nun über zwei identische Kameras verfügte. Ich war erfreut, dies zu hören, und bat ihn, sofort einige Probeaufnahmen zu machen, damit ich abschätzen konnte, ob die Kamera Entfernungen korrekt messen würde. Ich erhielt seine Testaufnahmen am 15. März. Ich verbrachte einige Zeit mit der Erstellung mathematischer Gleichungen, die mir, ausgehend von den Abmessungen auf den Fotos der SRS-Kamera, die Berechnung der Entfernung eines Objektes ermöglichen sollten. Mit der Aufstellung der einzelnen Kameras in einem Abstand von 60 Zentimetern war es leicht, festzustellen, ob ein Objekt drei oder sieben Meter (Schwindel-Entfernung!) oder mehr als 30 Meter entfernt sei. Eds Testaufnahmen bewiesen, daß die Kamera funktionierte, obwohl es Probleme gab.

Das erste dieser Probleme war, daß die Stange mit dem Orientierungsnagel nicht fest montiert war, so daß ich sie nicht verwenden konnte, um die Kamera zu justieren. Ed machte mich auf ein weiteres Problem aufmerksam (wobei ihm offensichtlich nicht klar war, daß es ein Problem war): Er löste die Kameras nicht gleichzeitig aus. Statt dessen machte er zuerst das Foto mit der rechten und dann mit der linken Kamera. Einige Wochen später erkannte ich, daß es noch ein drittes Problem gab: Durch die Art, wie er die Kameras auslöste, verdrehte er das Stativ leicht in entgegengesetzte Richtungen, wenn er den Auslöser betätigte. Dieses dritte Problem war für die Einschätzung der Entfernungen zu einem Objekt jedoch von geringerer Bedeutung als die ersten beiden.

Das zweite Problem war aus zwei Gründen wichtig. Zum einen konnte es bedeuten, daß die Kamera bei einem beweglichen Objekt möglicherweise eine falsche Entfernung wiedergeben würde. Zum zweiten – und dies war von viel größerer Bedeutung für die Einschätzung der Echtheit der Stereofotos – konnte es einem einigermaßen gerissenen Betrüger ein Hilfsmittel in die Hand geben, den Zweck der SRS-Kamera zu unterlaufen. Dies ging mir einige Wochen später auf.

Am 17. März machte Ed die ersten UFO-Fotos mit der SRS-Kamera. Würden diese Fotos auf die eine oder andere Weise als eindeutiger Beweis dienen können? Ich wartete unruhig auf das Eintreffen der Fotos. Am 21. März erfuhr ich zu meiner Verblüffung, daß Ed am Sonntag abend, dem 20. März, eine zweite Serie von SRS-Fotos aufgenommen hatte. All diese Fotos erreichten mich am 25. März, und ich begann sofort, sie intensiv zu untersuchen. Die Fotos von diesen beiden Abenden zeigen ähnliche UFO-Aufnahmen: Sie zeigen beide den unteren Lichtring des UFO-Typs, den Ed schon vorher mit seiner alten Polaroid-Kamera fotografiert hatte. Auf den Fotos vom 17. März (Nr. 36L und Nr. 36R) sind auch sehr schwache Abbildungen von dem Aufbau in der Mitte und dem oberen Licht erkennbar. Die Bilder zeigen einen Busch im Vordergrund. Die Aufnahmen vom 25. März zeigen nur den unteren Ring des UFOs.

Ebenfalls zu sehen sind ein Zaun und Büsche im Vordergrund. Ed erwähnte einen seltsamen Aspekt der Fotos vom 20. März, als ich am 21. März mit ihm sprach. Das Bild des unteren Ringes ist auf dem von der rechten Kamera gemachten Foto klar und hell erkennbar. Im Gegensatz dazu sieht die Abbildung des unteren Ringes auf dem linken Bild wesentlich verschwommener aus und weist einige dunkle, vertikale Linien auf. Ed sagte mir, er wäre enttäuscht gewesen, als er das Bild sah.
Als ich zum erstenmal das Foto Nr. 37L sah, konnte ich nicht verstehen, warum das Abbild des unteren Ringes sich derartig von dem auf Bild Nr. 37R unterschied. Erst einige Wochen später, nachdem ich diese UFO-Nachtaufnahmen mit Tageslichtaufnahmen derselben Stelle verglichen und ein entscheidendes Experiment durchgeführt hatte, begriff ich, warum das UFO-Foto der linken Kamera so und nicht anders aussieht.

Anfang April 1988

Ich war nicht zufrieden mit der SRS-Kamera, wie Ed sie gebaut hatte. Sie war nicht fest genug. Ich bat Ed, sie mit einer dreieckigen Schiene noch einmal zu bauen, damit die Stange mit dem Nagel fester stand und die Kameras sich nicht drehen konnten. Ich schlug ihm auch vor, das gleichzeitige Auslösen der Kameras zu üben, statt sie nacheinander auszulösen. Er tat beides, und in der zweiten Aprilwoche war er dann bereit, mit der präziseren SRS-Kamera Bilder aufzunehmen. Doch er hörte kein Summen und schoß keine Fotos bis zur letzten Aprilnacht, obwohl viele andere Leute berichteten, sie hätten in den ersten beiden Aprilwochen UFOs gesehen.

Mitte April 1988

Mitte April 1988 wurde Ed direkt mit den Auswirkungen der Skepsis konfrontiert. So erging es auch mir. Die Skeptiker nannten die Untersuchung unzulänglich. Natürlich störte mich das, denn meine Fähigkeiten und die mehrerer anderer MUFON-Forscher wurden in Zweifel gezogen. Ich erhielt etliche Briefe, deren Absender behaupteten, sie hätten entdeckt, wie die Fotos entstanden seien. Und sie beschimpften mich, weil ich ihre verschiedenen »Beweise«, daß die Fotos gefälscht seien, nicht akzeptierte. Die Argumente gegen die Fotos rangierten vom rein Subjektiven (die Bilder sind Hokuspokus, die UFOs haben »schwere Mängel«, die ein »hochtechnologisches fliegendes Objekt nicht hätte«) bis zum Konkreten (»das UFO wird von einer Stützvorrichtung gehalten« oder »die Bilder sind Doppelbelichtungen«). Die subjektiven Argumente konnte ich nicht widerlegen. Ich konnte nur darauf hinweisen, daß sie letzten Endes Meinungen waren und keine Tatsachen. Dagegen konnte ich die konkreten Argumente über die Fotos widerlegen, indem ich meine Abzüge und (später) die Originale sorgfältig untersuchte.

Die Skeptiker behaupteten aufgrund von Analysen von Kopien, in Foto Nr. 5 gebe es Beweise für einen Schwindel. Auf diesem Bild sieht man eine senkrechte Linie, die auf den Kopien nur über und unter dem UFO zu sein scheint. Die Skeptiker behaupteten, dies sei ein Draht oder Faden, der ein UFO-Modell hielte. Anhand des Originalfotos konnte ich feststellen, daß die senkrechte Linie nicht ganz gerade war (wie ein Draht zum Aufhängen wäre), sondern wackelig, und daß sie das Bild von oben bis unten kreuzte. Von entscheidender Bedeutung ist, daß sie über das UFO verläuft. Nach weiterer Analyse erwies sich diese Linie als eine Art Defekt, die für Polaroid-Filme vom Typ 108 charakteristisch ist. Sie war auf einer Reihe von Eds Bildern zu sehen. Normalerweise würde ein Fehler dieser Art nicht bemerkt. Man kann solche Fehler jedoch manchmal auf Fotos sehen, die bei Dunkelheit oder annähernder Dunkelheit aufgenommen sind. Ich untersuchte alle Fotos von Ed sorgfältig, suchte nach Hinweisen für eine Stützvorrichtung und fand keine. Einige Skeptiker behaupteten, die Fotos seien Doppelbelichtungen. Diese Behauptung paßte zu der Eignung der Kamera für Doppel- oder Mehrfachbelichtungen, die ich Ed und Charles vorgeführt hatte, als ich am 22. Januar bei Ed war. Dennoch bezweifelte ich, daß Eds UFO-Bilder Doppelbelichtungen waren. Ed hatte mir gesagt, er verstehe nichts von Doppelbelichtungen oder irgendwelchen anderen fotografischen Techniken, obwohl er bei Kinderfesten amüsante Bilder gemacht hat, indem er die Kamera unscharf einstellte. Seine Reaktion auf meine Demonstration am 22. Februar gab mir keine Hinweise darauf, daß er wußte, was ich getan hatte. Einige Skeptiker behaupteten, ein Partybild, das Ed vor mehreren Jahren gemacht hatte, beweise, daß er Doppelbelichtungen machen könne. Auf diesem Foto von einem Mädchen waren einige unerwartete Lichtflecke. Ed leugnete, daß er diese Lichtflecken absichtlich produziert habe, aber damit waren die Skeptiker nicht zufrieden; sie behaupteten, diese Flecken hätten nur durch eine Doppelbelichtung entstehen können. Diese Behauptung wurde allerdings durch Experimente widerlegt, die zeigten, daß ähnlich fleckige Bilder durch zufällige Spiegelungen an einer Glastrennwand in dem Zimmer entstanden sein konnten, wo Ed das Foto geschossen hatte. Außerdem liefern zwei von Eds UFO-Fotos Indizien, die gegen die Annahme sprechen, sie wären doppelt belichtet.

Die Technik der Doppelbelichtung erfordert zwei Schritte: Der Fotograf muß zuerst ein UFO-Modell fotografieren, das sich vor einem schwarzen Hintergrund abzeichnet. Dabei muß er darauf achten, kein »lächerliches« Bild zu produzieren, etwa von einem UFO, das zwischen ihm und dem Boden oder einem nahen Baum zu sehen wäre. Es wäre am vernünftigsten, das

UFO vor dem klaren Himmel zu zeigen. Um sicherzustellen, daß das UFO-Bild an einer plausiblen Stelle im Bild erscheint, muß der Fotograf genau einplanen, wo das noch nicht entwikkelte UFO im Blickfeld der Kamera sein soll. Wäre es dem Fotografen gleichgültig, wo am Himmel das UFO auf dem Bild erscheinen würde, bräuchte er nur eine grobe Fähigkeit zu haben, das Bild des UFO-Modells mit dem Bild des Hintergrunds abzustimmen. (So habe ich am 22. Februar die doppelt belichteten »UFO«-Bilder gemacht und Charles und Ed eine Zeitlang zum besten gehalten.)
Eine Doppelbelichtung der eben beschriebenen Art kann ein einigermaßen überzeugendes UFO-Bild ergeben, wenn sie richtig gemacht wird. Diese Methode kann allerdings (für einen Schwindler) problematisch werden, weil sich Filmbelichtungen addieren (das Problem der Belichtungssummierung). Innerhalb der Silhouette oder Begrenzungslinie des abgebildeten UFOs wird die Gesamtbelichtung gleich der Summe der Belichtungen von dem UFO-Bild und dem Bild des Hintergrundes sein. Als Beispiel für dieses Problem könnte man annehmen, der Fotograf hätte schwarze »Fenster« auf sein UFO-Modell plaziert, es dann vor einem schwarzen Hintergrund fotografiert und danach einen Hintergrund mit blauem Himmel fotografiert. Auf der kompletten Doppelbelichtung würde man dann den blauen Himmel durch diese Fenster sehen. Als der Reporter Mark Curtis vom WEAR zusammen mit mehreren Fotografen versuchte, Eds Fotos auf diese Weise nachzumachen, erschienen die Fenster des »UFOs« durch die Summierung der Belichtungen blau. (Um das Problem der summierten Belichtungen zu lösen, braucht man eine viel kompliziertere Technik der Doppelbelichtung, die »mattierte« Doppelbelichtung; dazu muß man ein undurchsichtiges schwarzes Material haargenau auf die Ränder des UFO-Modells abstimmen.) Wäre der Hintergrund des Himmels sehr dunkel oder schwarz, dann würden die Fenster immer noch

dunkel aussehen. Da sich auf Eds ersten Bildern in der Tat das UFO vor dem Hintergrund eines dunklen Himmels abzeichnet, ist es nicht unvernünftig, anzunehmen, daß die Fotos, sofern getürkt, Doppelbelichtungen wären.

Zwei Bilder liefern jedoch klare Beweise, daß die einfache Methode der Doppelbelichtung nicht angewandt wurde. Es sind die Fotos Nr. 1 und Nr. 7. Eine sorgfältige Untersuchung der linken Seite des UFOs in Bild Nr. 1 mit herkömmlichen und computergestützten Methoden der Fotoanalyse zeigt, daß das UFO zwar heller ist als der sehr dunkle Baum, sich aber nicht mit den Ästen des Baumes überlappt. Bei einer einfachen Doppelbelichtung von UFO-Modell und Hintergrund würde das UFO sich aber mit dem Baum überlappen. In ähnlicher Weise schneidet auf Foto Nr. 7 der nahe Baum die rechte Seite des UFOs ab: Das UFO überlappt sich nicht mit dem dunkleren Baum.

Man könnte mit einer Technik der Doppelbelichtung den Eindruck erwecken, das UFO sei auf Foto Nr. 1 oder Nr. 7 hinter dem Baum gewesen, wenn man zwei sehr schwierige Dinge zusätzlich täte: a) die linke Seite des UFO-Modells müßte so geschnitten werden, daß sie sich der Form der Äste anpaßt, wo das UFO im erzielten Bild erscheint, und b) das latente Bild des UFO-Modells müßte nach der ersten Belichtung sorgfältig positioniert werden, so daß das UFO-Bild in das Bild von der rechten Seite der Äste »hineinpassen« würde. Etwas Derartiges könnte in einem Filmstudio in Hollywood gemacht werden, nicht aber von Ed mit einer simplen Kamera, während er auf der Schwelle seiner Haustür in Gulf Breeze stand. Als den Skeptikern das klar wurde, legten sie nahe, Ed habe einen Komplizen gehabt, der Fotos raffiniert fälschen könne, aber dafür gibt es keine Anhaltspunkte.

Andere ausgeklügelte Techniken sind von mir und von Skeptikern genannt worden. Dazu gehören die »Spiegelung auf Glas« und die »Fotomontage«, aber es wäre recht schwierig, mit diesen Methoden Eds Fotos herzustellen. Wäre Ed ein Fotofreak und hätte massenhaft teure Kameras, Bücher über Fotografie und eine reichhaltige Fotoausrüstung, so wäre meine Einschätzung seiner möglichen Fähigkeiten zu einem raffinierten Fotoschwindel anders. Aber seine Fotoausrüstung bestand nur aus der alten Polaroid und einer simplen Videokamera mit fester Brennweite (Sony Camcorder). Zudem hatte es den Anschein, daß Ed nur ein minimales Interesse an Fotografie hatte und sehr wenig über fotografische Techniken wußte. Ich hatte den Eindruck, er würde nie auf etwas so Kompliziertes kommen wie eine Doppelbelichtung mit akkurater Abstimmung zwischen dem unentwickelten UFO-Bild und dem Bild vom Hintergrund. Auch auf die anderen Techniken, die ebenfalls eine Abstimmung erfordern, würde er nicht kommen. Doch selbst wenn er auf diese Techniken käme, so bedeutete seine simple Kameraausrüstung eine erhebliche Einschränkung seiner Möglichkeiten, Schwindelbilder zu fabrizieren.

Die einfachste Methode, einen Schwindel mit UFO-Bildern ohne komplizierte Techniken aufzuziehen, ist, UFO-Modelle aus verschiedenen Entfernungen zu fotografieren. Obwohl in der Untersuchung niemand irgendwelche Hinweise fand, daß UFO-Modelle verwendet wurden, bin ich der Modell-Hypothese nachgegangen. Das Bild, das man sich am schwersten als Foto eines Modells vorstellen kann, ist das »Straßenbild« (Foto Nr. 19). Neben der Schwierigkeit, ein großes, kompliziertes Modell mit der ganzen dazugehörigen Beleuchtung zu bauen, gab es noch das Problem, das Modell auf einer Straße aufzustellen, die zu einigen Häusern führt, ohne daß ein Autofahrer sah, was da vor sich ging. Während Charles und ich an der betreffenden Stelle an der Bundesstraße 191-B waren, um die Spiegelung eines Scheinwerfers auf der Fahrbahn zu fotografieren, fuhren mehrere Autos vorbei. Abgesehen von der Straßenaufnahme, die ein sehr großes Modell erforderlich machen würde, benötigte man auch für die anderen Fotos recht große

Modelle. Allerdings hat nie jemand berichtet, er hätte Ed mit UFO-Modellen gesehen. Auch hatte niemand in Eds Haus solche Modelle oder Hinweise auf solche Modelle gesehen. Und ganz bestimmt hat er während der Episode mit Duane Cook kein großes Modell fotografiert.

Außer den Fotos von Eds alter Polaroid-Kamera analysierte ich auch die Fotos, die er am 17. und 20. März mit der SRS-Kamera gemacht hatte (Nr. 36L und Nr. 36R). Es stellte sich heraus, daß diese sich noch schwieriger als bloßer Schwindel erklären ließen. Besonders interessant waren die Bilder vom 17. März, denn sie waren auch in Gegenwart von Zeugen aufgenommen worden. Ed hat erzählt, wie seine Freunde ihm zusahen, als er zwei frische Filme in die SRS-Kamera einlegte. Seine Freunde sahen, wie er die beiden verschiedenen Seriennummern der Filmpackungen aufschrieb, zwei Testaufnahmen machte und die Nummer jeder Aufnahme auf dem Bildzähler jeder Kamera notierte. Dann warteten sie mit ihm und Frances, ob das UFO aufkreuzen würde. Sie blieben mehrere Stunden bei ihm, bevor er ihnen sagte, daß er seit einer Weile kein Summen gehört hatte. Duane, Buddy und Carlos beschlossen dann, zum Schein wegzugehen. Sie sagten Ed, sie gingen jetzt, und innerhalb einer Minute, nachdem sie fort waren, hörte Ed ein Summen. Etwa eine Minute später sahen er und Frances westsüdwestlich von sich ein UFO. Er richtete die SRS-Kamera darauf und löste die Kameras aus. Er stellte seine Taschenlampe an, um den Bildern beim Entwickeln zuzusehen, aber es funktionierte nicht, und so rannte er zu seinem Lieferwagen, um sie im Scheinwerferlicht anzusehen. Da sah er, daß in der Nähe Duane mit Dari in seinem Auto saß.

Sie waren nicht weggefahren; sie waren nur zur anderen Seite des Parkplatzes gefahren, hatten gedreht und waren mit abgestellten Scheinwerfern zurückgekommen. Sie waren nur ein paar Minuten fort gewesen. Als sie zurückkamen, sahen sie die Blitzlichter. Sie glaubten, daß Ed eine weitere Probeaufnahme machte, denn sie hatten kein UFO gesehen (die Büsche um den Picknicktisch herum, wo Ed die Kamera aufgestellt hatte, verstellten ihnen wahrscheinlich die Sicht). Buddy und Carlos waren am Parkplatz nach Osten gegangen (der Richtung entgegengesetzt, in der Ed das UFO sah). Auch sie sahen das Blitzlicht, aber nicht das UFO. Als sie sahen, daß Ed seine Scheinwerfer anstellte, kamen auch sie herüber, um zu sehen, was geschehen war.

Als Ed Duane und Dari sah, gab er ihnen Zeichen, zu seinem Lieferwagen zu kommen. Dann kamen Buddy und Carlos hinzu. Sie alle sahen zu, wie die Fotos sich langsam entwickelten. Sie wurden sehr aufgeregt, als das UFO immer deutlicher sichtbar wurde. Sie suchten die Gegend nach Spuren vom UFO ab, fanden aber nichts. Als ich diese Bilder von Ed erhielt, versuchte ich als erstes, den Abstand zum UFO zu berechnen, indem ich den Parallaxenwinkel zwischen den Visierlinien der beiden Kameras maß (Der »Parallaxenwinkel« ist der Winkel zwischen den Visierlinien von zwei getrennten Punkten zum selben Objekt). Ich konnte diesen Winkel anhand der Position des UFOs auf beiden Bildern errechnen. Leider lieferte die Justierungsstange mit dem Nagel, der die Kamera ihren Namen (Selbstüberprüfende Stereokamera) verdankt, keinen genauen Parallaxenwinkel (diese Bilder entstanden, bevor Ed die Kamera neu aufbaute, damit der Stab mit dem Nagel fester stand). Dennoch zeigte meine Analyse der Testfotos, die Ed kurz nach dem Bau der SRS-Kamera gemacht hatte, daß die aus dem Parallaxenwinkel errechneten Entfernungen niedriger waren als die tatsächlichen Entfernungen. Wenn ich zum Beispiel annahm, die Achsen der Linsen seien parallel, so fand ich, daß ein Brett mit einer aus der Parallaxe errechneten Entfernung von etwa 4,65 Meter tatsächlich etwa fünf Meter entfernt war, ein Baum, dessen Entfernung ich auf zehn Meter rechnete, tatsächlich rund 14 Meter entfernt und ein anderer, den ich mit etwa 36 Meter berechnet hatte, über 120 Meter entfernt war.

Daß die Kamera Entfernungen unterschätzte, wobei der Fehler mit der Entfernung zunahm, ließ darauf schließen, daß die Achsen der Kameralinsen tatsächlich leicht divergierten. Ich schätzte die Divergenz auf etwa 0,6 Grad, während bei einer »perfekten« Stereokamera die Divergenz Null wäre (Achsen der Linsen parallel).

Unter Verwendung der gleichen Rechenmethode wie bei den Testbildern und unter der Voraussetzung, daß die Achsen der Linsen am 17. März noch immer etwa sechs Zehntelgrade divergierten, fand ich, daß die Entfernung zu dem Objekt ca. 915 Meter betrug. Leider waren die Kameras nicht fest auf dem Stützbrett montiert, und so konnten sie sich leicht verdreht haben, als Ed die Kamera zum Shoreline Park brachte, und dies hätte die Divergenz leicht verändert. Eine Berechnung aufgrund der unwahrscheinlichen Annahme, daß die Achsen der Linsen genau parallel waren, ergab einen Abstand von 55 Metern. Angenommen, daß die Ausrichtung der Kameras sich durch Bewegung nur geringfügig änderte, war die Divergenz am 17. Mai wahrscheinlich zwischen 0 und 0,6 Grad, und deshalb wäre der Abstand zwischen 55 und 915 Metern. Ich konnte nicht genau feststellen, wie weit das Objekt entfernt war, aber der Abstand war beträchtlich.

Meine erste Reaktion auf diese Entdeckung war, daß die SRS-Kamera bewiesen hatte, daß Ed wirkliche Objekte gesehen hatte. Dennoch mußte ich die Möglichkeit in Betracht ziehen, daß Ed die SRS-Kamera irgendwie überlistet hatte. Anders gesagt: Wenn Ed (mit seiner Frau) höchstens zwei oder drei Minuten allein war, konnte er dann die Stereobilder fälschen? Mir fielen mehrere mögliche Methoden ein, aber nach weiterem Nachdenken schloß ich sie aus. Die erste Methode, an die ich dachte, war, gefälschte UFO-Stereofotos vom gleichen Standort aus zu machen und sie dann gegen aktuelle Fotos ohne UFO auszutauschen, die zur Zeit der »Sichtung« entstanden waren. Allerdings wurde Ed an jenem Abend von Duane zum Shoreline Park eingeladen; er erfuhr erst gegen 19.00 Uhr, daß er ausgehen würde, und er suchte sich den Ort nicht aus. Wie sollte er wissen, wo er seine falschen Fotos aufnehmen mußte, um sich auf die Einladung vorzubereiten: »Komm mit uns raus und schau, ob du Fotos kriegen kannst?« (Anmerkung: Auf den UFO-Fotos erscheint ein Busch, der im Shoreline Park beim Picknicktisch steht). Diese Tatsache allein macht es unwahrscheinlich, daß die Stereofotos Fälschungen sind und von einem früheren Abend stammen. Ein zwingender Grund, die Hypothese von den früheren Aufnahmen abzuweisen, ist jedoch, daß Duane, Dari und die anderen sahen, wie die UFO-Fotos sich vor ihren Augen entwickelten. Das bedeutet, die Fotos waren erst etwa eine Minute, bevor sie sie sahen, aus der Kamera gekommen und hatten begonnen, sich zu entwickeln. Eine andere Weise, die Fotos zu fälschen, wäre, ein lebensgroßes Modell zu verwenden. Da die Entfernung zum UFO wahrscheinlich viel weiter war als 55 Meter, wie ich oben gezeigt habe, hätte das Modell groß sein müssen. Die Breite der Abbildung auf dem Film (0,024 Einheitswinkel) entspricht einem etwa 1,50 Meter breiten Objekt in einer Entfernung von 60 Metern, proportional größer bei weiterer Entfernung (z. B. 2,20 Meter bei 915 Metern). Auch war das Objekt etwa 24 Meter hoch, wenn es 60 Meter entfernt war, und proportional höher bei weiterer Entfernung. Wie Ed einen Schwindel mit einem lebensgroßen Modell aufziehen konnte, besonders von einem Augenblick zum anderen, ist schwer vorstellbar. Das Modell wäre über dem Wasser gewesen. Was konnte er benutzen, um es zu halten? Ein beleuchtetes Modell, das von einem Ballon herabhing, bräuchte beträchtliche Zeit, bis es an Ort und Stelle wäre, und Ed müßte es so einrichten, daß die Lichter an dem Objekt angingen, sobald die anderen gegangen waren, und dann direkt nach seinen Aufnahmen ausgingen, damit niemand es sah. Aber wenn er sich diese ganze Mühe machte, warum ließ er es die anderen nicht kurz sehen? Eine andere potentielle Fälschungsmethode ist ein kleines Modell, um die Fähigkeit der SRS-Kamera zur Parallaxenwinkel-Messung zu »unterlaufen«. Dies könnte man tun, denn die beiden Kameras wurden nicht gleichzeitig ausgelöst, sondern nacheinander. Es ist unwahrscheinlich, daß Ed wußte, wie die SRS-Kamera zu überlisten war (ich fand es erst etwa eine Woche nach seinen Aufnahmen heraus), aber angenommen, er wußte es, so konnte er folgendermaßen verfahren: Zuerst würde er im Lieferwagen ein kleines Modell mit in den Park nehmen (zum Beispiel von 15 Zentimeter Durchmesser). Sobald die anderen fort waren, würde er a) das Modell aus dem Wagen holen, ohne gesehen zu werden, und b) es in etwa zwei Meter Entfernung vor der Kamera aufhängen. Er würde c) das rechte Bild aufnehmen und d) entweder das Brett mit den Kameras sorgfältig und sehr präzise im Uhrzeigersinn drehen (nämlich etwa 5,3 Grad), oder das Modell ein paar Zentimeter nach links bewegen (nämlich etwa 60 Zentimeter). Dann würde er das linke Bild aufnehmen. Wenn er ahnte, daß die anderen zurückkommen würden, müßte er das Modell verstecken. In der beschriebenen Reihenfolge ist Schritt d) derjenige, der die Fähigkeit der SRS-Kamera zur Entfernungsmessung überlisten würde. Dies liegt daran, daß beide Maßnahmen in Schritt d) den Parallaxenwinkel eines fernen UFOs künstlich herstellen würden. Es ist aber zu bemerken, daß beide Methoden in Schritt d) Zeit bräuchten, zumindest viele Sekunden. Da jede Kamera mit einem Blitz ausgelöst wurde, hätten die anderen Zeugen eine beträchtliche Pause zwischen dem ersten und dem zweiten Blitz bemerkt. Anders gesagt: Duane, Dari und die anderen hätten »Blitz... (viele Sekunden) ... Blitz« gesehen.

Was sie hingegen tatsächlich angaben, war, daß zwischen den beiden Blitzen kein wahrnehmbarer Zeitabstand lag. Ed hatte also keine Zeit, Schritt d) auszuführen. Dies bedeutet, daß die Parallaxe nicht »getürkt« und die SRS-Kamera nicht überlistet wurde.

Mir fiel noch eine weitere hypothetische Methode ein, unter den Bedingungen des 17. März Fotos zu fälschen. Sie erfordert eine schwindelerregende Kombination von Doppelbelichtungen mit der Polaroid Modell 600, Überlistung der Parallaxe mit einem kleinen Modell und sorgfältiges Einlegen von zwei besonders präparierten Polaroid-Filmpackungen. All dies würde vor der Beobachtung geschehen. Nachdem die Leute fort waren, mußte Ed die frischen Filmpackungen gegen seine präparierten austauschen (mit denselben beiden Seriennummern), ohne die Bildnummer auf dem Zähler jeder Kamera zu ändern (jedesmal, wenn eine Packung eingelegt wird, stellt sich der Zähler auf Null zurück). Dann würde er die zweite Belichtung machen und die Bilder vor den Zeugen sich entwikkeln lassen.

Nachdem ich die Schwierigkeiten aller möglichen Methoden analysiert hatte, die Fotos vom 17. März zu fälschen, schloß ich, es sei sehr unwahrscheinlich, daß sie ein Schwindel waren. Aber waren sie wirklich ein Beweis, daß Ed ein echtes UFO fotografiert hatte? Noch Mitte April war ich nicht sicher.

Am 19. März versuchte Ed auf meinen Vorschlag hin, die beiden Polaroid-Kameras besser auszurichten, indem er ein gerades Metallstück gegen die Vorderseiten der Kameras drückte. Als er das tat, änderte er die Ausrichtung, die die Kameras am 17. März gehabt hatten. Gleich am nächsten Tag nahm er den zweiten Satz SRS-Bilder auf. Diesmal war er allein.

Diese Fotos waren schwieriger zu deuten. Das UFO auf jedem Bild ist im Grunde eine kurze, waagerechte, weiße Linie (der Lichtring auf der Unterseite) mit einer schwächeren Abbildung vom Aufbau des UFOs direkt darüber (vgl. Fotos Nr. 37L und Nr. 37R). Der Gegenstand auf dem rechten Foto ist recht hell und ähnelt den Bildern vom 17. März. Die Linie auf dem linken Foto ist sehr schwach und von schwarzen, senkrechten Linien durchkreuzt. Jedes Foto zeigt auch einen nahen Zaun, der vom Blitzlicht erleuchtet wurde. Ed hat auf meine Bitte hin den

Abstand zwischen Kamera und Zaun gemessen (dazu setzte Ed die Kamera wieder in die Löcher, die er am 20. März für das Stativ gemacht hatte). Dieser gemessene Abstand gab eine Vergleichsgröße ab, mit der ich die Kamera justieren konnte. Ich fand, daß sein Versuch, die Achsen der Linsen parallel zu setzen, nicht ganz erfolgreich gewesen war, denn nun konvergierten sie um etwa 0,7 Grad (zuvor hatten sie divergiert).

Ich versuchte, den Abstand zum UFO zu errechnen. Die Berechnung ergab ein unerwartetes Resultat: Die Visierlinien von den Kameras zum UFO divergieren ganz leicht (der Divergenzwinkel beträgt etwa 0,01 Grad). Dies bedeutete, daß das UFO sich zwischen Eds rechter und linker Aufnahme langsam seitwärts bewegte – oder bewegt wurde. Die sehr geringe Divergenz bedeutet, daß die zurückgelegte Strecke fast genau gleich dem Abstand der Kameras voneinander war, nämlich etwa 60 Zentimeter (bei jeder angenommenen Entfernung des UFOs unter 300 Metern).

Als ich bemerkte, daß die Visierlinien leicht divergieren, wußte ich, daß ich ein Problem hatte: Ich konnte den Abstand zum UFO nicht berechnen. Es konnte jeder Abstand sein, auch ein so kleiner wie drei oder sechs Meter. Anders als bei den Fotos vom 17. März gab es keine Zeugen, die aussagen konnten, daß die Zeit zwischen den Blitzlichtern sehr kurz war (eine Sekunde oder weniger); so mußte ich mit der Möglichkeit rechnen, daß die Zeit zwischen den Blitzlichtern lang genug war, daß Ed ein in der Nähe stehendes Modell 60 Zentimeter nach links bewegen konnte, nachdem er das rechte und bevor er das linke Foto aufnahm. Die Winkelweite des abgebildeten UFOs beträgt nur 0,022 Einheitswinkel; das entspricht etwa acht Zentimeter auf drei Meter, etwa 16 Zentimeter auf sechs Meter, etwa zwölf Zentimeter auf neun Meter, 2,30 Meter auf 90 Meter usw. Deshalb hatte ich die Möglichkeit in Betracht zu ziehen, daß diese Fotos von einem Modell waren.

Bei näherer Untersuchung fand ich zwei verwirrende Aspekte am linken Bild, die nicht zu der Idee zu passen schienen, daß Ed ein kleines, in der Nähe befindliches Modell benutzt hatte. Erstens war das linke Bild sehr schwach, obwohl ich erwartet hätte, daß es ebenso hell wäre wie das rechte. Wenn die Fotos ein Schwindel wären, hätte Ed sich ja die Zeit nehmen können, die Bilder gleich zu machen, indem er notfalls mehrere Bilder mit der linken Kamera aufnahm, bis er eines fand, das zum Bild der rechten Kamera paßte. Zweitens waren die dunklen, senkrechten Linien ungewöhnlich, die durch das linke Bild verliefen. Sie waren mir ein Rätsel, bis ich die Tageslichtaufnahmen untersuchte, die Ed auf meine Bitte hin am 21. März machte. Er setzte die Beine des Stativs in die Löcher, die das Stativ am Vorabend in der Erde hinterlassen hatte. Die Tageslichtaufnahmen zeigten, daß die Kamera am 21. März in derselben Stellung war wie am Vorabend, daß aber die Zielrichtung etwa 0,5 Grad nach links gedreht war. Als ich (mit Erfolg) das rechte UFO-Bild über das rechte Tageslichtbild legte und dabei die kleine Differenz in der Visierrichtung berücksichtigte, fand ich, daß die Visierrichtung zum UFO gerade rechts an einem buschigen Ast einer Florida-Kiefer vorbeiging, die etwa 18 Meter entfernt stand. Als ich ebenso mit dem linken Foto verfuhr, fand ich, daß die Visierlinie zum UFO durch die nackten Zweige eines entlaubten Busches verlief, der etwa sieben Meter entfernt war. Als ich dies entdeckte, waren die dunklen, senkrechten Linien durch das linke Bild sofort erklärt: Ein paar fast senkrechte, nackte Zweige des Busches hatten kleine Anteile des Lichtes vom UFO verdeckt.

Ich fragte mich immer noch, warum das Bild so schwach war. Durch einen Vergleich zwischen den UFO-Bildern und den Tageslichtaufnahmen konnte ich sehen, daß die Visierlinie zum UFO nach den entlaubten Zweigen des Busches auch den buschigen Ast einer Florida-Kiefer in 18 Meter Entfernung durchquerte. Ich fragte mich: Könnten Kiefernnadeln an diesem

buschigen Ast die Intensität des Lichtes vom UFO gemindert haben, ohne es ganz zu verdecken?
Um diese Frage zu beantworten, mußte ich ein entscheidendes Experiment durchführen. Wenn kein Licht durchkam, dann konnte das UFO nicht hinter dem Baum gewesen sein; in diesem Fall konnte es ein kleines Modell in weniger als 18 Meter Entfernung gewesen sein. Ich rief Ed an und bat ihn, jemanden ein fluoreszierendes Licht hinter diesen buschigen Ast halten zu lassen, so daß er es von der Stelle aus fotografieren konnte, wo er am 20. März seine Fotos geschossen hatte. Zum Vergleich bat ich ihn, das Licht auch zu fotografieren, wenn es nicht hinter dem Ast war, sondern gerade rechts daneben. Ed befestigte ein fluoreszierendes Licht so an einer Stange, daß es waagerecht war, wenn die Stange senkrecht war. Frances hielt die Stange, während Ed das Licht fotografierte. Er nahm es kurz vor und auch nach Einbruch der Dunkelheit auf. Als ich diese Fotos sah, kannte ich die Antwort auf meine Frage. Ed tat genau das, worum ich ihn bat, und seine Fotos zeigen, daß das Licht in der Tat durch die Nadeln an dem Ast dringt. Wenn es durch den Ast drang, war das fluoreszierende Licht erheblich schwächer, als wenn es rechts von dem Ast war. Dies zeigte, daß das UFO möglicherweise 100 Meter hinter dem Baum und demzufolge recht groß gewesen sein konnte.
Ich nahm an, daß die kleine Divergenz der Visierlinien von der Seitwärtsbewegung des UFOs herrührte, und schätzte deren Geschwindigkeit. Ich rechnete mit einer Entfernung von 90 Metern (in diesem Fall entsprach die Größe der Abbildung einer Breite von etwa 2,10 Metern). Weil der Divergenzwinkel sehr klein ist, muß das UFO sich in dieser Entfernung etwa 60 Zentimeter bewegt haben. Ein sorgfältiger Vergleich der UFO-Fotos mit den Tageslichtaufnahmen zeigte, daß das UFO sich auch eine kurze Strecke abwärts bewegte, entsprechend einem Winkel von 0,44 Grad. In 90 Meter Entfernung entspricht

dieser kleine Winkel einer Abwärtsbewegung von rund 70 Zentimetern. Die tatsächlich zurückgelegte Strecke (60 Zentimeter nach links und 70 Zentimeter abwärts) wäre deshalb nach dem Satz des Pythagoras etwa 90 Zentimeter. Ich schätzte, daß die Zeit zwischen den UFO-Fotos etwa eine Sekunde betragen haben konnte. Diese Strecke in einer Sekunde zurückzulegen, würde ein Geschwindigkeit von 90 Zentimeter pro Sekunde bedeuten, oder rund drei Kilometer pro Stunde. Das ist nicht sehr schnell. Man muß bedenken, daß Ed durch den Sucher schaute, um die recht unhandliche SRS-Kamera auszurichten. Das UFO zeichnete sich vor einem schwarzen Hintergrund ab, so daß es in der Nähe keine festen Bezugspunkte gab, um eine langsame Bewegung deutlich zu machen. Unter diesen Umständen scheint es einleuchtend, daß er nicht bemerkt hätte, wenn das UFO langsam nach links schwebte. Die Fotos von der SRS-Kamera, besonders die vom 17. März, schienen sehr gegen einen Schwindel zu sprechen. Zusammen mit all den früheren Fotos schienen die Indizien fast überwältigend, daß Ed keinen Schwindel aufgezogen hatte.

Ende April 1988

Gegen Ende April ließ ich die ganze Situation noch einmal Revue passieren. Inzwischen hatte ich Eds gesamte Polaroid-Bilder untersucht und in keinem Beweise für einen Schwindel gefunden. Im Gegenteil, allein die Menge der Bilder mit ihren zahlreichen Variationen bei den UFOs vor wechselndem Hintergrund sprach, im Zusammenhang mit Eds offensichtlich dürftigen Kenntnissen der Fotografie, gegen einen Schwindel. Ich hatte auch die Nimslo-Fotos und das Videoband untersucht, aber was sie betraf, war ich zu keinem abschließenden Urteil gekommen. Eigentlich waren nicht die Fotos allein das Überzeugendste an Eds Berichten, sondern vielmehr die Kombination der Fotos mit den Geschichten dahinter. Der Reichtum an Einzelheiten in diesen Geschichten schien über das hinauszugehen, was ein typischer Schwindler an Erfindung aufwenden würde. Aber die Geschichten selbst wären weniger überzeugend ohne die Fotos, die das, was Ed erzählte, spezifisch illustrierten.

Und dann war da das Videoband von Duane Cook. Es wäre nicht unmöglich, dies mit einem (oder zwei) guten Schauspielern zu türken, aber war Ed geschickt genug, um das durchzuziehen? Ich zweifelte daran.

Eine wichtige Bestätigung für Eds Aussagen kam von Eds Frau und den zahlreichen weiteren Zeugen aus der Gegend von Gulf Breeze, die von Sichtungen ähnlicher oder derselben Objekte berichteten. Ich fand es besonders interessant, daß an mehreren Tagen, wenn Ed UFOs gesichtet hatte, andere unabhängige Zeugen auch von Sichtungen berichteten (z. B. am 11. November, 17. März und am 20. März).

Natürlich war es wichtig, daß er sich zwei Lügendetektortests bei einem skeptischen Prüfer unterzog. Außerdem bestand er einen psychologischen Streßtest (PSE). Und dann war da der Kreis im Gras, der sich jeder Erklärung entzieht.

Nachdem ich die Situation betrachtet hatte, war mir klar, daß ich weit davon entfernt war, zu beweisen, daß Eds Sichtungen ein Schwindel waren, aber ich war einfach nicht überzeugt. Ich mußte mit der Möglichkeit rechnen, daß neue Beweise gefunden würden, die zeigten, daß die Sichtungen unecht waren.

Der letzte Apriltag 1988

Am Samstag, dem 30. April, sprachen Ed und ich über die jüngsten Sichtungen, zu denen eine gehörte, die er selbst am 21. April mit Frances gemacht hatte. Sie sahen auf einem Abendspaziergang fast direkt über sich ein UFO. Er sagte mir, es sei dem ähnlich, das sie am 26. Februar gesehen hatten. Wie Ed sagte, überzeugte ihn diese Beobachtung, daß das UFO noch in der Gegend war, und so beschloß er, die SRS-Kamera nach Möglichkeit noch einmal einzusetzen.

Seine neu aufgebaute Kamera war fester als die erste Version. Er hatte die Kameras so auf dem Stützbrett befestigt, daß sie sich nicht drehen oder bewegen konnten. Dann setzte er das Brett mit den Kameras auf ein schwereres Stativ und übte damit, so daß er beide Kameras gleichzeitig auslösen konnte. Ich schlug vor, daß er, wenn er die Kamera immer an derselben Stelle aufstellte, weiße Rohre oder Stäbe im Abstand von etwa drei Metern um die Kamera herum plazieren sollte. Diese würden als weiterer Parallaxe-Bezugspunkt und auch als Bezugspunkt für die Richtung dienen, falls der Hintergrund in der Nähe keine Merkmale hätte, die auf den Fotos sichtbar wären. Diese weißen Rohre wurden mit schwarzen Klebestreifen markiert, so daß sie auch zeigten, in welche Richtung er schaute. Rohr 1 könnte zum Beispiel östlich von der Kamera sein, Rohr 2 südlich von der Kamera usw. Ich hatte außerdem vorgeschlagen, daß Frances Ed filmte, während er ein UFO mit der SRS-Kamera aufnahm. Wenn sie gleichzeitig ihn und das UFO ins Bild bekäme, hätten sie Beweismaterial, das praktisch unabweisbar war. Den ganzen April hindurch hoffte ich, Ed würde eine Gelegenheit bekommen, seine neue SRS-Kamera einzusetzen. Als die Sichtungen jedoch offenbar aufhörten, gab ich die Hoffnung auf und begann wieder, mich zu fragen, ob dies irgendwie ein monumentaler Schwindel sein könnte. Von der Warte des Skeptikers aus konnte man sagen, er habe keine Bilder nach diesen Anforderungen geliefert, weil es selbst für ihn zu schwierig war, sie zu fälschen.

Andererseits legte das plötzliche Ausbleiben der Beobachtungen ab Mitte April nahe, daß die UFOs vielleicht wirklich weggegangen waren, und in diesem Fall konnte Ed die Kamera nicht einsetzen. Angesichts des plötzlichen Ausbleibens von

UFO-Sichtungen war ich überrascht, als Ed mir sagte, daß er und Frances schon mehrere Abende spät im Shoreline Park gewesen waren. Ed sagte mir, daß er bis zum letzten Abend (Freitag) jeden Abend nach meinem Vorschlag die Rohre um die Kamera plaziert hatte, und daß Frances bereit gewesen war, die Kamera auszulösen. Leider war nichts geschehen. Dann sagte er, daß Frances am Freitag mit der Schulband die Stadt verlassen hatte. Bevor sie abreiste, hatte er ihr versprochen, nicht allein nach dem UFO schauen zu gehen, aber er war doch am Vorabend allein hinausgegangen und hatte vor, an diesem Abend wieder hinauszugehen. Ich fand die Idee gar nicht so gut, denn er wäre allein, wenn etwas geschähe, doch das sagte ich ihm nicht.

1. Mai 1988

Ich schrieb gerade das letzte Kapitel des MUFON-Referates, als um etwa 13.00 Uhr das Telefon klingelte. Ich nahm ab und hörte zuerst nichts. Dann hörte ich eine Art Stöhnen.
»Ahhh… ahhh… hier ist Ed.«
»Hallo, Ed. Was ist los?«
»Ahhh… ahhh…«
Alles, was ich hören konnte, war ein schwaches Stöhnen. Ich war verwirrt und dann plötzlich alarmiert. Ich erinnerte mich an das gestrige Gespräch, als er angedeutet hatte, er wolle wieder zum Shoreline Park hinausgehen… allein. War etwas geschehen? »Ahhh… ahhh… sie haben was mit mir gemacht, Bruce.«
»Wer hat was gemacht?« Ich antwortete mir auf meine eigene Frage und hoffte doch, sie wäre falsch.
»Ahhh… ich glaube, sie haben mich gestern nacht gekriegt… ich glaube, ich bin entführt worden.«
Ich sprang fast vom Stuhl. Meine Gedanken begannen zu rasen.

Mein erster Gedanke war, ich sollte das Gespräch besser aufzeichnen.
»Ed, kann ich das aufnehmen?«
»Ja... ahhh...«
Ich rannte zu meinem Recorder. Ich schloß ihn an das Telefon an.
»Okay. Erzähl mir, was passiert ist.«
»Ahhh... ahhh... ahhh.«
Ich sprach Datum und Uhrzeit auf das Band. Ed sagte noch immer nichts. Ich konnte nur das schwache Stöhnen hören.
»Wann bist du nach Hause zurückgekommen?« Ich wußte nicht einmal, wann er fortgegangen war, aber ich war sicher, es war spät am Vorabend.
»Etwa halb drei, zwanzig vor drei (morgens). Ich habe im Bett gelegen und versucht zu entscheiden, was ich tun soll.«
Dann sagte Ed, daß er seiner Tochter nichts gesagt hatte. Sie war als einzige außer ihm im Haus. Er hatte Angst, sie zu verschrecken. Er sagte, er habe niemanden vom Untersuchungsteam vor Ort angerufen, denn er wollte zwar mit jemandem sprechen, der ihn nicht für komplett verrückt hielt, aber er wollte nicht, daß ein Haufen Leute ihn gleich jetzt auszufragen versuchten. Er könne es einfach nicht verkraften.
»Fang einfach von vorne an und versuch, dich zu erinnern«, sagte ich.
In der nächsten halben Stunde erzählte Ed sehr mühsam die Geschichte der vergangenen Nacht, mit stockender Stimme, vielen Fehlstarts und Wiederholungen. Er beschrieb, wie er die Kamera mit den Markierungsstäben aufgestellt hatte, wie er im Lieferwagen gesessen, Musik gehört und gewartet hatte, ob etwas geschehen würde. Dann, etwa um 1.10 Uhr, hörte er ein schwaches Summen. Er stieg aus dem Lieferwagen aus, stellte sich neben die Kamera und sah sich um. Er sah das UFO südöstlich über dem Santa Rosa Sound und drehte die Kamera in seine Richtung. Er machte die erste Doppelaufnahme und

blickte wieder über das Wasser hinaus. Jetzt sah er zwei UFOs. Eins war von dem Typ, den er schon viele Male fotografiert hatte, und das zweite war der Typ vom 26. Februar. Er sah wieder durch den Sucher der rechten Kamera und bereitete sich darauf vor, ein zweites Bild zu schießen, aber er konnte keines der UFOs durch den Sucher sehen. Er nahm an, sie hätten sich bewegt. Er sah auf, während er die linke Hand an den Verstellhebel des Stativs legte, um dann die Kamera zu drehen. Er konnte das UFO noch immer nicht draußen über dem Wasser sehen. Dann wurde ihm klar, daß das erste jetzt über seinem Kopf war. In nur ein paar Sekunden war es von der Stelle über dem Wasser bis über seinen Kopf gekommen. In diesem Augenblick wurde alles weiß, und er fiel zu Boden.

Das nächste, was er wußte, war, daß er mit dem Gesicht nach unten am Strand am Wasser lag, etwa sechs Meter von der Kamera entfernt. Er wußte nicht, wie er an den Rand des Wassers gekommen war. Er rappelte sich auf und ging zur Parkbank, um sich zu setzen und nachzudenken, was geschehen war. Er konnte nirgends ein UFO sehen, aber seine Hände rochen widerlich, und sein Kopf schmerzte.

Er saß etliche Minuten da, dann kam er auf die Idee, auf die Uhr zu sehen. Es war 2.25 Uhr früh. An mehr als eine halbe Stunde hatte er keine Erinnerung.

Sein Kopfschmerz wurde noch stärker, und plötzlich hatte er große Angst, seiner Tochter würde etwas zustoßen. Er ging zur Kamera, um sie einzupacken. Er fand, daß an der Ausstoßöffnung jeder Kamera ein Bild herunterhing. Ein weiteres Bild fand er am Boden unter der rechten Kamera. Er nahm die Kamera und die Bilder mit. Die Markierungsrohre ließ er am Strand und fuhr schnell heim. Er schaute in das Zimmer seiner Tochter und sah, daß sie friedlich schlief. Dann saß er wachend vor ihrem Zimmer, bis etwa 6.00 Uhr früh.

Nach Tagesanbruch schlief er bis zum späten Morgen. Als er aufstand, tat ihm alles weh. Er ging ins Badezimmer, um sich den widerlichen Geruch von den Händen zu waschen und sich zu rasieren. Er stellte fest, daß er den Gestank nicht ganz los wurde. Dann bemerkte er eine Stelle auf seiner Stirn, über der Nase. Danach bemerkte er rötliche Flecken an seinen Schläfen und eine Beule am Hinterkopf.

Im Gespräch mit mir wies er darauf hin, daß er noch immer das faulig riechende Zeug unter seinen Nägeln hatte. Ich schlug ihm vor, es zur Analyse in einen verschließbaren Behälter zu kratzen. Weiter schlug ich vor, er solle versuchen, das lokale Untersuchungsteam zur weiteren Dokumentation zu erreichen. Er wollte sich aber an jenem Tag eigentlich mit niemandem in Verbindung setzen.

Am Ende des Gesprächs war Ed wieder mehr oder minder normal in seiner Sprechweise. Am Anfang fiel ihm das Sprechen schwer. Später klang er ziemlich aufgewühlt und weinte sogar, als er darauf hinwies, er hätte die Videokamera nicht bei sich gehabt, weil Frances sie mitgenommen hatte. Er wurde sehr emotional, als er sich bei mir beklagte, daß einige Leute ihn einen Schwindler nannten, während er all diese grauenhaften Dinge durchmachte. Die Möglichkeit, über die Einzelheiten der Ereignisse zu sprechen, schien ihn aus seinem deprimierten Gemütszustand herauszubringen. Am Ende unseres Gesprächs war er entspannter.

Während des Gesprächs beschrieb Ed mir die Fotos, die er aufgenommen hatte. Zwei davon zeigten die UFOs, und eines nur einen weißlichen Flecken. Er hatte daraus geschlossen, das Foto, das noch aus der rechten Kamera heraushing, als er am Strand aufwachte, sei das mit dem Fleck (das erste Foto war zu Boden gefallen, als die Kamera das zweite ausstieß). Weiter hatte er gefolgert, daß er das zweite Foto unabsichtlich gemacht haben mußte, denn kurz bevor er fiel, hatte er die rechte Hand am Auslöser gehabt und die linke am Hebel des Stativs. Bevor er auflegte, sagte er, er werde sie mir sofort zur Analyse schicken. Mehrere Tage später kamen die Fotos vom 1. Mai, und ich sah sie mir unter einer Lupe an (Fotos Nr. 38L, 38R, 39R). Ich war verblüfft, als ich das Objekt vom Typ 26. Februar zum erstenmal sah, weil es so geometrisch aussah. Das andere Objekt war der Typ, den er schon oft mit seiner alten Polaroid-Kamera aufgenommen hatte. Ich wußte nicht, was den weißen Fleck auf Bild Nr. 39R verursacht hatte. Ich wußte nur, daß es kein Defekt am Film war.

Anfang Mai 1988

Ich begann sofort, die Bilder auszumessen, um die Entfernungen zu den UFOs zu berechnen. Ich benutzte ein bewegliches Okular-Mikrometer, ein Meßgerät für kleinste Entfernungen (Millionstelmeter), um die Stellung der UFOs und der Lichter einer entfernten Brücke auszumessen. Die Lichter der Brücke waren in einer bekannten Entfernung zum Standort der Kamera. Anhand dieser Bilder konnte ich die SRS-Kamera für eine genaue Entfernungsmessung justieren. Ich errechnete, daß das Objekt mit dem Ring auf der Unterseite etwa 145 Meter entfernt war, und etwa 45 Meter über dem Wasser des Santa Rosa Sound. Die Höhe des UFOs vom Ring an der Unterseite bis zum Licht an der Oberseite betrug etwa 4,50 Meter. Der Durchmesser des Ringes betrug ebenfalls 4,50 Meter. Die größte Breite durch den Mittelteil hindurch konnte ich jedoch nicht berechnen, denn der Mittelteil war nicht sichtbar. Wenn er aber aussah wie beim UFO auf dem Straßenbild, dann wäre er rund 7,50 Meter breit. Das andere UFO vom »Typ Nimslo« war nur etwa 40 Meter entfernt, bei einer Höhe von etwa sechs Metern. Seine maximale Länge vom senkrechten »Schwanz« links bis zum rechten Ende der waagrechten Linie betrug nur etwa 80 Zentimeter.
Die Kleinheit dieses zweiten UFOs war unerwartet, aber nicht völlig überraschend. Es gibt zahlreiche Berichte von kleinen

UFOs, die über 40 Jahre zurückreichen. Natürlich ist 80 Zentimeter auch eine »Schwindelgröße«, aber in diesem Fall wäre es wenig sinnvoll gewesen, zu behaupten, er hätte ein 80 Zentimeter großes Modell in 40 Meter Entfernung und sechs Meter Höhe und ein Modell von sieben Meter Durchmesser in 145 Meter Entfernung und 45 Meter Höhe aufgehängt. Ich kam zu dem Schluß, wenn dies Schwindelfotos waren, dann mußten sie mit kleinen, beweglichen Modellen gemacht werden, um die Fähigkeit der Kamera zur Messung der Parallaxe zu unterlaufen.

Etwa zur gleichen Zeit wie die Fotos vom 1. Mai erhielt ich auch einen Satz Testfotos von der Nimslo-Kamera von Tom Deuley. Jetzt konnte ich die Analyse der Stereofotos vom 26. Februar abschließen. Ich brauchte viele Stunden geduldiger Arbeit mit einem fahrbaren Mikroskop, um die nötigen Messungen durchzuführen, aber schließlich gelang es mir, die Kamera so zu justieren, daß man mit ihr Entfernungen messen konnte. Ich fand, daß das UFO, das Ed mit der Nimslo-Kamera fotografiert hatte, irgendwo zwischen 12 und 20 Meter entfernt und daher zwischen 80 Zentimeter und 1,20 Meter lang sein konnte.

Als ich meine Berechnungen abschloß, fiel mir die Übereinstimmung zwischen der anhand der Nimslo-Kamera errechneten Mindestgröße von 80 Zentimetern und derselben Länge auf, die ich für das kleinere UFO vom 1. Mai errechnet hatte.

Eine weitere Übereinstimmung betraf die geschätzte Mindestentfernung zu dem UFO vom 26. Februar. Ed hatte gesagt, das UFO sei hinter einem Baumwipfel vorbeigegangen. Auf meine Bitte hin hatten er und Donald Ware die Entfernung und Höhe dieses Baumes gemessen. Dann errechnete ich, daß der Wipfel knapp zwölf Meter von der Kamera entfernt war. Also konnte der Mindestabstand zu dem Objekt so gering wie die zwölf Meter sein, die die Nimslo-Bilder ergeben hatten, aber nicht viel kürzer.

Eds Behauptung, das UFO sei hinter einem Baum vorbeigegan-

gen, paßt auch zu den Nimslo-Bildern. Diese Bilder weisen kleine Lichtpunkte und -haufen auf, als wenn etwas (der Baumwipfel) den Blick auf das UFO teilweise verdeckte.
Die kurze Entfernung, die ich errechnete, widersprach Eds damaliger Angabe, das UFO sei weit weg gewesen (Frances hatte jedoch den Eindruck gehabt, es sei nicht sehr weit weg und deshalb nicht groß). Wenn dies ein Schwindel war, hätte Ed natürlich gewußt, daß das Modell in der Nähe war. Daß er behauptete, es sei sehr weit entfernt und deshalb sehr groß gewesen, bedeutete, wenn es ein Schwindel war, daß er nichts von der Eignung der Nimslo-Kamera zur Entfernungsmessung wußte. Dies paßt zu seiner schmalen Kenntnis der Fotografie.
Je länger ich darüber nachdachte, desto mehr beeindruckte mich die Übereinstimmung in der errechneten Größe des kleineren UFOs. Ich versuchte herauszufinden, was man tun müßte, um sowohl die Nimslo-Bilder als auch die Bilder vom 1. Mai zu fälschen. Ich begann zu begreifen, welches extreme Maß an fotografischer Meisterschaft dazu gehören würde. Zwar könnten die Nimslo-Bilder, die keinen Hintergrund zeigen, im Prinzip mit einem 80 Zentimeter großen Modell in zwölf Meter Entfernung gemacht sein. Es hätte ein Modell von besonderer Form sein müssen, geschickt ausgeleuchtet, so daß seine Lichtmuster auf jedem Bild etwas anders wären. Andererseits zeigt das Bild vom 1. Mai eindeutig ein UFO desselben Typs, könnte aber nicht mit einem Modell derselben Größe gemacht worden sein. Das Modell könnte nicht dieselbe Größe haben, denn sonst hätte Ed es fertigbringen müssen, es in großer Höhe, über Wasser und in mehr als 40 Meter Entfernung (aber nicht über 60 Meter, um die UFO-Größe nicht zu überschreiten, die die Nimslo-Bilder ergeben) aufzuhängen. Dies ist mit entsprechender Ausrüstung, technischem Können und wohl ein oder zwei Komplizen natürlich machbar, aber für Ed hielt ich es unter den gegebenen Umständen für unmöglich. Ein vernünftigerer Schwindler würde ein kleines, bewegliches Modell benutzen,

um mit der oben beschriebenen Methode die Entfernungsmessung der SRS-Kamera zu täuschen. Nach einigem Nachdenken wurde mir aber klar, wie schwierig das wäre. Um die Fotos vom 1. Mai in Übereinstimmung mit den Nimslo-Bildern zu bringen, müßte Ed zuerst die Größe des kleinen Modells berechnen, das er in einer kurzen Entfernung von der SRS-Kamera aufbauen würde, um die Übereinstimmung mit der Größenordnung von 80 Zentimeter bis 1,20 Meter zu sichern. Dann müßte er genau berechnen, wie weit er das kleine Modell zwischen den Aufnahmen bewegen mußte, um eine Parallaxe von 40 bis 60 Meter nachzumachen. Wenn er eine der Berechnungen unterließ, würde er Bilder produzieren, die nicht zu denen vom 26. Februar paßten.
Und als wäre das nicht genug, müßte er dann, um die Bilder vom 1. Mai zu fälschen, das UFO-Modell vom anderen Typ innerhalb des Gesichtsfeldes anbringen und einen Weg finden, damit auch dieses groß und weit entfernt aussah.
Als ich begriff, wie schwer es wäre, die Fotos vom 1. Mai und die Nimslo-Fotos auf konsistente Weise zu fälschen, wurde mir langsam klar, daß dies tatsächlich der letzte Strohhalm war. Ich mußte ehrlich mit mir selber sein: Ich hatte keinen Beweis gefunden, daß Eds Beobachtungen ein Schwindel waren. Deshalb war mein vorläufiger Schluß, daß Ed und seine Familie die Wahrheit sagten: Die Sichtungen waren echt. Ich erzählte aber niemandem von meinem vorläufigen Schluß, denn ich hielt es noch immer für möglich, daß bei der Untersuchung ein überzeugender Beweis für einen Schwindel entdeckt würde.

Juni 1988 – Das MUFON-Symposion

Auf dem MUFON-Symposion am 26. Juni hielt ich mein Referat. Ich behandelte Eds Sichtungen detailliert und stellte auch die Geschichte der anderen Sichtungen und Ereignisse vom

11. November bis zum 1. Mai einigermaßen vollständig dar. Meine Schlußfolgerung gab ich nicht bekannt. Statt dessen sagte ich, daß ich keinen überzeugenden Beweis für einen Schwindel finden konnte. Ich wies auch darauf hin, daß es bei Eds Sichtungen und Fotos – ganz zu schweigen von den Sichtungen anderer Leute in der Gegend – viele Details gab, die einen Schwindel sehr schwer vorstellbar machten.
Mein Referat wurde in einer Atmosphäre der Kontroverse gehalten. Fragen aus dem Publikum bewirkten, daß die Gulf-Breeze-Sitzung der Konferenz bis nach Mitternacht dauerte. Ich hatte die schwierige Aufgabe, die Fragen zu beantworten, ohne eine der UFO-Untersuchungsgruppen vor den Kopf zu stoßen, von denen eine öffentlich behauptet hatte, die Sichtungen seien wahrscheinlich ein Schwindel.

Juli 1988

Nachdem die Konferenz vorbei war, wurden verschiedene Aspekte der Sichtungen weiter untersucht. Mehrere Leute halfen mir bei der herkömmlichen wie der computergestützten Fotoanalyse. Das Ziel war, zu bestimmen, ob ein Foto mit Sicherheit als Fälschung bezeichnet werden konnte. Ein solches Ergebnis konnte nur erzielt werden, wenn etwas wie ein Aufhängeseil, eine mechanische Stütze, eine seltsame Spiegelung oder irgend etwas anderes aus der fotografischen Trickkiste an den Bildern entdeckt wurde. Es wurde kein überzeugender Hinweis auf einen solchen Trick gefunden.

August 1988

Ich begann eine Analyse des Videobandes vom 28. Dezember. Ein Videoband kann wie ein Film nur mit größter Schwierigkeit gefälscht werden. Der Grund ist, daß das UFO nicht nur echt aussehen muß – es muß sich auch in einer Weise verhalten, wie man es von einem Fahrzeug, das sich selbst bewegt, erwartet. Ich habe Filme von Objekten gesehen, die angeblich UFOs sein sollten, sich aber nicht wie selbstbewegende Fahrzeuge verhielten. Sie schwingen hin und her und wackeln bei der Bewegung. Der Grund für das Schwingen und Wackeln anstelle von einfacher, geradliniger Bewegung ist, daß sie an einem Faden oder Seil hängen (manchmal ist die Aufhängung sichtbar). Ich wollte sehr sorgfältig nach Hinweisen dafür suchen, daß das UFO auf Eds Videoband sich nicht selbst bewegte.

Eds Video wurde bei Dunkelheit aufgenommen. Im Vordergrund ist ein Busch, schwach beleuchtet von den Terrassenlampen, die hinter Ed waren, als er nach Osten zu dem großen Feld schaute. Er sagte, er habe sich hinter dem Busch »versteckt«, um von dem UFO nicht gesehen zu werden. Schwach sichtbar sind ein Windschutzbrett an der Südseite seines Schwimmbeckens, Straßenlampen und Sicherheitslampen um die Schulgebäude am anderen Ende des Feldes. Mit diesen Dingen als Bezugspunkten läßt sich ermitteln, wohin die Kamera beim Hauptteil des Videobandes gerichtet war.

Das UFO war insgesamt etwa 90 Sekunden sichtbar. Während der ersten 47 Sekunden bewegte es sich generell von rechts nach links, mit mehreren Pausen und Kehrtwendungen. In den letzten 47 Sekunden bewegte es sich generell zurück nach rechts, wieder mit Pausen und Kehrtwendungen. Am Ende dieser Zeit verschwand es einfach in einem Bild (zwei Rasterfelder der Fernseh-Abtastung, eine Dreißigstelsekunde).

In den ersten paar Sekunden des Bandes war das UFO am größten abgebildet und bewegte sich zur Rückseite des äußersten rechten Windschutzbrettes. Nach etwa 45 Sekunden Videoband war es ganz links, und das Bild war am kleinsten. Dann ging es auf die Rückseite eines Baumes, der etwa 15 Meter von der Kamera entfernt stand. Ed stellte die Kamera etwa eine

Minute lang ab, nachdem er es aus den Augen verloren hatte, als es hinter den Baum ging.

Auf dem ersten Teil des Bandes ist das UFO recht deutlich, besonders in den ersten rund 20 Sekunden. Man kann leicht sehen, daß es dieselbe Art Objekt ist wie auf Eds »Straßenbild«. Das Oberlicht ist schwach, und das Licht des »Ringes« an der Unterseite, das als kurze, dünne, waagerechte Linie erscheint, ist recht hell. Die Helligkeit jedes Lichtes fluktuiert auf scheinbar willkürliche Weise, in einer Geschwindigkeit, die mit der der Fernsehabtastung vergleichbar ist. Der Mittelteil (Hauptteil) des UFOs ist auf der ersten Hälfte des Videos gut sichtbar. Das Oberlicht war nicht genau über der Mitte des Unterlichtes. Statt dessen war es links von der Mitte, als neige sich das UFO leicht nach links. Diese Neigung blieb konstant, als es sich hin und her bewegte. Der Hauptteil sieht aus, als sei er in schneller Rotation, während das UFO fliegt. Dies scheint aber kein echter Effekt zu sein, sondern ein Effekt der Fernsehabtastung, kombiniert mit dem elektronischen Geräusch auf dem schwachen Bild.

Die Winkelhöhe des UFOs betrug in der größten Nähe 0,018 Einheitswinkel; das entspricht rund 55 Zentimetern, wenn es 30 Meter entfernt wäre, oder rund 2,10 Meter, wenn es 120 Meter entfernt wäre. In der größten Entfernung, am linken Ende seiner Bewegung, betrug die Winkelgröße etwa 0,011 Einheitswinkel. Dies bedeutet, es war ganz links etwa 1,6mal weiter entfernt als ganz rechts.

Im zweiten Teil des Videobandes waren nur das Oberlicht und der untere Ring sichtbar. Der Mittelteil war völlig unsichtbar, was darauf schließen läßt, daß das Leuchten am Mittelteil abgestellt werden kann. Wie in der ersten Hälfte des Videobandes war das Oberlicht nicht genau über der Mitte des Lichtringes an der Unterseite. Diesmal war es jedoch rechts von der Mitte. Diese leichte Neigung veränderte sich nicht, während das UFO sich hin und her bewegte. Die Winkelhöhe des UFOs betrug am Anfang der zweiten Hälfte, als es noch ganz links war, etwa 0,015 Einheitswinkel. Das ist größer als am Ende der ersten Hälfte; es war also näher gekommen, während es nicht zu sehen war. Kurz bevor es verschwand, betrug die Winkelhöhe wieder um 0,016 Einheitswinkel.

Die Videokamera hat schwache Laute aufgezeichnet, zum Beispiel das Rascheln der Blätter in der Nähe und sogar das Pfeifen eines fernen Zuges. Es gibt aber keine Geräusche von dem Objekt, soweit ich und andere feststellen konnten.

Die Bewegung des Objekts bei und nach den Kehrtwendungen war von besonderem Interesse, denn gerade dann wäre ein Pendeln, wie es für ein kleines, aufgehängtes Modell typisch ist, am besten zu bemerken. Ich suchte sorgfältig, konnte aber keine Pendelbewegung oder Neigung des UFOs sehen, wenn ich das Video bei Normalgeschwindigkeit oder in Zeitlupe abspielte. Dies ließ mich vermuten, daß keine Pendelbewegungen vorhanden waren, aber um sicherzugehen, fertigte ich für einen Teil des Videobandes einen Graph an, bei dem die horizontale Stellung des UFOs eine Funktion der Zeit ist. Der Graph deckte etwa 14 Sekunden ab (320 Videobilder bei 30 Bildern pro Sekunde) und umfaßte einen Zeitraum, in dem das Objekt still stand, Zeiten stetiger Bewegung und der Kehrtwendung. Ich suchte nach einer verräterischen Schwankung auf dem Graph, die ich beim bloßen Ansehen des Videos nicht sehen konnte. Ich konnte keine finden. Statt dessen beschleunigte und verlangsamte das UFO seine Bewegung kontinuierlich. Ein paarmal änderte es seine Bewegungsart recht abrupt, aber es gab keine kleinen Schwingungen. Ich hatte mir vorgestellt, wenn es ein Schwindel wäre, könnte das UFO ein kleines Modell sein, das unter einer Konstruktion aus einer Rolle und einem waagerechten Seil hing, wie sie oft bei Wäscheleinen verwendet wird. Da keine Schwingungen zu entdecken waren, wurde diese Hypothese unannehmbar.

Wäre das UFO ein Modell, so würde man erwarten, daß es

nicht nur nach rechts und links pendelt, sondern auch auf und ab schwingt oder sich vorwärts und rückwärts neigt. Da Ober- und Unterseite sichtbar sind, wäre dieses Auf- und Abschwingen sichtbar, denn dann würde das Oberlicht sich im Verhältnis zum Unterlicht leicht nach rechts und links bewegen. Ich bin jedoch nach häufigem, sorgsamem Betrachten des Films zu dem Schluß gekommen, daß das UFO nicht auf und ab schwingt. Dies ist noch ein Grund, um die Hypothese vom hängenden Modell abzuweisen.
Ein weiterer Grund ist, daß die hypothetische Seilrollen-Aufhängung oder jedes andere Mittel, um das UFO-Modell zu transportieren, in der Lage sein müßte, eine abfallende Flugbahn über eine Entfernung von 12 Metern oder mehr ohne Auf- und Abschwankungen einzuhalten. Eine Seilrollenkonstruktion mit straffem Seil könnte das leisten. Jede unsanfte Bewegung, wie eine plötzliche Kehrtwende sie verursachen würde, brächte das waagerechte Seil in eine Schwingung nach oben und unten. Obwohl das UFO mehrfach seine Höhe änderte, zeigte es keine Schwingungen nach oben und unten.
Ich habe zwei andere Methoden untersucht, die angewandt werden könnten, um ein Videoband zu fälschen. Die eine ist, ein Modell auf eine Schiene zu setzen, die andere, es von einer Person hin- und hertragen zu lassen. Für die erste müßte man ein großes Gerüst bauen, um die Schiene zu tragen. Das wäre eine Menge Arbeit und würde von Eds Nachbarn leicht bemerkt. Die zweite wäre leicht an den ungleichmäßigen Bewegungen des UFOs beim Hin- und Hertragen zu erkennen.
Ich halte die obigen Argumente, die physikalischen und fotografischen Daten für stichhaltig, die Behauptung, das Videoband sei ein Schwindel, abzuweisen. Eine weitere, nicht physikalische, aber trotzdem wichtige Tatsache ist, daß man bei jedem Schwindelszenario einen Komplizen voraussetzen muß. Die Videokamera war nicht feststehend; Ed bewegte sie und ging dem UFO nach. Schließt man irgendeinen äußerst schwie-

rigen Fernsteuerungsmechanismus aus, so hätte Ed einen Komplizen gebraucht, um das UFO zu bewegen. Eine solche Person ist auch nicht entdeckt worden.

September 1988

Ich flog ein zweites Mal nach Gulf Breeze und blieb zwei Tage bei Ed und Frances. Wir stellten eine ihrer Sichtungen nach und sprachen über einige der anderen Zeugen, die ihrerseits Sichtungen gemacht hatten. Ich sprach auch mit Dr. Dan Overlade, einem klinischen Psychologen, der mit Ed gearbeitet hatte, um herauszufinden, was während der Zeit am 1. Mai geschah, an die Ed sich nicht erinnert. Bevor Dr. Overlade Ed in Hypnose versetzte, führte er allerdings einige gängige psychologische Tests mit ihm durch (Revidierte Erwachsenen-Intelligenzskala nach Wechsler, das Minnesota-Multiphasen-Persönlichkeitsinventar, den Thematischen Apperzeptionstest, den »Zeichne einen Menschen«-Test und den »Tintenklecks«-Test nach Rorschach). Dies war ein Versuch, festzustellen, ob er irgendwelche ungewöhnlichen Merkmale oder Charakterzüge hatte oder nicht. Die Testergebnisse zeigten keine Hinweise auf psychische Krankheiten. Mit anderen Worten, Ed wurde nach den geltenden Kriterien für normal befunden.

Nach den Persönlichkeitstest brachte Dr. Overlade Ed unter Hypnose zum Zeitpunkt des »Blackouts« zurück. Da erzählte Ed von einer Entführung durch mehrere Wesen, die ihn an Bord eines UFOs nahmen, wahrscheinlich desselben, das er gerade über seinem Kopf gesehen hatte, als er zu Boden fiel. In mehreren Hypnosesitzungen, die insgesamt an die zehn Stunden dauerten, hat Ed im Sommer von vier weiteren Entführungserlebnissen erzählt; beim ersten war er elf Jahre alt. Außerdem erwiesen sich die drei »merkwürdigen Begebenheiten«, an die er sich bewußt erinnerte, als Entführungen. Die Geschichten, die er unter Hypnose erzählte, sind denen recht ähnlich, die Budd Hopkins, Dr. David Jacobs und andere Entführungsforscher gehört haben; einige spezifischen Einzelheiten stimmen sehr weitgehend oder ganz genau mit veröffentlichten und unveröffentlichten Entführungsberichten überein. Einige Wochen später führte ich ein langes Gespräch mit Harvey McLaughlin, der im Februar die beiden Lügendetektortests durchgeführt hatte. Ich hörte, daß Herr McLaughlin in bezug auf Eds Geschichten skeptisch war, aber keinen Hinweis gefunden hatte, daß Ed eine »soziopathische« Persönlichkeit hätte, also nicht der Typ sei, der gewissermaßen Dichtung und Wahrheit nicht auseinanderhalten kann und deshalb den elektronischen Teil der Prüfung besteht. Ein solcher Mensch kann einen erfahrenen Prüfer jedoch nicht leicht hereinlegen. Weiter sagte mir Herr McLaughlin, daß er an Ed während der zweistündigen Prüfung keine physiologischen Veränderungen gesehen hatte; demnach stand Ed seiner Meinung nach nicht unter Drogen, als er den Test machte. Zusammenfassend sagte Herr McLaughlin, Ed glaube wirklich, was er sagt. Dr. Overlade hatte dieselbe Meinung geäußert.

Zusammenfassung

Ende 1988 war meine Untersuchung zum größten Teil abgeschlossen. Ich hatte alle Fotos und die komplette Geschichte der Sichtungen von Ed und anderen Bewohnern von Gulf Breeze untersucht, ich hatte das Videoband analysiert, und ich hatte mit allen gesprochen, die mit der Untersuchung vor Ort befaßt waren. Ich hatte mit etlichen Kritikern von Eds Beobachtungen korrespondiert und ihre Kritikpunkte beantwortet. Jetzt war es Zeit für eine abschließende Meinung.

Beim Überdenken der Situation habe ich viele Faktoren berücksichtigt, von denen die wichtigsten im folgenden zusammengefaßt sind:

1.
Ed hat viele Fotos produziert, für die eine Menge Zeit und erhebliches technisches Können erforderlich gewesen wäre; einige unter ihnen, wie die Fotos vom 17. und 20. März, besonders auch die SRS-Bilder vom 1. Mai, wären selbst für Berufsfotografen sehr schwierig. Das am 18. Dezember aufgenommene Videoband würde ein Gestell oder einen Mechanismus von erheblicher Raffinesse erfordern, um ein hypothetisches UFO-Modell so zu bewegen, wie es auf dem Band zu sehen ist. All dies fotografische Beweismaterial könnte wohl von jemandem gefälscht worden sein, der sehr viel Können und Freizeit hat, aber ich habe keine Anzeichen gefunden, daß Ed die Fähigkeit oder die Zeit hatte.
Ed ist nicht der einzige in seiner Familie, der berichtet, daß er in seinem Garten Fotos aufgenommen hat. Wäre er der einzige, wäre ich äußerst argwöhnisch. Die anderen Familienmitglieder haben jedoch ebenfalls bezeugt, sie hätten das UFO gesehen, und sie hätten gesehen, wie Ed es fotografierte oder filmte. Sie sahen das UFO zum Beispiel, als er es am 28. Dezember auf Video aufnahm. Frances hat sogar berichtet, daß sie in Anwesenheit ihres Mannes und ihrer Tochter zwei von den Fotos aufgenommen hat.
Ed hatte keine Möglichkeit, seine Familie erfolgreich zu täuschen. Deshalb muß man wählen zwischen dem Schluß, daß die ganze Familie an dem Fotoschwindel beteiligt ist, und dem Schluß, daß die Fotos echt sind.

2.
Es gab viele Sichtungen mit mehreren Zeugen, ohne daß Fotos entstanden sind. Frances war an mehreren solchen Sichtungen

ohne Fotos beteiligt. Sie sah zum Beispiel das Wesen außerhalb des Schlafzimmers, sie sah das UFO am 27. Dezember, als Patrick Hanks zu Besuch kam, und sie war dabei, als sie das UFO am 21. April über sich hinwegfliegen sahen. Auch Patrick sah es. Also bestätigen zwei Zeugen, von denen einer kein Familienmitglied ist, die Sichtung, ohne daß Ed fotografierte.

3.
Die Geschichte der Sichtungen, die Ed und Frances erzählen, ist reich an Einzelheiten. Die Geschichte und die Fotos ergeben ein schlüssiges Ganzes, das die Fähigkeiten eines Hollywood-Drehbuchautors strapazieren würde. Die Komplexität macht einen Schwindel weniger wahrscheinlich, als wenn die Geschichte einfach und daher leicht zu erinnern (auswendig zu lernen) wäre.

4.
Ed ist ein recht wohlhabender Mann. Er und seine Familie leben seit einer Reihe von Jahren in einem Stil, der zu einem mehr als durchschnittlichen Einkommen paßt. Er ist ein Mann, der gewiß ohne UFOs völlig glücklich mit seinem täglichen Leben ist. Er ist angesehen in seiner Gemeinde. Ich kann mir nicht vorstellen, daß er auch nur erwägen könnte, einen UFO-Schwindel aufzuziehen. Aber angenommen, das wäre der Fall, so kann ich mir nicht vorstellen, daß er das Risiko eingehen würde, dabei erwischt zu werden und sein Ansehen in der Gemeinde zu verlieren. Außerdem würde man erwarten, daß besonders seine Frau besorgt wäre, ein Schwindel könnte schädliche Folgen für ihr Leben haben, und sich seinen Versuchen, einen Schwindel durchzuziehen, widersetzen würde. Sie hat in der Tat deutlich gemacht, daß die Sichtungen ihr große Sorgen machten, aber es gibt keine Anzeichen, daß sie ihrem Mann die Schuld für die Folgen der Sichtungen gibt. Sie bestätigt sogar Eds Behauptungen.

War all dies ein simpler Versuch, mit dem Verkauf einer UFO-Geschichte das »schnelle Geld« zu machen? Wohl kaum. Daß Ed am Anfang einen großen Geldbetrag nicht annahm, zeigt seine Abneigung dagegen, die Geschichte publik zu machen. Ed hat echte Sorgen geäußert, daß eine rückhaltlose Öffentlichmachung seinem Lebensstandard schaden könnte. Aus diesem Grund bat er die Reporter und Forscher, seinen Namen vertraulich zu behandeln. Mir scheint, er hatte durch die Veröffentlichung seiner Geschichte mehr zu verlieren als zu gewinnen.

5.
Man würde erwarten, daß ein Schwindler sich Versuchen widersetzt, seinen Schwindel zu entlarven. Ed aber hat mit der Untersuchung zusammengearbeitet. Er hat mir und den anderen Beauftragten Informationen zur Verfügung gestellt, die seinem Fall schaden konnten, wenn alles ein Schwindel war. Er hat auf Bitten hin die Kameras gewechselt und mir zahlreiche Messungen zur Verfügung gestellt, die ich zur Analyse der Fotos benötigte. In vielen Fällen habe ich nicht offengelegt, warum ich bestimmte Informationen haben wollte. Würde ein Schwindler riskieren, schädliche Indizien preiszugeben, wenn er die Informationen lieferte? Wohl kaum. Ed hat sein Haus durchsuchen lassen. Er hat keinen Keller, kein Fotostudio, nicht einmal Bücher über Fotografie (soweit ich gesehen habe). Er hat gestattet, daß sein persönlicher Hintergrund untersucht wurde. Wäre ein Schwindler so kooperativ?

6.
Der merkwürdige Kreis auf dem Feld hinter Eds Haus, in dessen Nähe er zahlreiche Beobachtungen machte, ist ein materielles Indiz, daß etwas Ungewöhnliches geschehen ist; trotzdem sagte Ed, er habe tatsächlich nie ein UFO direkt über diesem Ring gesehen. Man würde erwarten, daß er, wäre er ein Schwindler, dieses materielle Indiz nutzen würde, um seine

Geschichte zu untermauern – ob er es selbst fabriziert hätte oder nicht.

Eds Abneigung dagegen, potentiell hilfreiches Beweismaterial zu nutzen, wenn er dachte, es habe nicht wirklich mit einer Sichtung zu tun, ist ein Beleg für seinen Wunsch, das Geschehene genau zu beschreiben. Dieser Wunsch zeigte sich im Zusammenhang mit dem Kreis auf dem Feld, besonders aber, als er das Untersuchungsteam nicht auf die tiefen Reifenspuren am Straßenrand hinwies, wo das Ereignis vom 19. Januar stattgefunden hatte (Straße 191-B). Er hätte auf diese sehr deutlichen Reifenspuren zeigen können, um seine Behauptung zu untermauern, daß er so schnell wie möglich fortgefahren war, um den näher kommenden Fremden zu entgehen. Statt dessen zeigte er auf viel weniger deutliche, weniger überzeugende Reifenspuren, die etwa sechs Meter von den anderen entfernt waren. Die spätere Analyse des Fotos ergab, daß er recht gehabt hatte: Die tiefen Spuren waren auf einem weiter entfernten Teil der Straße, um von seinem Lieferwagen zu stammen.

7.

Auf den Vorschlag von Budd Hopkins hin unterzog Ed sich einem Lügendetektortest. Er wurde tatsächlich im Abstand von etwa einer Woche zweimal getestet. Der zweite Test kam überraschend für Ed. Er bestand beide. Der Prüfer sagte, seiner Meinung nach glaube Ed, was er sagte. Er wurde auch einem Test für Psychologischen Streß (PSE) unterzogen. Der PSE-Analytiker fand keine Anzeichen für Streß, als Ed Einzelheiten seiner Sichtungen erzählte. Diese Ergebnisse könnte man erklären, wenn Ed ein pathologischer Lügner (ein »Soziopath«) wäre, der Dichtung und Wahrheit nicht auseinanderhalten könnte. Solche Tendenzen hat allerdings niemand an Ed bemerkt, auch nicht ein klinischer Psychologe, der viele Stunden mit Ed gearbeitet und eine Reihe von Persönlichkeitstests an ihm durchgeführt hat. Die Bedingungen, unter denen die Lügendetektortests durchgeführt wurden, schlossen die Anwendung von Drogen zur Manipulation des Tests aus.

8.
Würde Ed allein von Sichtungen berichten, so wäre ich äußerst argwöhnisch, daß es, trotz aller eben genannten Argumente, ein Schwindel wäre. Würden Ed und seine Familie allein von Sichtungen berichten, wäre ich immer noch argwöhnisch. Ed und seine Familie waren aber nicht die einzigen in der Gemeinde, die innerhalb desselben Zeitraumes wie er von UFO-Sichtungen berichteten. Einige der anderen Sichtungen wurden im voranstehenden Text beschrieben, und einige in größerem Detail im Anhang. Eine vorsichtige Schätzung aufgrund veröffentlichter Sichtungen ergibt, daß weit über 100 Menschen in Gulf Breeze und Umgebung zwischen dem 11. November und Mitte April UFOs gesehen haben. Etliche unter den anderen Sichtungen wurden am selben Tag gemacht wie Eds. Besonders interessant sind die Berichte von Sichtungen am 11. November. Jahrelang war in der Gegend sehr wenig von Sichtungen verlautet, und dann, an diesem Tag, gab es sieben oder acht Sichtungen neben der von Ed. Eine dieser Sichtungen fand bei Tageslicht statt (Jeff Thompson), und bei einer wurde ein bläulicher Strahl beobachtet, der herunterkam (Frau Billie Zammit). Eine von ihnen geschah nur Minuten vor Eds Sichtung (Charlie und Dori Somerby).

Andere Daten, an denen Ed und andere Leute ein UFO sahen, waren der 2. Dezember, der 26. Februar, der 17. und der 20. März. Die Zeitung erhielt neben Eds Fotos auch Aufnahmen zweier anonymer Fotografen. Die Bilder zeigen, daß sie das gleiche fotografiert haben wie Ed.
Duane Cook hat das UFO nicht gesehen, war aber dabei, als Ed schwerem Streß unterworfen wurde, und er sah zu, wie sich das Foto vom 24. Januar entwickelte.

Die Existenz dieser zahlreichen anderen Zeugen, die angeben, in dieser Gegend UFOs gesehen zu haben, zum großen Teil sogar dieselben, die in den lokalen Medien gezeigt wurden, legt nahe, daß entweder etwas Wirkliches herumgeflogen ist, oder aber viele Leute in der Gegend mit Ed unter einer Decke steckten. Träfe das letztere zu, so würde man erwarten, daß sich inzwischen jemand gemeldet hätte, um gegen Eds Sichtungen auszusagen, besonders im Hinblick auf die lokale Publizität der Möglichkeit, daß Eds Fotos alle zu einem Schwindel gehörten (die erste Stellungnahme einiger UFO-Forscher, die Fotos seien gefälscht, wurde in der zweiten Aprilhälfte 1988 veröffentlicht). Ich finde es unglaubwürdig, anzunehmen, daß zahlreiche Menschen in der Gemeinde, darunter einige der prominentesten Bürger (zum Beispiel der Bezirksanwalt und seine Frau), in einem großangelegten Komplott mit Ed stecken. Bedenkt man die vielen Sichtungen anderer Menschen in Gulf Breeze, so wäre es in der Tat bizarr, Eds Sichtungen als Schwindel abzutun, aber andere, gut bezeugte Sichtungen von derselben Art, die Ed fotografiert hat, zu akzeptieren.

Schluß

Nachdem ich diese Sichtungen über ein Jahr lang »kreuz und quer« untersucht habe, bin ich zu dem Schluß gekommen, daß sie die Existenz von UFOs beweisen. Was aber für den einen ein Beweis ist, ist es nicht unbedingt für den anderen. Was würde Sie überzeugen? Das müssen Sie selbst entscheiden.

Die Untersuchung ist noch nicht abgeschlossen. Ed wurde am 17. Dezember 1987 und noch einmal am 1. Mai 1988 entführt. Zur Zeit wird untersucht, was während dieser und der früheren Entführungen geschehen ist. Bislang sieht es allerdings so aus, als wäre er ein Versuchskaninchen gewesen, an dem die Fremden menschliche Emotionen und Psychologie studieren konnten. Etwas Derartiges unterscheidet sich zwar von dem, was Opfer früherer Entführungen berichten (beispielsweise in *Communion* von Whitley Strieber, *Intruders* von Budd Hopkins und *Transformation* von Whitley Strieber), paßt aber zu der Idee, daß die Fremden möglichst viel über uns lernen wollen. Von UFO-Sichtungen hört man seit Ende der 1940er Jahre. In der Zwischenzeit sind die Berichte von Hunderten ehrlicher Leute ignoriert oder sogar öffentlich bestritten und verhöhnt worden, weil ein völlig überzeugender Beweis fehlte, daß wirklich UFOs durch unsere Atmosphäre fliegen. Jetzt aber liegt der Beweis vor. Jetzt ist es Zeit, die Situation zu überprüfen. Jetzt ist es Zeit, daß wir endlich erfahren, was in den letzten 40 Jahren überall auf der Welt geschehen ist. Und jetzt ist es Zeit, uns darauf vorzubereiten, was die Zukunft für die ganze Menschheit bereithält.

Anhang 2

Kritiker und falsche Beweise

Die aufsehenerregenden Sichtungen in Gulf Breeze wurden von der Öffentlichkeit bemerkenswert ruhig aufgenommen. Es gab einige, die es vorzogen, die Bedeutung der Sichtungen zu ignorieren und sogar deren Möglichkeit zu leugnen. Es kam sehr wenig Spott von seiten derer, die der Meinung sind, daß »das einfach nicht wahr sein kann«.

Allerdings gibt es in solchen Situationen immer ein paar, die sich gezwungen sehen, jeden einzelnen anzugreifen, der bezeugt, ein UFO gesehen zu haben. Der Angriff ist um so gewaltiger, wenn Fotografien die Aussage der Zeugen bekräftigen. Diese hochmotivierten und unerbittlichen Angriffe kommen von Kritikern, die man besser als »Entlarver« bezeichnet.

Für die Sichtungen in Gulf Breeze gab es Hunderte von Zeugen und eine Reihe fotografischer Beweise. Deshalb war Gulf Breeze ein unumgängliches Ziel für diese »Entlarver«. Ohne irgendwelche dieser emotionalen Gegner zu nennen, muß ich wenigstens einige ihrer Anstrengungen darstellen.

Das geläufigste Verfahren ist eine Benachrichtigung zumeist der örtlichen Fernsehsender und Zeitungen. Das Ziel ist dabei, die Sichtungen so schnell wie möglich wegzuerklären und jede längere Aufmerksamkeit der lokalen Medien zu unterbinden. Der »Entlarver« schreibt eine äußerst schlichte

Erklärung unter einer pompös aufgemachten Überschrift, in der er sich als Experte ausgibt und behauptet, das, was die Leute sahen, sei in Wirklichkeit nur ein »Flugzeug hinter einer Wolke«, »ein Meteor« oder »ein Hubschrauber« oder anderes gewesen. Jedem anderen als dem UFO-Zeugen wird das vernünftig und glaubwürdiger erscheinen als UFOs, so daß der Fall damit erledigt ist; der »Entlarver« hat gewonnen.

In Gulf Breeze jedoch hatten diese »Entlarver« es mit Hunderten von Zeugen und Dutzenden von Fotografien von Objekten zu tun, die in nichts einem Flugzeug, Hubschrauber oder Meteor glichen. Dieser Erklärung beraubt, mußten sie sich etwas Neues ausdenken. In solchen Fällen ist die zweitbeste Lösung häufig entweder ein Schwindel oder ein unwahrscheinlich geheimes militärisches Flugzeug. In diesem Fall entschieden die »Entlarver« sich für den Schwindel.

Um die Schwindeltheorie zu stützen, versuchen die »Entlarver« gewöhnlich, die Fotografien in Zweifel zu ziehen. Wenn das nicht funktioniert, stiften sie soviel Verwirrung wie möglich, indem sie den Fotografen angreifen. Es kommt nicht darauf an, wer der Fotograf war. War es der Polizeichef... kein Problem. Man streut einfach das Gerücht aus, er habe seine Frau geschlagen und das sei der Grund der Trennung. Und wenn der Zeuge ein Priester war? Das ist sogar noch einfacher... man verbreitet ein Gerücht über Unkeuschheit. Einen UFO-Fall zu entlarven ist nicht schwierig, denn plötzlich muß der Zeuge, der die Fotografien gemacht hat, sich gegen Gerüchte und Spott zur Wehr setzen. Mit Beweisen halten die »Entlarver« sich nicht auf. Meine UFO-Fotos von Gulf Breeze waren beglaubigt durch Dutzende von anderen Zeugen, Fotografien von fünf verschiedenen Kameras, und ich war ein bekannter Geschäftsmann mit festen Bindungen an die Gemeinde und großem Engagement für ihre Jugend. Mein Haus wurde oft als Treffpunkt für die Aktivitäten der Jugendlichen gewählt. Schwimmbadparties, Schnitzeljagden, Halloween-Feste – jedes Wo-

chenende fanden sich viele Teenager aus der Gegend in meinem Haus ein.
Wie konnte das lächerlich gemacht werden? Für einen »Entlarver« ist das ganz einfach. Man verbreitet, daß die Parties in Wirklichkeit »rituelle Zusammenkünfte« waren, mit den üblichen negativen Implikationen. Sofort war ich suspekt, und der »Entlarver« hatte die Aufmerksamkeit erfolgreich vom UFO abgelenkt.
Glücklicherweise ist es schwierig, das Wahre zu vertuschen, und im Laufe der Zeit kamen bizarre Anstrengungen ans Licht. Ein »Entlarver« fand zum Beispiel heraus, daß ich mit meiner Familie im November 1988 in New York Ferien gemacht hatte. Er ließ sich von einem Fotografen ein Gulf-Breeze-artiges UFO fälschen, das über dem Chrysler-Gebäude schwebte, und verschickte Kopien zusammen mit einer Erklärung, ich hätte das Foto gemacht. Der Berufsfotograf, der die Fotos für den »Entlarver« fabriziert hatte, gab sich zu erkennen, als er von dem Trick erfuhr, und enttarnte den angeblichen Wissenschaftler als den eigentlichen Schwindler, der falsche Beweisstücke verbreitet hatte.
Ich möchte im folgenden die Anstrengungen einiger eifriger »Entlarver« kurz zusammenstellen. Ihre Entlarvungsversuche ergaben mitunter Dutzende von Seiten, zum Teil mit genauesten mathematischen Ausführungen, aber sie enthielten keine Beweise, die die Authentizität der Fotografien widerlegt hätten.

Fotos Nr. 1 bis Nr. 5

- Die Richtung der Fotografie war nachweislich Nordwest. Ein »Entlarver« änderte sie in Südwest. (Die »Entlarver« nehmen immer an, daß ihr Publikum die Einzelheiten nicht kennen wird, so daß sie sie der Schwindel-Theorie anpassen können.)

- Auf dem Videofilm sieht man, daß das UFO sich selbst beleuchtet und – später auf demselben Band – daß die mittlere Partie verdeckt ist. Ein »Entlarver« mißachtete diese Selbstbeleuchtung und behauptete frech: »Es leuchtet offensichtlich nicht« (der »Entlarver« erwartete, daß wir glauben, er wisse, wie UFOs konzipiert sind und wie sie funktionieren. Er bekräftigte sein Wissen über den Aufbau der UFOs mit dem Argument, die Abstände zwischen den »Fenstern« seien beliebig).

- Der Nationale Wetterdienst gab an, daß die Wolken auf diesen Fotos sich in einer Höhe von ungefähr 6000 Meter mit einer Geschwindigkeit von 90 Knoten fortbewegen, was den vierminütigen Zeitraum zwischen den Fotos bestätigt. Ein »Entlarver« verfälschte den Wetterbericht auf Winde von 30 Knoten, so daß er die verstrichene Zeit auf 30 Minuten erhöhen konnte. (Er brauchte mehr Zeit zwischen den Fotos, um seine Schwindeltheorie zu untermauern).

- Auf Foto Nr. 5 sind die Wolken nicht zu sehen und scheinen sich im 90 Knoten schnellen Wind wegbewegt zu haben. Da dem »Entlarver« der Wetterbericht mit 90 Knoten Windgeschwindigkeit unbekannt war, konnte er behaupten, daß die Wolken in seinem getürkten 30-Knoten-Wind zu sehen sein sollten.

- Die Wetterberichte besagen auch, daß der Wind die Wolken von links nach rechts blies. Ein »Entlarver« druckte einen mehrseitigen gegenteiligen Bericht, in dem er seinen Rücktritt anbot für den Fall, daß er sich täuschte. Am nächsten Tag war er gezwungen, zuzugeben, daß er unrecht hatte. Er trat jedoch nicht zurück.

- Die erste Sichtung (Fotos Nr. 1 bis Nr. 5) wurde nachgestellt, um vorzuführen, wie ich die Kamera hielt. Es ergab einen ähnlichen Bildausschnitt. Ein »Entlarver« behauptete, ein Stativ sei verwendet worden.

- Zwei Computeranalysen von Foto Nr. 5 schlossen jeglichen Beweis für eine Haltevorrichtung des Flugobjekts aus, wie ein »Entlarver« sie nachweisen wollte.

Foto Nr. 6

- Der elektrische Trafo auf der Straßenlaterne ist von stumpfem Grau. Ein »Entlarver« behauptete, er sei aus Aluminium und reflektiere deshalb.

- Das Foto zeigt, daß ich mit der Kamera der Richtung des UFOs gefolgt bin; daher ist der Hintergrund leicht unscharf. Ein »Entlarver« sagte, daß er das nicht glaube (er hatte jedoch keinen Beweis außer seiner Meinung).

Foto Nr. 7

- Die Computeranalyse dieses Fotos, die aufgrund der ursprünglichen Fotografie gemacht wurde, bestätigte, daß das UFO hinter dem Baum war und der Baum das UFO verdeckte. Ein »Entlarver« ignorierte diese Analyse.

Foto Nr. 14

- Das UFO schwankte vorwärts und rückwärts, während es schwebte. Ein »Entlarver« argumentierte, daß man den unteren Rand des UFOs nicht sehen sollte. Er überging die Zeugenaussage über das Schwanken des Flugzeugs, die erklärt, warum das geschah.

Foto Nr. 16

● Die Fotos Nr. 16 und Nr. 17 wurden aus mehr als 15 Meter Abstand aufgenommen. Ein »Entlarver« änderte den Ort von Nr. 17 auf denselben wie von Nr. 16. Eine Gruppe von Reportern überprüfte den richtigen Ort und warf später die Seiten voller Mathematik fort, mit denen der »Entlarver« versuchte, sie zu beeindrucken, und sagte: »Dieser Typ kann kein wirklicher Wissenschaftler sein. Selbst wir können erkennen, daß seine Zahlen nicht stimmen.«

Foto Nr. 17

● Ich berichtete, daß das UFO »über uns« erschienen war (aber nicht 90 Grad über uns). Ein »Entlarver« griff die Beschreibung »über uns« heraus und zeigte dann anhand einer mathematischen Berechnung von einer Seite Länge, daß das UFO nicht 90 Grad über uns war. (Unfreiwillig bestärkte er meine Aussage, denn ich habe nie gesagt, daß das UFO 90 Grad über uns war.)

● Das Foto zeigt, daß das Leuchten an der Unterseite des UFOs einen vollständigen Kreis bildete. Ein »Entlarver« machte geltend, der leuchtende Kreis sei ein rundes Neonlicht. (Er übersah die Tatsache, daß eine Neonlampe einen dunklen Stecker hat, der den Kreis unterbricht.)

Foto Nr. 18

● Die Entfernung der Bäume auf diesem Foto wurde auf 55 Meter bestimmt. Ein »Entlarver« füllte eine weitere Seite mit mathematischen Ausführungen, wobei er die Bäume auf 135 Meter wegrückte, um sie seiner Theorie besser anzupassen.

● Dieses Foto hat, wie die meisten anderen, weiße Punkte und Emulsionsstreifen, die Techniker von Polaroid als Fehler im Film diagnostiziert haben, verursacht von den Walzen der Kamera. Ein »Entlarver« bezeichnete diese Defekte als »Wassertropfen« oder »Halterungen« oder sonst irgend etwas, das seiner Theorie helfen könnte.

Foto Nr. 19

● Wie in den frühen Berichten festgehalten, schwankte das UFO vor und zurück. Ein »Entlarver« vernachlässigte diese Aussage und fragte wieder nach der Neigung des UFOs gegen die Straße.

● Es regnete zu dieser Zeit nicht, wie der Nationale Wetterdienst bestätigte. So »schuf« der »Entlarver« Regen, um Spiegelungen in den Bäumen an der Straßenseite erklären zu können.

Foto Nr. 21

● Ich berichtete, daß das UFO »über dem Lieferwagen, in Richtung der Bäume, 50 Meter entfernt« gewesen war. Ein »Entlarver« ließ »in Richtung der Bäume, 50 Meter entfernt« aus und zeigte unter Verwendung mehrseitiger Berechnungen, daß das UFO nicht »über dem Lieferwagen« (90 Grad oberhalb) gewesen sei. Wieder untermauerte er unfreiwillig meine Aussage.

● Die beiden anderen Zeugen erklärten, sie hätten aus 200 Meter Entfernung durch ein paar Bäume hindurch zwischen sich und dem UFO ein orange schimmerndes Licht gesehen. Ein »Entlarver« veränderte ihre Aussage, indem er ihren Standort auf 30 Meter heranrückte und sagte, sie hätten nichts gesehen.

● Früher hatte der »Entlarver« kühn gesagt, das UFO mit seinen »beliebigen Fenstern« sei nach den Fotos Nr. 1 bis Nr. 9 nie wieder gesichtet worden. Später änderte er seine Ansicht und sagte, Foto Nr. 21 sei ähnlich.

Fotos Nr. 22 und Nr. 23

● Die benutzte Kamera war dieselbe Polaroid 108, deren Überprüfung ergab, daß sie eine manuell einstellbare Blende hat. Ein »Entlarver« änderte die Kamera und sagte, sie habe eine automatische Blende. (Es ist nicht schwierig, ein Foto zu entlarven, wenn man Zeugenaussage und Kameratyp ändert.)

● Wiederum behauptete ein »Entlarver«, Kenntnisse in Sachen UFO-Konstruktionspläne zu besitzen, und bestand darauf, daß sie sich nicht selbst beleuchten können.

● Wenn wir draußen sind, ist unsere Spitzhündin immer zu unseren Füßen, insbesondere zu denen meiner Frau, falls sie nicht einen Eindringling abwehrt. Foto Nr. 22 zeigt die Hündin in einem erregten Zustand, ihre Aufmerksamkeit abwechselnd meiner Frau und dem UFO zuwendend. Ein »Entlarver« erklärte, der Hund sei »vollständig gleichgültig«.

● Die bei Tageslicht nachgestellte Situation auf den Fotos Nr. 22 und Nr. 23 zeigte, daß der obere Teil der hölzernen Windschutzscheibe sich nicht im Becken spiegelte. Ein »Entlarver« bestritt die Aussagekraft der nachgestellten Szene und verlangte, das UFO solle sich im Becken spiegeln, obwohl der Winkel eine solche Spiegelung unmöglich machte.

Fotos Nr. 25 bis Nr. 34

● Ich hatte die Spezialkamera mit vier Linsen bekommen und

war gebeten worden, sie einzusetzen, falls ich Gelegenheit hätte, das UFO zu fotografieren. Sechzehn Tage später, vier Tage mehr als zwischen den vorhergehenden Beobachtungen, schoß ich diese Fotos, als ich mit meiner Frau spazieren war. Ein »Entlarver« kommentierte, es habe »eine lange Zeit (fast drei Wochen)« gedauert, bis ich die Gelegenheit dazu hatte.

● Als ich durch den Sucher der Vier-Linsen-Kamera schaute, schienen die Lichter des UFOs sehr weit weg zu sein, und das UFO kam mir sehr groß vor. Die Fotoanalyse zeigte, daß es klein und nah war. Diese kleine »Sonde« erschien noch einmal auf den Fotos Nr. 38L und Nr. 38R. Ein »Entlarver« brachte vor, ich hätte gelogen, als ich sagte, daß mir das UFO groß erschien, und ging darüber hinweg, daß meine Frau berichtet hatte, das, was sie mit bloßem Auge – und ihren Kontaktlinsen – sah, habe klein und nah ausgesehen.

Anmerkung: Ich finde es bemerkenswert, daß die »Entlarver« das Videoband und die Stereofotografien gemieden haben, obwohl sie doch die Aussagen ebenso leicht hätten entstellen können.

Entlarvungsbemühungen, die nicht die Fotos betreffen

Zuerst unterließen meine Frau und ich absichtlich Hinweise auf den blauen Strahl und Telepathie und veränderten vorsätzlich unwichtigte Punkte, um unsere Identität zu kaschieren, wobei wir die erste Sichtung so berichteten, als hätte ein Freund, »Mr. X.«, die Fotos gemacht.
Die »Entlarver« finden das unsinnig und behaupten, der blaue Strahl und die telepathischen Kontakte seien später hinzugefügt worden, nachdem andere Zeugen darüber berichtet hätten.

Ich bin in meiner Gemeinde wohlbekannt unter dem Namen Ed Walters (meinem Geburtsnamen). Allerdings füge ich meinem Namen aus Achtung vor meinem Stiefvater – dem einzigen Vater, an den ich mich erinnere – manchmal dessen Namen (Hanson) hinzu. Ich werde meinem Namen vielleicht eines Tages amtlich den Namen Hanson anfügen lassen. Die »Entlarver« haben diese Tatsachen verdreht und versucht, etwas Verdächtiges daraus zu machen.

Es gibt mehrere andere Fotografen von UFOs, deren Fotos sämtlich von schlechterer Qualität sind. Die »Entlarver« ignorierten diese Fotos und die über 100 Zeugen.

Ich habe das UFO nie in Gegenwart eines Forschers fotografiert. Ein »Entlarver« sagte, das hätte ich doch getan, verriet uns aber nicht, wer dieser Forscher war.

Ich spreche ein rudimentäres »Feld-, Wald- und Wiesen-« oder »Straßen-Spanisch«, das ich während der annähernd viereinhalb Jahre, die ich in Costa Rica verbrachte, aufgeschnappt habe. Ein »Entlarver« spricht flüssig spanisch, und ihm mißfällt mein fehlerhafter Gebrauch der Sprache.

Ein »Entlarver« fügte meinem Haus einen Keller hinzu. Er brauchte Platz für eine Dunkelkammer. In Florida haben die Häuser in Küstennähe normalerweise keinen Keller, und unser Haus hat jedenfalls keinen.

Als ich zwei Lügendetektorprüfungen bestand, sagte der »Entlarver«: »Es ist ja bekannt, daß eine verhaltensgestörte Persönlichkeit Lügendetektortests bestehen kann.« Als ich zwölf Stunden lang psychologische Tests machte, die meine geistige Gesundheit bewiesen, sagten sie nichts. Als ich mich einer achtstündigen Hypnose unterzog, die meine Aussagen über das UFO bestätigte, sagten sie nichts.

Diese Zusammenfassung der Entlarvungsbemühungen macht klar, daß all die hochmotivierten und mitunter enthusiastischen Menschen keine Beweise haben. Sie verfälschen nur die Zeugenaussagen und ändern oder unterschlagen dann die wirklichen Details.

Ich glaube, daß diese wenigen Leute tatsächlich wild entschlossen sind. Ich glaube, daß wenig sie davon abhalten kann, die Fotografien, meine Familie und alle anderen Zeugen der Gulf-Breeze-Sichtungen zu diskreditieren.

Diese persönlichen Angriffe zeichnen ein deutliches Bild ihres verzweifelten Wunsches, die Sichtungen von Gulf Breeze zu vertuschen. Sie haben versucht, mich zum Schwindler, Lügner, Hexenmeister und ähnlichem abzustempeln, aber meine Gemeinde kennt mich und hat diese Vorwürfe zurückgewiesen.

Nun, da dieses Buch alle Augenzeugenberichte genau wiedergegeben hat, werden die »Entlarver« es nicht mehr so leicht haben, die Zeugnisse zu verdrehen, die für alle einsehbar vorgelegt werden.

Die überwältigenden Ereignisse, die meine Familie und unsere kleine Stadt erschüttert haben, können von ein paar »Entlarvern« nicht totgeschwiegen werden. Fragen werden gestellt werden, und die Antworten werden eines Tages gefunden werden.

Wer sind diese Besucher, und was wollen sie?

Anhang 3

Zusätzliche Beobachtungen und Berichte

Zusätzlicher Bericht über eine Sichtung von Ed und Frances – Donnerstag, 21. April 1988, 22.30 Uhr

Nachdem wir die Kinder ins Kino gebracht hatten, kehrten wir nach Hause zurück, und Frances und ich beschlossen, einen Abendspaziergang zu machen. Als wir uns der Ecke Dracena- und Silverthornstraße näherten – von unserem Haus aus gerade die Straße herunter –, flog ein Objekt über uns hinweg und blieb östlich von uns stehen.

Ich bin sicher, das Objekt war dasselbe, das ich am 26. Februar im Shoreline Park gesichtet (und mit der MUFON-Kamera aufgenommen) hatte. Diesmal jedoch hatten wir keine Kamera bei uns.

Es war entweder besonders groß und weit weg oder nah und sehr klein. Je mehr Frances darauf beharrt, daß es nah war, desto mehr fühle ich mich gedrängt, ihr beizupflichten. Falls sie recht haben sollte, dann war die Stelle, wo das Objekt anhielt und für ein paar Sekunden in der Luft zu schweben schien, genau am Ende der Straße. Darauf entfernte es sich sehr schnell nach Nordosten in Richtung der Schule.

Kein Summen. Kein Laut.

Ich halte die folgende Sichtung für bedeutungsvoll, weil ich sie in der Nähe der Stelle machte, wo ich am 12. Januar das

Straßenbild aufgenommen hatte, und weil der Beobachter auch den blauen Strahl sah. Dieser Bericht stammt aus den MUFON-Akten. Er enthält Einzelheiten über die Sichtung, die am Donnerstag, dem 28. April 1988, um 22.00 Uhr gemacht wurde.

Die Nachricht von Truman Holcombs UFO-Sichtung erreichte Mark Curtis vom WEAR-Fernsehen durch die Frau eines Angestellten. Mark berichtete Donald Ware und Bob Reid am 4. Mai 1988 davon, während sie gerade in seinem Büro weitere Sichtungen untersuchten. Diese beiden Forscher befragten Truman Holcomb am Abend desselben Tages in seinem Haus. Gegen 22.00 Uhr am 28. April 1988 fuhr Holcomb in östlicher Richtung auf dem Highway 98 nahe der Straße 191-B. Er sah ein kreisrundes Objekt mit einem sehr hellen orangefarbenen Licht an der Unterseite. Es blieb genau vor seinem Wagen und ein wenig über den Bäumen zu seiner Rechten, während er ungefähr 45 Sekunden lang 45 Meilen in der Stunde fuhr. Danach schwebte das Objekt etwa 30 Meter östlich Richtung Ocean Breeze Lane, wo Holcomb wohnt. Als er sich auf der Ocean Breeze Lane nach Süden wandte, sah er einen blauen Strahl, der von der unteren Seite des Objekts kam und nördlich über dem Highway 98 leuchtete. Er hielt an und beobachtete das Schauspiel weitere 10 oder 15 Sekunden lang. Er war ungefähr 50 Meter von dem Objekt entfernt, das etwa 30 Meter über dem Boden schwebte. Es erschien halb so groß wie der städtische Wasserturm. Holcombs Autofenster war geöffnet, und trotzdem konnte er kein Geräusch vernehmen. Man sah einen kurzen, blauen Streifen im rechten Winkel zu dem Strahl nahe am Objekt. Holcomb wurde aufgeregt, und als er Gas gab, um seine Frau abzuholen, die einen Block weiter auf ihn wartete, gingen die Lichter aus.

Seine Frau berichtete, er sei sehr erregt gewesen, als er heimkam. Dies bezeichnete sie als äußerst ungewöhnlich. Sie ging nach draußen, konnte das Objekt jedoch nicht mehr sehen. Holcomb erinnerte sich, daß etwa 10 bis 15 Minuten später drei kleine Flugzeuge erschienen und ungefähr zehn Minuten lang Kreise zogen. Er erinnerte sich an das Bellen des Hundes vom Nachbarhaus noch einige Zeit nach der Sichtung. Einige Hunde jenseits des Highway, wohin der blaue Strahl geleuchtet hatte, bellten ununterbrochen bis 2.00 Uhr morgens. Auch sah er um 23.00 Uhr einen kurzen Moment lang etwas über der Bucht nördlich des Highway 98, das er für dasselbe Objekt hielt.

Auf dem Highway 98 befanden sich zum Zeitpunkt der Sichtung noch andere Autos. Zur Zeit wird versucht, einen unabhängigen Augenzeugen zu befragen. Interessant ist, daß diese Sichtung weniger als eine halbe Meile von der Stelle stattfand, wo Ed am 12. Januar 1988 ein über der 191-B schwebendes UFO fotografiert hatte. Das Ehepaar Holcomb berichtete, daß am 12. Januar bei Einbruch der Dunkelheit sowohl ihr Fernsehapparat als auch die Geräte der Nachbarn beachtliche Störungen aufwiesen. Zum Zeitpunkt von Holcombs eigentlicher Sichtung sah jedoch niemand fern. Holcomb ist pensioniertes Mitglied der US Air Force und jetzt Kommandant der 141. Abteilung der Behinderten Amerikanischen Veteranen. Er war Flugzeugtechniker. Sein Gehör ist gut, sein Sehvermögen hingegen wurde auf 20–20 korrigiert. Dies gilt als erheblicher Unsicherheitsfaktor – wegen des blauen Strahls und der Nachbarschaft zu anderen Sichtungen in dieser Region.

Es gab so viele Sichtungen, daß oft erst Tage oder sogar Wochen später über sie berichtet oder Artikel publiziert werden konnten. Die folgenden Berichte geben bei weitem nicht alle bekannten Sichtungen wieder. Sie sind nur der Rest von denen, die im *Sentinel* abgedruckt wurden. MUFON könnte noch weiteres Material in den Akten haben.

Eben weil es so viele Sichtungen gab, schien es nicht möglich oder praktikabel, alle in den Haupttext dieses Buches aufzunehmen. Die Berichte sind daher in ihrer chronologischen Reihenfolge wiedergegeben, ohne Rücksicht darauf, wann sie zuerst veröffentlicht wurden. In einigen Fällen fügen wir dem Datum der ersten Sichtung eine zweite desselben Augenzeugen bei.

Oktober 1987

Im Oktober 1987 fuhren Pam Strickland und ihr Sohn, Yancey Spencer IV., westwärts auf dem Highway 98 in Richtung Gulf Breeze. Als sie sich Breeze Plaza näherten, bemerkten sie gegen Sonnenuntergang in einiger Entfernung ein ovales Raumschiff. Das UFO schwebte einen Moment lang, dann schien es sich »um die eigene Achse zu drehen« und verschwand aus dem Blickfeld. Die beiden waren verblüfft über die Sichtung, doch weil sie keinerlei Berichte über derartige Vorfälle gelesen hatten, erachteten sie den Vorfall als unbedeutend.

Zweite Dezemberwoche 1987

Die elfjährige Christina Holscher besucht die fünfte Klasse der Oriole-Beach-Grundschule. Sie berichtete von zwei UFO-Sichtungen im Dezember. Die erste davon fand zwei Wochen vor Weihnachten statt. Das Mädchen war mit zwei Freundinnen zusammen. Alle berichteten, sie hätten ein rundes Raumschiff gesehen, eingeschlossen in einem weißen, hellen Licht. Es bewegte sich elegant und lautlos; dann verschwand es hinter Bäumen. Christina hat ihre Version der zweiten, späteren Sichtung aufgeschrieben:

An einem dunklen Abend vor drei Wochen ging ich von meiner Freundin nach Hause zurück. Sie wohnt in einer anderen Straße. Ich benutze gewöhnlich einen Trampelpfad, wenn ich

sie besuche. An diesem Abend erwartete mich am Ende des Wegs eine Überraschung. Da war plötzlich eine Straßenlaterne, wo eigentlich keine sein sollte (Christina sah das Licht am Ende einer langen, geraden Straße).
Ich dachte, es sei nichts von Bedeutung. Dann, gerade als ich mich umdrehen wollte, um zu meinem Haus zu gehen, bewegte sich die sonnengoldene »Straßenlaterne«! Erschreckt drehte ich mich wieder um. Nun begannen die Rädchen in meinem Kopf zu arbeiten. Was war das für ein Ding? Ich kam zu dem Schluß, daß es ein UFO sein mußte. Ich hatte aber keine Angst. Ich folgte ihm einfach, bis es lautlos hinter Häusern und Bäumen verschwand und ich das starke, nicht flackernde, sonnengoldene Licht nicht mehr sehen konnte. Dann plötzlich explodierte in mir eine Bombe der Angst. Ich rannte die Straße hinunter, bis ich mein Zuhause erreichte. Jetzt beobachte ich den Nachthimmel mehr als je zuvor. Aber ich versuche, mich nicht vor etwas zu fürchten, das ich nicht kenne. Da ist etwas – daran glaube ich. Aber ich glaube nicht, daß es uns in unserer Welt sehen will.

6. Februar 1988

Linda Wilson erwachte früh, gegen 5.00 Uhr morgens. An diesem Samstagmorgen des 6. Februar erwartete sie, den vom Wetterbericht angekündigten Schnee vorzufinden. Sie ging an ihre Hintertür, um hinauszuschauen, und bemerkte ein sehr helles und sehr großes, ovales Licht über der Straßenbeleuchtung vor ihrem Haus.
Ihr erster Gedanke war der Mond, »doch ich wußte, der Mond sollte normalerweise nicht so tief am Himmel stehen«, berichtete Linda. »Ich sah die Straßenlaterne oben an unserem Telefonmast – aber das Licht war vielleicht 30 Meter höher.«
Linda beschreibt das Licht als »leuchtend weiß und fluoreszie-

rend«. Sie berichtet von dem »welligen« Eindruck, den das Licht machte. »Es sah genauso aus, wie wenn man durch die Hitzewellen über der Motorhaube eines Autos blickt.«

Das Licht bewegte sich nicht, und Linda hörte kein Geräusch, als sie vor ihrer Tür stand und zwei oder drei Minuten lang hinschaute. In ihrem verschlafenen Zustand versuchte sie sich bewußtzumachen, was sie sah.

»Ich konnte kaum glauben, daß ich wirklich das sah, wovon ich gehört hatte«, sagte Linda. »Ich glaubte, es müsse irgendeine Erklärung geben.«

Sie ging wieder zu Bett, ohne eine Bewegung zu sehen und ohne wirklich über das Gesehene nachzudenken, bis sie später am Morgen aufwachte.

Nachdem sie die Stellung des Mondes in der Zeitung nachgeschaut hatte, wurde ihr klar, daß es nicht der Mond sein konnte, den sie gesehen hatte.

8. Februar 1988

Ein zwölfjähriges Mädchen, das an der Hauptstraße wohnte, besuchte ihre Tante in Gulf Breeze; dort fiel ihr eine Ausgabe des *Sentinel* in die Hände, die das Bild eines UFOs zeigte. Sie erzählte ihrer Tante: »Ich habe dieses Ding bei meinem Haus gesehen.« Sie behauptet, das Raumschiff habe über dem Haus an der Hauptstraße geschwebt und ein leicht summendes Geräusch von sich gegeben.

4. März 1988 – etwa 21.15 Uhr

Ein Leser des *Sentinel* und seine Freundin beschlossen, nachdem sie auf Kanal 3 die Fernsehsondersendung »Die Sichtungen« über das Gulf-Breeze-UFO-Phänomen gesehen hatten, zum Strand zu fahren und nach dem umstrittenen Objekt zu suchen. Sie fuhren den Soundside Drive hinunter zum Wasser und warteten. Als sie feststellten, daß nichts zu sehen war, verließen sie den Platz und fuhren auf der Soundside nordwärts. Als sie am Stoppschild des Highways 98 anhalten mußten, fanden sie plötzlich den Gegenstand ihres Suchens.

»Es war dasselbe Objekt, das ich in der Sondersendung gesehen hatte – es ist auch auf Eds Fotos zu sehen«, stellte der Beobachter fest. »Es war sehr niedrig, ungefähr sechs Meter über den Bäumen. Es bewegte sich über den Highway 98 und schwebte dann über ein leeres Grundstück neben dem Supermarkt Junior Food Store. Es hatte ein sehr helles, weißes Licht, aber es machte kein Geräusch.«

»Wie wir mit offenem Mund dasaßen, bewegte es sich wieder und kam direkt auf uns zu. Ich griff nach meiner Kamera und begann zu fotografieren. Meine Freundin bat mich aber inständig, zurückzufahren. Sie hatte offensichtlich Angst. Ich selbst konnte jedoch nur daran denken, das Foto zu bekommen.

Dann, als das Objekt den Highway 98 überquerte, drehte es sich und flog in Richtung Stadt, wo es schließlich verschwand.«

Unglücklicherweise, so berichtete der Beobachter, war in seiner Kamera ein 200-ASA-Film eingelegt, so daß keines der Bilder zu gebrauchen war.

Der Beobachter behauptete, er habe das Objekt etwa viermal seit jener Nacht gesehen, »aber dies war das letzte Mal, daß ich es aus so geringer Entfernung sah«.

Am Donnerstag, dem 21. April 1988, fuhr er gegen 22.30 Uhr von einem Basketballspiel in Pensacola heim nach Gulf Breeze. An diesem Abend war seine Kamera mit einem 1000-ASA-Film geladen. Als er sich dem National Seashore näherte, sah er ein Objekt gerade über den Bäumen an der Südseite des Highway 98. Es bewegte sich nach Osten, in derselben Richtung, in der er fuhr. Das Objekt flog mit sehr hoher Geschwindigkeit, überholte ihn schnell, überquerte schließlich den Highway und verschwand gegen Ende der Straße aus dem Blickfeld.

»Aber es war ein anderes Objekt«, sagte er. »Dieses war rund und flach, mit gelb-orangefarbenen Lichtern. Es war zweifellos nicht wie die anderen, die ich vorher gesehen hatte.«

11. März 1988

Der erste Zeuge am Freitag war offensichtlich der elfjährige David Sominski aus Sand Piper Village. Er erzählte die folgende Geschichte:

»Es war ungefähr halb sieben, und ich war draußen im rechten Feld im Shoreline Park zum Baseballspielen. Ich langweilte mich ein bißchen, und so schaute ich mich um, und dann sah ich es drüben in Richtung High School. Ich sah ein helles Licht an der Unterseite, ein kleines Licht obenauf und eine Reihe kleiner Lichter um die Mitte herum.

Zuerst sah es flach aus. Dann kippte es in einem Winkel hoch und begann, sich wieder zu drehen. Es bewegte sich nach einer Seite hin.

Dann hörte ich, wie jemand den Ball schlug, und ich schaute, ob er zu mir hinflog. Als ich wieder aufschaute, war das Objekt verschwunden.«

Ungefähr zur selben Zeit befand sich der dreizehnjährige Jayson Carter im Garten des elterlichen Hauses in Sand Piper Village. Dies ist Jaysons Bericht:

»Seit ich nach dem UFO suche, gehe ich oft spazieren und nehme dabei meine Kamera mit. Ich sah ein helles Licht, das sich sehr schnell von West nach Ost bewegte; so machte ich vier Aufnahmen, als es vorbeiflog. Es könnte mehr als nur das eine Licht an der Unterseite gehabt haben, aber ich bin nicht

sicher. Ich war so mit Fotografieren beschäftigt. Ich wußte aber, es konnte weder ein Flugzeug noch ein Helikopter sein, weil es kein Geräusch machte.« Als David am Freitag abend vom Baseballspielen nach Hause kam, sah er Jayson auf dem Feld und sagte zu ihm: »Du wirst es nicht glauben, aber ich glaube, ich habe das UFO gesehen.«
Nachdem Jayson Davids Geschichte gehört hatte, teilte er David seine eigenen Beobachtungen mit und zeigte ihm die UFO-Bilder im *Sentinel*, um zu sehen, ob es das war, was er gesehen hatte. David bestätigte dies, und so verabredeten beide, daß sie bei der Redaktion vorbeigingen und ihre Sichtungen erzählten.

14. März 1988

Der folgende Text ist der vollständige Bericht des *Sentinel* über die Familie, deren Sohn eine telepathische Nachricht erhielt. Diese wurde im Haupttext dieses Buches komprimiert wiedergegeben.

»Wir sichteten es, als es in einem Winkel zu Gulf Breeze vom Südwesten heranflog, wie wenn es vom Strand kam. Es war ungefähr 20.00 Uhr. Es setzte seinen östlichen Kurs fort – ich würde sagen, es flog genau über den Strand, die Meerenge und Gulf Breeze. Und es flog so weiter, bis es zum National Seashore gelangte. An einem Punkt – wo genau, könnte ich nicht sagen – überquerte es den Highway 98 und ging auf die Nordseite. Wir kamen gerade den Highway herunter, und ich sah es wieder, als wir in die Villa-Venyce-Straße einbogen. Ich sah es (wahrscheinlich) über Whisper Bay. Als ich in die Villa-Venyce-Straße einbog, war es neun Minuten nach 20.00 Uhr, und an diesem Punkt flog es in einem westlichen Kurs weiter. Dann flog es zurück, in eine Richtung, wo es exakt nördlich von uns kam. Wir fuhren rückwärts aus der Villa-Venyce-Straße heraus, überquerten den Highway und drehten bei Ford um. An diesem Punkt befand das Objekt sich genau vor uns. Wir drehten hinter dem Ford-Laden und versuchten, näher heranzukommen, doch das Objekt verschwand.«

Wie nahe waren Sie, und konnten Sie irgendwelche Einzelheiten erkennen?

»Nun, ich konnte eigentlich keinen Umriß sehen. Als ich es in Gulf Breeze sah, war es wahrscheinlich 150 Meter über Western Sizzlin', und wir waren auf dem Highway; also war es 450 oder 600 Meter entfernt von uns – bei Nacht schwer einzuschätzen. An diesem Punkt dachte ich, es sei ein Rettungsflugzeug auf dem Weg zum Krankenhaus. So wirkte es auf mich; es hatte ein helles Licht, das sich, wie ich glaubte, am hinteren Teil befand, zusammen mit einem kleineren grünlich-blauen Blinklicht darüber. Vorn hatte es ein weiteres helles Licht. Einmal sah ich drei helle Lichter, und ein anderes Mal verschwand das dritte Licht vorn, und ich bemerkte ein helles, kreisrundes orangefarbenes Licht oder Glühen. Doch es dauerte nicht sehr lange. Ich weiß nicht, ob es daran lag, daß es sich von uns aus gesehen in einem Winkel bewegte, ich könnte es nicht sagen. Als wir die Villa-Venyce-Straße herunterkamen, sah ich nur drei helle Lichter; das grünliche war verschwunden. Meine Frau sah einmal ein rotes Licht, ich jedoch nicht. Aber ich sah das orangefarbene, kreisförmige Glühen. Ich dachte, das kann kein Hubschrauber sein – ein Helikopter hat nicht diese Art von Lichtern. Außerdem bewegte es sich vom Krankenhaus weg. Dann kam mir in den Sinn, gut, falls das eine Art von Antriebssystem ist, dann wäre es seltsam, daß es an der Vorderseite des Raumschiffes ist, so wie ich sie sehe, denn in diese Richtung bewegte es sich. Ich würde eher annehmen, daß das Antriebssystem wegen der Schubkraft auf der Rückseite sein müßte.«

Würden Sie sagen, es hatte die Größe einer 747?

»Es war groß, ja, es war sogar verdammt groß, viel größer als ein Helikopter. Nachdem ich es sehr gut im Blickfeld hatte, war ich überzeugt, daß es kein Helikopter sein konnte. Es war zu groß.«

Nun, wenn Sie die Zeitung gelesen haben – war es viel größer als das Raumfahrzeug, dessen Bild wir schon so oft abgedruckt haben?

»Nachdem wir heimgekommen waren, dachte ich nach. Ich erinnere mich an den Kreis mit einem Durchmesser von 3,50 Meter hinter der Schule. Es war viel größer als dieser Kreis. Ich würde sagen, es wäre irgendwo in der Nachbarschaft einer DC-9 oder DC-8.

Ich bin skeptisch. Als ich es zuerst sah – man versucht ja immer, eine logische Erklärung zu finden –, dachte ich, es sei ein Rettungsflugzeug, doch ich sah, daß es viel größer als ein Helikopter war. Es war zu niedrig, um ein Flugzeug zu sein, und dann erschien der hellorange Ring und sprengte jede Flugzeugtheorie.

Da war ein Flugzeug, das es ebenfalls gesichtet haben muß; als wir zur Villa-Venyce-Straße kamen, sah ich ein Flugzeug nordöstlich vom UFO, ungefähr 300 Meter darüber. Es kreiste genau über dem Objekt. Es war ein kleines Flugzeug. Es war klein im Vergleich zum UFO und zur Entfernung. Trotzdem konnte man die Lichter darauf sehen und es als Flugzeug identifizieren. Wir sahen einige andere Autos sehr langsam den Highway runterfahren, und ich sagte: ›Die sehen es auch.‹«

Zitate von Mutter und Sohn:

Der Sohn saß auf dem Rücksitz des Wagens, als er das Objekt beobachtete. Plötzlich schrie er, er habe die Stimme eines Mannes in seinem Kopf gehört. Er rief seinen Eltern zu: »Es spricht!« Die Eltern konnten jedoch nichts hören. Der Sohn berichtete, daß es »Stopp« sagte – nicht laut, sondern kurz und schnell wie ein Kommando. »Es war, als ob die Stimme nicht zu mir sprechen würde, sondern zu jemand anderem«, erklärte der Sohn.

Die Mutter berichtete, ihr Sohn sei sonst nicht leicht zu erschrecken. Zu Hause aber, nachdem er das Objekt gesehen und die Stimme gehört hatte, »fühlte er sich nicht wohl«. Er hatte Angst, daß etwas passieren könnte. Ihm war übel, und er erbrach sich mehrmals. Außerdem litt er unter Atemnot. »Er fühlte sich den Rest der Nacht einfach nicht gut.«

14. März 1988

Ann Hurd, eine Angestellte beim *Sentinel*, fuhr am 14. März um 20.00 Uhr nach Hause. Sie berichtete folgendes:

Ich verließ das Büro des *Sentinel* und fuhr Richtung Osten. Nach ungefähr einer Meile auf dem Highway 98 bemerkte ich eine Anzahl von hellen Lichtern, die durch die Bäume in der National Seashore Reservation auf der Seite der Bucht leuchteten. Ich glaubte vier helle Lichter zu erkennen, und sie schienen sich nicht zu bewegen. Ich dachte: »Wenn das ein Flugzeug ist, das auf dem Flugplatz zur Landung ansetzt, dann fliegt es aber sehr niedrig.« Ich spähte während der Fahrt weiter durch die Bäume hindurch, und als ich eine Kurve nahm, bemerkte ich, daß die Lichter sich nicht bewegt hatten.
Ich beschloß, nach Hause zu fahren. Falls dies eine Sichtung gewesen sein sollte, würden sicher am nächsten Morgen Leute in der Redaktion anrufen, um mitzuteilen, sie hätten dasselbe gesehen.
Als ich an der Santa Rosa Park Road vorbeifuhr, bemerkte ich zwei Autos, die dort unten angehalten hatten, und ich dachte: »Ich wette, die versuchen auch, es zu sehen.« Ich hatte schon vorher, beim Eingang des National Seashore Park auf der Buchtseite, eine Dame in einem Wagen am Straßenrand gesehen. Offensichtlich war sie weit genug herausgefahren, um nach Norden zurückschauen zu können. Ich fuhr weiter am

Santa Rosa Park vorbei. Ich schaute auf meine Uhr, um die Zeit festzustellen, falls jemand am Dienstag morgen im Büro anrufen sollte; es war 20.08 Uhr.

Außer Telefonanrufen erhielt der *Sentinel* einen Leserbrief, nachdem die Berichte über die Sichtungen vom 14. in der Zeitung erschienen waren. Obwohl dieser Brief erst in der Ausgabe vom 24. März abgedruckt wurde, fügen wir ihn hier an:

Auch ich habe das hellorange glühende Objekt am 14. März gesehen, um 20.45 Uhr. Ich kam um die Zeit gerade über die Strandbrücke und bemerkte ein Objekt drüben in Richtung der Spielfelder. Es bewegte sich nicht. Zuerst dachte ich an eine Straßenlaterne, aber es war heller. Ich wandte mich zum Parkplatz des Bahama Bay Club, um über die Straße abzukürzen, die zu dem neuen Tenniscenter und den Feldern für die Ballspiele führt. Als ich um die Ecke kam, verschwand es!
Ich wartete, um zu sehen, ob jemand die Sichtung meldete. Tatsächlich wurde es in der Ausgabe Ihrer Zeitung vom 17. März gemeldet. Danach wußte ich, daß meine Beobachtung mit dem übereinstimmte, was alle anderen auch berichteten.
Ich möchte im Moment noch unerkannt bleiben, doch ich werde meinen Namen nennen, falls ich das Objekt irgendwann noch einmal sehen sollte. Ich kann Ihnen nur erzählen, daß ich Lehrer bin und daß zwei Cousinen von mir vor ungefähr sechs Jahren etwas sahen, vor dem sie sich fast zu Tode fürchteten. Ein anderer Cousin von mir war mit sechs weiteren Teenagern am Flußufer des Alabama zum Camping. Sie sahen etwas über ihrem Campingplatz schweben. Die Jungen waren so verängstigt, daß sie sofort wegfuhren.
Ich habe Ihre Artikel der Mutter einer meiner Cousinen gezeigt. Sie denkt nun, ihre Tochter habe wirklich ein UFO gesehen. Sie haben ihre Geschichte vor der Öffentlichkeit geheimgehalten, in der Hoffnung, das Mädchen würde diese Nacht vergessen.

16. März 1988

Die in diesem Wochenbericht enthaltenen Sichtungen ereigneten sich an einem Mittwoch abend, dem 16. März. Der Bericht beginnt mit der Aussage zweier Gruppen von Jugendlichen, die das Raumschiff »über« Gulf Breeze schweben sahen, genau nördlich der Bob-Sikes-Brücke.

Die erste Zeugin, Nancy Reese, kam mit folgendem Bericht zum *Sentinel:*

Nancy schrieb, daß sie und ihre Freundin es zum erstenmal um 22.00 Uhr von ihrem Balkon aus sahen. Sie nahmen ihre Kamera und gingen los, um es zu suchen.

Ungefähr zwei Blocks vor dem Schlagbaum sahen sie es über dem Supermarkt »Food World« und nahmen die Kamera heraus, um ein Foto zu machen. Sie hielten noch einmal auf der Sikes-Brücke an, um ein weiteres Foto zu machen. Sie beschreiben das Objekt als unförmig mit hellen gelben Lichtern, die durch dunkle Zwischenräume getrennt waren. Als sie von der Brücke herunterkamen, konnten sie es nicht mehr sehen; so fuhren sie durch die Naval-Live-Oaks-Reservation, um es zu suchen. Dann fuhren sie nach Hause zurück. 23.00 Uhr. Als sie daheim ankamen, ging Nancy auf den Balkon, um sich umzusehen, und wieder erschienen die hellen, gelben Lichter. Sie bewegten sich ostwärts gerade über den Bäumen, wurden heller oder schwächer und plötzlich sehr hell, bevor das Objekt verschwand. »Stephi, Lisa und ich haben heute abend alle dieses Schauspiel miterlebt«, schrieb Nancy.

Als sie dem *Sentinel* ihre Geschichte erzählte, sagte Nancy, daß auch ein Hilfssheriff und eine Beamtin der Marine Patrol es gesehen hatten, und so riefen wir sie an, um ihren Bericht zu bekommen.

Die Beamtin der Marine Patrol, Nancy Andrews, war mit Hilfssheriff Mike Delay zusammen, als sie jenseits der Meerenge über »Food World« ungewöhnliche Lichter wahrnahmen.

Nancy beschrieb die Konfiguration als sehr groß in Form einer Wurst. Sie sagte, es habe ausgesehen, als wäre es über dem Highway 98, doch es könne auch höher und weiter südlich gewesen sein. Nancy, die in dieser Gegend viel Zeit nachts am Wasser verbracht hat, sagte, es sei keinem Licht ähnlich gewesen, das sie jemals zuvor gesehen habe. Sie alle beobachteten das geheimnisvolle Raumschiff, bis es plötzlich die Halbinsel hinunter aus ihrer Sicht verschwand; »wie aus der Pistole geschossen«, fügte Nancy hinzu.

16. März 1988

Eine Frau berichtete über eine Sichtung, die sich am Mittwoch, dem 16. März, um 20.30 Uhr in der Gegend der Straßen Villa Venyce und Blue Heron Cove ereignete. Es war nah, sagte sie, an der Nordseite ihres Hauses, sehr hell mit einem blauen Farbton. Sie behauptet, daß es klein war und Fenster hatte. Sie beobachtete es fast eineinhalb Stunden lang.
Die Zeugin sagte aus, es sei am Donnerstag, dem 17. März, noch einmal erschienen. Es begann an Höhe zu verlieren, als sich zwei Flugzeuge näherten, und verschwand dann. Sobald die Flugzeuge nicht mehr zu sehen waren, erschien das UFO wieder. Am Sonntag, dem 20. März, bemerkte die Zeugin gegen 20.30 Uhr oder 21.00 Uhr über den hohen Bäumen der Soundside ein farbenprächtiges Objekt, daß wie ein blauer und roter Stern aussah.
»Es war sehr groß, mit blauen und roten Lichtern, die jedoch nicht blinkten, und wir konnten die kreisförmig angeordneten Fenster sehen. Es bewegte sich nach unten und verschwand hinter einigen Bäumen über der Meerenge. Wir bogen vom Highway 98 ab, um besser sehen zu können, als es hinter einem Haus verschwand.«

17. März 1988

Eine weitere Zeugin erzählte, sie sei am Donnerstag abend, dem 17. März, um 20.50 Uhr zu Hause gewesen und habe gesehen, wie ein sehr großes, helles Licht sich von Südwesten nach Nordosten bewegte. Es war fünf Meilen westlich der Brücke über der Meerenge.

»Es kam nahe genug heran, daß man ein Licht an der Unterseite erkennen konnte. Dieses Licht war das hellste; außerdem hatte es Lichter an der Oberseite und eine kugelförmige Gestalt. Die Lichter wurden sehr hell und dann schwächer. Es war weder ein Hubschrauber noch ein Flugzeug.«

Die Zeugin beobachtete das Objekt, wie es anhielt und schwebte; dann begann es, sich vorwärts und rückwärts zu bewegen, von Nord nach Süd, dann von Süd nach Nord, dann wieder von Nord nach Süd; dann ging es in der Nähe des Strandes herunter.

»Wir kletterten höher, um es nicht aus dem Blick zu verlieren; dann nahm es eine rötliche Färbung an und verschwand hinter den Bäumen.«

Mutter und Töchter kletterten daraufhin auf das Dach und beobachteten es noch ein paar Minuten, bis sie es nicht mehr sehen konnten. Diese Beobachtung dauerte annähernd 15 bis 20 Minuten.

»Dann stiegen wir alle ins Auto, um es zu suchen. Wir dachten, wir könnten es durch die Bäume hindurch sehen, doch wir fuhren ungefähr zehn Meilen, ohne etwas zu sehen, und kehrten schließlich wieder um.«

18. März 1988

Dana Gibson, eine Friseuse von Baybridge Hair Design, bemerkte auf ihrem Heimweg ein UFO. Es war am vergangenen

Freitag abend (18. März). Sie berichtet: »Ich fuhr zwischen 19.30 Uhr und 19.45 Uhr in östlicher Richtung auf dem Highway 98. Als ich mich auf der Villa-Venyce-Straße dem Tom Thumb näherte, schaute ich auf die Bucht hinaus. Ich sah etwas, das wie ein Flugzeug aussah. Da war eine Anordnung von weißen Lichtern... aber sie waren nicht wirklich weiß. Es waren keine roten oder grünen Blinklichter. Das Objekt bewegte sich schneller als ein Flugzeug, aber es flog nicht in der gleichen Höhe wie ein Flugzeug. Es überquerte den Highway und schwebte dann für ein paar Minuten über den Bäumen. Dann flog es zurück und schoß geradewegs nach Osten davon.«
Währenddessen war Dana auf den Santa-Rosa-Parkplatz abgebogen, um das Objekt zu beobachten. Innerhalb von einigen Sekunden gingen alle Lichter aus, bis schließlich das ganze Raumschiff dunkel wurde und außer Sichtweite verschwand.

23. März 1988

Mittwoch, von 19.00 bis 22.30 Uhr; am Pensacola Beach mit Blick auf die Meerenge.
Der Zeuge sah insgesamt drei Objekte: zwei eng zusammen über Gulf Breeze, in der Nähe des Krankenhauses, und das dritte über der Gegend von Tiger Point.
»Es müssen die Raumschiffe gewesen sein, denn sie waren zu unberechenbar in ihren Bewegungen«, sagte der Beobachter aus. Die Objekte waren helle, klare Lichter, die für einige Minuten über den Bäumen schwebten, dann heruntersanken, verschwanden und schließlich einige Momente später wieder erschienen.
»Dann plötzlich erschienen die Lichter vier- oder fünfmal heller, dann sanken sie herunter und verschwanden.«
»Ich sah sie niemals aufsteigen«, sagte der Zeuge. »Ich sah sie nur heruntersinken und dann wieder auftauchen.« Der Beob-

achter erwähnte, an diesem Abend habe in der Region äußerst reger Flugverkehr geherrscht.

»Doch man konnte den Unterschied zwischen den Lichtern der Hubschrauber und Flugzeuge genau feststellen – und dies waren weder Lichter von Flugzeugen noch von Hubschraubern«, berichtete der Zeuge.

30. März 1988

(Obwohl die Sichtung am Mittwoch, dem 30. März, um 20.00 Uhr draußen vor Grand Canal stattfand, wurde sie erst Ende April gemeldet.)

»Es war dasselbe Objekt wie auf dem Bild in der Zeitung vom 21. April«, sagte die zwölfjährige Misti Brown, die mit ihrer Freundin Jennifer Hall das seltsame Objekt am Himmel ungefähr 30 Minuten lang beobachtete. Die beiden Mädchen betrachteten das spulenförmige Objekt durch ein Fernrohr.

»Es war ungefähr so groß wie ein Eßtisch«, sagte Misti, »und es drehte sich um sich selbst mit roten, gelben, blauen und grünen Lichtern darauf.«

Beide Mädchen gingen für einige Minuten ins Haus, und als sie nach draußen zurückkehrten, war das Objekt verschwunden.

30. März 1988

Beobachtung zweier Frauen aus Gulf Breeze im Alter zwischen 20 und 23 Jahren. 30. März, gegen 22.30 Uhr, beim Abbiegen vom Highway 98 in Richtung Fairpoint.

»Ich fuhr mit einer Freundin heim, nachdem wir einen Nachmittag lang herumgefahren waren, um nach dem UFO zu suchen, über das wir schon so viel im *Sentinel* gelesen hatten. Wir hatten unsere Suche aufgegeben, nachdem wir lediglich ›seltsame bewegte Lichter über der Meerenge‹ gesehen hatten. Bevor wir wirklich daran glauben konnten, mußten wir zumindest den Umriß eines UFOs gesehen haben. Nun, das Objekt, das wir sahen, war nicht wie das auf den Bildern aus dem *Sentinel*, aber unsere Neugier erregte es doch.

Während wir in Richtung Fairpoint einbogen, sahen wir ein helles Licht hinter dem Exxon-Gebäude hervorkommen. Als wir hinüberschauten, erhob sich ein riesiges, fast rautenförmiges Objekt, rollte kopfüber und flog dann über das Big-B-Gebäude außer Sichtweite.

Der Rand des Objektes war mit kleinen weißen ›Glühbirnen‹ markiert; außerdem hatte es an seinem hinteren Ende rote Lichter. Meine Freundin hatte das Fenster auf ihrer Seite heruntergekurbelt, doch wir konnten keinen Laut hören.

Wir sprachen eine Weile über unsere Sichtung. Ein niedrig fliegendes Flugzeug? Vielleicht – aber? Wir beschlossen abzuwarten, ob jemand ein ähnliches Objekt melden würde, bevor wir unsere Geschichte erzählten.

Als ich am 7. April gegen 21.00 Uhr ostwärts auf dem Highway 98 fuhr, sichtete ich das Objekt noch einmal. Ich war gerade am *Sentinel* vorbeigefahren, als ich das Objekt sah, wie es sich über den Bäumen links von der Straße auf die Stadtmitte von Gulf Breeze zubewegte. Das Objekt hatte dieselbe Form; es machte kein Geräusch und hatte eine fast klare Unterseite, durch die ich beinahe hineinschauen konnte.«

31. März 1988

Eine Frau, die schon einmal ein UFO gesehen hatte, ihr Mann und ihr Kind berichteten von einer zweiten Sichtung am 31. März. Um ungefähr 20.45 Uhr bemerkte die Familie ein sehr großes Flugobjekt, das am Himmel über ihrem Haus in der Villa-Venyce-Straße schwebte.

Sie beschrieben das Flugobjekt als länglich und lautlos. Obwohl es draußen dunkel war, konnten sie es »klar und deutlich« sehen. Neben dem UFO war ein weißes Licht, das entweder ein kleines Flugzeug oder ein kleines Schiff sein konnte. Das Licht an dem kleineren Fahrzeug erlosch für einige Minuten, dann erschien es wieder an derselben Stelle.
Das UFO bewegte sich »gleitend« in nordöstliche Richtung, bis es außer Sichtweite verschwand. Die Zeugen vermuteten, es sei wahrscheinlich über Whisper Bay geflogen.

4. April 1988

Margaret Cunningham, die in Tiger Point lebt, befand sich am vergangenen Montag (4. April) auf dem Heimweg von einer Sitzung, als sie etwas sah, von dem sie glaubt, es könne ein UFO gewesen sein. »Ich fuhr den Hillside Drive herunter, als ich etwas über dem Golfplatz schweben sah«, erzählte Margaret dem *Sentinel*. »Es hatte sehr helle, weiße Lichter an jedem Ende, und pulsierende rote Lichter kamen aus Öffnungen, die wie Bullaugen aussahen.« Margaret hatte ein Fernglas in ihrem Wagen und holte es sofort heraus, um das Objekt näher ansehen zu können. Es war dunkel – gegen 20.45 Uhr. Sie konnte die Umrisse des Objektes nicht erkennen, doch sie schätzte es auf die Größe eines Hubschraubers. Sie hörte kein Geräusch von dem Objekt. »Ich beobachtete es fünf oder sechs Minuten lang, während es über derselben Stelle schwebte. Dann ging es langsam hinter die Bäume und außer Sicht.«

7. April 1988

Donnerstag, den 7. April gegen 20.30 Uhr, auf dem Highway 98 bei Western Sizzlin':

Oma und Amy sichteten ein Objekt, das »richtig helles Licht ausstrahlte und aussah wie ein Auto mit vier hellen Scheinwerfern«.

»Wenn man zu einem Beleuchtungskörper hinaufschaut«, sagte Amy, »das habe ich gesehen.«

Amy, die das Objekt am längsten beobachtete, beschrieb es als »ein Flugzeug mit einem großen Kreis in der Mitte, aus dem blaue Lichter schossen, und die Lichter waren befestigt«.

Das Objekt flog bei Western Sizzlin' über das Auto hinweg, und weiter die Straße hinunter sahen die beiden ein zweites Objekt. »Das kleine ging hinter den Bäumen nieder und kam dann wieder hoch«, sagte die Oma. »Ich war verwirrt, daß ein Flugzeug mit so hellen Lichtern derart niedrig fliegen konnte.«

Die Objekte gingen »nach oben, nach unten und seitwärts«, berichtete Amy mit den entsprechenden Armbewegungen. Als sie weiter den Highway hinunterfuhren, überquerte ein Flugzeug die Whisper Bay.

»Ich konnte den Unterschied erkennen«, sagte die Oma: »Ich hörte das Geräusch.«

7. April 1988

Donnerstag, 7. April, über der Meerenge:

»Ich sah hauptsächlich wirbelnde rote Lichter; ich könnte nicht sagen, welche Form es hatte«, sagte ein Mann aus Gulf Breeze. Das Objekt war in 120 bis 200 Meter Entfernung hinter dem Haus des Zeugen zu sehen. Es war ungefähr 300 Meter über dem Wasser. »Es kam einfach sehr schnell über die Meerenge geflogen«, erzählte der Zeuge, »doch es gab kein Geräusch von sich.«

7. April 1988

Am Donnerstag, dem 7. April, fuhr gegen 21.30 Uhr ein in Gulf Breeze ansässiger Börsenmakler von Pensacola über die Bay Bridge und sah ein kleines Raumschiff, das von Osten über die Bucht flog. »Ich erreichte gerade das untere Ende der Brükke... ich fuhr auf die Linksabbiegespur und stieg aus, um zu schauen.« Er beschrieb das Objekt als dreieckig, klein und vielleicht vier Meter lang. »Falls Außerirdische darin waren, müßten sie ziemlich klein sein.« Als das Raumschiff sich der Brücke näherte, verringerte es seine Geschwindigkeit und schwebte ein paar Sekunden lang. Der Mann konnte die Form des UFOs sehen, umrahmt von weißen Lichtern und mit roten und grünen Lichtern in der Mitte. »Es sah wie eine Art Weihnachtsbaum aus. Nah an der Mitte waren zwei Einkerbungen.« Der Zeuge beobachtete, wie das Raumfahrzeug wendete und über die Bucht zurück in Richtung Pensacola »glitt«. »Es machte ein sehr leises aerodynamisches Geräusch, als es sich fortbewegte.«

»Ich weiß nicht, was es war, aber ich bin sicher, es war weder ein Flugzeug noch irgendeine andere Art von Luftfahrzeug, die ich kenne«, sagte der Zeuge dem *Sentinel.*

14. April 1988

Ein Anwohner von Whisper Bay berichtete, am Donnerstag, dem 14. April, »etwas Seltsames« gesehen zu haben. »Ich wußte, es war 21.02 Uhr, denn während ich es sah, rief ich meine Schwester über CB-Funk, und sie schaute auf ihre Uhr.

Ich fuhr auf dem Heimweg von Gulf Breeze auf dem Highway 98. Als ich mich der Gegend von Naval Live Oaks näherte, bemerkte ich einige seltsam blinkende Lichter am Himmel. Es waren rote und weiße Lichter. Sie waren ungefähr so hoch wie ein Flugzeug, aber das Objekt machte eine verrückte Drehung. Das UFO ging über den Highway, machte dann eine Kehrtwendung und flog in die entgegengesetzte Richtung davon. Ich versuchte, gleichzeitig zu fahren und hinzuschauen; daher bin ich nicht so sicher, wohin es flog.«

Duane Cook war an den Ereignissen in Gulf Breeze fast von Anfang an interessiert und beteiligt – zuerst als Herausgeber der Zeitung *Sentinel*, später auch als Freund. Über zwei verschiedene Nächte hat er Berichte aus erster Hand geschrieben. Der erste Bericht vom 24. Januar 1988 betrifft den Abend, als er mich mit der Videokamera aufnahm, während ich von einem UFO verfolgt wurde. Die zweite Sichtung vom 17. März 1988 war in jener Nacht, als wir die ersten UFO-Aufnahmen mit der SRS-Kamera machten. Hier sind die Berichte:

24. Januar 1988

Es war der 24. Januar, spät an einem Sonntag abend. Ann war mit Schriftsetzen beschäftigt, Dari saß vorne am Telefon, Fran (Thompson) war in der Dunkelkammer, und ich schrieb in meinem Büro Schecks aus.

Eines der vielen Telefone klingelte, aber ich achtete nicht darauf, als Ann nach einigen Malen Klingeln abhob. Meine Konzentration wurde jedoch unterbrochen, als Ann sagte: »Duane, es ist Ed.«

»Hallo, Ed, was ist los?« ist gewöhnlich meine einleitende Bemerkung, obwohl ich normalerweise nicht damit rechne, daß gerade etwas passiert. Wenn er sonst anruft, erzählt er mir, was am Abend zuvor geschah. Nun, dieses Mal war es anders. Ed zögerte zuerst, dann fing er an zu reden, und zwar sehr schnell.

»Es ist hier! Ich weiß, daß es hier ist... Ich höre das Summen«, sagte Ed. Er meinte damit jenes summende Geräusch, das er jedesmal vor den diversen Sichtungen hörte, seit er am 11. November sein erstes Erlebnis mit dem UFO hatte.

»Ich kann niemand über Funk erreichen«, sagte er. »Ich weiß nicht, was ich tun soll.«

Der Sprechfunk, den Ed meinte, war die Walkie-talkie-Verbindung zwischen ihm und den MUFON-Forschern, die das Areal hinter der Schule »abgesteckt« hatten, seit Ed bei der Beobachtung vom 23. Dezember gleich drei Raumfahrzeuge auf ein Foto gebannt hatte. »Willst du, daß ich rüberkomme, oder möchtest du hierherkommen?« fragte ich.

»Ich glaub', ich schnapp' meinen Lieferwagen und komme rüber«, sagte Ed ruhig. »Warte du draußen auf mich.«

Ich legte auf, sprang von meinem Schreibtisch auf und rief Fran zu: »Wo ist meine Kamera?«

Als Ed aufkreuzte, setzte ich mich neben ihn auf den Vordersitz seines Lieferwagens, und wir fuhren auf dem Highway 98 ostwärts durch die Naval Live Oaks Reservation.

Ed war richtig nervös wegen der Sache. Er hatte Angst, weil er nicht wußte, was sie von ihm wollten. Er hatte genug Erfahrung mit ihnen, um zu wissen, daß sie Macht besaßen. Er hatte auch Angst um mich. Er wußte nicht, wie das UFO reagieren würde, wenn er mich mitbrachte, um die Ereignisse zu fotografieren.

Ed war mit seiner Polaroid und der Videokamera ausgerüstet; daher legte ich meine 35-Millimeter-Kamera zur Seite und nahm die Fahrt auf Video auf.

Während er fuhr, spähten wir ständig nach dem UFO aus. Er war sicher, daß sie da waren, weil das Summen anhielt – bald lauter, bald leiser.

»Sie haben zu mir gesprochen!« schrie Ed. »Sie haben gesagt: ›Im Schlaf weißt du es‹... Ich habe es in meinem Kopf gehört.«

»Mein rechtes Auge bewegt sich!« brüllte er. »Sieh in mein rechtes Auge. Ist es in Ordnung?«

Ich begutachtete sein Auge durch die Linse der Videokamera und beruhigte ihn, sein Auge sehe gesund aus.
Er war jedoch nicht sehr beruhigt und spürte in verschiedenen Körperteilen stechende Schmerzen, die zu scharf und zu willkürlich auftraten, um einen natürlichen Grund zu haben. Er war sicher, daß sie ihm absichtlich weh tun wollten – aber warum? Das mußte er herausfinden.
»Wir müssen von diesem Highway runter... Wir müssen eine Stelle suchen, wo nicht soviel los ist... Sie werden sich niemals zeigen, wenn so viele Leute in der Nähe sind«, sagte Ed.
»Wie ist es mit dem Soundside Drive?«
»Auf keinen Fall!« sagte Ed. Er hatte schon einmal eine Konfrontation mit einem UFO gehabt, als er gegen Anfang des Monats allein auf dem Soundside Drive war, und er war nicht bereit, diese Erfahrung noch einmal durchzumachen. Das war nun wieder ein bißchen zu abgelegen. Er suchte nach einem großen, freien Platz, aber mit einigen Häusern in der Nähe.
»Es gibt ein paar ziemlich schlecht ausgebaute Straßen, die hinter Tiger Point rechts abgehen«, schlug ich vor.
Nachdem wir nach Tiger Point Ost abgebogen waren, wurde Ed noch besorgter um meine Sicherheit.
»Ich glaube, du bist in Gefahr... vielleicht sollte ich dich zurückfahren«, gab er seiner Sorge Ausdruck.
Ich sagte ihm, daß ich dableiben und aufschreiben wollte, was auch immer geschehen würde, daß es keine Hinweise auf Leute gab, die durch UFOs verletzt oder getötet worden waren; aber wenn er wollte, würde ich aussteigen und die Ereignisse aus einiger Entfernung verfolgen.
Wir fuhren nach Osten und hielten auf der Straße neben einer großen, leeren Fläche an der rechten Seite. Inzwischen war es dunkel, und ich hatte nicht viel Hoffnung, daß das Videoband funktionieren würde, doch ich ließ die Kamera für die Aufnahme der Tonspur eingeschaltet – und für den Fall, das sich das UFO doch noch zeigen sollte.

Ed nahm seine Polaroid-Kamera, stieg aus und ging ungefähr zwölf Meter weit die Straße entlang, während er dem UFO zurief, etwas zu tun – entweder sollten sie ihn hochbeamen und es hinter sich bringen, oder sie sollten ihr Summen mitnehmen und aus seinem Leben verschwinden!

Plötzlich schrie Ed vor Schmerz auf. Er sagte, seine linke Hand fühle sich an, als sei sie in einen Schraubstock eingeklemmt. Ich sagte ihm, er solle seine Kamera fallen lassen und schauen, ob der Schmerz daraufhin nachließe, denn er hatte mir bereits anvertraut, wie ihm während einer früheren Konfrontation mitgeteilt wurde, daß »Fotos verboten« seien.

Es begann wieder zu regnen, und ich wußte, daß es nun für die Videokamera zu dunkel war. So stieg ich wieder in den Lieferwagen. Ed ging vor Schmerz in die Knie; dabei suchte er ständig den Himmel nach dem Raumschiff ab. Er wußte, sie mußten in der Nähe sein, weil das Summen in seinem Kopf mittlerweile ein regelrechtes Röhren war.

Dann, ganz langsam, schien es abzuklingen. Ed stand auf und kam zum Wagen zurück. Er brüllte zum Himmel hinauf, wenn sie vorgehabt hätten, ihn zu holen, hätten sie ihre Chance verpaßt, denn er würde ihnen bestimmt keine zweite Gelegenheit wie diese geben. Dann, gerade als er beim Einsteigen war, schaute er auf und rief: »Da ist es!« Er zielte mit seiner Kamera und machte das Foto. Ich mühte mich, an meiner Seite aus dem Auto zu kommen, damit ich es auch sehen konnte; doch die zwei Sekunden, die ich dafür brauchte, waren zu lange. Es war bereits verschwunden!

»Hast du es gesehen? Hast du es gesehen?« rief Ed mir hoffnungsvoll zu. Ich entschuldigte mich wegen meiner Langsamkeit. Mir tat es natürlich leid, daß ich es verpaßt hatte – für ihn und für mich.

Dann dämmerte mir, daß er es auf dem Foto hatte, und ich würde zusehen, wie er das Foto aus der Kamera nahm; und wenn ich mitbekam, wie er das Negativ vom Positiv trennte, würde das genausogut sein, als wenn ich es selbst gesehen hätte!

Inzwischen war Ed wieder draußen auf dem Feld neben dem Lieferwagen. Er schüttelte seine Faust gegen »sie« und schalt sie wegen ihrer Unzuverlässigkeit, immer noch mit der Kamera in der Hand.

Ich rief ihm zu: »Laß sehen, was du auf dem Foto hast. Bring die Kamera rüber.«

Er kam an die Autotür auf meiner Seite herüber, zog das Foto aus der Kamera und gab es mir. Ich wartete die längsten 60 Sekunden, an die ich mich erinnern kann, zog den Film ab und enthüllte das nun schon vertraute runde Objekt mit einem hell erleuchteten Bodenring und kleinen »Bullaugen« um die Mitte herum.

Das Foto unterschied sich dadurch von den anderen, die Ed gemacht hatte, daß das Flugobjekt zum Zeitpunkt der Aufnahme gerade startete. Dies verursachte Lichtstreifen auf dem Foto. Sie können sich vorstellen, wie schnell es abhob, wenn die Lichtstreifen zeigen, daß es innerhalb der Zeit, in der die Blende geöffnet war, vom Stillstand bis außer Sichtweite beschleunigte!

Mit diesem Beweis in Händen beschlossen wir heimzufahren. Als wir gerade losfahren wollten, kam uns in den Sinn, die Stelle zu markieren, weil die MUFON-Forscher die exakte Ortsangabe für ihren Report brauchen würden. Es stellte sich heraus, daß wir uns genau vor dem Players Club befanden. Wir diskutierten darüber, was sie wohl über eine UFO-Sichtung auf ihrem vorderen Spielfeld sagen würden.

Auf dem Rückweg spekulierten wir darüber, warum das UFO sich so ausweichend verhält. Sicherlich haben sie keine Angst vor uns, obwohl einige Leute erst schießen und dann Fragen stellen würden. Sicherlich haben sie die erforderliche Technik, um jeder Konfrontation oder aggressiven Reaktion aus dem Weg zu gehen. Na ja, wir hatten immerhin ein Foto, und ich war

Zeuge, als das Bild gemacht wurde. Für meine Zwecke beim *Sentinel* ist das besser, als die Sichtung zu machen und dann kein Foto davon zu haben.

17. März 1988

Der aktuelle UFO-Report dieser Woche beginnt mit einer persönlichen Erzählung meiner zweiten Nah-Sichtung vom letzten Donnerstag und schließt mit der Aussage über eine Sichtung vom Mittwoch abend. Diese Sichtung zweier Ortsansässiger (eine von ihnen ist Beamtin der Marine Patrol) betraf das Raumfahrzeug, das wir mittlerweile »das Mutterschiff« nennen. Die Geschichte begann am Donnerstag nachmittag im Büro des *Sentinel*. Ed war vorbeigekommen, um mit den Zeugen der Sichtung vom Mittwoch abend zu sprechen. Bevor er ging, vertraute er mir und Dari an, daß er das UFO »höre«. Natürlich erregte uns die Vorstellung, dabeizusein, wenn es sich wieder zeigte. Daher riefen wir an diesem Abend Ed an, um zu sehen, ob er in den Shoreline Park fahren würde, um die neue Anordnung der »Stereo-Kamera« auszuprobieren, die er zu diesem Zweck gebaut hatte (Dr. Bruce Maccabee hatte Ed aufgefordert, zwei Polaroid-Kameras mit 60 Zentimeter Abstand voneinander aufzustellen, um so einen Stereoeffekt zu erreichen, wenn man sie gleichzeitig auslöste).

Ed war zuerst abgeneigt, doch er sagte, wenn er seine Frau überreden könnte, würden sie gegen acht Uhr hinunterfahren. Als wir gegen 20.30 Uhr ankamen, waren sie schon dort. Ed sagte uns, daß er Peter und Phyllis Neumann sowie Brenda und Buddy Pollak angerufen und gefragt hatte, ob sie auch kommen und zuschauen wollten.

Als Peter ankam, bat Ed ihn, zwei neue Filmpackungen zu öffnen und zuzuschauen, wie sie in die Kameras geladen wurden.

Einige Minuten danach kam Buddy und schloß sich der Nachtwache an. Nach einer Weile gaben ein paar Männer, die vom Pier aus zugeschaut hatten, ihrer Neugierde nach und kamen herüber, um zu sehen, was wir da taten. Buddy ging ihnen entgegen, blieb eine Weile bei ihnen und kam schließlich zurück mit der Nachricht, es sei sein alter Freund Carlos Hill. Carlos hatte sich in letzter Zeit oft mit seiner Videokamera im Shoreline Park aufgehalten, in der Hoffnung, ein UFO fotografieren zu können.

Währenddessen war es fast 22.00 Uhr geworden, und Ed vertraute der Gruppe an, er habe das Summen schon ungefähr eine Stunde lang nicht mehr »gehört«. Daraufhin schlug ich vor, er sollte, im Hinblick auf die Tendenz des UFOs, Menschengruppen auszuweichen, besser allein bleiben.

Während die Neumanns sich nach Hause begaben, fuhren Dari und ich bis zum Parkplatz des neuen Freizeitzentrums. Damit uns niemand zurückkommen sah, fuhren wir mit abgeschalteten Scheinwerfern zurück zum Shoreline Park South. Wir sahen, daß auch Buddy zurückgekommen war. Er war am Ostende des Parks, zusammen mit Carlos und Reggie White.

Sekunden, nachdem wir angehalten hatten, sahen wir den Blitz von Eds Kameras, und wir dachten, er mache eine weitere Testaufnahme. Einen Moment später kam Ed mit einem Foto in jeder Hand aus dem Gebüsch.

Als er uns sah, signalisierte er, daß wir herüberkommen und die Bilder beim Licht der Scheinwerfer seines Lieferwagens anschauen sollten. Es waren zwei parallele Fotos desselben UFOs, das er seit dem 11. November fotografiert hat. Buddy, Carlos und Reggie sahen ebenfalls den Blitz durch die Bäume hindurch, und Buddy und Carlos kamen herüber, um die Fotos anzuschauen.

Sie hatten das UFO nicht gesehen, weil es, wie eine Untersuchung der Fotos zeigte, zu niedrig und hinter der Baumlinie war, als Ed die Fotos machte. Seine Frau stimmte dem zu und sagte, auch sie hätte es nicht gesehen, wenn sie nicht seine Zielrichtung gesehen hätte, denn Sekunden nach dem Blitz erloschen die Lichter des UFOs.

Ungefähr zu diesem Zeitpunkt kam Brenda Pollak herangefahren und schloß sich der Gruppe an. Sie kam gerade von einem Treffen der Junior League in Pensacola zurück. Wir erzählten ihr, was sie gerade verpaßt hatte, doch sie stoppte uns, um uns ihre eigene Sichtung mitzuteilen.

»Ich war ungefähr auf der Mitte der Bay Bridge, als ich ein orangefarbenes Licht über der Gegend in der Nähe der Post bemerkte. Es war ungewöhnlich hell und niedrig. Manchmal wurde es von den Bäumen verdeckt. Es strahlte nicht stetig, sondern es pulsierte heller und schwächer, nicht schnell wie Flugzeuglichter, sondern zufällig und ohne Rhythmus. Als ich die Brücke verließ, verschwand es in den Bäumen.

Ich bog auf die Shoreline ein, um heimzufahren; dann sah ich es im Norden wieder, als ich an der Bibliothek vorbeifuhr. Ich bog am Freizeitzentrum ab, um mich zu vergewissern, daß es sich bewegte, und tatsächlich bewegte es sich von Nordosten nach Südwesten. Ich beobachtete es drei oder vier Sekunden lang, bevor es ausblinkte. Ich weiß, daß es ein Licht war, das ich nie zuvor gesehen habe«, sagte Brenda. »Es war orange wie unsere neue Straßenbeleuchtung, aber viel heller, und es bewegte sich.«

Berücksichtigt man den Zeitpunkt und die Entfernung, so ist klar, daß Brenda wahrscheinlich dasselbe Objekt sah, das Ed annähernd zur selben Zeit fotografierte – nur ein paar Block weiter nach Südwesten.

Analyse von Gras- und Bodenproben

Ergebnisse vom kreisförmigen »Landeplatz« hinter der High School. Analyse von Max E. Griggs und der Universität Florida:

Beigefügt sind Ergebnisse der Untersuchung von Fadenwürmern aus Bodenproben, die ich auf dem Gelände bei Gulf Breeze genommen habe. Wie Sie sehen, wurde annähernd die gleiche Anzahl Nematoden in dem Kreis von totem Gras (Probe Nr. 1) gefunden wie außerhalb. Diese Information und die Tatsache, daß der Kreis von totem Gras geometrisch vollkommen ist, widerlegt die Theorie, das tote Gras könne von einem Blitzeinschlag herrühren. Die Tatsache, daß keinerlei angesengtes Gras oder aufgeworfene Pflanzenfasern gefunden wurden, unterstützt weiterhin diese Auffassung. Beobachtungen von Pflanzengewebe innerhalb der »toten« Fläche sowie der angrenzenden Bereiche mit gesundem Gras ergaben keinerlei Beweis für eine Pflanzenkrankheit. Weder Pilz- beziehungsweise Bakterienbefall noch irgendein Virus konnten für das tote Gras verantwortlich gemacht werden. Selbst wenn der Erreger einer Pflanzenkrankheit die Verkümmerung des Grases ausgelöst haben sollte, so hat man noch nie davon gehört, daß er einen perfekt geometrischen Kreis mit klar abgezeichneten Grenzen von nur fünf bis sieben Zentimeter zwischen dem toten und dem gesunden Gras hervorrufen könne. Berücksichtigt man außerdem die Tatsache, daß die Gegend keine weiteren toten Graszonen aufwies, so meine ich, daß man eine Pflanzenkrankheit als Ursache für das tote Gras ausschließen kann.

Beobachtungen von Pflanzengewebe innerhalb und außerhalb der toten Grasfläche ergaben keinen Hinweis auf Insektenfraß an irgendeiner Anzahl von Pflanzen. Auch in diesem Falle würden sich die auslösenden Faktoren weder auf eine solch perfekte Symmetrie beschränken noch auf einen Einzelfall. Einen durch Insekten hervorgerufenen Schaden, der das Gras bis zu dem Grad abtötete, wie wir es vorfanden, hätte man leicht durch eine Inspektion des gesamten Feldes feststellen können.

Wie ich Ihnen am Telefon mitteilte, benutzte ich Kürbissamen als Testpflanze, um zu sehen, ob Rückstände von Pflanzenschutzmittel nachweisbar seien. Der Kürbis gehört zu einer Gruppe von Pflanzen, die normalerweise sehr empfindlich auf Pflanzenschutzmittel reagieren. Alle drei Samen, die in die Erde von der toten Grasfläche gepflanzt wurden, keimten und wuchsen normal heran. Dies widerlegt nicht gänzlich die Möglichkeit, daß doch eine chemische Substanz für das tote Gras verantwortlich ist, doch es trägt zur Untermauerung der These bei.

Die physikalischen Bedingungen innerhalb und außerhalb des Kreises mit dem toten Gras waren grundsätzlich dieselben. Die Beschaffenheit der Oberfläche, Zusammensetzung und verfügbare Wurzeltiefe waren gleich. Ein Ernährungsdefizit von solcher Schwere, daß Gras daran sterben könnte, würde sich nicht derart exakt beschränken und wäre nicht so homogen in seinen Auswirkungen. Im Fall dieses Phänomens kann man Ernährungsprobleme der Pflanzen mit Sicherheit ausschließen.

Wie Sie aus dem Text dieses Briefes ersehen können, habe ich den Versuch unternommen, physikalische, chemische und biologische Ursachen auszuschließen, die normalerweise für das Absterben von Bermudagras verantwortlich gemacht werden könnten. Kurz gesagt: Ich konnte den Grund für das Absterben der Gräser nicht herausfinden, doch die Beweise deuten entweder auf die Einwirkung einer rasch abbaubaren giftigen Chemikalie oder auf die Einwirkung einer Energiequelle hin, die geeignet war, das Gras abzutöten. Diese beiden Möglichkeiten würden mechanische Präzision voraussetzen, um das auf dem Feld beobachtete Resultat herbeizuführen.

ERKLÄRUNG ZUM FALL GULF BREEZE, FLORIDA VON WALTER H. ANDRUS JR. INTERNATIONALER DIREKTOR DES MUTUAL UFO NETWORK (MUFON)

Als Internationaler Direktor des Mutual UFO Network, Inc. (MUFON) bin ich dreimal nach Gulf Breeze gereist, um persönlich diesen sehr wichtigen UFO-Fall zu untersuchen und die wichtigsten Zeugen, Ed und Frances, zu treffen. Ich habe direkt zusammengearbeitet mit Donald M. Ware, dem MUFON-Direktor für den Staat Florida, mit Charles Flannigan, dem Leiter der Untersuchung und Sektionsdirektor des Staates, mit Budd Hopkins, Dr. Bruce Maccabee, Thomas P. Deuley und mehreren anderen MUFON-Mitgliedern, die unmittelbar an den Nachforschungen beteiligt waren. Der Fall Gulf Breeze ist einer der wichtigsten UFO-Fälle der letzten 50 Jahre, denn er weist alle Merkmale auf, die als nahe Begegnung der ersten, zweiten, dritten und vierten Art klassifiziert werden. Dies wird weiter dokumentiert durch 41 Fotos, die der Hauptzeuge mit einer Polaroid-Kamera, einer Videokamera, einer Nimslo 3-D-Kamera und einer selbstüberprüfenden Stereo-Kamera aus zwei Polaroid 600 Sun LMS-Kameras aufgenommen hat. Seine Frau Frances nahm nicht nur zwei Fotos auf, sondern war auch Zeugin, als ihr Mann die meisten seiner Bilder schoß.
Dies ist das erste Mal in der UFO-Geschichte, daß bei voller Mitarbeit der Familie wissenschaftliche Untersuchungen und Forschungen betrieben werden konnten, während der Fall sich abspielte.
Das Untersuchungsteam hatte Zugang zu den Fotos vom 11. No-

vember bis zum 23. Dezember 1987, kurz nachdem sie aufgenommen wurden. Am 7. Januar 1988 willigte der Zeuge ein, alle bisherigen Fotos und Ereignisse zu offenbaren. Danach arbeitete er mit der Untersuchung zusammen, während sich die Ereignisse abspielten; dazu gehörten auch Fotos mit einer Nimslo 3-D-Kamera und einer selbstüberprüfenden Stereo-Kamera. Sie war am 1. Mai 1988 abgeschlossen.

Fotos von UFOs stellen in sich noch keine schlüssigen Beweise für UFO-Erfahrungen dar. Glaubwürdigkeit und Charakter des Fotografen und Zeugen sind noch wichtiger als die Fotos, wenn sie als dokumentiertes Beweismaterial ausgewertet werden. Ich persönlich hielt es für unverzichtbar für die Untersuchung, Tatsachen aus erster Hand zu bekommen, indem ich die beiden Hauptzeugen in Gulf Breeze aufsuchte und befragte. Nachdem ich Ed und Frances dreimal getroffen, Dutzende von Malen am Telefon gesprochen und eine rege Korrespondenz mit ihnen geführt hatte, fand ich, daß Ed ein aufrichtiger und erfolgreicher Geschäftsmann in Gulf Breeze ist und daß er sich stark am Gemeindeleben beteiligt. Ed und Frances sind beide zutiefst um das Wohlergehen ihrer beiden Kinder bemüht, begleiten das Schulorchester bei Ausflügen und geben in ihrem Haus und um den Swimmingpool häufig Parties für die Jugendlichen.

Im Gegensatz zu ihrem Mann wirkt Frances sehr reserviert, wenn sie Menschen zum erstenmal begegnet. Ist die Bekanntschaft jedoch geschlossen, kommt ihre freundliche, gütige und aufrichtige Persönlichkeit zum Vorschein. Die Aufrichtigkeit von Ed und Frances wurde noch deutlicher, als sie sich bereit erklärten, am 26. Juni 1988 bei der jährlichen MUFON-Abteilungsleiterkonferenz in Lincoln, Nebraska, Fragen zu beantworten. Nachdem sie mit Fragen buchstäblich bombardiert worden waren, räumte ihre Antwort jeden Zweifel aus, daß die UFO-Gemeinde und die Öffentlichkeit einem Schwindel aufgesessen wären.

Die Frage, die Ed plagt, ist: »Warum ich? Warum wurde ich dazu ausersehen, diese Fotos aufzunehmen und fünfeinhalb Monate mit meiner Familie einer so destruktiven, traumatischen Erfahrung ausgesetzt zu werden?« Das zuständige Untersuchungsteam ist bestrebt, ebendiese Frage zu beantworten, während es das Geheimnis tiefer erforscht; Ed hat sich dazu bereit erklärt, durch regressive Hypnose nach möglichen Erklärungen zu suchen.

Wollte man über die Lösung des Rätsels von Gulf Breeze kurz spekulieren, könnte man sich das folgende Szenario vorstellen: Am oder vor dem 11. November 1987 implantierte die Intelligenz hinter den UFOs ein winziges Kommunikationsgerät in Eds Kopf; dadurch konnten sie ihn durch Stimmen oder Summen aufmerksam machen, wenn ihr Schiff in der Nähe war. Aufgrund der kurzen Zeit, in der sich diese Objekte zeigten, nehme ich an, Ed war programmiert, die Fotos zum Zweck der Veröffentlichung aufzunehmen; der Endzweck der Wesen war es, der Öffentlichkeit und den Regierungen der Welt allmählich ihre Gegenwart bekanntzugeben. Es ist anzunehmen, daß am 1. Mai 1988, als Ed durch einen weißen Lichtstrahl bewußtlos gemacht wurde, das Implantat herausoperiert und seine UFO-Erfahrung damit beendet wurde.

Offensichtlich wurde für diese letzte Enthüllung ein erfolgreicher Geschäftsmann und engagierter Bürger gewählt, damit die Ereignisse und Beweise gründlich untersucht und von den Wissenschaftlern hoffentlich als echt anerkannt würden und nicht leicht als offensichtlicher Schwindel ignoriert werden konnten. Ed wurde anscheinend gewählt und programmiert, eine Funktion bei der endgültigen Offenbarung der Intelligenzen zu erfüllen, die die UFOs kontrollieren. Anhaltende wissenschaftliche Forschung des Phänomens Unidentifizierte Fliegende Objekte könnte diese Spekulation durchaus bestätigen.

ERKLÄRUNG ZU DEN UFO-BEOBACHTUNGEN 1987–1988
IN GULF BREEZE,
FLORIDA
VON DONALD M. WARE
MUFON-DIREKTOR FÜR DEN STAAT FLORIDA

Ich bin MUFON-Direktor für den Staat Florida und wohne nur 44 Meilen von Gulf Breeze entfernt. Ich habe geholfen, die Tätigkeit von sieben Untersuchungsbeauftragten vor Ort und drei international bekannten Fachleuten zu koordinieren, die den vielen UFO-Berichten in dieser Gegend nachgingen. Es gab mindestens 68 Berichte von Objekten, die wir nach unterschiedlich intensiver Nachforschung weder als natürlich noch als von Menschen hergestellt indentifizieren konnten. Es gab 135 Zeugen; vier berichteten von fremden Wesen, sechs von blauen Strahlen, neun von fehlenden Zeitspannen, die eine Entführung nahelegten. Über 60 UFO-Fotos wurden aufgenommen.

Ich bin überzeugt, daß diese Beobachtungen den Besuch von Außerirdischen beweisen. Das technische Niveau, das diese Besucher demonstrieren, legt nahe, daß sie nach Belieben kommen und gehen sowie an verschiedenen Orten leben können.

Man könnte sich fragen, warum ein Ehepaar in Gulf Breeze 18 Fototermine bekam. Der einleuchtendste Grund ist für mich, daß die Wesen wünschen, daß die Fotos gesehen werden. Ich hoffe, dies veranlaßt mehr Menschen, ernsthaft darüber nachzudenken, daß wir als intelligente Art nicht allein im Universum sind.

Persönliche Erklärung

Die Ereignisse, die mir und meiner Familie in jenen fünfeinhalb Monaten zugestoßen sind, waren ebenso unglaublich wie bedrohlich. Eine der Bedrohungen war die der Lächerlichkeit.
Viele Zeugen, sowohl aus Gulf Breeze als auch von anderen Orten, haben sich mit derselben Frage herumgeschlagen, ob sie sagen sollen, was sie gesehen und zum Teil fotografiert haben.
Wenn Sie eine Sichtung gehabt haben, wenn Ihnen irgendwann »Zeit fehlte« oder wenn Sie Fotos von einem UFO aufgenommen haben und sie mir zeigen möchten, so garantiere ich, Ihre Identität geheimzuhalten. Ich möchte Sie ermutigen, mir zu schreiben und mir Ihre Fotos zu schicken:

EDWARD WALTERS
P. O. Box 175
Gulf Breeze, FL 32562-0715
USA